胡铭 汪世荣 主编

"枫桥经验"史料整理与研究 第五卷

枫桥经验
社会综合治理史料与研究

叶肖华 编著

商务印书馆
The Commercial Press

浙江省文化研究工程指导委员会

主　任

王　浩

副主任

彭佳学　邱启文　刘　非　赵　承
胡　伟　张振丰　任少波

成　员

高浩杰　朱卫江　梁　群　来颖杰　陈柳裕
杜旭亮　陈春雷　尹学群　吴伟斌　陈广胜
王四清　郭华巍　盛世豪　程为民　余旭红
蔡袁强　蒋云良　陈　浩　陈　伟　施惠芳
朱重烈　高　屹　何中伟　沈铭权　吴舜泽

浙江文化研究工程成果文库总序

有人将文化比作一条来自老祖宗而又流向未来的河,这是说文化的传统,通过纵向传承和横向传递,生生不息地影响和引领着人们的生存与发展;有人说文化是人类的思想、智慧、信仰、情感和生活的载体、方式和方法,这是将文化作为人们代代相传的生活方式的整体。我们说,文化为群体生活提供规范、方式与环境,文化通过传承为社会进步发挥基础作用,文化会促进或制约经济乃至整个社会的发展。文化的力量,已经深深熔铸在民族的生命力、创造力和凝聚力之中。

在人类文化演化的进程中,各种文化都在其内部生成众多的元素、层次与类型,由此决定了文化的多样性与复杂性。

中国文化的博大精深,来源于其内部生成的多姿多彩;中国文化的历久弥新,取决于其变迁过程中各种元素、层次、类型在内容和结构上通过碰撞、解构、融合而产生的革故鼎新的强大动力。

中国土地广袤、疆域辽阔,不同区域间因自然环境、经济环境、社会环境等诸多方面的差异,建构了不同的区域文化。区域文化如同百川归海,共同汇聚成中国文化的大传统,这种大传统如同春风化雨,渗透于各种区域文化之中。在这个过程中,区域文化如同清溪山泉潺潺不息,在中国文化的共同价值取向下,以自己的独特个性支撑着、引领着本地经济社会的发展。

从区域文化入手,对一地文化的历史与现状展开全面、系统、扎实、有序的研究,一方面可以藉此梳理和弘扬当地的历史传统和文化资源,繁荣和丰富当代的先进文化建设活动,规划和指导未来的文化发展蓝图,增强文化软实力,为全面建设小康社会、加快推进社会主义现代化提供思想保证、精神动力、智力支持和舆论力量;另一方面,这也是深入了解中国文化、研究中国文化、发展中国文化、创新中国文化的重要途径之一。如今,区域文化研究日益受到各地重视,成为我国文化研究走向深入的一个重要标志。我们今天实施浙江文化研究工程,其目的和意义也在于此。

千百年来,浙江人民积淀和传承了一个底蕴深厚的文化传统。这种文化传统的独特性,正在于它令人惊叹的富于创造力的智慧和力量。

浙江文化中富于创造力的基因,早早地出现在其历史的源头。在浙江新石器时代最为著名的跨湖桥、河姆渡、马家浜和良渚的考古文化中,浙江先民们都以不同凡响的作为,在中华民族的文明之源留下了创造和进步的印记。

浙江人民在与时俱进的历史轨迹上一路走来,秉承富于创造力的文化传统,这深深地融汇在一代代浙江人民的血液中,体现在浙江人民的行为上,也在浙江历史上众多杰出人物身上得到充分展示。从大禹的因势利导、敬业治水,到勾践的卧薪尝胆、励精图治;从钱氏的保境安民、纳土归宋,到胡则的为官一任、造福一方;从岳飞、于谦的精忠报国、清白一生,到方孝孺、张苍水的刚正不阿、以身殉国;从沈括的博学多识、精研深究,到竺可桢的科学救国、求是一生;无论是陈亮、叶适的经世致用,还是黄宗羲的工商皆本;无论是王充、王阳明的批判、自觉,还是龚自珍、蔡元培的开明、开放,等等,都展示了浙江深厚的文化底蕴,凝聚了浙江人民求真务实的创造精神。

代代相传的文化创造的作为和精神,从观念、态度、行为方式和价值取向上,孕育、形成和发展了渊源有自的浙江地域文化传统和与时俱进的浙江文化精神,她滋育着浙江的生命力、催生着浙江的凝聚力、激发着浙江的创造力、培植着浙江的竞争力,激励着浙江人民永不自满、永不停息,在各个不同的历史时期不断地超越自我、创业奋进。

悠久深厚、意韵丰富的浙江文化传统,是历史赐予我们的宝贵财富,也是我们开拓未来的丰富资源和不竭动力。党的十六大以来推进浙江新发展的实践,使我们越来越深刻地认识到,与国家实施改革开放大政方针相伴随的浙江经济社会持续快速健康发展的深层原因,就在于浙江深厚的文化底蕴和文化传统与当今时代精神的有机结合,就在于发展先进生产力与发展先进文化的有机结合。今后一个时期浙江能否在全面建设小康社会、加快社会主义现代化建设进程中继续走在前列,很大程度上取决于我们对文化力量的深刻认识、对发展先进文化的高度自觉和对加快建设文化大省的工作力度。我们应该看到,文化的力量最终可以转化为物质的力量,文化的软实力最终可以转化为经济的硬实力。文化要素是综合竞争力的核心要素,文化资源是经济社会发展的重要资源,文化素质是领导者和劳动者的首要素质。因此,研究浙江文化的历史与现状,增强文化软实力,为浙江的现代化建设服务,是浙江人民的共同事业,也是浙江各级党委、政府的重要使命和责任。

2005年7月召开的中共浙江省委十一届八次全会,作出《关于加快建设文化大省的决定》,提出要从增强先进文化凝聚力、解放和发展生产力、增强社会公共服务能力入手,大力实施文明素质工程、文化精品工程、文化研究工程、文化保护工程、文化产业促进工程、文化阵地工程、文化传播工程、文化人才工程等"八项工程",实施科教兴国和人才强国战略,加快建设教育、科技、卫生、体育等"四个强省"。作为文化建设"八项工程"之一的文化研究工程,其任务就是系统研究浙江文化的历史成就和当代发展,深入挖掘浙江文化底蕴、研究浙江现象、总结浙江经验、指导浙江未来的发展。

浙江文化研究工程将重点研究"今、古、人、文"四个方面，即围绕浙江当代发展问题研究、浙江历史文化专题研究、浙江名人研究、浙江历史文献整理四大板块，开展系统研究，出版系列丛书。在研究内容上，深入挖掘浙江文化底蕴，系统梳理和分析浙江历史文化的内部结构、变化规律和地域特色，坚持和发展浙江精神；研究浙江文化与其他地域文化的异同，厘清浙江文化在中国文化中的地位和相互影响的关系；围绕浙江生动的当代实践，深入解读浙江现象，总结浙江经验，指导浙江发展。在研究力量上，通过课题组织、出版资助、重点研究基地建设、加强省内外大院名校合作、整合各地各部门力量等途径，形成上下联动、学界互动的整体合力。在成果运用上，注重研究成果的学术价值和应用价值，充分发挥其认识世界、传承文明、创新理论、咨政育人、服务社会的重要作用。

我们希望通过实施浙江文化研究工程，努力用浙江历史教育浙江人民、用浙江文化熏陶浙江人民、用浙江精神鼓舞浙江人民、用浙江经验引领浙江人民，进一步激发浙江人民的无穷智慧和伟大创造能力，推动浙江实现又快又好发展。

今天，我们踏着来自历史的河流，受着一方百姓的期许，理应负起使命，至诚奉献，让我们的文化绵延不绝，让我们的创造生生不息。

2006 年 5 月 30 日于杭州

目 录

导　论　创新"枫桥经验",推进社会综合治理　/　001

第一章　"枫桥经验"社会治安历史沿革　/　019
　　1.1　改革开放前枫桥地区维护社会治安的实践　/　020
　　1.2　改革开放以来坚持和发展"枫桥经验"、维护社会治安的实践/　056

第二章　群防群治维护社会治安的"枫桥经验"　/　104
　　2.1　群防群治维护社会治安的实践　/　105
　　2.2　群防群治维护社会治安的典型事例　/　130
　　2.3　群防群治维护社会治安的"枫桥经验"成效　/　149

第三章　专群结合维护社会治安的"枫桥经验"　/　164
　　3.1　专群结合维护社会治安的实践　/　165
　　3.2　专群结合维护社会治安的典型事例　/　188
　　3.3　专群结合维护社会治安的成效　/　205

第四章　源头治理维护社会治安的"枫桥经验" / **224**

4.1　源头治理维护社会治安的实践 / 225
4.2　源头治理维护社会治安的典型事例 / 257
4.3　源头治理维护社会治安的成效 / 266

第五章　综合治理维护社会治安的"枫桥经验" / **299**

5.1　综合治理维护社会治安的实践 / 300
5.2　综合治理维护社会治安的典型事例 / 335
5.3　综合治理维护社会治安的成效 / 349

参考文献 / **356**

编写说明 / **363**

导　论
创新"枫桥经验",推进社会综合治理

0.1　从统治到治理：社会体制演进的共同规律

任何一个政治社会都要通过各种规范化和制度化的行为,将无序状态转化为有序状态,这种变无序为有序、化劣序为良序的政治行为即"治理"。以"枫桥经验"为典型范本的"中国之治",创造了经济快速发展和社会长期稳定的"两大奇迹",彰显了人民在社会治理中的主体地位,为世界各国开展国家治理提供了新范本与新选择。

0.1.1　统治、管理、治理的历史变迁

人类社会文明的发展史就是一部社会治理的演进史。"治理"的概念最早源于古典拉丁文和古希腊文中的"掌舵"一词,原义是控制、引导和操纵的行动或方式,主要用于与国家公共事务相关的宪法或法律的执行问题,以及管理利害关系不同的多种特定机构或行业,与"统治""管理"的含义相近。前工业社会时期,公共领域与私人领域尚未分化,君王拥有对全部社会资源的分配权力,是统治的核心,通过对身份(权力)的分配形成封建统治结构。近代以来,工业革

命极大地发展了社会生产力,社会生产关系也发生了革命性变化,各国社会治理也随着工业化从传统统治范式逐渐向现代社会治理转型。在西方政治观念中,最理想的社会状态莫过于只有治理,而没有政治的统治或支配,人与人之间实现普遍的自由和平等。康德也正是在此意义上提出了"永久和平"愿想,将普遍的公民状态视为人类自身最佳的政制或统治形式。[1]在这种普遍法制的公民社会中,每个人都是自身的统治者和被统治者,任何人都不受他人的统治,因为整个社会就是它自身的统治者和被统治者。

20世纪80年代以前,统治是政府管理的基本实现形式,人们普遍对政府解决问题的能力充满信心,政府的主要任务是通过计划预算、成本效益分析制定出有效的政策,以推动经济社会的持续发展,这一范式的显著特征是过分强调和依赖政府。然而,随着政府失效与市场失灵情况的出现,人们逐渐意识到"政府通过自己的直接行为来提供商品和服务是注定要失败的"[2],政府应当"掌舵"但不"划桨"。随着全球化的不断深入,政治生活发生了重大变革,其中最引人注目的变化之一,便是人类社会政治过程的重心正在从统治转向治理。1989年,世界银行的报告中首次提出"治理"概念,这一概念很快被运用于分析政治、行政、经济和社会管理等各种现象,并逐步成为理解当代社会现实的一种重要而有益的方法工具与分析框架。治理理论的创始人之一罗伯特·罗茨曾指出:"治理意味着统治的含义有了变化,意味着一种新的统治过程,意味着有序统治的条件已经不同于以前,或是以新的方法来统治社会。"[3]根据罗茨的治理理论,"治理"有六种定义:作为最小国家的管理活动的治理、作为公司管理的治理、作为新公共管理的治理、作为善治的治理、作为社会控制体系的治理以及作为自组织网络的治理。不同于统治,在治理理念中,"政府不再是唯一的权威主体,

---

1　康德:《历史理性批判文集》,何兆武译,商务印书馆2009年版,第18—21页。
2　毛寿龙、李梅、陈幽泓:《西方政府的治道变革》,中国人民大学出版社1998年版,第7页。
3　罗伯特·罗茨:《新治理:没有政府的管理》,杨雪冬译,《政治研究》1996年第5期。

权威的性质由强制服从向多元对话协商转变,权威的来源也从单纯依赖国家立法向融入非强制性的社会契约与认同转变"[1]。不仅如此,社会治理的要求也发生了变化,从强调政府的主导性角色和政府意志转到更多地强调社会公众的意志,注重激发社会活力,注重促进社会公平和正义。

纵观西方治理理论的发展史,西方国家从传统政府管理强调阶级利益、暴力工具的统治范式开始,到近现代政府管理强调官僚制、效率观,一直到新公共管理强调政府掌舵、公民参与、民主行政,公众的意志逐渐受到重视,民主治理的理念也从无到有并不断发展起来。治理主体从统治范式下的单中心向多中心转变,政府管理逐渐接受了曾经备受争议的民主行政,逐渐倾向于民主治理,甚至逐渐从强调政府与其他治理主体之间的合作治理,到越来越强调公民治理,治理机制越来越多样化,治理模式呈现整合化的趋势。在西方社会从统治逻辑向治理逻辑的演进过程中,能否实现治理机制与社会形态的协同发展,实现在变革中保持社会充满活力且和谐有序的有效治理,关键在于能否实现治理机制与社会形态的动态协同发展。在此基础上,当代世界所发生的深刻变化,如全球化的客观历史进程、冷战后国际政治经济秩序新的发展形态、全球公民社会作用的日益凸显等现实情况,都有助于解释治理何以兴起。

0.1.2 社会治理的经验智慧与价值意蕴

从统治走向治理,是人类政治发展的共同规律。在古代汉语中,"治"从水,"水土治曰平";[2] "理,治玉也","郑人谓玉之未理者为璞,是理为剖析也"。[3] "治"由水之名演化、衍生而来,引申为国家政事的治理,如"以正治国""政以治

---

[1] 俞可平:《中国的治理改革(1978—2018)》,《武汉大学学报》(哲学社会科学版)2018年第3期。
[2] 孔颖达:《尚书正义》,中华书局1987年版,第150页。
[3] 段玉裁:《说文解字注》,上海古籍出版社1981年版,第15页。

民""随俗化导,各得治宜"等。[1]"理"之初始义本为"攻玉之法",后被引申为事物的道理、规律或法则,或者是按道理、规律或法则来行事。"治""理"二字合用,既可分而言之,即治政之道,如"通天地之情状,洞古今之治理";也可合而言之,即治理之行为,如"当治理天下,新其政化"。[2]既可以从"治",解释为通过国家对政事的管理,达到"治太平";也可以从"理",意为国家应当按照政事的规律、法则和道理行事。

在中国古代,治理是关乎天下公私之交、社稷存亡之本的问题,具有举足轻重的地位和作用。历代诸子也多将国家治理所蕴含的治道或政道作为首要关注的问题加以探讨和实践。在某种意义上,"政"从"治","政道"从属于"治道","政"是为"治"服务的,"政治"的目标在于"治政"。因而对于中国传统理念而言,"治"既是"政"的基本过程,又是"政"的最高的原则、理念或理想,"政"唯有在"政(正)治之道"或"以政(正)治道"的意义上才有自身的正当性与合理性。纵观中国古代传统,统治或支配与治理或管理犹如一枚硬币的两面,欲建立正义和平等的社会秩序,社会治理应当"惟齐非齐,有伦有要",也就是荀子所言的"势齐则不壹,众齐则不使""两贵之不能相事,两贱之不能相使"。[3]因此,古代中国的社会治理可以分为"道"和"术"两个层面:"道"的层面主要包括"因循而治、杂采诸术、阳儒阴法、以道御之";而在"术"的层面,治理的手段有轻重、刑名、礼乐等类型。[4]这是中国古代所特有的治理思维,也是中国独特的文化现象。

鸦片战争后,步入近代的中国受到西方文化的强烈冲击,新旧社会矛盾层见叠出,具有新思想的朝野有识人士一度希望通过新政变革维持政权和社会秩

---

[1] 范晔:《后汉书》(第四册),中华书局1965年版,第1103页。
[2] 孔颖达:《尚书正义》,中华书局1987年版,第134页。
[3] 王先谦:《荀子集解》,中华书局2020年版,第75页。
[4] 陈祥勤:《"执古始之道,以御今之有"——中国古代治理传统中的治道和治术》,《社会科学》2022年第8期。

序的稳定。及至辛亥革命后,虽然洪宪帝制、军阀混战、抗日战争等事件接踵而来,但挣脱了皇权专制枷锁禁锢的中国社会终于迎来了社会治理模式改革试验的"黄金时期"。知识分子群体在西学影响下,提出共和国理想,提倡民主、科学,积极发起革命运动和社会运动,组建现代政党,一直走在社会变革的前沿。20 世纪 20 年代末,针对盲目仿效西方而产生的制度失范和乡村危机问题,梁漱溟、晏阳初等知识分子发起了"乡村建设运动",将现代生活方式推广到农村,整顿村风民风、移风易俗,取得了一定的积极效果。新民主主义革命时期,中国共产党领导人民军队和群众开展"打土豪、分田地"的土地革命运动,有效地动员了广大农民群众参与革命和基层治理,以革命的方式迅猛摧毁了旧社会遗留的社会结构,培育了新社会价值观,建立起国家与社会高度聚合的总体性体制,为社会主义革命时期从统治向治理的转变积累了制度经验。

新中国成立后,我国开始建设社会主义社会,这同时也标志着社会治理体制建设的正式开启。中国共产党根据不同时期的中国经济社会发展状况,顺应社会形态和社会主要矛盾的发展需要,不断改革完善社会治理机制,先后实行了"计划管理""社会管理""社会治理"三种不同形态的治理机制。在计划经济时期,国家管理社会主要依靠行政手段,最为常见的方式是自上而下的垂直管理和社会动员。在这种经济模式下,政府包办一切社会事务,所有社会成员被管理在相对封闭的"单位"之中,社会缺乏自我组织、自我管理、自我调节的机制,整个社会相对缺乏活力和创造力。改革开放以后,随着经济体制改革的不断深化,原有的一元化社会管理体制解体,市场的力量和发展潜能得到充分释放,整个全能型政府之下的社会以及社会组织开始发生深刻的变革。原有的单位体制逐渐松动瓦解,"只要无碍于经济发展、政治稳定和国家公共安全,经济领域之外的社会事务管理基本上处于政府职能的边缘地带"[1],我国治理模式逐

---

[1] 潘加军等:《从社会管制转向社会权利:新时期社会管理创新的价值走向》,《当代世界与社会主义》2013 年第 2 期。

步从改革开放之前的社会控制模式演变为与社会主义市场经济相适应的社会管理模式。2004年,党的十六届四中全会通过的《中共中央关于加强党的执政能力建设的决定》提出"加强社会建设和管理,推进社会管理体制创新"。2006年10月,党的十六届六中全会在《中共中央关于构建社会主义和谐社会若干重大问题的决定》中提出要"创新社会管理体制,整合社会管理资源,提高社会管理水平,健全党委领导、政府负责、社会协同、公众参与的社会管理格局,在服务中实施管理,在管理中体现服务"。党的十八届三中全会明确提出了"创新社会治理体制"和"提高社会治理水平"的总体要求,标志着我国的国家治理超越了"统治""管制"和"管理",拓展到社会改革和社会建设的方方面面。随着"共建、共治、共享"社会治理新格局的建立,人民在社会治理中的主体性作用受到前所未有的重视,"离开更高程度和更大范围的人民参与和人民分享,就没有什么现代意义上的国家治理和文明治理,更没有什么有效的中国治理和人民治理"[1]。

"社会需要治理,社会决定治理,社会决定于治理"[2],在社会体制的变革中,治理发生了从统治到信任、从被动排斥到主动参与的变化,其实质是一种合作管理。随着社会的发展,治理主体已经从统治时代掌握国家权力的政府这一单一主体中脱离出来,治理格局逐渐朝向"官民共治"发展。一个国家若想突破发展困境、打破发展瓶颈,必须因地制宜从本国的实际情况出发,照搬他国制度未必是解决问题的好办法,制度嫁接也可能引起"排异反应"。"中国之治"是中国特色的、人民本位的,内在地蕴含了人类命运共同体的理念,不仅强调中国人民在共建共享发展中有更多获得感,也提倡为世界上一切爱好和平、期盼发展的人民提供中国智慧与中国方案;既让中国更好地利用世界的机遇,又让世界更好地分享中国的发展机遇,促进中国和世界各国良性互动、互利共赢。"治国有

---

[1] 田应奎:《2049:中国治理》,中共中央党校出版社2019年版,第43页。
[2] 乔耀章:《全面社会治理的主客体辨析及具新社会革命之特质》,《河南社会科学》2020年第9期。

常,而利民为本",在"逆全球化"暗流涌动的当下,以人民为中心的"中国之治"正向世界释放一个积极的信号,展示着中国的责任与担当。作为"中国之治"的典型范本,"枫桥经验"也正是在这样的历史文化背景下产生、发展并随着治理模式的变化而不断转型升级的。

0.2 历久弥新:"枫桥经验"的产生与发展

"枫桥经验"是党领导人民创造的一套行之有效的社会治理方案。在其诞生至今的六十年里,"枫桥经验"从枫桥地区维护社会治安的实践,逐步发展成为维护社会稳定的全国性范本和标杆,形成了包括依靠群众力量、改造"四类分子"的"群防群治"经验,专门机关与人民群众相结合预防和治理违法犯罪、维护社会平安稳定的"专群结合"经验,从根源上防范风险、化解矛盾的"源头治理"经验,以及"三治融合、四防并举"建设平安浙江、平安中国的"综合治理"经验在内的社会综合治理经验体系,是事关国家稳定发展的丰富宝藏。在新时代,坚持创新"枫桥经验",有助于更好地发挥中国特色社会主义社会治理体系的独特优势,推动国家治理体系和治理能力现代化。

0.2.1 "群防群治"调和阶级矛盾的尝试

新中国成立后,如何巩固新生的人民民主专政国家政权,如何正确处理两类矛盾,如何进行社会主义建设,是我们党和人民亟待破解的时代课题。1962年9月,在党的八届十中全会上,毛泽东提出要进行一场以克服单干风,抓阶级斗争为主要内容的社会主义教育运动。1963年5月,毛泽东在杭州召开的小型会议上,主持制定了社会主义教育运动的纲领性文件——《中共中央关于目前农村工作中若干问题的决定(草案)》(简称"前十条"),自此,针对"四类分子"的改造运动在广大农村地区正式展开。浙江省委为贯彻"前十条",组建省委工作队,在诸暨枫桥区的枫桥、新枫、视北、视南、栎江、檀溪和东溪等七个公社开展社会主义教育运动的试点工作。

1963年7月,社会主义教育运动试点进入"对敌"斗争阶段,浙江省委工作队坚持组织基层干部群众学习《中共中央关于抓紧进行农村社会主义教育的批示》中对坏人坏事"必须以教育为主,以惩办为辅"的意见,引导七个公社以生产队为单位,由全体社员对"四类分子"进行"全面评审、重点斗争":守法的,给予适当鼓励;基本守法的,指出好的地方,批评其不足之处;有一般违法行为的,给予严厉批评;有严重破坏行为的,作为评审的重点,由群众批判斗争。最后,枫桥区没有逮捕一个人,就制服了有违法行为的"四类分子"。1963年11月,公安部负责人在第二届全国人大四次会议上作了题为《依靠群众力量,加强人民民主专政,把绝大多数"四类分子"改造成新人》的发言,向全国推广"枫桥经验",得到了毛泽东的肯定并批示"要各地仿效,经过试点,推广去做"。自此,一场轰轰烈烈的学习推广"枫桥经验"的热潮在全国展开。

0.2.2 "专群结合"维护社会治安的实践

改革开放以后,我国从有计划的商品经济时期进入了建设社会主义市场经济时期,社会主要矛盾转化为人民日益增长的物质文化需要同落后的社会生产之间的矛盾。经济全球化、社会信息化、文化多样化、世界多极化、综合国力竞争白热化,成为信息社会和知识经济时代的基本特征和主要标志。由于经济大发展,社会大变革,人、财、物大流动,刑事犯罪持续高发,流窜犯罪猖獗,青少年违法犯罪问题十分突出。

这一时期,"枫桥经验"主要用以落实党委领导下的专门机关与群众路线相结合的公安工作基本方针,维护社会治安。1980年3月,枫桥区委起草了题为《进入新的历史时期后,我们是怎样坚持"枫桥经验"》的文章,认为在阶级状况发生根本变化以后,坚持"枫桥经验"要从过去以监督改造"四类分子"为主,转移到帮教改造违法犯罪人员、维护治安上来。随着社会治安综合治理实践的不断深入,枫桥的干部群众运用"枫桥经验"的基本精神,把预防、打击犯罪和教育、改造违法犯罪人员有机结合起来,努力减少可能诱发犯罪和影响社会稳定的各种因素,逐步形成了融"打、防、建、管、教、改"于一体的社会治安综合治理经验,"枫桥经验"也由教育改造"四类分子"的经验发展成为帮教流窜犯、一般违法犯罪人员特别是青少年违法犯罪人员的经验,并逐渐发展成为社会管理的经验。

0.2.3 "源头治理"预防化解纠纷的经验

随着经济水平的提高,我国社会生活中的一些深层次问题和矛盾逐渐显露,农民收入增长趋缓,就业和再就业矛盾较为突出,城乡差距、地区差距、居民收入差距有所扩大,基层的民事类矛盾、管理中的民生类矛盾和经济建设中的发展类矛盾较为突出,给社会带来了较大的维稳压力。

从根源上防范风险、化解矛盾是"枫桥经验"的重要内容。"枫桥经验"中的矛盾纠纷源头治理经验主要包括以下几个方面:一是发动群众力量,成功改造轻微违法犯罪人员。枫桥地区总结出的"四前工作法"重视矛盾纠纷的预测、预防,追求治理的成效。源头治理有助于调动群众积极性,激发其参与基层社会治理的热情,释放多元主体参与社会治理的活力,对改造犯罪分子、减少再次犯罪、维护城乡社会安全稳定具有深远的意义。二是发挥调解组织作用,多元化解矛盾纠纷。"枫桥经验"通过发挥各类组织、社会主体的作用,运用预防化解矛盾纠纷的社会治理经验,在矛盾纠纷的多元化解、基层群众自治制度功用的发挥等方面取得了积极的效果。三是调动各方力量,消除矛盾纠纷的根源。化解矛盾纠纷,除坚持针对性原则之外,只有从源头上化解,才能消除根源矛盾以取得良好效果。枫桥镇各级、各类调解组织注重源头治理,通过劝导和说服,彻底化解矛盾纠纷;设置回访制度,保证纠纷化解后当事人的生活仍然受到调解员的关注,使矛盾不复发、不反复,真正建立起长效机制。

0.2.4 "综合治理"建设平安中国的经验

党的十八大以来,以习近平同志为核心的党中央不忘初心、牢记使命、接续奋斗,统筹推进"五位一体"总体布局,协调推进"四个全面"战略布局。随着中国特色社会主义进入新时代,"枫桥经验"也从"单一治理"走向"综合治理",从"平安诸暨"走向"平安浙江""平安中国"。所谓综合治理,就是指综合运用政治、经济、法律、文化、教育、科技等多种手段解决社会问题,构建起多管齐下、相融相合、互济互补的善治体系,更好地规范社会行为、调节利益关系、协调社会关系、解决社会问题,使社会既安定有序又充满活力。[1]

"枫桥经验"中的"综合治理"强调政治、法律、经济、行政、教育、文化等多部门联合行动,综合运用打击、防范、教育、管理、改造等多种手段,通过基层民主协商、制定乡规民约等渠道实现全面、高效、有序的社会治理。在基层民主协商机制方面,"枫桥经验"重视引导社会成员参与,形成公民的主体意识、主体责任和主人翁精神。在基层民主治理体系的构建方面,"枫桥经验"积极创新互联网综合治理,深入推进依法管网、以人管网、技术管网和综合管网,充分融合法治、德治、自治的治理理念,依托政府、网民、行业协会等多主体共同整治网上突出问题,构建"社会参与、关口前移、重心下沉"的基层民主治理模式。

考察"枫桥经验"的形成和发展历程可以看出,"枫桥经验"贵在坚持人民主体地位,不断创新群众工作方法,始终做到"一切依靠群众,一切为了群众"。"枫桥经验"的内涵虽然不断变化、不断升华,但不同时期的"枫桥经验"始终与时代紧密联系,走在时代的前列、引领时代,成为各个时期的先进理论。因此,随着中国特色社会主义进入新时代,有必要在贯彻"枫桥经验"核心精髓的基础

---

[1] 黄文艺:《习近平法治思想中的政法理论述要》,《行政法学研究》2023年第1期。

上,继续创新发展"枫桥经验",充分发挥其当代价值。

0.3 传承与升华：新时代"枫桥经验"的治理创新

0.3.1 "枫桥经验"的数字化转型

数字化是社会治理迈向现代化的鲜明标志,充分发挥现代科技的支撑作用,加快推动"枫桥经验"与现代科技深度融合,是"枫桥经验"创新发展的基本方向。数字治理是随着数字技术、数字经济发展而产生的新型治理方式,其体现着数字要素和治理要素的结合,是对现实治理实践活动的真实反映,使得公众可以借助信息技术所开辟的通道,参与到政府决策过程中来,进而促进政府管理走向"以公民为中心"的治理转型之路。

近年来,"枫桥经验"数字化以整体性治理为依托,综合运用人工智能、大数据、区块链等新一代数字化手段和方式,依靠和发动群众,建立统一的数字应用系统平台,为基层社会治理注入新动力。一是注重数字处理的科学化和精准化。例如,诸暨市枫桥镇将通过5G、云计算、大数据、人工智能与枫桥基层社会工作深度融合,全面打造乡村信息基础设施提升工程,扩大乡村治理的场景应用,推动5G网络与物联网技术融合应用,加快生产生活基础设施数字化改造,推进网络安全基础设施建设。二是强调数字信息的动态化和实时化。诸暨市在创新发展"枫桥经验"的过程中,构建"五张网":网上法庭、网上司法所、网上调解室、网上检务、网上公安,实现多网动态协同、智慧科学治理。科学运用大数据、云计算、物联网等数字技术,有效拓宽了群众参与基层社会治理的渠道,实现了基层社会治理的精准分析、精准服务、精准治理、精准监督、精准反馈。三是推进数字处理的智能化和个性化。如利用互联网技术,建设矛盾纠纷多元化解平台,推动网上调解工作,开展线上立案、视频调解,构建部门协同、线上线下联动治理模式,拓宽了群众参与基层社会治理的渠道。

0.3.2 "枫桥经验"的指标化趋势

作为治国理政的重要组成部分,"枫桥经验"在各地创新和发展的过程中逐渐形成指标化的发展趋势。例如,1991年3月,诸暨市双桥乡综合治理办公室制定了治调干部目标责任书,采取百分制的计分方法,对干部进行半年检查和年终总结,根据检查结果分别奖励。这种指标化的治理模式,有效整治了治调干部"一推、二拖、三怕"的不良作风。1993年11月,诸暨市枫桥镇党委提出了以创"三无"年为主要内容的目标管理责任制,即全年无重大治安案件、无重大民间纠纷、无大规模的赌博活动。枫桥镇政府通过签订责任书形式,进一步明确镇、村治调组织的职责、任务及解决纠纷和案件的时间、原则与方法,并对工作目标进行考核验收,以促进综合治理各项措施的落实,调动各级治保、调解组织的工作主动性、积极性和创造性,使"枫桥经验"在新的形势下更具生命力。

进入21世纪,诸暨在创新"枫桥经验"时所提出的指标要求更加具体、体系性更强。2004年2月,中共诸暨市委、诸暨市人民政府在《关于创新"枫桥经验"、创建"平安诸暨"的实施意见》中明确了"全力维护社会稳定,促进经济社会快速协调发展,使人民群众安居乐业。到年底达到市级'枫桥式平安镇乡(街道)'标准,力争达到绍兴市级'枫桥式平安镇乡(街道)'标准。人民群众对社会治安工作满意率达85%以上,人民群众的安全感达90%以上"的总体目标,分别就社会治理的各领域对创新"枫桥经验"提出了具体的指标化要求。20年来,平安浙江建设形成了一套指标评价体系,特别是2018年推出的"平安指数",是对习近平同志在浙江工作期间开展"平安浙江"建设实践活动的深化,已经成为衡量各地社会治理水平的"风向标"。

作为基层社会治理的中国方案,新时代"枫桥经验"的指标化发展是对传统优秀治理资源的传承和升华。一方面,"枫桥经验"的指标化是对基层治理经验的抽象、凝练和概括表达,是一种地方治理文化乃至治理文明的具体体现。将抽象的治理经验具体化,有助于传承和发展地域特色,创新性挖掘"本土资源",回应地方治理难题,形成可资传承、运用及借鉴的基层治理"地方性知识"。另一方面,"枫桥经验"的指标化为国家层面社会综合治理体系的建构提供了理论范式的经验支撑。"一个国家选择什么样的治理体系,是由这个国家的历史传承、文化传统、经济社会发展水平决定的,是由这个国家的人民决定的。"[1]指标化的"枫桥经验"不仅是地方层面的治理经验总结,更是一种在全国可复制、可推广的社会治理评价体系的重要组成部分。

0.3.3 "枫桥指数"的治理评价功能

"枫桥经验"为社会综合治理体系的建立提供了新的范式结构,已成为新时期评价社会综合治理有效性的重要参考。2022年1月,新时代"枫桥经验"指数项目课题组发布了新时代"枫桥经验"指数指标体系,该体系共包含6个一级指标,分别是党的领导、人民主体、多元协同、"四治"融合、矛盾化解、平安和谐。其中,党的领导是根本保证,人民主体是价值核心,多元协同是基本格局,"四治"融合是方法模式,矛盾化解是主要特征,平安和谐是最终目标。发布"枫桥指数"是进一步贯彻落实习近平总书记关于坚持和发展新时代"枫桥经验"系列重要论述的实际行动,同时也为社会综合治理提供了新的评价导向。

一是党的领导。近代以来,成功实现治理现代化的国家,共同之处是都拥有一个强大的政党。党的二十大报告强调:"党的领导是全面的、系统的、整体的,必须全面、系统、整体加以落实。"[2]因此,应将党的领导作为"枫桥指数"的重要指标,对党组织在社会治理中的政治引领、组织引领、制度引领情况进行客观评价。

---

[1] 习近平:《习近平谈治国理政》(第一卷),外文出版社2018年版,第105页。
[2] 习近平:《高举中国特色社会主义伟大旗帜 为全面建设社会主义现代化国家而团结奋斗——在中国共产党第二十次全国代表大会上的报告》,人民出版社2022年版,第63页。

二是人民主体。从孔子的"天下为公",到孟子的"民为贵,社稷次之,君为轻",再到朱熹的"国以民为本,社稷亦为民而立""平易近民,为政之本",以民为本的治理思想贯穿中国自周代以来三千多年的治理历史。人民主体立场决定了"枫桥经验"的政治立场、逻辑起点和价值取向,保证了人民以主人翁的角色和姿态参与社会治理,人民主体立场可被视为新时代社会治理对人民主体性和能动性提出的新的政治期待。

三是多元协同。随着国家与社会关系从对立到合作的演变,"建设人人有责、人人尽责、人人享有的社会治理共同体"的协同共治理念已成为现代社会治理的普遍共识。"枫桥经验"将分散的村民、精英等群体整合于治理体系之中,建立多元主体的合作治理模式,形成了多元主体利益博弈与权衡的良性机制,有效化解了矛盾冲突,提升了治理效能。这些社会主体对治理的参与,反映出各类社会行动者在社会管理和社会服务中的主体性和能动性的发挥程度,体现着社会综合治理的整体水平。

四是"四治"融合。《中共中央 国务院关于支持浙江高质量发展建设共同富裕示范区的意见》强调坚持和发展新时代"枫桥经验",构建舒心安心放心的社会环境,健全党组织领导的自治、法治、德治、智治融合的城乡基层治理体系。"四治"融合作为落实新时代"枫桥经验"的主要路径,是中国特色的基层治理方法模式,代表了社会综合治理的发展方向。

五是矛盾化解。矛盾是事物存在的普遍规律和根本法则,是一切事物发展的内在源泉和动力。"枫桥经验"作为我国基层治理经验的典范,其蕴含的人本主义矛盾化解观念和法治化的矛盾化解工作形式对于推进基层社会治理矛盾化解机制现代化具有普适意义。社会矛盾化解推动了地方协商民主的发展,推动着社会综合治理制度体系不断完善。

六是平安和谐。平安和谐是新时代"枫桥经验"的发展目标,即为人民群众创造良好的社会秩序和发展环境。平安是和谐的基础条件,和谐是平安的更高形态。如今,枫桥已成为社会综合治理的典范、平安和谐的绿洲,平安不出事是"枫桥经验"的基本内涵之一。在新时代,深入推进社会综合治理应紧紧围绕平安和谐这一目标,从政治安全、治安安全、卫生安全、网络安全等角度着手,衡量社会治理状况。

0.4 中国之治:社会综合治理的体系建构

社会综合治理不仅是一个政策口号,更是一种实实在在运作的国家治理机制。以"枫桥经验"为典范的治理经验是社会体制演进过程中特定历史阶段的产物,深刻反映了当代中国国家治理的本质特征,为探索建立新时代社会综合治理体系提供了中国方案。

0.4.1 以社会善治精细化为导向

"善治"是社会综合治理的目标和最终导向。在社会学领域,治理本质上是官民合作共治以及公共利益最大化的过程。"治理不是一整套规则,也不是一种活动,而是一个过程。治理不是一种正式的制度,而是持续的互动。"[1]作为一种以社会力量为多元主体参与的协同共治,社会治理倡导社会自治和参与式自治,通过对社会性公共事务进行规范、组织、协调、监督,如社会性公共服务的提供、社会行为的规范、社会关系的协调等,实现维护群众权益的目的。这种促使公共利益最大化的社会管理过程即善治,也是社会综合治理的价值导向。善治的本质特征就在于政府与公民对公共生活的合作管理,是政治国家与公民社会的一种新颖关系,是两者的最佳状态。

"天下难事,必作于易;天下大事,必作于细。"[2]社会治理精细化是实现善治

---

[1] 俞可平:《全球治理引论》,《马克思主义与现实》2002年第1期。
[2] 老子:《道德经》,张景等译注,中华书局2021年版,第343页。

的必然要求。精细化是对以往粗放式管理的反思和矫正,是推进社会综合治理所需要始终坚持的发展方向。根据国家与社会关系理论的逻辑,社会治理的精细化并非指政府权力的进一步延伸,而是指政府在履行基本职能、规范自身权力边界的前提下,将具体实际工作做得更加精细到位,其所坚持和倡导的是一种服务性理念。基于对社会善治内涵的理解,推进社会综合治理需要凸显社会善治的价值导向,坚持以人民为中心的发展思想,突出社会组织、公民在社会自主治理中的作用,主要包括以下两个方面:一方面,国家与社会的安定有序。当前我国面临传统安全因素和非传统安全因素双重风险交织的局面,尤其是信息化浪潮带来了社会综合治理亟待解决的新隐忧,社会治理对象的不确定性和复杂综合性与日俱增。在此背景下,社会综合治理体系的建构应当吸收防范化解风险的理念,积极服务并深度融入实现安全发展、建设更高水平的平安中国的"中国之治"大格局,健全平安建设社会协同机制,从源头上提升维护社会稳定能力和水平。另一方面,法治环境不断优化。法治是国家治理的基本形式,现代法治的最终目的是实现社会的善治,离开社会善治目的的法治,是"以法为工具和手段来治理国家"的"以法治国",而不是"以法为根据和准则来治理国家"的"依法治国"。"枫桥经验"以习近平新时代中国特色社会主义思想为指导,促进传统文化与现代法治理念融合,提升社会综合治理水平,并朝着理论化、制度化、时代化、法治化方向发展。

0.4.2　以社会综合治理法治化为核心

在法制轨道上开展社会综合治理是国家治理现代化的题中之意。社会综合治理法治化承续了马克思主义社会治理思想,以良法善治为价值起点,追求公平正义和人民至上,并付诸制度建设实践。进入新时代,社会综合治理的推进应当以法治化为核心,完善社会领域立法,健全社会治理规范体系,发挥社会组织在社会治理中的作用,在中国式法治现代化实践中接续推动社会综合治理法治化。

一是完善社会领域立法。新时代"枫桥经验"独具的法治价值在于推动创造了基层社会的法治范式，创新了自下而上的法治制度供给模式，丰富了当代中国社会基层的法治文化。建设社会综合治理体系，应当深化软法规范建设，打造更高水平的混合法规范体系；深化人民调解制度，建立多元化纠纷解决机制，实现矛盾纠纷的源头治理；优化治理体系的系统性、规范性、协调性，筑牢法治共同体，促使治理效能最大化。

二是创新司法体制改革。作为基层社会治理中的重要力量，司法机关应当主动融入共建共治共享社会治理格局，积极参与基层社会治理活动，并服务于基层社会治理目标，正确履行司法审判职能，推动地方经济社会文化及治理的全面发展。整合资源，健全诉前纠纷解决机制，形成解决纠纷的合力，加大案件繁简分流，提高审判质效。

三是健全柔性执法机制。以互联网技术为平台，以信息化技术为支撑，以群众满意度为标准，提升柔性执法的制度化、规范化、专业化水平。推动枫桥式柔性执法理念扩散至更多领域，积极探索灵活多样的执法手段和动态适应的调节方式，推动形成包容的人文环境，针对轻微违法人员开展有效果、有效率的改造，帮助其回归社会。

0.4.3 以过程性公民参与为载体

公众参与是新时代国家社会治理的重要维度，社会主体在治理实践中的参与和作为，不仅被赋予提升社会自治水平、提高社会治理能力的希冀，而且也是国家在社会自身有能力自治的领域得以相对抽离的前提。然而，目前社会综合治理中未能大量吸纳公众有效参与，使得公众难以通过参与社会综合治理表达个人和群体的意见及建议、监督政府相关部门行为。因此，在社会综合治理的体系建构中，应以过程性公民参与为治理评价的载体，改进相关制度设计和组织架构，发挥民众力量和社会评价机制对政府行为的引导和监督作用，脱出目标责任、任务下压、指标考核的窠臼,建立更加成熟长效的现代国家治理体制。

完善法律,保障公众作为利益相关者对相关事项的知情权、参与权、表达权和监督权得到有效落实。党的十八大报告指出:"坚持用制度管权管事管人,保障人民知情权、参与权、表达权、监督权,是权力正确运行的重要保证。"[1]党的二十大报告指出:"完善办事公开制度,拓宽基层各类群体有序参与基层治理渠道,保障人民依法管理基层公共事务和公益事业。"[2]公众有效参与社会综合治理是构建共建共治共享的社会治理体系的重要举措。"共享"的伦理前提是"共建","共享"的事实前提是"共治",即每一个公民在社会治理中都享有平等的参与权、话语权。唯有共建加共治,才能建构有效的社会综合治理体系,实现社会善治。

"社会治理说到底是做群众的工作,社会治理的工作方法说到底是群众工作方法。"[3]由于治理主体的地位差异,治理主体所拥有的社会资源也不尽相同,治理规则制度往往存在一些缺陷,容易导致优势治理主体的独断专行,治理决策的形成缺乏沟通与协调,治理主体彼此间难以相互理解与认同,从而使得各主体的治理角色发生错位,产生各种矛盾与冲突,最终处于弱势地位的治理主体的参与性不足,治理效果难以令各方满意。从"群防群治"到"专群结合""源头治理"再到"综合治理","枫桥经验"的历史沿革表明,公众参与是社会治理的重要基石,社会综合治理体系的有序建立离不开政府与群众之间的对话、合作、沟通以及协商。为避免公众参与成为一种"象征性"参与,应当以过程性公民参与为社会综合治理体系的载体,建立公众意见回应机制,提升公众参与社会综合治理的积极性与主动性。

---

[1] 中共中央文献研究室编:《十八大以来重要文献选编》(上),中央文献出版社2014年版,第22页。

[2] 习近平:《高举中国特色社会主义伟大旗帜为全面建设社会主义现代化国家而团结奋斗——在中国共产党第二十次全国代表大会上的报告》,人民出版社2022年版,第37页。

[3] 张雪松:《群众路线与社会治理》,《思想政治工作研究》2014年第6期。

第一章
"枫桥经验"社会治安历史沿革

中华人民共和国成立初期,枫桥地区的治安主要由公安机关主导下的公权力进行维护。随着社会的发展变化,违法犯罪数量增加,且形式日趋多样化,单纯依赖公安机关主导下的公权力遏制犯罪的治理模式在实施效果上已然捉襟见肘。在这样的情势下,为了恢复良好的社会秩序,枫桥地区干部群众开始自发探索基层治安综合治理的新模式,以"发动和依靠群众,坚持矛盾不上交,就地解决,实现捕人少、治安好"为核心内容的"枫桥经验"应运而生。

在"枫桥经验"诞生前的初期探索中,枫桥区的七个公社开展了社会主义教育运动试点,发动群众的力量,同破坏活动的"四类分子"展开了说理斗争:对于有一般违法行为的"四类分子",给以严厉批评;对于有严重违法破坏行为的,作为斗争的重点,由群众批判与监督。试点运动取得成功后,枫桥区展开了农村社会主义教育运动。各公社治保干部坚持和贯彻"枫桥精神",积极发动社员,通过分析犯罪成因、制定改造计划,对社内潜在的"四类分子"进行了逐一突破,真正做到了人民内部矛盾内部解决,防止了矛盾的转化与激化,团结了绝大多数人,最大限度地改造了"四类分子"和其他犯罪分子。枫桥区以本次社会主义教育运动为案例,凝练成篇的《诸暨县枫桥区社会主义教育运动中开展对敌斗争的经验》得到了毛泽东同志的重要批示,并被推广至各地,后经各地效仿,广为流传。绍兴地区内的专门机关开始意识到群众的力量，依托群众、发动群众参与社会治理，区域内社会治安情况取得了显著的提升，村、镇、县级政府以工作报告的形式进一步宣传、推广"枫桥经验"。枫桥区下辖大队依靠干部群众成功改造"四类分子"的典型事例，反映了人民群众参与基层治理的积极性和实效性，展现了"枫桥经验"切实维护稳定社会治安的效果。

"枫桥经验"历久弥新，不仅在农村社会主义教育运动中获得圆满胜利，而且在不同的历史时期同样迸发活力：20世纪六七十年代，广大干部和群众始终坚持"枫桥经验"，与林彪和"四人帮"的干扰、破坏坚决作斗争，克服了思想错误，提升了人民群众的政治觉悟和组织自律性，"枫桥经验"在实践中不断深化与升华；进入改革开放时期，社会治安面临新挑战，广大干部群众又充分运用"枫桥经验"的基本精神解决新的问题，结合新时代背景，积极创新社会治理方式，最大限度地预防化解社会矛盾。为纪念毛泽东同志批示"枫桥经验"，绍兴市委、诸暨市委等专门机关发表系列重要讲话，总结归纳了新时期"枫桥经验"的丰富内涵，要求在新阶段进一步坚持和发展"枫桥经验"，推动社会治安综合治理，促进基层治理体系和治理能力现代化。以新时代"枫桥经验"为指引，解决社会矛盾，实现社会的长治久安，正在而且必将成为现实。

1.1 改革开放前枫桥地区维护社会治安的实践

1.1.1 "枫桥经验"诞生前的初期探索

1.1.1.1 诸暨县枫桥区社会主义教育运动中开展对敌斗争的经验

提要：20世纪60年代，诸暨县枫桥区在下辖的7个公社开展社会主义教育运动试点工作，充分发动和依靠群众，在不打人、不抓人的前提下，通过说理斗争，制服了那些认为非捕不可的"四类分子"。公安部领导来浙江视察时,发现了枫桥区"没有捕人",却对"四类分子"起到了良好的改造效果,就立即向正在杭州视察的毛泽东同志作了汇报。根据毛泽东同志的指示,时任公安部副部长凌云带领调查组赴枫桥,调查核实后,主持起草了《诸暨县枫桥区社会主义教育运动中开展对敌斗争的经验》,其中所概括的各项斗争经验,即"枫桥经验"。

诸暨县枫桥区社会主义教育运动中开展对敌斗争的经验[1]

我们在枫桥区的7个公社进行了社会主义教育运动试点。运动中的对敌斗争,是在干部初步洗手洗澡的基础上,专门划出一个阶段来进行的,每个大队大约花了20天左右的时间。这7个公社共65 000人口,其中有地、富、反、坏分子911人。开始的时候,一部分基层干部和积极分子要求逮捕45人,经过发动群众,对有破坏活动的"四类分子"开展了说理斗争,没有打人,也没有捉人,就把多数敌人制服了。

斗争开始,干部和积极分子要求逮捕一批、"武斗"一遍

运动中揭发出敌人的破坏活动是严重的。7个公社有比较严重的破坏活动的"四类分子"163名,占"四类分子"总数的17.9%。有的记变天账,写反动诗;有的倒回土地房屋;有的扬言杀人,甚至在工作队进村之后还公然殴打贫农社员;更多的则是利用酒色财气腐蚀支书、队长、会计、治保主任"四巨头",用迷信活动和宗族关系分化瓦解贫下中农队伍,以及煽动分地到户、破坏山林,千方百计企图搞垮集体经济。

敌人猖狂进攻的大量事实,提高了干部和群众的革命警惕性,也激起了强烈的义愤,要求政府严厉制裁。特别是不少基层干部和积极分子,要求逮捕一

---

[1] 中共中央:《中央关于依靠群众力量,加强人民民主专政,把绝大多数四类分子改造成新人的指示》,1964年1月14日印发,中发〔64〕29号文件。

批,有的要求把人马上捕走,"上交政府"。他们说:"这种人不进监牢,就没有犯法的人了。"很多大队和生产队的干部,还主张对"四类分子"一律斗争一遍,说:"有破坏的敌人应该斗,没有破坏的内心也刁滑,也应该斗。"而且说:"要斗就武斗,敌人软硬兼施,我们就要文武结合。"

学文件,摆敌情,讨论斗争的方法

为了引导干部和群众按照中央"决定"的精神去同敌人进行斗争,我们同干部、群众一起学习了中央文件和省委指示,用回忆对比的办法,总结土改以来对敌斗争的经验。让大家敞开思想,辩论敌人到底怕什么,多捕好还是少捕好,"武斗"好还是"文斗"好。同时,发动干部和群众对本生产队的专政对象进行了一次清理,分类排队,对每个"四类分子"的表现进行具体分析,研究处理办法。排队以后,情况明朗了。四类分子并不都是铁板一块,也有守法的和基本守法的,这两类大约占半数,在违法分子中,有严重破坏行为的只占小部分。不少群众反映:"'四类分子'表现有好有坏,破坏有轻有重,如果一刀切,都捕起来,都斗一斗,赏罚不分明,对改造敌人不利。"

讨论中,多数群众并不赞成多捕人。他们说,有些"四类分子""怕管不怕关","怕群众不怕监牢",捕起来以后,还要大家替他养活老小。

辩论得最激烈的是"武斗""文斗"问题。古唐大队副大队长说:"江山是打出来的,不是讲出来的,敌人只能打服,不能说服。"但很多人不同意他的说法。不少群众反映,过去有的斗争会是"干部揪头皮,民兵戳面皮,青年看把戏,老人弗(不)出气","斗争时话还没说清楚,就劈头劈脑地打起来,不仅斗不倒敌人,反而增加了他们的抵抗"。尤其是那些可以教育的人,打了就更反动了。经过大辩论,干部和群众得出的共同结论是:"武斗斗皮肉,外焦里不熟,文斗摆事实讲道理,以理服人,才能斗倒敌人,擦亮社员的眼睛。"

全面评审,重点斗争,制服了敌人

经过充分准备之后,就对敌人进行了面对面的斗争。首先以生产队为单位,全体社员参加,对"四类分子"普遍进行评审。先评守法的,再评违法的。对于守法的,给以适当鼓励,基本守法的,指出他好的地方,批评他不好的地方;有一般违法行为的,给以严厉批评;对于有严重违法破坏行为的,作为评审的重点,由群众批判斗争。有的"四类分子",参加评审会前,做好了"护膝垫",准备罚跪。到会一看,不仅不打、不罚跪,表现好的还得到鼓励,就坦白交代了自己的违法活动和思想。有些"四类分子"说,这次评审是"明镜高悬,好坏分明",表示要"悬崖勒马,重新做人"。西畴大队的陈某某,是一个原有1400多亩田的大地主,过去一贯拒绝参加劳动,写了一本署名"容膝斋"的反动诗抄,斗过20多次,用过罚跪、"假枪毙"等办法,都没有制服他,群众称他为"橡皮碉堡"。这次评审,群众同他进行了充分说明,其他"四类分子"也揭发了他写的反动诗。没有大会斗争,陈某某被迫交代了造谣、记变天账、写反动诗等罪行,交出了长期保存的蒋介石相片。群众高兴地说:"说理斗争真正好,橡皮碉堡攻破了。"他自己说:"这次评审,对我很有助益,我服了。""四类分子"的家属对这次评审也表示满意。桥亭大队反革命分子宣某某的老婆,参加评审会时满面愁容,担心她丈夫"吃生活"(挨打之意)。评审以后,带着笑脸回家,说:"这样子评审真好,我一定帮助政府改造他。"

经过生产队的评审,大部分有破坏活动的"四类分子"都缴械投降了,剩下少数不低头认罪的分子,再以大队为单位进行斗争。7个公社111个大队,共斗争了67名。斗争坚持摆事实讲道理,不打不骂,并且允许敌人申辩。有些狡猾的敌人越诡辩,反动本质就暴露得越充分,群众受到的教育就更加深刻,群众的发动也就更加广泛和深入。古唐大队富农陈某某,群众说他"大会年年斗,坏事年年做,越斗越皮条",他自己也说:"我反正是变戏法的狲狲,上台斗斗没啥关系。"这次斗争会上,陈某某仍然耍各种花招,共申辩了38次。他越申辩,看清他的反动面目的社员越多,好几个平常被他拉拢的落后群众都起来揭发他。陈某某终于低头认罪,交代了腐蚀干部、破坏山林、煽动单干、幻想变天的罪行。

斗争以后,他说:"七次斗争打过六次,这次没打,斗得最痛。"紫薇大队中农社员崔某某,过去开会从来不发言,生产队长同别人打赌说:"崔某某要能发言,我拿出两百块钞票来。"评审富农分子陈某某时,陈死不承认害死耕牛的罪行,崔某某破例地三次发言揭发了他。事后,队长拍着自己的头,说:"我这个脑袋就是不相信群众。"不少原来对"文斗"思想不通的干部,在事实面前都受到了一次深刻的教育。

总结斗争经验,依靠群众专政

在总结时,干部、群众都认为"文斗"确实是制服敌人的好办法。大家都说,"武斗硬打不服,文斗不打自招","武斗看看凶,实际松,斗个啥名堂,大家不灵清。文斗摆事实,讲道理,剥掉敌人的羊皮,挖出敌人的黑心,擦亮了大家的眼睛"。

"文斗"制服敌人的办法学到了,改造敌人也就有了信心。这个时候,许多干部才真正解决了多捕不如少捕好的问题。原来主张"上交"的人,现在也说"劳改队里劳改不如在生产队里改造好"。大家认为这样有四个好处:第一,社员最了解"四类分子"的底细,眼睛多,管得牢;第二,经常评审他们,大家脑子里灵清一些;第三,管好了是队里的一个劳动力,对集体有利,对他们的家属子女的教育也好办一些;第四,可以减少国家负担。通过实践和总结,工作队的干部也受到了很大的教育。一位参加试点的县委书记对公安局长说:"过去听到下面反映敌情,要求捕人时,总是批评你们打击不力,现在看有片面性,以后我应当注意。"

民主总结中,还讨论了过去对"四类分子"为什么管不好?不少社员检讨了自己太麻痹,也指出了过去只是依靠少数干部而没有发动广大群众对"四类分子"实行专政的教训。在对敌人进行斗争的时候,往往是"干部斗得满头汗,社员一边当戏看,斗争完了没人管"。对于"四类分子"的处理,也往往都是干部决定的,没有经过群众讨论,因而不少群众认为"上有派出所,下有治保会,自己何必白费力"。贫农崔某某说:"过去哪些'四类分子'摘了帽,哪些戴着帽,只有干部知道,社员不知道,也不管。敌人专在几个干部身上下功夫,时间长了,干部思想上做了俘虏,同敌人亲起来,社员就更不敢管了。"接受了过去的教训,大家认为,今后要做好专政工作,一定要干部和群众一起来管理四类分子,不能只靠少数几个干部。有的贫农说:"'四类分子'一怕群众、二怕劳动,只要干部心正,贫下中农心齐,认真监督敌人劳动,就能够把他们改造好。"

最后,各个大队还整顿了治安保卫委员会,修订了对"四类分子"实行监督改造的制度。存在的问题是少数大队在对敌斗争中发动群众不够充分,有些大队对教育、监督、管制地富反坏分子经常工作注意不够,还需要结合其他工作加以解决。

1.1.1.2 毛泽东同志有"关枫桥经验"的重要批示和指示

提要: 毛泽东同志在审阅《依靠群众力量,加强人民民主专政,把绝大多数"四类分子"改造成新人》的发言稿件时作出重要批示,"要各地仿效,经过试点,推广去做"。由此,全国各地掀起了学习"枫桥经验"的热潮。

伟大领袖和导师毛主席对有关枫桥经验的批示和指示[1]

毛主席一九六三年十一月二十二日审阅公安部在二届人大四次会议发言稿上的批示:

此件看过,很好。讲过后,请你们考虑是否可以发到县一级党委及公安局,中央在文字前面写几句介绍的话,作为教育干部的材料。其中应提到诸暨的好例子,要各地仿效,经过试点,推广去做。

---

1 浙江省公安厅:《伟大领袖和导师毛主席对有关枫桥经验的批示和指示》,摘自 1963 年 11 月 22 日毛泽东在公安部送审的全国二届人大四次会议的发言稿上的重要批示。

毛主席审阅公安部在二届人大四次会议上的发言稿后的指示纪要[1]

主席讲,这个发言很好,符合杭州会议和"新十条"的精神。

主席讲,现在省、地、县、市四级干部,主要是地、县两级,对于对敌斗争形势和依靠群众专政的问题了解不够。所以,这些问题不仅要使参加人民代表大会的这些人了解,也要使我们的干部了解。因此,是否由公安部代中央起草一个批语,用中央名义把这个发言发到所有的县委和县公安局,批语中要讲一讲大家对阶级斗争和对敌斗争的形势了解不够,然后下边还可以再多讲几句。

主席又讲,印发了这个发言以后,对诸暨县的经验你们要总结一下,搞个千把字的材料,回答两个问题:(一)群众为什么懂得要这样做;(二)证明依靠群众办事是个好办法。

你们公安部,主要是做巩固边防的工作,搞一些特大案件,投靠修正主义使领馆的案件、重大的刑事案件等,这是经常要做的,还要研究情况,提出一个时期的政策。但最重要的一条,就是如何做群众工作,组织群众、教育群众。一般性公安工作,比如说对地富反坏右的监督、教育、改造,应通过群众来做。从诸暨的经验看,群众起来之后,做得并不比你们差,并不比你们弱,你们不要忘记动员群众。群众工作做好了,还可以减少反革命案件,减少刑事犯罪案件。

主席还问,现在群众对公安工作了解不了解,工厂有没有保卫部门?农村生产队有什么保卫组织?这些地方的公安保卫工作都是怎样进行的?我有的做了回答后,主席又说,诸暨县的经验要好好总结一下,整理一个材料,先发这个发言,后发诸暨的,材料要短一点,长了没人看,短了就有人看。你们经常要蹲点,做这种工作。

主席又讲,阶级斗争,有人不懂。做公安工作的人也好,旁的人也好,都要

---

[1] 浙江省公安厅:《毛主席审阅公安部在二届人大四次会议上的发言稿后的指示纪要》,摘自1963年11月22日毛泽东与公安部副部长汪东兴的谈话纪要,由汪东兴转述。

会搞阶级斗争。这个发言是很好的阶级斗争教材,不仅人大代表要了解,四级干部也要教育。

1.1.2 专门机关维护社会治安的工作总结

1.1.2.1 绍兴地委关于进一步学习、宣传、推广"枫桥经验"的报告[1]

提要:1973年正值毛泽东同志批示推广"枫桥经验"十周年之际,面对林彪、"四人帮"对无产阶级专政和"枫桥经验"的破坏,更要坚持"枫桥经验"的基本精神,普遍发动群众,对照检查贯彻落实"枫桥经验"的情况,认真总结经验,进一步学习、宣传、推广"枫桥经验"。

伟大领袖毛主席在一九六三年亲自批示推广《诸暨县枫桥区社会主义教育运动中开展对敌斗争的经验》,到今年已经十周年了。"枫桥经验"所体现的"少捕、矛盾不上交","依靠群众力量,把绝大多数的'四类分子'改造成为新人的方针",是毛主席对马列主义关于无产阶级专政学说的一个重大发展,是依靠群众,通过说理斗争,去制服反革命和其他犯罪分子的一个重要措施,是实现捕人少、治安好,把巩固无产阶级专政落实到基层的重要保证。贯彻落实"枫桥经验"既有深远的战略意义,又有重要的现实意义。

地委同意地区公安处《关于进一步学习、宣传、推广"枫桥经验"的报告》。各级党组织要教育干部、群众,特别是公安干警和治保人员,认真学习毛主席、党中央关于"枫桥经验"的指示,以批林整风为纲,揭发批判林彪破坏无产阶级专政和"枫桥经验"的罪行,分清路线,肃清流毒,提高执行毛主席无产阶级革命路线和政策的自觉性。在此基础上,县、区、社有关领导要亲自动手,仿效"枫桥经验",抓好一个点,作出样子,逐步推广。

---

[1] 中共绍兴地委:《关于进一步学习、宣传、推广"枫桥经验"的报告》,1973年7月25日印发,绍地委〔73〕第117号文件。

关于进一步学习、宣传、推广"枫桥经验"的报告

地委：

  伟大领袖毛主席在一九六三年十一月二十二日亲自批示总结推广《诸暨县枫桥区社会主义教育运动中开展对敌斗争的经验》，到今年已经十周年了。毛主席指出，"枫桥经验"是"好例子，要各地仿效，经过试点，推广去做"。毛主席还告诉我们，对于整个反动阶级的专政，必须依靠群众、依靠党。对地、富、反、坏、右分子的监督、教育、改造工作，应通过群众来做。群众工作做好了，可以减少反革命案件，减少刑事犯罪案件。中共中央于一九六四年一月十四日和一九六五年一月十六日，两次批转"枫桥经验"时明确指出：在依靠群众力量制服反革命和其他犯罪分子方面，现在我们已经有了很成功的经验。"枫桥经验"是一个很好的典型。毛主席和党中央对"枫桥经验"一再肯定，多次指示推广，具有深远的政治意义。实践证明，凡是认真贯彻"枫桥经验"，依靠广大人民群众对阶级敌人实行专政，坚持少捕、矛盾不上交、就地改造的方针，比较把他们捉起来，更有利于分化瓦解和教育改造敌人的绝大多数，就能实现捕人少、治安好，进一步巩固无产阶级专政。对"枫桥经验"是坚决贯彻执行，还是抵制、破坏，这是区别执行毛主席无产阶级革命路线还是推行林彪反革命修正主义路线的一个重要标志。

  林彪死党出于反革命复辟的需要，妄图把无产阶级专政机关变为资产阶级专政工具，全盘否定在毛主席领导下无产阶级专政工作的伟大成就。他们公然叫嚣："浙江公安机关十七年来没有做过好事，干的尽是坏事。"胡说"枫桥经验"是"和平改造的修样板""推行阶级斗争熄灭论的经验"。矛头直指伟大领袖毛主席。

  他们攻击毛主席关于"少捕、矛盾不上交"的方针。把"枫桥经验"体现的依靠群众专政，就地改造敌人，污蔑为"阶级斗争熄灭论"；把党中央批示中指出的

"这个区七个公社原来要求捕四十五人,等到群众发动起来,对有破坏活动的四类分子开展了说理斗争,没有捕人,就把他们制服了",污蔑为公安机关和基层组织"放纵包庇敌人"。

他们反对毛主席关于"用说理斗争制服敌人"的指示,把人民群众对四类分子的说理斗争,污蔑为"思想右倾,立场不稳,界限不清"。以此为借口,对基层干部和基本群众乱揪乱斗,打骂体罚,刑讯逼供,大搞法西斯式的审查。

他们歪曲毛主席关于"把绝大多数的四类分子改造成为新人"的指示,蓄意把反动阶级的本性不会改变,歪曲为反动分子不可改造。把四类分子一概说成是"狗走千里吃屎,狼到天边咬人"。说四类分子表现坏的是顽固,表现好的是"刁滑",接受改造的是"改变了破坏手法"。把积极监改四类分子的基层干部污蔑为是"爱敌人,恨群众","是阶级敌人的代言人"。

他们反对毛主席关于"区别对待"和"给出路"的政策。提倡"一刀切""一锅煮",把抓阶级斗争同执行党的对敌斗争政策对立起来,把执行政策的基层干部说成是"为四类分子说话""保护阶级敌人利益"。

他们破坏毛主席亲自指示建立的治保委员会,把它污蔑成是"旧公检法推行资反路线的产物",把发挥治保组织的骨干作用和桥梁作用,说成是"靠少数人冷冷清清搞专政"。以此作为罪名,揪斗治保干部,搞垮治保组织,推行所谓"群众定性""群众判刑"等等。

尽管林彪死党竭力破坏"枫桥经验"的贯彻落实,在我区造成了严重的后果,但是毛主席亲自肯定的"枫桥经验"是在广大人民中扎了根的,广大干部和贫下中农对他们的干扰破坏,不断地进行抵制和斗争。第十五次全国公安会议再一次肯定了"枫桥经验",特别在林彪反党集团被粉碎和中央〔1972〕16号文件贯彻以后,全区广大干部和群众愤怒揭发批判了林彪和其死党破坏无产阶级专政和"枫桥经验"的罪行,进一步分清了路线,提高了觉悟,增强了贯彻执行"枫桥经验"的自觉性。诸暨县多次召开了学习推广"枫桥经验"的现场会,加强了党对公安工作的领导,整顿了治保组织,落实了监改措施,发挥了群众专政的强大威力。枫桥人民在斗争实践中,取得了新的成就,对监督改造四类分子,又总结了四条经验:一是监督劳动,要力所能及,因人制宜;二是思想改造,要对症下药,因人施教;三是日常管教,要宽严相济,因人而异;四是监改制度,要持之以恒,一抓到底。同时又对十多名流窜惯犯落实了改造措施,并已取得了较好的成效。今年三、四月间,全区各县通过训练治保干部,正在积极推广"枫桥经验"。

为了把党委领导下依靠群众专政的工作做得更好,根据党中央和省委的指示精神,以及第十六次全省公安会议精神,现对进一步推广"枫桥经验"提出如下意见:

一、立即在全区掀起一个进一步学习、宣传和推广"枫桥经验"的热潮。为此,要重新印发有关"枫桥经验"的材料,有领导有计划地组织广大干部和群众,特别是公安干警和治保人员,认真学习,达到理解、掌握和运用。在学习宣传中,要以批林整风为纲,紧密结合第十六次全省公安会议精神的传达贯彻,充分发动干部群众,深入揭发批判林彪和其死党破坏"枫桥经验"的罪行,以进一步分清路线,肃清流毒。

二、全区各公社要普遍发动群众,对照、检查贯彻落实"枫桥经验"的情况,认真总结经验,找出差距,落实措施。坚决执行对四类分子政治上"区别对待",劳动上"同工同酬"和"给出路"的政策。纠正错管、漏管的现象,搞准专政对象。

三、普遍对四类分子进行一次调查,摸底排队,掌握敌情动态。对于抗拒改造和有重大现行破坏活动的,特别是破坏批林整风运动、破坏知识青年上山下乡的阶级敌人,要狠狠地给予打击。对那些不劳动守法,不服管教的,应发动群众,结合评审,开展说理斗争。在斗争中不要搞打骂体罚,并且允许敌人申辩,要依靠群众力量,通过说理斗争制服他们。

四、建议各级党委要把贯彻"枫桥经验"列入党委议事日程。地县公安机关领导、区公安特派员、人民公社公安员、城镇派出所所长要亲自下去,抓好推广"枫桥经验"的点,总结经验,推动全面。

以上报告当否,请批示。

1.1.2.2 关于纪念毛泽东同志亲自肯定"枫桥经验"十周年现场会议的情况报告

提要:绍兴地委为纪念毛泽东同志批示"枫桥经验"十周年,在枫桥区召开现场会议,作《关于纪念毛主席亲自肯定"枫桥经验"十周年现场会议的情况报告》。枫桥区党组织和干部群众,在"文化大革命"运动中,排除林彪反革命修正主义路线的干扰破坏,坚持并且发展了"枫桥经验",得出三点经验:一、牢记党的基本路线,在两条路线斗争中坚持"枫桥经验";二、正确区分和处理敌我矛盾和人民内部矛盾;三、加强党委领导。

关于纪念毛主席亲自肯定"枫桥经验"十周年现场会议的情况报告[1]

省委:

(一)

为了纪念毛主席批示《诸暨县枫桥区社会主义教育运动中开展对敌斗争的经验》十周年,在全区进一步掀起学习、宣传、落实毛主席有关依靠群众专政的指示和"枫桥经验"的热潮,地委于十月二十一日至二十五日,在诸暨县枫桥区召开了现场会议。出席会议的有分管公安工作的县委书记和副书记、县公安局长、治安股长、区公安特派员、部分公社公安员和地直厂矿保卫科长,共一百三十九人。中央公安部和省公安厅领导同志到会指导。

这次会议,以十大文件为武器,以批林整风为纲,认真学习党的基本路线,

---

[1] 中共绍兴地委:《关于纪念毛主席亲自肯定"枫桥经验"十周年现场会议的情况报告》,1973年11月17日印发,绍地委〔73〕第168号文件。

重温毛主席对"枫桥经验"的批示,揭发批判林彪反革命修正主义路线的极右实质,揭发批判林彪及其死党破坏"枫桥经验"的罪行。会议还听取了枫桥区干部、群众坚持"枫桥经验"的十个典型介绍,使到会同志受到了一次深刻的路线教育,提高了执行毛主席"对于整个反动阶级的专政,必须依靠群众,依靠党"的指示和推广"枫桥经验"的自觉性,决心在毛主席革命路线指引下,把巩固无产阶级专政的任务落实到基层。

(二)

到会同志一致认为,十年来,特别是经过无产阶级文化大革命和批林整风运动,枫桥区党组织和干部群众,排除林彪反革命修正主义路线的干扰破坏,在毛主席的批示指引下,坚持并且发展了"枫桥经验"。经过长期的工作和坚持不懈的斗争,取得了很大成效。枫桥区一千二百九十一名"四类分子"中,改造表现好的或比较好的占百分之七八十,有破坏活动的不到百分之五。社教运动中要求捕办的四十五名"四类分子",在群众就地监督改造下,都在向好的方面发展。另有三十余名流窜扒窃分子也初步改造成为安分守法的劳动者。人民内部的少数违法分子,得到了教育和挽救。案件减少,治安秩序良好。巩固了集体经济,发展了农业生产。

大家认为,枫桥区坚持、发展"枫桥经验"的经验主要是三条:

1. 牢记党的基本路线,在两条路线斗争中坚持"枫桥经验"。

到会同志认为,学习"枫桥经验",首先要学习他们坚持党的基本路线,坚定不移地执行毛主席革命路线。会议通过学习、批判和典型介绍,使大家深深体会到,"枫桥经验"是在社会主义时期正确进行对敌斗争的一个好典型、好经验、好例子,是把巩固无产阶级专政的任务落实到基层的正确途径。让"四类分子"在劳动中改造自己,成为新人,是毛主席一贯的伟大战略思想,是推翻资产阶级和一切剥削阶级的一项重要措施,符合无产阶级的根本利益。同志们还认识到,社会主义历史阶段阶级斗争的长期性、复杂性,对阶级敌人的监督、改造工作是一项长期的任务。只有牢记党的基本路线,才能掌握阶级斗争的规律性,贯彻落实"枫桥经验"。

十年来,枫桥区在贯彻执行毛主席批示"枫桥经验"的过程中,经历了尖锐、复杂的两个阶级、两条路线的斗争。一九六三年社教运动以后,枫桥区遵循毛主席的批示,基本上实现了捕人少、治安好的要求。一九六四年到六七年,一个十三万人口的大区,只逮捕十一人,治安情况比历年都好,政刑案件只发生三十多起,粮食亩产从八百多斤上升到一千一百多斤。但是,在林彪死党推行林彪反革命修正主义路线的影响下,一度刮起了批判"枫桥经验"的妖风,恶毒攻击"枫桥经验"是"和平改造的修样版",全盘否定"枫桥经验"。那时,社会上一小撮没有改造好的阶级敌人,也跳了出来,搞破坏、图报复,有一些原来已摘帽的"四类分子"也出来翻案。这些,从反面教育了广大群众,阶级敌人是非跳出来不可的。

枫桥区的不少干部和群众,牢记党的基本路线,顶逆风、反潮流,抵制错误路线。他们一针见血地指出:批判"枫桥经验",名为"巩固无产阶级专政",实为"强盗拜佛,面善心黑",目的是要破坏群众专政,复辟资本主义。同时,他们根据自己的斗争实践,针对批判"枫桥经验"的谬论,以毛泽东思想为武器,划清:矛盾不上交,就地制服改造,实行群众专政,同"放纵敌人"的界限;说理斗争,剥画皮,揭罪行,斗争改造,同"和平改造"的界限;区别对待,执行政策,分化敌人,同"保护敌人利益"的界限。因此,坚信"枫桥经验"不动摇。有些坚持"枫桥经验"的基层干部受到打击时,坚定地说:"'枫桥经验'是毛主席批示推广的,错不了,照着办,不会走岔道。"有的同志偷偷地把"枫桥经验"小册子保存下来,反复学习,坚决执行。当时,尽管林彪分裂群众,破坏团结,但许多社、队的贫下中农,在监督改造"四类分子"方面,团结一致,坚持评审制度,对有现行破坏活动的阶级敌人给以狠狠的打击。枫桥公社钟瑛大队一个"四类分子"在背后说:"我是压在石板底下的蟹,动不得。"充分显示了群众专政的威力。"枫桥经验"

虽然受到干扰和破坏,广大干部群众仍然沿着毛主席批示的"枫桥经验"继续前进。

一九七一年毛主席亲自批发的第十五次全国公安会议再次肯定了"枫桥经验",特别是开展批林整风以来,进一步激发了广大干部群众对毛主席的深厚感情,把仇恨集中在林贼身上,共同批林,分清路线,团结对敌,使"枫桥经验"进一步得到发展。通过反复斗争,大家认识到,肯定还是否定"枫桥经验",实质上是坚持党的基本路线还是改变党的基本路线的斗争。他们说:"'枫桥经验'是法宝,代代相传永不丢。"

2. 正确区分和处理敌我矛盾和人民内部矛盾,坚信人是可以改造的。

到会同志认为,学习"枫桥经验",就是要遵照毛主席"人是可以改造的,就是政策和方法要正确才行"的教导,紧紧依靠广大贫下中农,充分运用党的政策和采取正确的方法,教育改造"四类分子"和其他违法犯罪分子。枫桥区的斗争实践进一步证明,阶级敌人并不是铁板一块的,经过反复斗争,劳动改造,是可以成为新人的。现在有些社队不仅把可以不上交的矛盾就地解决了,有的还把已交上去的人要回来自己改造。

他们在监督改造敌人方面主要抓了:

第一,思想改造,针锋相对,持之以恒。改造敌人,关键是改造他们的反动思想。他们把敌人在改造过程中所暴露的反动思想和反动罪行,狠揭狠批,充分运用这些反面教员的作用。这样,既改造了敌人,又教育了群众。

第二,监督劳动,量力安排,同工同酬。监督阶级敌人参加劳动,是改造他们反动思想的主要手段。枫桥区根据每个"四类分子"的实际情况,安排力所能及的劳动,在分配中实行按劳计酬。枫桥公社的一个地主骆某某,劳改释放回来后,抗拒改造。在评审时,狠批了他的反动思想,指明出路,分配适当的劳动。经过一年多的工作,有了明显的转变。去年为集体积肥二万多斤,评审时,由监督劳动升为候补社员。

第三,区别对待,分化瓦解。他们根据阶级斗争的长期性和改造工作的反复性,充分发挥党的政策的威力,争取多数,最大限度地孤立和打击极少数顽固分子。对表现好的适当鼓励,确实改造好了的给予摘帽;坏的揭发、批判、斗争;摘帽后表现坏的,再戴上帽子。运用摘、戴这个武器,做到"摘戴一个,分化一批,教育一片"。东三公社去年宣布二个"四类分子"摘帽,对敌人震动很大。曾装疯多年的富农分子葛某某,向治保主任主动交代了装疯抗拒改造的反动思想,表示今后要老实改造,争取摘帽。

第四,认真做好可以教育好的子女的工作,提高他们的觉悟,划清界限。群众把这项工作,看作同敌人争夺下一代的问题,他们起来揭发监督敌人,叫作"后院起火"。

枫桥区党组织和广大干部群众,遵照毛主席"不同质的矛盾,只有用不同质的方法才能解决"的教导,对人民内部的违法分子和有严重资本主义思想行为的人,采取教育帮助和改造挽救的方针,不使矛盾转化,团结一切可以团结的力量,调动一切积极因素,为社会主义革命和社会主义建设服务。

流窜扒窃、惯窃分子,过去有些干部、群众认为这些人"偷了斗,斗了偷,难以改造",主张矛盾上交,或者采取捆绑、吊打的错误做法。后来,从正反两方面的经验中,进行了阶级分析,认为这些人多数出身于贫下中农,单身一人,从小缺乏管教,"一天懒,二天馋,三天外流,四天偷盗",逐步走上犯罪的道路,是我们同敌人争夺的对象。一推一拉,关系重大。采取了政治上严肃批判,立足于拉;思想上耐心教育,着眼于帮;劳动上严加督促,养成其劳动习惯;生活上促其劳动自力,妥善安排;管教上群众管与专人管相结合。这样做效果很好。钟瑛大队有个流窜盗窃犯骆某某,曾多次拘留、劳教,屡教屡犯。党支部根据"枫桥经验",总结过去经验教训,依靠群众,专人负责管教。经过长时期的教育挽救,骆某某已经成为一个自食其力的劳动者。

枫桥区党组织还狠抓两条道路斗争,教育帮助人民内部有资本主义思想行为的人,坚持走社会主义道路。他们运用林彪搞修正主义的反面教材,组织群众经常开展两个阶级、两条道路、两种社会制度的回忆对比教育,揭发批判有破坏活动的阶级敌人,热情帮助教育犯错误的群众,从而提高了广大群众的社会主义觉悟,巩固发展了集体经济。

此外,他们还重视发动群众做一般性的公安工作。经验证明,群众真正发动起来了,做得并不比公安干部弱,并不比公安干部差,也是对林彪一伙所鼓吹的"英雄史观"和"先验论"的有力批判。

3. 关键在于加强党委领导。

到会同志认为,枫桥区能坚持、发展"枫桥经验",关键在于党委加强领导。各级党组织把群众专政工作和推广"枫桥经验",作为坚持党的基本路线,把无产阶级专政落实到基层的大事来抓,列入议程,反复学习毛主席有关指示,经常讨论总结,不断提高路线觉悟。并向广大干部群众广泛宣传毛主席依靠群众专政的光辉思想,使之深入人心,自觉地坚持"枫桥经验"。批林整风以来,诸暨县委、区委两次在枫桥召开现场会议,深入批林,分清路线,肃清流毒,团结一致,共同对敌。

各大队普遍建立了一支以党支部为核心,治保、民兵为骨干,贫下中农为基础的专政队伍。现在,全区十三个公社一百八十五个大队、四个企业单位,已建立了一百八十九个治保会。各生产队也分别建立了治保小组或监改小组。全区拥有一支二千五百多人的治保队伍。

抓好典型,总结推广。他们体会到:"典型说服力强,教育深刻,能使人加深理解毛主席指示。"多年来各级党组织,总结了一批来自群众的典型经验,推动了"枫桥经验"的推广落实。

(三)

最后,研究了贯彻会议精神的几点意见:

1. 向县委汇报会议精神,进一步学习毛主席对群众专政工作和"枫桥经验"

的指示,深入批林整风,统一认识,提高路线觉悟,提高抓阶级斗争和落实"枫桥经验"的自觉性。

2. 广泛宣传毛主席、党中央对"枫桥经验"的指示,毛主席的指示原原本本向干部、群众传达。并且要把贯彻落实"枫桥经验"作为贯彻十大精神,向群众进行基本路线教育的一个内容来抓。

3. 县、区、公社、厂矿都要搞试点,总结推广本地学枫桥的经验,使"枫桥经验"扎扎实实地,由点到面,逐步推广落实。

4. 加强公安队伍的建设,把区特派员和公社公安员配齐,充实加强基层治保组织,建立一支强大的群众专政队伍。

以上报告,如有不当,请指示。

1.1.2.3 五一大队高举"枫桥经验"红旗,坚决贯彻区治安保卫工作会议精神[1]

提要: 枫桥区委将五一大队贯彻落实"枫桥经验"的优秀经验进行分享。首先,五一大队面对阶级敌人的现行破坏活动放手发动群众,依靠群众力量,运用"枫桥经验"就地斗倒制服,落实改造;其次,召集外流劳力按时全部归队参加集体生产劳动。五一大队要求全员参会,对广大贫下中农进行社会主义思想教育,批判资本主义思想,打击了"四类分子"的嚣张气焰,重整监改小组,责令"四类分子"须接受监改小组的监督。

各公社党委、大队党支部:

现将枫桥公社党委报来该社五一大队党支部关于《高举"枫桥经验"红旗,坚决贯彻区治安保卫工作会议精神》一份,转发给你们。这个大队党支部在揭

---

[1] 中共诸暨市枫桥区委:《高举"枫桥经验"红旗,坚决贯彻区治安保卫工作会议精神》,1977年11月6日印发,中共枫桥区委〔1977〕88号文件。

批"四人帮"的政治大革命中,联系本大队的实际,贯彻区治安保卫工作会议精神。运用学文件、摆敌情、谈路线、找差距、查原因、下措施的方法。存在什么问题解决什么问题,脚踏实地坚持落实"枫桥经验",这样的做法,值得大家学习,希望你们把贯彻的情况和经验及时告诉我们。

中共枫桥区委
一九七七年十一月六日

高举"枫桥经验"红旗,坚决贯彻区治安保卫工作会议精神

我们五一大队一百五十户,五百六十人,有四个生产队,我们在党的十一大路线指引下,遵照英明领袖华主席抓纲治国的战略决策,发动群众,深入揭批"四人帮"反革命修正主义路线的极右实质,革命热气腾腾,生产蒸蒸日上,形势一派大好。

在这大好形势下,枫桥区委为了高举伟大领袖和导师毛主席的伟大红旗,紧跟英明领袖华主席的战略部署,继承毛主席的遗志,把毛主席亲自树立的"枫桥经验"这面光辉红旗高高举起。在县委的直接领导下,在中央、省、地、县公安机关领导同志的支持关怀下,召开了全区治安保卫工作会议。这次会议是粉碎"四人帮"后规模盛大、内容丰富、意义深远的大会,是治保战线上前所未有的大会。

我们五一大队党支部、治保会参加会议的同志,受到了一次深刻的教育。决心要把毛主席亲自树立的这面红旗,作为传家宝,代代传下去。大会结束后我们回来立即召开党支部会议,认真学习党的十一大文献、毛主席对"枫桥经验"的光辉批示和"枫桥经验",传达了会议精神和区委布置的五项任务以及六条要求,并联系我们大队实际,进行了条条对照,找出推广落实"枫桥经验"的差距。大家感到差距很大,都表示决心要迎头赶上,不拖全区的后腿。在这基础

上党支部决定,一方面把区治保工作会议精神迅速向广大社员群众传达贯彻,并运用各种会议和形式大力宣传"枫桥经验"和落实"枫桥经验"的各条要求,另一方面在二十二日召开党支部扩大会议,组织大家继续学习毛主席对"枫桥经验"批示和"枫桥经验",以及六条要求。通过学习,进一步提高全体党员干部的思想认识,引导大家联系本大队两个阶级、两条道路的斗争实际,分析了各种表现,检查了运动深入的情况;同时运用"枫桥经验",揭发了现行反革命分子楼某贤打着造反旗号,妄图翻案复辟,多次煽动劳力外流、分地到户、制造分裂、腐蚀拉拢干部等严重罪行。

在揭露敌人大量破坏活动的同时,还摆出了本大队资本主义活动的表现,主要是多分自留地,变相分地到户,劳力外流搞副业单干,严重影响了集体的经济发展。通过学、议、揭、批、查,活生生的阶级斗争事实教育了全体同志。党支部检查了过去阶级斗争抓得不紧,资本主义批得不狠,对落实"枫桥经验"抓得不力,对治保工作不够重视的经验教训。支委楼某某说:"过去我认为伲大队阶级敌人少,只有一个地主、二个反革命,翻不了什么大浪。现在不揭不知道,一揭吓一跳。"共产党员楼某说:"'四人帮'的反革命修正主义流毒,伲大队还远远没有肃清,多分自留地,过去开了五十多次会议解决不了,劳力外流不断增加。主要是我们抓得不紧。这次要进一步落实'枫桥经验',首先要深揭猛批'四人帮'的反革命修正主义路线,把斗敌、批资、刹歪风抓起来。"大队会计楼某某说:"只要支部下决心,我们党员干部有信心,一定把'枫桥经验'进一步在我大队推广落实好。"大队党支部为了尽快落实区委提出的六条要求,制定了规划,研究了措施,作出了三条决议:

一、对阶级敌人的现行破坏活动一定要放手发动群众,依靠群众力量,运用"枫桥经验"就地斗倒制服,落实改造。

二、对多分自留地、变相分地到户的地立即收归集体。在秋收冬种一结束后统一种上茶苗,发展集体经济作物。因在"四人帮"反革命修正主义路线影响下,长期来有的社员多挖多开,扩大自留地面积,为了解决这个问题,党支部重新组织人员进行丈量。对自留地上种的树木一律不准砍伐,种的蔬菜到立冬日一刀切断。还决定各队派两名代表,由支委组织负责丈量小组,统一丈量处理。

三、外流劳力到十月三十一日止全部归队参加集体生产劳动。如三十一日不回大队,采取果断措施,根据不同情况和性质作出处理。经过生产队大队同意外出的劳力,一律处理好政策,经济交队记工分。否则通知所属单位,立即归队劳动。对失去劳动力的年老和个别妇女采取酌情处理。

这三项决议在支部大会上一致通过后,一方面当晚分头到各队向社员传达贯彻,另一方面刻印成文发到各队,并用各种宣传形式广泛宣传,做到家喻户晓。对外流劳力的家属,党支部在第二天立即召开会议进行动员教育,叫他们写信、打电报把自己的丈夫、子女立即叫回。

对不来参加会议的人即由二个支委上门宣传党支部决议,促使他们去叫回外流的人员。大队党支部的这三项决议,受到了广大贫下中农的热烈拥护。老贫农傅某某说:"我们贫下中农要听毛主席的话,要在华主席的领导下走社会主义道路,要同'四人帮'、同资本主义斗到底,这三项决议我们贫下中农坚决拥护。"但也有少数资本主义思想严重的人在群众中煽动说,"地收归集体,伢猪不用养了,明年好讨饭去了","收归集体,明年荒掉好办羊场了",等等,放出一股冷气。党支部针对这种思想,进一步教育发动贫下中农,遵照毛主席"只有社会主义,才能救中国"的教导。对广大贫下中农进行社会主义思想教育,批判那种资本主义思想后,明确地告诉大家这是"四人帮"的反革命修正主义路线的流毒,要打好揭批"四人帮"第三战役,进一步彻底肃清其流毒和影响。在发动广大贫下中农的基础上,从二十五日开始经过四天的实地丈量,共收回土地三十六亩,并向有关部门联系,准备了茶籽,安排在秋收冬种一结束就种上茶籽,发展集体经济作物。

大队党支部在秋收冬种的大忙季节中,于十一月二日晚上召开社员大会,进一步揭发、控诉"四人帮"及诸暨帮派体系在枫桥的骨干分子汤某某、陈某某破坏"枫桥经验",陷害治保干部,勾结、纵容阶级敌人的滔天罪行。运用"枫桥经验"依靠群众面对面地斗争了现行反革命分子楼某贤的严重罪行。用铁的事实驳斥了这个反革命、新恶霸陈某某推脱的罪责,还迎头痛击了这个反革命分子造谣惑众说什么"六十条要变了""要分小小队了"等等破坏农业学大寨运动的罪行;还揭露了这个反革命分子在今年"六·一六"特大洪灾袭击时,当广大社员群众上埂抢救,他却躲在家里,站在楼上窗口边看边笑,幸灾乐祸的反革命黑心;还批判了他破坏揭批"四人帮"运动的罪行,前段时间,他经常在群众中散布"'四人帮'有黑爪牙,必定还有红爪牙"等等反动言论。在大会上用大量事实进行了揭批,打击了这个反革命分子反动的嚣张气焰,教育了广大干部和群众,充分显示了"枫桥经验"的巨大威力。

在此基础上,大队治保会把监改小组重新整顿充实,决定立场坚定、斗争性强的九个贫下中农的监改小组成员,当众宣布,责令三个阶级敌人接受监改小组的监督。有事外出半天要向监改小组请假,一天要向大队治保会请假,七天向大队治保会汇报一次,每月写一个书面思想汇报等各项制度和改造措施。把这些阶级敌人牢牢夹在群众之中,落实改造,实行群众专政。全大队外流的五十六个劳力,经过帮助教育,现在也陆续回来了。

党支部继续对照六条要求,缺什么补什么,决心争取到明年一月把六条要求条条落实好,来迎接伟大领袖和导师毛主席亲自树立的"枫桥经验"这面红旗十五周年的到来。通过贯彻区治保会议精神,进一步地推动了揭批"四人帮"运动的深入,推动了秋收冬种,当前广大干部和社员在大队党支部的带领下,为胜利完成秋收冬种的任务而努力积极工作。

但比起兄弟大队来,我们的工作还做得不够,对照上级领导对我们的要求来,差距还很远。我们决心在英明领袖华主席领导下,把揭批"四人帮"这场伟大斗争进行到底,把毛主席亲自树立的"枫桥经验"这面红旗在我大队高高举起,不达到目的,决不罢休。

1.1.3　群众参与维护社会治安的典型事例

1.1.3.1　西畴大队改造"四类分子"的一些做法

提要:新中国成立以来,枫桥地区群众响应党委号召,积极参与改造"四类分子"和其他犯罪分子。在1963年社会主义教育运动中,诸暨市枫桥区依托群众参与就地帮教有违法犯罪行为的人员,教育挽救一大批失足者,创造了"矛盾不上交,依靠群众力量,加强人民民主专政,把绝大多数'四类分子'改造成新人"的"枫桥经验",为推动社会治安综合治理奠定了实践基础。西畴大队对"橡皮碉堡"等"四类分子"的改造工作即其中典型。

西畴大队改造"四类分子"的一些做法[1]

"橡皮碉堡"所在的西畴大队,在社教运动后,干部和社员改造"四类分子"的工作抓得比较紧,还创造一些简单易行的做法。

1. 张榜公布

评审会后,大队治保会把群众评审"四类分子"的结果,和监督管制"四类分子"的各项制度,再统一向群众公布一次。不仅口头讲,还在各生产队办公室用墙报张贴出来。"四类分子"每个时期的"改造计划",也都用墙报张贴出来。这样广大社员,就知道了"四类分子"都是评为哪一类;管教他们有些什么制度。有的"四类分子"来客不报,社员就上门指出他"不守制度",治保会也来追查来客是什么人。这样一来,"四类分子"自己也不敢玩忽了,"橡皮碉堡"自己也说:"制度出于法,守法必先守制度。"

---

[1] 西畴大队:《西畴大队改造"四类分子"的一些做法》,载诸暨县公安局编:《枫桥依靠群众专政的典型材料》,内部出版,1966年1月,第16—19页。

2. 现场说理

去年春耕时,反革命分子骆某某摊田偷工谎报,许多斗大的泥块不锄碎,放水盖起就回去了。社员向治保主任揭发了,治保会决定马上在那块田边开"现场会"。

会前先问骆某某:"田摊完了没有?"骆答:"早完成了。"这样,就叫骆回到那块田边,把其他"四类分子"也叫来参观"现场"。在田头,社员批评他的劳动态度不好,指出这就是不走社会主义道路的表现。骆某某无法狡辩,只好下田重做。其他"四类分子"受到教育,回去后也注意农活质量了。今年一月宣传贯彻"二十三条"时,骆某某还表示态度说:"去年劳动犯了不保质量的错误,现在后悔已经晚了,决心在今年大增产运动中,超额完成劳动定额,保质保量。"

3. 经常考核

考核"四类分子",一般是按生产季节进行的,也有根据"四类分子"暴露出来的问题,随时考核的。考核时,先叫"四类分子"向社员汇报自己的改造情况,然后社员根据他的不同表现,有的鼓励几句,有的批评几句,对症下药,因人施教。同时抓重点,对表现突出好的和坏的多讲几句,对其他的就一般地讲讲放过去。第七生产队社员对"橡皮碉堡"陈某某,重点是考核他的劳动态度;对过去经常搞迷信活动的反革命分子陈某扬,开始着重考核他有否再搞封建迷信活动,以后看他确实洗手不干了,就转而着重督促他积极参加集体劳动。有次发现地主分子陈某桢向干部请客送礼,生产队在考核时就着重抓住这件事,发动社员对他进行批判。有的社员说:"经常'敲敲','四类分子'不敢调皮,我们思想里也敲了警钟。"

4. 组织学习

大队治保会经常组织"四类分子"学习形势和政策,最近还建立定期读报制度,以加强对他们的思想教育。

"四类分子"的学习内容,大体分三个方面:一是国际形势,主要是反帝、反修的伟大胜利,去年下半年以来连续学习了报上刊载的《赫鲁晓夫是怎样下台的》《评莫斯科三月会议》以及有关越南局势的消息和社论。二是国内社会主义建设和国防建设取得的伟大成就,如有关"大庆油田""原子弹爆炸成功"等报道。三是政策,主要是"双十条"和"二十三条"。

"四类分子"学习时,开始很多是"照本宣读",空谈一遍;也有乘机发泄不满情绪的。治保干部就引导他们联系思想,端正看法,并且针对他们的思想,进行守法、前途教育。经过学习,许多"四类分子"说:"学习了时事、政策,知道国家大势,明确改造方向,头脑愈学愈清爽。"

1.1.3.2 夏湖大队群众参与管教,维护治安稳定

提要: 檀溪公社夏湖大队何某某,偷、扒、拐、骗无所不为,先后流窜作案百余次。为有效改造该名人员,当地派出所所长指定民警就地实施改造三步走计划:一、查清犯罪原因,做好说服工作;二、布置好改造环境,稳定住犯罪分子;三、治保员认真负责,群众监督。三步走计划奏效后,何某某得到了有效改造,在思想上和行为上产生了巨大转变,由无恶不作的流窜犯成长为勤恳的劳动者。

"贼骨头"群众也能管教他[1]

檀溪公社夏湖大队何某某,今年二十一岁,成分贫农,爸爸在外当小学教员,后娘管家务。他从一九五九年与家庭闹翻后就到处流窜,从本县到外县,从本省到外省,在浙赣、沪杭、萧甬铁路沿线来来往往,偷、扒、拐、骗,无所不为,先后作案百余次。因为他曾在上海百货公司偷过外国人的二百元人民币,群众就说他是"国际水平"的偷窃犯。上海市公安局、杭州市公安局、诸暨县公安局先

---

[1] 夏湖大队:《"贼骨头"群众也能管教他》,载诸暨县公安局编:《枫桥依靠群众专政的典型材料》,内部出版,1966年1月,第23—28页。

后拘留、遣送、押回原籍好几次,每次都住不久又跑出去作案。熟悉何某某的人都说,这个人是不可改造了。

今年五月,县局来了电话,要把拘留的何某某放回来就地改造,派出所所长指定民警汪某某同志去当地做安置工作(编者注:诸暨县农村设派出所)。过去汪某某同志对改造流窜犯是没有信心的,他认为枫桥对敌斗争经验、矛盾不上交的方针对流窜犯不适用。派出所为了解决干警对这个问题的认识,重新组织全所同志学习依靠群众专政,少捕、矛盾不上交的方针和《为人民服务》《关心群众生活,注意工作方法》等文章,认识到这个方针同样适用于流窜犯,认识到做好对流窜犯的安置、改造工作,是关系到减少犯罪因素,维护大中城市治安秩序的大问题。汪某某同志在学习以后说:"我们身在枫桥,应该心怀北京。"于是增强了信心,接受了这个任务,决心认真做好。

1. 查清犯罪原因,做好说服工作

汪某某同志首先向大队支部书记、治保主任和贫下中农,宣传了毛主席关于矛盾不上交的指示;同他们研究,何某某为什么外流?为什么成了流窜犯?他们都说,这个人出身蛮好年纪又轻,本来不是坏人。主要是后娘同他吵架,逼出去的,政府送回来后娘又骂出去,后来在外边偷偷摸摸,政府送去劳动教养,回来社员也骂他"劳改坯""贼骨头",他更不肯回来了,就这样慢慢变成了一个流窜犯。支部书记、大队长都表示要按照毛主席的指示,就地把他改造好。晚上大队干部召开社员大会,宣传毛主席的指示,说明何某某回来改造的好处,征求社员意见,社员都表示"欢迎他回来改造",并且提议,回来后老老少少都要注意教育他,不要再刺激他。

又找何某某的后娘谈话。这个人真是"三斧头劈不进",讲了多少话,她就是一句"不要回来"。他爸爸说:"我儿子要是能回来改好,要谢谢政府。"但他后娘还是不干。以后又和支部书记一起去说服,给她算了一笔家庭账,说明她家七口人,只有丈夫每月收入三十多块钱,很难过生活,何某某回来是个好劳动力,把他改造好了,生活就好过了。他后娘勉强同意他回来。

2. 布置好改造环境,稳定住犯罪分子

按何某某的犯罪情况,戴个坏分子帽子是完全够资格的。但是为了有利于稳定下来改造他,为了教育其他不良分子,根据县公安局的指示,派出所决定"把帽子挂在墙上"。

怎么对他进行监督改造还是个大问题。大队支部研究,除了社员管以外,还要有个"专管员"(使改造责任落实到人)。专管员的任务有四条:一是安排和带领他劳动,进行教育,并且在劳动技术方面给他做些指导;二是遇到有人讲讽刺话时要做工作;三是帮助搞好家庭团结;四是注意他思想上、生活上的问题,随时向大队反映。谁当专管员好呢?选来选去选了两个人:一个是生产队长,着重管安排劳动和思想教育;一个是何某某的邻居、治保委员徐某某,着重反映情况和带他一起劳动。大家认为,这样安排何某某一定会满意了,谁知道拿四条任务和专管人的名字与何某某一见面,他却不同意,说:"徐某某同我在一起,徐某某娘一定要骂我,两隔壁骂起来难受。"老汪就去找徐某某娘谈心,也说:"何某某能改造过来对大家都有好处,只要何某某娘不骂我们拉他儿子回来多管闲事,我怎么会去骂他呢?"老汪又把这二位妈妈找到一起谈,谈得蛮好,顾虑都解除了。这样才算初步安排落实,第三天就出工劳动了。

3. 治保员认真负责,何某某开始转变为劳动者

经过说服教育工作,总算初步落实了。为了防止反复,还经常去考察,同时帮助队干部解决一些管教工作上的困难。大队支部书记经常找何某某谈话教育,鼓励他前进,解决他生活上的困难。治保主任还到何某某家里,同他后娘随便谈谈自己关心儿子和儿子尊敬他的一些事例。在群众舆论的推动下,母子关系也有点好转。工作最认真的要算"专管员"徐某某了。徐某某每天带着何某某一起出工、一起休息,帮助他、鼓励他。最近久旱不雨,他们两人包了五亩水稻田,日夜车水抗旱,何某某脚底生了一个大疮,走路很困难,仍然坚持抗旱。

治保主任和贫协主任也经常对他进行阶级教育,启发他回忆幼年的苦难生活,教育他现在翻了身,应该很好参加集体劳动,做个好青年。有个时候,劳动较累,又有人骂他"贼骨头",思想有点波动。支部书记及时找他谈话,肯定了他的劳动成绩,指出他的缺点,鼓励他坚持下去,好好改造。几个月来,何某某除了生病外,天天出勤,群众说:"何某某这回大有希望。"何某某对干部说:"我过去在外面也是饱一顿饿一顿,作了案担心总有一天要进公安局,现在干部社员对我这样好,今后再也不出去了。"

但是,群众对何某某也还是保持警惕的。八月间上海来了一个流窜犯,带着一百五十多块钱,想勾引他去西安,徐某某发觉后,就及时报告了大队公社,由公安局押送回上海处理了。九月间,为了一点生活小事,何某某和他的后娘又吵了一架,后娘要赶他出去。何某某跑到派出所找汪某某解决。老汪带了他回到生产队,顺便了解、解决安置、改造中的问题。干部和群众都说,他的后娘太凶,住在一起还是弄勿好的。老汪就同生产队作了研究,由生产队找了一间小屋子,给他解决了一些生产、生活用具,同他的后娘分居。公社又救济了二十元,社员互相凑了二十四尺布票,给他添置了过冬的棉被、棉衣。何某某对此十分感动,劳动也更积极了,到现在已做了八百多工分,预计可以分配到四百多斤粮食。同时他还经常到俱乐部学习《中国青年》上有关向雷锋同志学习的文章。他表示一定要改正错误,好好做人。

1.1.3.3 凤山大队依靠群众制服改造"四类分子"

提要: 永宁公社凤山大队蒋某某,因经常流窜盗窃,被群众称为"白骨精";因生活作风奢靡,被社员误认为"阔气的下放工人"。治保会采取发动社员揭发和专门调查相结合的方法,通过大队召开说理斗争大会,揭发批判蒋某某的罪行,在此基础上,查获了蒋某某出卖的一批赃物;平时,由群众对蒋某某的日常进行监督。自此再未发现蒋某某有盗窃行为。

依靠群众制服改造"白骨精"[1]

永宁公社凤山大队有个经常外出盗窃的女流窜犯,名叫蒋某某,群众称她为"白骨精"。干部没有把这个"矛盾"上交,而是发动群众运用说理斗争的方法将她制服,通过经常的监督改造,使她走上改邪归正的道路。

1. 阔气的"下放工人"

一九六二年十月,老贫农蒋某泉的女儿蒋某某,从钲(镇)海县迁来,见人就说:"阿拉本来在宁波草帽厂做工,这次是下放回来的。"还说:"因为受丈夫虐待,离了婚,回来侍奉老父亲。"

蒋某某生活很阔气,一天吸一两包"高级香烟"。社员问她哪里来的这么多钱,她说:"过去积蓄了许多钱,银行里有三千块存款,同丈夫离婚也分得许多财产,一辈子也吃不完。"隔几天,她就从外边"运"来一些家具、农具,宣扬:"这是阿拉从钲(镇)海运来的。"还买了鲜肉、咸鱼请社员吃饭,香烟招待,十分热情。干部社员也把她错当成"阶级姐妹"。

2. 假装疯癫

去年四月,蒋某某在绍兴县偷了两张竹垫、三只竹扁,以"搬家"为名,诱骗路上两个拉车的人,帮她运到枫桥。她销赃后,又去新枫公社偷窃社员的家具,被社员发现,扭送到派出所。在派出所里,蒋某某不讲真实姓名和地址,答非所问,一会儿哭,一会儿笑,还唱起小调来。民警以为她有神精病,一时又没办法弄清她的真名实地,就放她回去,准备慢慢调查。

蒋某某装疯混过"关"后,又到高湖公社偷窃。当场被社员捉住,扭送到诸暨县公安局。她一进公安局大门,披散头发,疯疯癫癫,弄得干部无法审查,只得把她交给了遣送站。她出了遣送站,一路上顺手牵羊,又偷了许多东西。

---

[1] 凤山大队:《依靠群众制服改造"白骨精"》,载诸暨县公安局编:《枫桥依靠群众专政的典型材料》,内部出版,1966年1月,第32—35页。

3. 原来是个坏分子

不久,凤山大队治保会收到了钲(镇)海县贵驷公社甸张大队治保会的信,原来蒋某某是个依法管制的坏分子。因为迁户口时疏忽,没有注明她的身份。治保会立即报告了派出所。

经过派出所调查,蒋某某今年四十二岁,小的时候,因家境贫困,被父亲送给别村农民家当童养媳,长大后逃离婆家,被一个资本家所收养,转嫁给一个国民党军官。解放初期,她丈夫被镇压,跟一个惯匪同居,惯匪被镇压后,又嫁给钲(镇)海县一个流氓,学了一套偷窃"本领"。这个流氓被捕劳改,她也被戴上了坏分子帽子,依法管制。

4. 摆"罪证"揭"老底",制服了她

治保会采取发动社员揭发和专门调查相结合的方法,查获了蒋某某出卖的一批赃物,计有:竹垫十二张、竹扁八只、桌子八张、手拉车二辆、梯子一张、棉花三十多斤。为了揭穿她的伪装,治保会公布了她的坏分子身份,开了"罪证展览会",叫社员参观。蒋某某慌了,在群众中散布:"这些东西是代别人出卖的,人家如果不要,阿拉愿意退钞票。"少数社员受她蒙蔽,看了展览会疑惑地说:"女人家能有这样大本领?"

报经批准后,大队召开了说理斗争大会,揭发批判蒋某某。会上,有二十多个社员揭发了她,治保主任还向社员讲了她的政治历史情况和犯罪手段。她的父亲也起来批判她说:"在旧社会里,我苦了几十年,你娘早死,没法子才把你送给别人当童养媳,以前那么苦,我没拿别人一根草。现在你变成这个样子,要不改过,休想在我清白人家里过。"蒋某某认了罪,表示接受改造。

干部和群众对这个女流窜犯,议论纷纷。有的说:"这个女人白天走路蚂蚁踏不煞,夜里走路飞机追不着,原来是这样一尊'菩萨'。""以前只看她是苦出身,不晓得以后变成土匪婆、贼骨头。"有的说:"这个坏分子千变万化,活像个白骨精"。有的干部还说:"队里出了白骨精,我简直成了唐僧和尚了。"干部群众

接受了教训,擦亮了眼睛,对她严格管教。大势所趋,"白骨精"开始改邪归正,在家养猪、做家务。一次她去拔猪草时,路过萝卜田边手又发痒,摸了一篮萝卜,马上被群众发现,在田边挨了批评。此后,再没有发现她偷窃。

1.1.3.4 包村大队依靠群众,排除千难万难

提要:"千难万难,依靠群众就不难",时任包村大队治保主任的王云清分享包村大队依托社员监督改造"四类分子"并取得显著成效的经验。第四生产队富农包某灿偷窃集体,历经六七次批斗均不改正。通过社教运动,以摆事实、讲道理的方式,发动群众斗争,使包某灿感受到群众的压力,接受劳动教育改造。包某灿自我约束松懈的时候,社员的监督促使其时刻保持警醒,在潜移默化中接受教育改造。

依靠群众,不当"光杆司令"[1]

我们大队,有二百九十三户人家,一千二百五十多人,解放前是个有名的封建堡垒,现在还有"四类分子"三十个,这些人中地主分子就占了二十五个。在社教运动以前,这么多"四类分子"都由我"光杆司令"一人管,管得了山头,管不到海面。三十个四类分子都向我汇报,汇报纸条装了三四箩,装满了没处放,只好烧掉熏蚊虫。评审会上,戳面皮、掀头皮、装红脸、装白脸,主要是我一个人做"把戏"。工作做得吃力煞,"四类分子"仍旧管不牢。

通过社教运动,才知道监督改造"四类分子"一定要依靠多数社员。要拿"四类分子"的破坏事实,去教育社员,提高警惕。管教"四类分子"还要发挥生产队的治保委员和"贫协"组长的作用。这样,"四类分子"不老实,社员都能马上批评他和反映给治保会。

---

[1] 包村大队:《依靠群众,不当"光杆司令"》,载诸暨县公安局编:《枫桥依靠群众专政的典型材料》,内部出版,1966年1月,第59—61页。

第四生产队的富农包某灿,社教运动前一贯偷窃集体的东西,还煽动分田到户。我们干部斗过他六七次,斗争、罚跪、打骂等等办法都用过,他也不在乎,社员讲他脸皮厚得像牛皮,可以开汽车,叫他"牛皮阿灿"。那时,我实在气煞,只想上交,希望上边把他捕走。捕人时,我还想讨来交给我吊吊他再带走。一九六三年社教运动中发动群众斗他,没有打、没有吊,用摆事实、讲道理的办法,就把他制倒了。当时他说:"过去干部斗,不担心,现在群众斗,心里跳。""四类分子"就是怕群众。一年多来他没有再偷再造谣了,不过他反动本质没改造好,有时也露露"尾巴"。去年夏天耘田,每个人耘七株,他不耘中间,只耘旁边两株。他干活内行,就是对集体不负责任,光想挣工分。社员一发现,当时就在田头批评他,他只好认错,返工重做。晚上小队开会,社员叫他作了检讨。这次以后,干活就不敢再调皮了。

还有个地主分子叫包某扬,知道"贫协"主任钟某某家中口粮困难,去年秋收以后,他就偷偷背了四十斤米送给钟某某老婆,打算收买干部。女社员蒋某某看见了,立刻告诉治保会。我们马上召开"四类分子"会议,查问:"谁向干部家里送东西,要坦白交代!"包某扬知道隐瞒不过去,只好老老实实交代,承认自己想拉拢干部,好放松监督。

现在,我当治保主任,费口舌少了,参加劳动多了,"四类分子"愿意改造的,也比以前多了。我说,平时只要依靠群众,就能把"四类分子"说说动动的情况掌握在手中。千难万难,依靠群众就不难。

1.1.3.5 柳坞大队:将葛某某拉进群众队伍

提要:该篇文章选自浙江省诸暨市公安局编印的《"枫桥经验"三十年》。文章主要介绍了东三公社柳坞大队牢记毛泽东同志"要少捕、矛盾不上交"的指示,从源头治理矛盾、解决纠纷,把懒惰成性、多次盗窃的葛某某教育好、改造好的经验。

将葛某某拉进群众队伍[1]

我们大队社员葛某某,今年四十八岁,解放前,给地主放牛做长工。解放后,他翻身忘了本,受到资产阶级思想的侵蚀,好吃懒做,加上生活不会安排,有多少吃多少,吃完了就偷。一九五八年,他偷了生产队的稻谷种和竹笋,严重破坏集体经济,被逮捕判刑五年。一九六三年五月他刑满释放回村后,头四年劳动守法,表现还好。一九六八年,"四人帮"叫嚣"砸烂公检法",攻击"枫桥经验",搞垮了治保组织,对葛某某的教育改造也放松了。因此他的老毛病又发了。开始,有得吃就吃,没得吃了再去偷。到了一九七一年,他胆子越来越大,偷了本村的,又偷外村的,还流窜到绍兴、萧山县去偷。有些人气煞了,说:"这个劳改还不给他一点苦头吃,贼性不会改。"就对葛某某捆绑、吊打、游街、罚款。结果,葛某某赖倒做。他说:"我劳改队住过,游街游过,大会斗过,你们这样弄弄勿要紧,我脚背上搭锅灶,到处有得吃。"干部上半夜扪,他下半夜偷,横竖横。有的干部和社员说:"这种人不送去劳改,监狱不用造了。"大队就整理了材料,上报公安机关要求再把他逮捕判刑。

一九七二年六月,枫桥区开会传达贯彻第十五次全国公安会议精神,组织干部重新学习"枫桥经验"。会上枫桥公社钟瑛大队介绍了他们把"破缸而逃"的流窜犯骆某某改造好的经验。我们大队的干部受到了教育和启发。大家想,毛主席批示的"枫桥经验"出在枫桥,我们枫桥人不学习"枫桥经验",真是对不起毛主席,对不起党。有的干部说:"葛某某四月从外边回来,我们没有打他骂他,对他进行了一些教育,生活上作了一点安排,几个月没有去偷,六月份劳动二十七天。看来只要方法对头,做好工作,还是可以把他教育过来的。"开会回来后,大队组织社员群众重新学习"枫桥经验"。有的社员说:"毛主席指示要少

---

[1] 东三公社柳坞大队:《将葛某某拉进群众队伍》,载诸暨市公安局编:《"枫桥经验"三十年》,内部出版,1993年10月,第87—91页。

捕、矛盾不上交,我们贫下中农要听毛主席的话,坚决照着办。"有的说:"人家钟瑛大队能把'破缸而逃'教育过来,我们也一定要把葛某某变新人。"有的说:"葛某某在生产上倒是一把好手,真改好了,是个好劳力,还是留在队里改造好。"干部、群众思想统一后,大队就派人到公安机关去拿回要求逮捕的报告。当时县人保组已经同意对葛某某逮捕,我们说:"矛盾不上交了,要下决心把葛某某教育好。"

怎么进行教育改造呢?党支部召集治保会作了研究。首先从发动群众对他进行思想教育入手。群众发动起来后,有的社员就对葛某某说:"你出身苦,但翻身忘了本,再不改造,对不起共产党,对不起毛主席。"有的说:"你犯了罪,大家还把你当人看,再不改造,怎么对得起贫下中农?"八十二岁贫农老大娘王某某还帮他回忆痛苦的家史,说:"你娘解放前给地主做佣人,死在外地;你自己也给地主放过牛,扛过活,过去的苦怎么忘啦!你还年轻,现在走正道不晚,要对得起你死去的亲娘啊!"治保主任提醒他:"你如不好好改造,第二次劳改,给你戴上帽子,这样下去就没前途了。"枫桥派出所、公社党委也派了两个同志,对葛某某进行政策、前途教育,向他指出:"只要你接受教育,好好劳动,弃邪归正,可以得到从宽处理。"葛某某本来打算去坐牢,要干部把他自留地的麦子收起来,说自己吃不到了。现在,他见到大队里的干部、群众和政府都在挽救他,很受感动。他说:"我罪行重,在旧社会,十个葛某某也被人打死了,我再不接受改造,对不起贫下中农,对不起政府,我决心改。"

葛某某表示了改正的决心,群众还不放心,说:"葛某某肯干,是个好劳力,就怕没长心,一天不干两天懒,二天不干三天馋,三天不干就去偷。"党支部和治保会就决定在劳动上对他严加督促,把他安排在干部力量比较强的第二生产队。一九七二年"双夏"期间,治保主任特地同他睡在一起,经常和他谈心,教育他,又督促他劳动。葛某某在干部、群众的督促下,出勤率高了,脏活、重活也乐意干了。"双夏"当中,分配他拉重车,冬天分配他去修公路,他都完成了任务。

为了促使葛某某接受教育,党支部认为,帮助他安排生活,也是一个重要问题;如果不帮助他安排生活,他有了粮食和钱,吃光、用光,就又会走老路。一九七二年早稻预支,他分到十元钱,生产队督促他买了一顶蚊帐;晚稻预支六十几元钱,又督促他买了一条棉絮、一条被单、一套衣服;口粮分给他以后,对他进行节约用粮的教育。往年开春,葛某某粮食早就吃光了,一九七三年基本上吃到早稻熟,还缺一点,生产队借支十五元,叫他买了三十斤米。早稻预支以后,社员又教育他省吃省用,不要像过去那样吃大前门香烟,他预分到的钱不再浪吃浪用了。党支部看他房子快要倒塌了,一九七四年初发动了二十名社员帮他修理房子。

在大队党支部的领导下,社员对葛某某都很关心,平时注意他的一举一动,有时发现葛某某吸好香烟,田畈不见他出工,半路上看到葛某某外出,或晚上没有睡在自己家里,都向大队党支部、治保会反映。我们根据群众反映,及时上门进行了解,同他谈心,进行思想教育。不见他出畈劳动,我们就问他为什么不出工?那里去了?干什么事?一九七四年青黄不接时,一天有个社员反映葛某某从外边拿了几斤米回来。当晚治保会就询问米的来源。他说米是买来的,买米钱是向邻居社员借的,经核对他说的是实话,才放了心。

经过这样教育改造工作,葛某某开始有了转变,再没有发现他偷窃,一九七二年劳动了三千五百个工分,一九七三年劳动了四千二百多工分。往年,他种的番薯掘起卖给人家,这两年连小番薯也自己吃。他说:"这样可以节约粮食。"往年,他自留地上草比人高,一九七三年种上了蔬菜。社员反映,"葛某某像个做人的样子","队里的东西也勿大少哉"。

一九七四年由于"四人帮"的破坏活动影响,治保会的活动受到干扰,对葛某某的管教松了。葛某某看到现在不大有人管了,可以"自由"些,老思想又还潮了。经常同一些表现不好的人凑队,下象棋、打扑克、吃吃喝喝、互相借钱,把家里拆下来的旧木料背出去卖了。一些违法人员,还煽动葛某某外流赚现钱。当时治保主任教育他,他犟头犟脑地说:"我哪一天不做生活?你们可以查。"一九七四年三月葛某某又连续十三天外出流窜,晚上潜回村里,偷了社员和集体的毛竹十根、木头四根、蓑衣一件。

葛某某出现了反复,怎么办?党支部和治保会的同志,牢记毛主席教导,按照"枫桥经验"精神,坚持帮助改造。但是,也有个别人,却别有用心地说:"党支部、治保会太右倾了,葛某某这样的人早就该劳改了,是干部包庇贼骨头。"有的社员也说:"改造葛某某花去的工分,够一个人吃饭,横竖不相干。"面对这种情况,党支部、治保会一面对群众做思想工作,一面对个别人说:"帮改葛某某是落实毛主席肯定的'枫桥经验',如果你们认为这样做是包庇贼骨头,可以去上告。"同时,对葛某某进行严肃批评,要他合理退赔,并由治保主任带着到被偷的四户社员家里,一家一户上门检讨。葛某某到被偷的社员家,检讨说:"我重犯错误,错误严重,罪上加罪。我偷你家的东西,等我预支发来就退赔,请原谅我。"失主听了后都说:"你只要讲出来,肯改就好。"大队还叫葛某某写出保证书。这次处理,对葛某某教育很深。从此以后,他在干部和群众的帮改下又变好了。一九七五年春天,有个社员在割草时偷割了集体田里的草子。葛某某看见,对他批评制止,并报告了队长、治保会。这个社员大骂葛某某,说:"你这个贼骨头,我勿要你管!你自己坐牢忘记哉。"葛某某回答说:"不怕人家骂我贼骨头,只怕别人做贼骨头。"我们鼓励葛某某这样做是对的,同时对犯错误的社员进行了批评教育。

在党支部、治保会的教育下,葛某某也一天天变得更好。一九七七年七月,大队派葛某某参加县里修建水库劳动,他不怕苦,积极肯干,超额完成任务。在八十五天劳动中,实做定额工一百零六个工,是大队派去十二个人当中做得最多的一个。他在水库工地劳动时,三十八斤粮票被窃了,没有影响劳动情绪,还是坚持出工。大队党支部知道后,补助他一些粮食,借机对他进行教育,问他:"你少了粮票,心疼勿疼?"他说:"我少了粮票当然很心疼。"又问他:"那你过去偷了别人的东西呢?"他痛悔地说:"别人当然也一样心疼。"今年青黄不接时,党支部考虑到他是单身汉,吃粮多,补助他四十斤粮票。现在,对葛某某已撤销了帮改,吸收他参加了对一个地主分子的监改小组。谈起他的转变,他口口声声说:"没有毛主席、共产党,我葛某某哪会有今天?感谢毛主席。"

1.2　改革开放以来坚持和发展"枫桥经验"、维护社会治安的实践

1.2.1　高举"枫桥经验"红旗,把巩固无产阶级专政的根本任务落实到基层——纪念毛主席批示"枫桥经验"十五周年

提要:枫桥区七个公社,进行了农村社会主义教育运动试点,在运动中发动群众充分揭露了地富反坏分子的各种破坏活动,总结出八点经验:一、整顿公安、治保队伍;二、加强社会主义法制,推行治安公约;三、评审摘帽,分化瓦解敌人;四、制服、改造帮派骨干分子、新生反革命分子、新生资产阶级分子和其他坏分子;五、帮助改造一般违法犯罪人员;六、复查、平反和纠正冤错案件;七、严厉打击敌人的现行破坏活动;八、大抓宣传工作,打造革命舆论。要把影响社会治安的原有地主、富农和犯有历史罪行的反坏分子、资产阶级帮派骨干分子、新生反革命分子、新生资产阶级分子和其他坏分子、一般违法犯罪人员,都改造成为群众,才能真正实现"捕人少、治安好、产量高",实现"枫桥经验"所要达到的目的。

高举"枫桥经验"红旗,把巩固无产阶级专政的根本任务落实到基层
——纪念毛主席批示"枫桥经验"十五周年[1]

我们怀着深厚的无产阶级感情,隆重纪念伟大领袖和导师毛主席批示"枫桥经验"十五周年。毛主席在批示中阐述的依靠群众专政的思想,是马列主义

1　中共诸暨县委宣传部:《高举"枫桥经验"红旗,把巩固无产阶级专政的根本任务落实到基层——纪念毛主席批示"枫桥经验"十五周年》,1978年11月22日,诸暨市档案馆藏,140-008-007-040。

关于无产阶级专政学说的一个发展,是毛主席给我们留下的一个传家宝。

十五年来,我区广大干部和群众坚持"枫桥经验",与林彪、"四人帮"的干扰、破坏作斗争,取得了很大成绩。并在不断实践中使"枫桥经验"有了一些新的发展。为了在新的历史条件下,运用"枫桥经验"的基本精神解决新的问题,把巩固无产阶级专政的根本任务落实到基层,有必要回顾一下十五年来我们坚持"枫桥经验"走过的道路,总结经验,找出差距,继续前进,为实现新时期的总任务作出贡献。

"枫桥经验"是在一九六三年社会主义教育运动中产生的。当时,我区和全国一样,经过土改、镇反等历次政治运动,无产阶级专政更加巩固了,反动势力已经更加削弱了,人民群众的觉悟和组织程度已经更高了,群众对"四类分子"的监督和改造的力量更强了。像建国初期那样,在很多地方残余的反革命势力压在人民头上,非关一批、杀一批、管一批,群众不敢起来、不能翻身的情况,已经不存在了。但是,在三年暂时困难时期,帝修反掀起了"反华大合唱",国民党反动派妄图窜扰大陆,资本主义势力和封建势力乘机向社会主义猖狂进攻,妄图复辟。为了打退这两股反动势力的进攻,一九六三年在中共浙江省委工作队和诸暨县委的领导下,根据毛主席亲自主持制定的《中共中央关于目前农村工作中若干问题的决定(草案)》,在我区的原枫桥、栎江、檀溪、东溪、视北、视南、新枫七个公社,进行了农村社会主义教育运动试点。在运动中的对敌斗争阶段,发动群众充分揭露了地富反坏分子的各种破坏活动。在七个公社×××名"四类分子"中,揭露出有比较严重破坏活动的占百分之十七点九。这时,一部分基层干部和积极分子激于义愤,要求武斗一遍,逮捕四十五名。针对这种情况,工作队组织干部、群众学习了毛主席关于对敌斗争的方针、政策,讨论了敌人到底怕什么,多捕好还是少捕好,"武斗"好还是"文斗"好。经过学习和讨论,认识到敌人怕监牢更怕群众,捕起来后还要大家替他养活老小;武斗斗皮肉,外焦里不熟,文斗摆事实、讲道理,以理服人,才能斗倒敌人,擦亮眼睛。于是,对"四类分子"进行了分类排队,全面评审,重点说理斗争,结果没有捕人,就把群众称作"橡皮碉堡""活猢狲"等有破坏活动的"四类分子"制服了。干部群众通过民主总结,提高了对敌人的教育、监督和管制的自觉性,决心把绝大多数"四类分子"改造成为新人。

一九六三年十一月二十二日,毛主席在一个文件的批示中,称赞诸暨县枫桥区上述对敌斗争的经验是个好例子,"要各地仿效,经过试点,推广去做"。同时,还在同中央的一位负责同志谈话中,对依靠群众专政问题作了一系列的重要指示。毛主席说,"阶级斗争,有人不懂。做公安工作的人也好,旁的人也好,都要会搞阶级斗争",公安机关"最重要的一条,就是如何做群众工作,组织群众,教育群众"。"从诸暨的经验看,群众起来之后,做得并不比你们差,并不比你们弱。你们不要忘记动员群众。群众工作做好了,还可以减少反革命案件,减少刑事犯罪案件。"

在毛主席的亲切关怀下,省委工作队和诸暨县委总结了《诸暨县枫桥区社会主义教育运动中开展对敌斗争的经验》。一九六四年一月十四日和一九六五年一月十六日,党中央先后两次批转了"枫桥经验"。党中央在指示中全面分析了当时的敌我斗争形势,指出:依靠群众力量把"四类分子"改造成为新人的条件更好了、可能性更大了。为了保留这批有用的劳动力,为了在群众面前保留一批反面教员,提高群众的革命警惕性,为了有利于争取"四类分子"的子女,为了更大限度地孤立和改造那些迄今还表现不好的"四类分子",应当基本上实行"一个不杀,大部(百分之九十五以上)不捉",依靠群众,把绝大多数"四类分子"改造成为新人的方针。同时一再指出"枫桥经验"是一个很好的典型,要作为教育干部的材料。

毛主席的光辉批示和党中央的重要指示,给了我区广大干部和群众以巨大鼓舞和力量。大家认真地学习了毛主席和党中央的批示,进一步坚持落实了"枫桥经验",加强了对"四类分子"的监督改造工作,实行了"政治上区别对待、经济上同工同酬"的原则和"给出路"的政策,逐步总结出"思想教育,对症下药,因人施教;生产劳动,量力而行,因人制宜;监督管理,宽严相济,因人而异"的监督改造经验。建立了定期学习、思想汇报、来客登记、外出请假,"月考季评年升降"、根据表现有鼓励有批评,有摘(帽)有戴(帽)等一整套监督改造的制度和办法。

对"四类分子"的子女也根据党的"有成分论,不唯成分论,重在政治表现"的政策,做了大量的争取、团结、教育工作。特别对他们进行阶级教育,帮助他们同自己的反动父母划清界限,站到贫下中农一边来,一道进行对"四类分子"的监督改造工作。吸收他们参加各项政治文化和民兵活动,对表现特别好的还培养他们入团当干部。

"四类分子"被制服后,流窜犯罪分子作案相对突出起来。这些人"锅灶搭在脚背上","抓不着,管不牢",群众要求"矛盾上交"。一九六五年运用"枫桥经验"发动群众,将全区十六个流窜在外作案的找回来十个,采取群众和专人管教相结合的办法,使其中九个得到不同程度的改造。并总结出"管头(进行思想教育)、管脚(带他参加劳动)、管肚皮(帮助安排生活)"一套改造流窜犯的经验。对有一般违法犯罪行为的人,一不放任自流,养"肥"养"大";二不简单粗暴,捆绑吊打,坚持"立足于拉、着眼于教,不怕反复、持之以恒",进行帮助改造。

由于坚持落实"枫桥经验"的结果,在全区出现"捕人少、治安好、产量高"的局面。一九六四年到一九六六年,我们全区平均每年只捕四人,发生一般案件八起,发案数和捕人数是新中国成立以来最少的。一九六六年同一九六二年相比,粮食增产百分之四十七,生猪增加百分之一百五十二,蚕茧增产百分之三十八。广大群众说:"落实'枫桥经验',出门放心,生产安心,社会安宁,革命、生产热气腾腾。"

"文化大革命"运动中,"四人帮"出于篡党夺权的罪恶目的,发出"砸烂公检法"的反革命嚎叫。"四人帮"在浙江的党羽跟着叫上什么"'枫桥经验'给旧公检法捞了资本,要彻底砸烂公检法就要剥夺他们的资本,批臭'枫桥经验'"。污蔑"枫桥经验"是修正主义和平改造的黑旗,是"修样板";攻击"枫桥经验"中对"四类分子"开展摆事实、讲道理的说理斗争,是什么对敌人"温良恭俭让";污蔑发动群众开展斗争,就地制服、改造有破坏活动的"四类分子",是什么"借矛盾不上交为名,包庇放纵敌人";攻击贯彻党争取团结教育"四类分子"子女的政策,是什么"认敌为友""充当牛鬼蛇神保护伞";攻击依靠群众就地改造流窜犯罪分子,是什么搞"乞求政策""人情感化";等等。甚至提出要揪出"枫桥经验"的"炮制者",把矛头直指伟大领袖和导师毛主席。

他们纠集一小撮工人为骨干,成立什么"群众专政指挥部""群专小组",取代了基层专政机构和治保组织;他们私立公堂、私设监狱,乱捕乱关,刑讯逼供,搞什么"群众定案""群众判刑",制造假案、冤案、错案,破坏社会主义法制,践踏人民民主权利;他们打着"群众专政"的幌子,对广大共产党员、治保干部和贫下中农,实行残酷的法西斯专政。据统计,全区被"群众专政指挥部"和"群专小组"关押、揪斗的共产党员、治保干部和贫下中农达二千八百八十一人,被毒打致伤、致残的五百一十一人,被打死的二十三人。他们一方面唆使坚持反动立场的"四类分子"对基层干部进行阶级报复,一方面破坏党的对敌斗争政策,对"四类分子"乱关乱斗,该摘帽的不给摘帽,不该戴帽的戴帽,有的甚至白天斗老子,晚上斗子女,对有一般违法犯罪行为的人肆意吊打体罚,激化了矛盾,造成了社会治安秩序混乱。

林彪、"四人帮"对"枫桥经验"的干扰破坏,激起了我区广大干部和群众的义愤。大家斩钉截铁地说:"'枫桥经验'是毛主席肯定的,照着办,错不了。"为了捍卫毛主席亲自树立的这面红旗,我区广大干部、群众同林彪、"四人帮"进行了坚决的斗争。涌现了不少坚持"枫桥经验",敢于同林彪、"四人帮"斗争的好干部、好社员,他们遭受迫害,绝不屈服;听到谬论,严加驳斥;监改敌人,毫不放松;形势有利,即进行反击。一九七一年,伟大领袖毛主席发出了"对公安工作要一分为二"的指示。敬爱的周总理在第十五次全国公安会议上肯定了建国十七年来毛主席革命路线在公安战线占主导地位。毛主席亲自批准的第十五次全国公安会议纪要,重新肯定了"枫桥经验",给了枫桥人民以莫大的鼓舞。林彪自我爆炸后,我区立即发动干部、群众,批判了林彪反党集团破坏"枫桥经验"的罪行,解散了所谓"群众专政指挥部"和"群专小组",恢复了公安派出所、法庭和治保组织。一九七一年到一九七三年,依法捕办了十七名在林彪、"四人帮"包庇怂恿下杀人放火、奸淫掠夺、无恶不作的反、坏分子,发动群众批斗了依仗帮派势力进行阶级报复的"四类分子",依法处决了一名杀害我贫农社员的反动富农。同时重新学习、宣传、落实了"枫桥经验",坚持了对敌人的改造。到粉碎"四人帮"以前,有"四类分子"获得改造,摘掉帽子的,占一九六三年社教运动期间列入监督改造的百分之二十六点五。社教运动初期要求"上交"的四十五名"四类分子",经过斗争制服和落实改造后,在林彪、"四人帮"横行期间,没有跳出来重新犯罪,而且还有十名由于有显著的改造好的表现,先后摘掉了帽子。此外还有四十四名流窜犯罪分子经过教育改造,也不同程度地改邪归正;有的还变成了关心集体、热爱劳动的好社员。有的大队治保组织在公安人员的指导下,做好"四防"工作,同时自己动手查破一般案件。这样就把"枫桥经验"向前推进了一步。

但是,由于"四人帮"在一九七四年和一九七六年,再次刮起妖风,"枫桥经验"的落实又受到干扰、破坏,社会治安秩序再度混乱。这三年中发案增加,工农业生产连年减产。

英明领袖华主席、党中央一举粉碎"四人帮",铲除了干扰破坏"枫桥经验"落实的祸根。为了高举毛主席的伟大旗帜,中央公安部决定在全国公安战线上推广落实"枫桥经验"。浙江省委〔1977〕57号文件批转了省公安厅党组《关于结合工业学大庆、农业学大寨运动大力推广落实"枫桥经验"的请示报告》。我们区委在华主席、党中央抓纲治国战略决策指引下,根据省委和公安部的指示精神,在县委的领导下,狠抓了"枫桥经验"的恢复和落实。从一九七七年九月以来,在公安部,省、地、县公安局工作组的具体指导帮助下,做了以下几项工作:

一、整顿公安、治保队伍。全区十三名公社公安员,调整了×名;一百八十五个大队治保会正、副主任,也作了必要的调整,新充实了一百六十五名,把那些受"四人帮"迫害、立场坚定、敌我分明的老治保干部重新吸收到治保会里来,清除了那些紧跟林彪、"四人帮"搞打砸抢和其他有严重违法乱纪行为的坏人。在组织整顿的基础上,召开了由社队书记、公安员、治保主任参加的全区治安保卫工作会议,重新学习了毛主席对"枫桥经验"的光辉批示和党的对敌斗争路线、方针、政策和工作方法,揭批了林彪、"四人帮"破坏"枫桥经验",迫害公安、治保干部的滔天罪行,分清了路线是非,布置了落实"枫桥经验"的具体要求和措施。这样,就使基层公安、治保队伍在粉碎"四人帮"后向"组织纯、政治好、业务精"的方向跨出了第一步。我们区委把这支公安、治保队伍作为组织群众、教育群众、落实"枫桥经验"的可靠助手,力求做到"选好、教好、用好"。

二、加强社会主义法制,推行治安公约。针对林彪、"四人帮"煽动无政府主义,"否定一切,打倒一切",严重破坏了社会主义法制,我们结合学习、宣传、执行新宪法,总结了檀溪公社泉四大队发动群众制定《治安公约》和各项安全守则的经验,在全区推广。《治安公约》和《安全守则》体现了毛主席关于依靠群众专政、依靠群众办公安的思想,是具体推广落实"枫桥经验"的一项有效措施,是动员群众自觉遵守社会主义法制、维护农村治安的一种群众喜闻乐见的好形式,是干部群众自我教育的依据、相互制约的准绳。后来又吸取花明大队建立"一会三组"的经验(即在治保会下成立对"四类分子"的"监督改造小组",对一般违法犯罪人员的"帮助改造小组"和以"四防"为中心的"安全检查小组"),作为执行《治安公约》的组织保证。

执行《治安公约》采取两个"为主":以表扬遵守法纪为主,对违反公约的以耐心说服教育为主,严禁"土政策",取得了良好效果。社会主义正气上升,歪风邪气下降,团结互助增强,生产热情高涨。资本主义有人批,阶级敌人搞破坏有人斗,群众自觉遵守社会主义法制,社会治安秩序更加安定。

三、评审摘帽,分化瓦解敌人。根据这些年来地主、富农和犯有历史罪行的反、坏分子有了分化,为进一步促使他们接受改造,调动他们亲属、后代的积极性,我们在东溪公社和枫桥公社的枫溪、钟瑛、西畴、紫薇、红心、勤农、新跃七个大队进行了对经过改造确实表现好的"四类分子"摘帽试点。东溪公社和枫桥公社七个大队解放以来列入监改的"四类分子"共有×××名,除了依法处决、自然死亡、迁出和摘掉帽子以外,到一九七七年底还有"四类分子"×××名。经过群众多年的监督改造,表现守法和基本守法的占现有"四类分子"总数的百分之八十八,有一般违法行为的占百分之十点一,有破坏活动的只占百分之一点九,而且都是新戴帽子的坏分子。由于林彪、"四人帮"的干扰破坏,加上受摘帽比例的限制,对那些确实表现好的"四类分子",该摘帽的没有摘帽。今年夏天我们发动群众经过评议和县革委会批准,召开群众大会,宣布摘掉了六十四个地富反坏的帽子(其中两名评审前已死)。这次摘帽,在掌握上把在林彪、"四人帮"横行时期,老实守法、接受改造、没有干坏事作为主要标准。坚持群众路线、实事求是的原则,该摘的坚决摘,不该摘的坚决不摘,不受比例限制;该戴帽的要戴帽,该纠错的要纠错,注意划清是非界限;把年老确实失去劳动能力,同抗拒劳动改造区分开来;对集体生产提合理化建议或对损害集体利益的行为提意见,同乱说乱动区别开来;子女违法犯罪行为,只要不是他们怂恿、包庇,就不算在他们账上。在评审摘帽的同时,对那些依仗"四人帮"搞打砸抢、搞阶级报复,以及其他违法犯罪活动的,进行批判斗争。这次摘帽试点,从各方面反应来看,效果是好的。"四类分子"摘帽后,表示感谢毛主席、华主席和贫下中农使他们重新做人,表示"要像珍惜自己的生命一样珍惜这份公民权""要为实现四个现代化贡献余生"。他们的家属和后代(约占总人口的百分之六)在这次摘帽评审后,更是异常高兴,主动靠近贫下中农,积极参加集体生产劳动。那些没有摘帽的"四类分子"普遍表示:有希望了,要大踏步改造才行。干部、群众都认为受到了一次政策教育。这说明,对经过改造确实表现好的"四类分子"摘帽,是表明毛主席政策对反动阶级残余势力采取改造政策的伟大胜利,是表明广大干部和贫下中农对"四类分子"进行了用心改造的巨大成果。是适用当前"四类分子"变化情况、坚决贯彻党的政策、进一步落实"枫桥经验"的需要,是化消极因素为积极因素,加快实现新时期总任务的需要。

四、制服、改造帮派骨干分子、新生反革命分子、新生资产阶级分子和其他坏分子。随着揭批"四人帮"和"一批双打"运动的深入发展,被划为帮派骨干分子、新生反革命子、新生资产阶级分子和其他坏分子列入监督改造的,将相对增多。根据我区对七名既属帮派体系又是反坏分子的"双料货"的初步调查分析,这些人与地主、富农和犯有历史罪行的反坏分子比较,有三个不同的特点:(1)他们大多有一套假马克思主义理论,对粉碎"四人帮"和抓纲治国采取的一切措施极端仇视,念念不忘他们失去的"天堂",妄图东山再起。(2)他们大多有盘根错节的帮派关系,根子不烂,阴魂不散,暗地互通声息,一有机会,即行麇集,妄图兴风作浪。(3)他们有的当过"造反派"的头头,有的窃取过部分领导权,惯于打着红旗反红旗,欺骗蒙蔽群众,有两面派手法和活动能力。

如何运用"枫桥经验"的基本精神来监督改造这些敌人,我们正在摸索经验。对这七名"双料货",我们首先以人为单位建立强有力的监督改造小组,落实监改措施,建立必要的监督制度,采取了促使他们"过三关"的办法,即召开群众大会公布他们的罪行,挖老底、揭手法、剥画皮、破幻想、指出路,使他们过好认罪关;政治上严格要求,生活上适当照顾,做好他们家属、子女工作,促使他们过好守法关;按照党的给出路政策,让他们在群众监督下参加集体生产,过好劳动关。现行反革命分子、帮派骨干分子汤某成,原是枫桥公社西畴大队社员。"文化大革命"中他窃取西畴大队党支书、县委委员、县革委会常委、绍兴地委委员,列席地、县委常委等职位,林彪、"四人帮"横行时,他搞打砸抢,散布反革命言论。粉碎"四人帮"后,他准备上山"打游击",罪行严重。因审查时态度较好,受到宽大处理,戴上帽子,放到本大队监督改造。在群众大会上揭发批判他的罪行,宣布对他的处分决定后,他表示认罪服法,接受改造。落实监督改造后,他的一个帮派同伙深夜来探望他,并挑动他说"你委屈了",另有四个帮派同伙,通过他的家属带话想来看他,他拒绝见他们,并把这些情况向监改小组作了汇报。监改小组成员一方面肯定他有悔改表现,一方面警惕他帮不散、线不断,认为现在监督改造的虽说是汤某成一个人,但是要对付的却是整个过去的帮派体系。监改小组掌握他与过去帮派人的联系,从中了解过去帮派体系的动态,做好了思想准备,要一仗一仗地打下去,直到彻底粉碎帮派体系,做好对汤某成的改造工作,使他成为一个新人。

五、帮助改造一般违法犯罪人员。针对当前一般违法犯罪行为的人,特别是青少年犯罪突出,成为危害社会治安的重要因素,我们在枫桥公社进行对一般违法犯罪人员落实帮改工作的试点。通过召开大队党支书、治保主任、贫协主任、民兵连长会议进行调查摸底,在全公社二十七个大队共排出有偷扒拐骗、耍流氓、散布反动言论等违法犯罪行为的人六十六名。他们大多是受"四人帮"毒害,被资产阶级思想腐蚀而逐步走上违法犯罪道路的。我们采取了"三清一落实"办法,即在查清他们的违法犯罪事实、违法犯罪原因、违法犯罪活动特点规律后,区别不同情况,落实帮改措施。对其中十七名大法不犯、小法常犯、屡教不改而又可不捕办的人,向群众公布他们的违法犯罪事实,建立帮改小组,实行"三定"(定帮改人员,定帮改措施,定帮改制度)"三管"(管思想教育,管劳动,管生活),促使他们改邪归正。对其中有一般违法行为的,不在群众中公布他们的违法事实,不建立公开的帮改小组,而是采取干部、家属和指定专人三结合的办法,个别地进行遵守法制和社会主义道德品质教育。通过上述工作,不仅降低了发案,而且还查破今年以来发生的大小案件十二起。这是当前搞好社会治安的一项有效措施,现在正向全区推广。

六、复查、平反和纠正冤错案件。这是落实党的政策的一个重要方面,也是落实"枫桥经验"的一个重要环节。"枫桥经验"是群众创造的,冤错案件不平反、不纠正,就不是坚持实事求是,就会脱离群众。落实"枫桥经验"也就失去了群众基础。在落实"枫桥经验"的过程中,我们不断接到群众的来信和来访,他们提出审诉,要求纠正错判错划错戴。我们根据"有反必肃,有错必纠"的方针,一件一件进行复查。我们从已经复查的几件冤错案件中,深深体验到平反冤错案件、落实党的政策确实是一场斗争,阻力很大。有的是资产阶级派性作怪,有的是因为自己与造成冤错案件有牵连,怕被追究责任、怕冤错案件受害者平反后找自己的麻烦,而采取种种手段,找种种借口,该纠错的不纠错,该平反的不给平反。如有的借口冤错案的受害者现实表现"不好";有的借口又发现冤错案受害者有"新"问题;有的借口"群众"不同意;有的以冤错案受害者有这样那样缺点错误,而揪住不放,有的抓住受害者一二句政治上的错话,上纲上线,对整个冤错案件不给平反纠正。但是,只要决心大、方法对、有勇气,摊开冤错案的定案具体事实,摊开党的具体政策,说明纠正冤错案件一般不追究个人责任,把罪责算到林彪、"四人帮"身上,阻力也是不难突破的。我们深深体会到给冤错案件纠错、平反,本身就是揭批"四人帮"、肃清"四人帮"流毒影响的一场斗争。打好这场战争,冤错案件平反、纠正了,对我们来说,就是加强社会主义法制,保障人民民主权利,有利于落实"枫桥经验",依靠群众加强专政。

七、严厉打击敌人的现行破坏活动。"枫桥经验",主要讲预防犯罪,讲改造敌人,讲少捕、矛盾不上交,但对敌人不是不要打击,不是不捕。对于进行严重现行破坏活动的反坏分子,还是要坚决打击,对罪该捕而又必须捕的还是要坚决捕起来。打击少数,是为了教育多数,促使敌人的分化。今年以来我区共发生重大案件六起,破获五起,一般案件四十起,破二十三起。依法逮捕了六人,戴帽就地改造了七人。在捕人问题上,我们坚持两条原则:一是捕的主要是杀人、放火、强奸等现行犯,二是可捕可不捕的坚决不捕。

八、大抓宣传工作,打造革命舆论。在进行上述各项工作时,我们采取幻灯、演唱、罪证展览、中小学上课、典型宣讲、公判大会等各种形式大力宣传"枫桥经验"。还通过诸暨县文化馆组织业余作者写作了以"枫桥经验"为题材的越剧小戏,如《一瓶酒》《会前》《一根钓鱼杆》《一袋化肥》《三端凳》等,其中《会前》参加绍兴地区调研还得了创作奖。我们体会,文艺形式特别是地方小戏是宣传"枫桥经验"的一个有力武器,它通俗易懂,深入人心,值得重视。在抓"枫桥经验"的贯彻落实的同时,应该抓文艺创作、文艺演出,在各方面给以指导、帮助和热情支持。

一年多来由于大力落实"枫桥经验",我们枫桥区治安面貌有了很大改变,为农业生产大干快上创造了安全条件。今年虽然出现了严重的高温干旱,但粮食还是获得了大幅度增产。全区早稻单产总产超过了历史最高水平,有四个公社和五十九个生产大队早稻一季超纲要,二十一个生产队早稻一季超过一千斤。晚稻丰收在望。生猪、茶叶、蚕茧等其他农副产品也有很大增长。

我们工作做得很不够,问题很多。我们在十月下旬召开了第二次全区公安、治安保卫工作会议,结合学习新时期总任务和新宪法,讨论了如何进一步贯彻执行华主席"加强公安工作和社会主义法制"的指示,总结交流了在新的历史条件下运用"枫桥经验"解决新的问题的经验。

经过十五年来反复的学习和实践,我们深深体会到,毛主席亲自树立的"枫桥经验"红旗,是坚持在党委领导下的群众路线,把巩固无产阶级专政的根本任务落实到基层的好典型。发动和依靠群众,开展说理斗争揭露和制服敌人,就地改造、少捕、矛盾不上交,把他们中间绝大多数人改造成为新人,这是"枫桥经验"的基本精神。随着形势的发展,"枫桥经验"的具体内容是不断地丰富和发展的,不仅要斗争、制服、改造"四类分子",而且要依靠群众改造一切危害治安的违法犯罪人员;不仅要做到少捕、矛盾不上交,而且要正确处理各种社会治安问题。一句话,依靠群众专政,依靠群众办公安,基本上实行"一个不杀、大部

(百分之九十五以上)不捉"的方针,达到"捕人少、治安好、产量高"的要求。

现在我们国家已经进入社会主义革命和社会主义建设新的发展时期,全面坚持落实"枫桥经验",对实现新时期总任务是十分重要的。为此,我们认为:

首先,要解决好对"枫桥经验"的认识问题,特别是党委对"枫桥经验"的认识问题。"枫桥经验"就是在全党动员、群众动员的社教运动中,在激烈的阶级斗争、对敌斗争中产生的,它是为巩固社会主义经济基础,发展生产服务的。因此,不只是公安部门的业务工作,而是全党都应该抓的有关阶级斗争,和把巩固无产阶级专政的根本任务落实到基层的大事。其次,要把落实"枫桥经验"纳入工业学大庆、农业学大寨的规划,作为实现大寨区、社和大庆式企业的一项重要内容。在布置检查验收大寨区、社和大庆式企业的同时,布置检查落实"枫桥经验"。第三,要宣传群众、组织群会,建立一支好的公安、治保队伍。第四,公安人员要深入实际,蹲点带面,当好党委的参谋和助手。第五,普及"枫桥经验"的要求,应按浙江省委〔1977〕57号文件的规定:"(1)党支部能坚持党的基本路线,加强对治保工作的领导;(2)治保组织健全、战斗力强,执行政策、遵守纪律好;(3)树立了贫下中农的阶级优势,对阶级敌人的破坏活动和资本主义势力敢斗敢批;(4)监督改造地、富、反、坏分子,做到经常化、制度化,对外逃的及时追回,对有破坏活动的就地斗争制服,矛盾不上交;(5)教育改造有违法犯罪行为的人,成效显著;(6)发案少,治安好,巩固了集体经济,促进了生产。"这六项要求也是落实"枫桥经验"时要努力做好的几个主要方面的工作。

在新的历史条件下,我们要运用"枫桥经验"的基本精神解决新的问题。目前影响社会治安的有三个主要因素、三个方面的问题:

一、我区原有地主、富农和犯有历史罪行的反坏分子,建国近三十年来,经过依法镇压及自然死亡、摘掉帽子,作为反动阶级的残余,数量上大大减少了,能量上也弱了,大多失去了活动能力和条件。三年暂时困难时期,在帝修反"反华大合唱",国民党反动派妄图窜犯大陆时,他们中不少人曾一度跳出来,进行各种破坏活动。社教运动打退了他们的进攻,依靠群众通过说理斗争把他们就地制服了。经过十五年的教育改造,现在确实有了分化,绝大多数都向好的方向转化。为了促使他们进一步分化瓦解,调动他们的亲属、后代的积极性,我们打算,除了在林彪、"四人帮"横行时跳出来干坏事的和极少数顽固不化、抗拒改造的加强监督改造外,其他的经过群众评议,能摘帽的统统摘掉帽子。如果摘掉帽子以后,发现他们从事破坏活动,再按照叶副主席在关于修改宪法报告中的指示,重新再给他们戴上帽子。

二、从我区已经查破的案件来看,现在搞反革命破坏活动的,搞贪污盗窃、投机倒把及其他刑事犯罪的已经很少是地主、富农和犯有历史罪行的反坏分子,而是资产阶级帮派骨干分子、新生反革命分子、新生资产阶级分子和其他坏分子。我们认为,应该采取专政的一切手段,给他们以无情打击,运用"枫桥经验"的基本精神,加强对他们的监督、斗争、教育和改造,也要像对地主、富农和犯有历史罪行的反坏分子一样把他们中间绝大多数改造成为新人。

三、现在成为社会治安的一个突出问题的,是一般违法犯罪人员,特别是违法青少年。他们大多出身好,由于受林彪、"四人帮"毒害,受资产阶级思想腐蚀,走上违法犯罪道路。这些人是介于敌我矛盾和人民内部矛盾之间的,拉一拉就转向人民这方面来,推一推就倒向敌人那方面去。上述资产阶级帮派骨干分子、新生反革命分子、新生资产阶级分子和其他坏分子,大多是由他们之中蜕变出来的。应该采取家庭的、社会的、教育的、行政的、法制的各种方法和措施,对他们进行帮助教育和改造,这是一项繁重的宣传群众组织群众的工作,应该在党委领导下动员各方面力量,把这项工作抓起来。

目前,只有把以上三个方面工作做好了,才能真正实现"捕人少、治安好、产量高",达到"枫桥经验"所要达到的目的。

让我们高举"枫桥经验"红旗,把巩固无产阶级专政的根本任务落实到基层,为实现新时期总任务,加快实现社会主义四个现代化而奋勇前进!

1.2.2 中共绍兴市委副书记沈云姑在纪念毛泽东同志批示推广"枫桥经验"三十周年大会上的讲话

提要："枫桥经验"得到批示推广三十年来，对我国社会治安工作起到了重要的指导性作用。步入新时期，"枫桥经验"的基本内涵演化为"五个依靠"，即依靠群众就地消化矛盾纠纷，依靠群众就地挽救违法人员，依靠群众加强公复场所治安管理，依靠群众加强内部安全防范工作，依靠群众协助公安机关侦破刑事案件。"枫桥经验"以依靠群众为核心，成为社会治安综合治理的优秀典范，是新形势下解决社会治安问题的根本路径。

在纪念毛泽东同志批示推广"枫桥经验"三十周年大会上的讲话[1]

同志们：

今天，诸暨市委、市政府在这里隆重举行纪念毛泽东同志批示推广"枫桥经验"三十周年大会，我们怀着崇敬的心情重温毛泽东同志关于总结推广"枫桥经验"一系列指示精神，回顾总结"枫桥经验"三十年来的发展历程，这对于深入贯彻邓小平同志"两手抓"思想，进一步推广落实"枫桥经验"，推进社会治安综合治理，实现社会的长治久安，更好地建立和完善社会主义市场经济体制服务具有十分重要的现实意义。

"枫桥经验"，是在1963年社会主义教育运动中产生的对敌斗争的成功经验。枫桥区依靠群众力量，加强人民民主专政，把绝大多数"四类分子"改造成为新人，做到一个不杀，大部不捉，对社会改造工作作出了突出贡献。70年代，运用"枫桥经验"的基本精神，帮教有违法犯罪行为的人员，教育挽救了一大批失足者。特别是粉碎"四人帮"后，解放思想，坚持实事求是的思想路线，率先为

---

[1] 沈云姑：《在纪念毛泽东同志批示推广"枫桥经验"三十周年大会上的讲话》，1993年11月22日，诸暨市档案馆藏，242-014-007-007。

表现好的"四类分子"摘帽,这对推动全国对"四类分子"的摘帽工作产生了重大作用。80年代,面对改革开放过程中社会治安出现的新情况、新问题,在党委和政府的领导下,依靠群众维护社会治安,出现了案件较少、治安稳定、经济发展的可喜局面,成为新时期社会治安综合治理的重要经验。

三十年来,"枫桥经验"顺应历史潮流,随着历史的发展不断丰富和发展,并在各个不同历史时期的社会治安工作的实践中发挥了重大作用,走出了一条既符合我国国情又有鲜明时代特点的具有中国特色的社会治安工作之路。在改革开放,建立社会主义市场经济体制的今天,仍具有强大的生命力,仍然具有普遍指导意义。第一,它充分体现了党委领导下的群众路线。依靠群众维护社会治安,是几十年来"枫桥经验"贯穿始终的一条主线,是"枫桥经验"的精髓之所在。枫桥的人民群众创造了"枫桥经验",在坚持和发展"枫桥经验"的实践中,又充分相信和依靠群众、发动和组织群众,使搞好社会治安有了坚实的基础。因此,"枫桥经验"实质上是马克思主义、毛泽东思想的群众路线在社会治安工作中的具体运用和创造,在理论与实践的结合上解决搞好社会治安要不要依靠群众和怎么依靠群众的大问题。第二,它充分体现了人民民主专政的思想。在60年代教育改造"四类分子"的工作中,依靠群众力量,通过说理斗争、思想教育和劳动改造,把他们改造成为新人,做到一个不杀,大部不捉。在新的历史时期,对大量带来人民内部矛盾性质的社会治安问题,在严厉打击严重刑事犯罪的同时,采取民主方法,在预防犯罪和教育改造违法犯罪上下功夫,在调处纠纷,化解不安定因素上下功夫,促进社会的稳定,增进人民内部的团结,调动了人民群众的社会主义积极性。所有这些都充分体现了惩办与宽大相结合,打击少数、争取改造多数,调动一切积极因素,化消极因素为积极因素等一系列人民民主专政的思想和原则。第三,它充分体现社会治安综合治理的方针。新时期"枫桥经验"的基本内容可归纳为"五个依靠",即依靠群众就地消化矛盾纠纷,依靠群众就地挽救违法人员,依靠群众加强公复场所治安管理,依靠群众加强内部安全防范工作,依靠群众协助公安机关侦破刑事案件。这"五个依靠"已成为融"打、防、管、建、教、改"于一体的综合治理的系统工程。"枫桥经验"实质就是社会治安综合治理方针在枫桥的具体化,是社会治安综合治理的一个成功典范。

几十年来,学习和推广"枫桥经验"取得了很大成绩。特别是1990年,绍兴市和诸暨市组织联合调查组,再次总结了新形势下枫桥地区依靠群众维护社会治安的经验,绍兴市委在全市、全省推广几年来,全市把推广落实"枫桥经验"作为推进社会治安综合治理、维护社会稳定的一项重要工作来抓。各地按照市委的部署,结合本地实际层层试点、以点带面,全面推广落实,"枫桥经验"日益深入人心,扎根在群众之中。社会治安稳定,为我市的改革开放和经济发展创造了一个良好的治安环境,并涌现出了上百个先进典型,对深化、发展"枫桥经验"产生积极作用,使我市社会治安综合治理工作迈出新的一步。

社会治安综合治理既是建设有中国特色社会主义的重要组成部分,也是建设有中国特色社会主义的重要保证。刚刚结束的中央十四届三中全会,通过了《中共中央关于建立社会主义市场经济体制若干问题的决定》,"决定"把党的十四大确定的经济体制改革的目标和基本原则加以系统化、具体化,是90年代进行经济体制改革的行动纲领。建立和完善社会主义市场体制,迫切需要一个稳定的社会治安环境。

"枫桥经验"是新形势下解决社会治安问题的根本出路和途径。各级党委、政府要充分认识推广落实"枫桥经验"对于促进社会稳定、经济发展的重要意义,并把它作为贯彻十四届三中全会精神、坚持邓小平同志"两手抓"战略思想的实际措施和行动,以这次纪念大会为契机,结合正在开展的"三打一禁"斗争第二仗,按照市委提出推广落实"枫桥经验"的六条标准,开展创建"枫桥式"乡镇活动,在全市范围内再次掀起学习推广"枫桥经验"的热潮。

一、强化舆论宣传,充分发挥导向作用和教育作用。大动作需要大宣传,推广落实"枫桥经验"必须要以宣传开路。最近中治委、中宣部作出了加强社会治安综合治理宣传的部署。我们要抓住这个大好时机,大力宣传"枫桥经验"的基本精神和推广成果,大力宣传党和政府解决社会治安问题的决心、措施和社会治安综合治理的成效;大力宣传"三打一禁"斗争的意义和战果。各地综治委、政法各部门要与宣传、文化部门,新闻单位密切配合,运用各种宣传工具和阵地,形成一定声势。同时,要把舆论宣传与艰苦细致的组织发动、思想教育工作结合起来,把宣传的重点放在"维护治安,人人有责"上,动员全社会广泛参与、齐抓共管,共同维护社会稳定,把广大人民群众要求社会稳定的强烈愿望变成维护社会治安的自觉行动,这样推广落实"枫桥经验",搞好社会治安综合治理才有广泛的群众基础。

二、加强基层组织建设,努力建设一支素质好、有战斗力的群防群治队伍。这是社会治安工作中带有战略性的措施。基层组织建设好了,推广落实"枫桥经验"才会有可靠的组织保证,社会治安综合治理工作就有了可靠的依托。各级党委、政府要把社会治安综合治理的落脚点放在基层,大力加强基层政权建设,加强基层公安派出所、法庭和乡镇综治办的建设,加强以党支部为核心的村级组织配套建设。同时,要大力加强以治保会、调解会为主体的群防群治队伍的网络建设,健全组织,调整充实力量,加强指导和训练,提高业务能力和政策法律水平。要关心他们的工作和生活,给予必要的经济补贴,并积极创造条件,逐步落实财产保障和养老金保险,消除后顾之忧,调动他们的工作积极性。

三、加强思想教育,提高人的素质。根据多年实践要从根本上减少犯罪,必须注重提高人的素质,在治本上下功夫。各级党委、政府,各部门、各单位都要从培养造就千百万革命事业接班人的高度,对广大人民群众尤其是青少年进行理想教育,道德教育和法制教育。当前,各级党组织,尤其是领导干部,一定要认真学习党的十四届三中全会通过的"决定"和江泽民同志在全会上的讲话,以及《邓小平文选》第三卷,用建设有中国特色的社会主义理论来武装广大干部群众的头脑,提高人们的道德水准和法制观念,使广大人民群众自觉遵纪守法,敢于同违法犯罪作斗争。要发挥工会、共青团、妇联等群众团体和学校在教育中的作用,重视做好后进青少年的思想转化工作和轻微违法犯罪青少年的教育挽救工作,努力把青少年培养成为一代"四有"新人。

四、从实际出发,注重实效。由于各地的经济发展水平、治安状况、工作基础等各不相同,这就要求我们在推广工作上一定要从本地的实际情况出发,找准工作的结合点和突破口,把"枫桥经验"的基本精神和本地的实际情况结合起来、推广"枫桥经验"与总结推广本地的经验结合起来,积极探索在建立和完善社会主义市场经济体制过程中,改革和加强社会治安工作的新举措,使推广"枫桥经验"内容更丰富、更有地方特色、更行之有效。

枫桥人民创造了"枫桥经验",为社会治安工作作出了重大贡献。改革开放建立社会主义市场经济体制,给"枫桥经验"的不断丰富发展,提供了一个历史性的机遇和广阔的前景,希望枫桥人民解放思想、勇于探索,给"枫桥经验"不断注入新的内容,放射出更加夺目的光彩。

1.2.3 中共诸暨市委书记王国伟在纪念毛泽东同志批示"枫桥经验"三十五周年大会上的讲话

提要: 毛泽东同志批示"枫桥经验"三十五周年之际,全国政法战线坚持以专门工作与群众路线相结合为主线的"枫桥经验",在农村社会治安综合治理方面取得了显著的成效。在纪念毛泽东同志批示"枫桥经验"三十五周年大会上,发言领导结合当前工作实践,进一步总结了四点具体做法:一、加强领导,落实责任;二、立足预防,强化基础,坚持走群众路线;三、以人为本,扩大民主,引导群众自觉守法;四、深化改革,加快发展。

坚持和发展"枫桥经验",维护社会稳定促进经济发展
——在纪念毛泽东同志批示"枫桥经验"三十五周年大会上的讲话[1]

各位领导、各位专家、同志们:

今天是毛泽东同志亲自批示"枫桥经验"三十五周年纪念日。"枫桥经验"是全国政法战线实行专门工作与群众路线相结合的一面旗帜,是新形势下搞好农村社会治安综合治理的典型。今天,我们重温毛泽东同志的批示,倍感亲切。"枫桥经验"走过了三十五年的历程,得到不断完善发展,具有时代特色,符合我党三代领导人在不同时期对社会治安工作的要求,体现了党的十五大精神。"枫桥经验"是诸暨人民的一大创造,是诸暨的骄傲和优势。她的完善发展离不开中央、省、绍兴市各级领导、各位专家、各位同志的关心支持。在此,我代表中共诸暨市委、诸暨市人民政府表示衷心的感谢!

毛泽东同志批示"枫桥经验"后,诸暨上下轰轰烈烈地掀起了学习、宣传、推广"枫桥经验"的热潮。三十五年来,特别是在改革开放和建立社会主义市场经济的新形势下,面对新旧体制交替、社会矛盾增多等新情况,我们市委、市政府认真贯彻邓小平同志"两手抓,两手都要硬"的战略思想,始终坚持和发展"枫桥经验"不动摇,运用"枫桥经验"的基本精神,积极探索新时期社会治安综合治理的新路子,取得了很好的效果。

一是"枫桥经验"不断深化。改革开放和社会主义市场经济的发展对"枫桥经验"提出了新的要求。"枫桥经验"在改革开放的实践中得到了丰富和发展,形成了鲜明的时代特色:党政动手,依靠群众,立足预防,化解矛盾,维护稳定,促进发展。坚持和发展"枫桥经验",推进社会治安综合治理,成为我市广大干部群众的共识,全市涌现出了像枫桥派出所、钟瑛村治调组织、民警杨光照等这

---

[1] 王国伟:《坚持和发展"枫桥经验",维护社会稳定促进经济发展——在纪念毛泽东同志批示"枫桥经验"三十五周年大会上的讲话》,1998年11月22日,诸暨市档案馆藏,242-019-007-002。

样一大批坚持和发展"枫桥经验"的先进典型。

二是社会长期保持稳定。几年来，诸暨始终保持了社会政治稳定，全市没有发生重大政治事件和重大群体性闹事；刑事案件上升势头得到有效控制，刑事发案率一直控制在总人口的万分之十三以下，处在全省和绍兴市最低水平；各种治安灾害事故明显减少，民间纠纷和社会矛盾化解在基层；治安秩序良好，社会安定，人民安居乐业。

三是经济持续快速发展。安定团结的社会环境保障并促进了经济的快速发展和社会事业的不断进步。1997年全市国内生产总值130亿元，工农业总产值357亿元，城镇居民人均可支配收入8 193元，农民人均纯收入4 363元，分别比改革开放初的1978年增长了数十倍。综合经济实力进入全省十强、全国百强，被省政府命名为首批小康县(市)，并被评为"中国明星县(市)"。

我们坚持和发展"枫桥经验"的具体做法和体会是：

一、加强领导，落实责任，形成坚持和发展"枫桥经验"，维护社会稳定的强大合力。

党的领导是"枫桥经验"具有强大生命力的根本保证，是坚持和发展"枫桥经验"的根本措施。我们从诸暨实际出发，认真贯彻执行党中央关于加强社会治安综合治理的决定和维护社会稳定的一系列意见，切实加强对坚持和发展"枫桥经验"这一工作的领导，全面担负起保一方平安的政治责任。

（一）加强领导，建立党政一把手负总责的领导责任制。市委、市政府要求全市各级各部门、全体党员干部，充分认识坚持和发展"枫桥经验"对于维护社会稳定、促进经济发展的重大意义，把维护稳定作为"一把手"工程，摆到突出的位置，纳入社会主义精神文明建设的总体规划；明确宣布各级党政一把手为坚持和发展"枫桥经验"、确保一方平安的第一责任人，对当地社会治安负总责，并与各部门、各镇乡签订了经济工作与社会治安双向目标管理责任状，督促一级抓一级、层层抓落实，形成横向到边、纵向到底、上下衔接、左右协调的综合治理目标管理责任体系,真正把坚持和发展"枫桥经验"、维护社会稳定的政治责任落实到各级各部门的主要领导肩上。

(二)落实责任,完善"一票否决权制"等制约和激励新机制。为了保证责任制的落实,使"枫桥经验"得到发展、深化,我市制定了社会治安综合治理"一票否决权制"试行办法,建立了重大案件查究通报制度,对岗位目标责任制考核办法进行细化量化,实行半年检查督促、年终全面考核,把考核结果与干部任期目标管理和经济责任制直接挂钩,做到奖罚分明,并把它作为干部评选先进、升职晋级的重要依据。近年来,先后有一大批党政领导受到各级的表彰奖励,有10多个单位和部门受到黄牌警告。

(三)形成合力,营造"齐抓共管、常抓不懈"的工作局面。市委、市人大、市政府、市政协高度重视"枫桥经验"的坚持和发展工作,做到与经济工作同检查、同部署、同考核。市委每年都要召开书记办公会议和常委会议,听取全市坚持和发展"枫桥经验"的总体情况,研究并提出下一步深化"枫桥经验"的指导性意见。市人大常委会积极履行监督职能,常委会例会对全市坚持"枫桥经验"、搞好综合治理工作进行专题审议。市政府把坚持和发展"枫桥经验"作为一项经常性工作,常抓不懈。市政协定期组织委员进行专题督察,提出意见和建议。市综治委、纪检委、组织部、人事局和公、检、法、司等机关、部门加强协作,发挥职能作用,共同做好指导、检查、督促和考核工作,保证领导责任制的落实,促进"枫桥经验"在全市的坚持和深化。

二、立足预防,强化基础,建立依靠群众、就地化解矛盾的工作机制。

加强以党组织为核心的基层组织建设,是坚持和发展"枫桥经验"的关键。一直来,我们坚持"打防结合,预防为主"的综合治理工作方针,在牢牢把握"严打"这个首要环节的同时,十分注重镇(乡)、村(单位)两级领导班子建设,加强基层基础工作,提高干部队伍素质,建立健全一整套切实可行的预防调处工作机制,探索维护农村社会治安稳定的有效途径。

(一)加强群防群治的网络建设。一方面,抓镇乡综治机构规范和基层政法组织建设。在抓好镇乡党政班子、落实保一方平安的领导责任的同时,全市统一建立由书记或镇(乡)长任主任、有关职能部门负责人组成的镇乡综合治理委员会,配好专职副职,组织领导、指导协调、检查落实坚持和发展"枫桥经验"的工作,强化以确保稳定为目标的综合治理工作规范化建设。政法各部门注重抓好基层政法组织建设,在警力投向上向基层倾斜,在工作重心上向基层转移,改革工作体制,加大工作力度,把安全防范作为基层工作的重点,为维护社会安定发挥坚强的后盾作用。另一方面,切实抓好村和单位组织建设。我们始终把以党支部为核心的村级组织建设作为农村基层政权建设的重中之重来抓,通过换届选举和整顿转化工作,调整充实以党支部为核心的村级组织,选配好班子成员,实行村支部书记、村主任兼任治保、调解主任的办法,把年轻、有文化、群众公认的同志充实到治调干部队伍;同时强化政治业务培训,落实工资报酬和养老保险,消除治调干部的后顾之忧。目前,全市已在行政村、居委会、企业、集贸市场、流动人口聚集区等建立调解组织 1 450 个、治保组织 2 002 个,配有调解人员 3 522 名、治保人员 5 985 名。我们还十分重视联防队、经济民警队、保安队、护村(厂、校)队和老年协会、禁赌协会、计生协会等群众自发性组织建设,为搞好基层基础工作提供组织保证。

(二)健全治安防范的工作机制。依靠群众、预防化解纠纷矛盾是"枫桥经验"的重要内涵,是维护社会稳定的重要环节。通过几年的实践和探索,我市已初步建立了有效的预防化解纠纷矛盾的工作机制。首先是发挥镇(乡)、村(单位)两级治调组织作用,建立民间纠纷信息员制度,加强信息反馈,本着抓早、抓小、抓苗头的原则,及时预防和发现纠纷矛盾;建立联片调解和毗邻县(市)联合协调的工作机构,预防调处跨行业、跨地区的纠纷矛盾。其次是建立民间纠纷预防调处责任制,实行"分级调处、归口落实",运用多种形式和手段化解矛盾,提高纠纷受理率和调处成功率。再次是开展集中排查专项活动,在搞好经常性调处工作的基础上,在每年纠纷矛盾多发季节,开展全市性集中排查调处专项活动,集中调解处理一批久拖不决的"钉子案"和相互推诿的"皮球案",减少了群众上访,防止矛盾激化。通过不断实践,逐步走出了一条预防和解决纠纷矛盾的新路子:组织建设走在工作前、预测工作走在预防前、预防工作走在调解前、调解工作走在激化前,使大量的纠纷矛盾化解在基层,消除在未萌阶段。全市每年有80%左右的纠纷矛盾在村一级得到解决,真正做到了"小事不出村、大事不出镇、矛盾不上交,就地解决","枫桥经验"在实践中完善提高,促进了社会稳定,增强了人民内部团结。

(三)开展以"四创建"为载体的群众性创建活动。近年来,我们注重设计好的载体来深化"枫桥经验",强化社会治安综合治理。自1996年开始,我们在全市范围广泛开展了以创建"治安安全小区""治安安全单位""治安安全村"和"安全文明路段"为主要内容的"四创建"活动,有力地推进了创建"平安社区"工作,进一步夯实了综合治理基层基础。到去年底,全市共有95个居民小区、490个行政村、538家企事业单位达到或基本达到创建标准,其中有104家企事业单位达到绍兴市级创安标准、18家达到省级标准。今年创建工作覆盖面继续扩大,创建质量进一步提高。"四创建"活动社会效果明显。去年全市刑事案件和重大刑事案件以及治安案件发案率分别比创建前下降了11.3%、15.8%和43.8%。今年1至7月三类案件发案率继续大幅度下降。"四创建"活动已拓展到综合治理的各个领域,外来人口和出租私房的管理进一步加强,刑释解教人员和轻微违法人员的帮教措施进一步落实,治安管理工作更加严密,道路交通和消防管理力度进一步加大,治安管理各项措施落到实处,群众的安全感明显增强。实践证明,"四创建"活动是适应社会主义市场经济条件、在动态环境下预防和控制违法犯罪的好形式,是新形势下坚持和发展"枫桥经验"的有效载体。

三、以人为本,扩大民主,着力营造群众自觉守法、社会公平公正的良好局面。

　　尊重群众的民主权利，提高市民的整体素质，直接关系社会的稳定，是新形势下"枫桥经验"的重要内容。随着社会主义市场经济体制的逐步完善、民主法制建设的不断加强，群众参与经济和社会事务管理的意识大大增强；同时，新的形势、新的发展对人的素质也提出了更高的要求。几年来，市委、市政府坚持以人为本抓精神文明建设、抓法制宣传教育，不断扩大基层民主，着力营造一个群众遵纪守法、干部依法行政、社会公平公正的良好局面。

　　（一）以精神文明创建活动为总抓手，提高市民的思想文化素养。围绕培育"四有"社会主义新人这一核心，广泛开展文明单位（村）评选和创建文明城镇竞赛活动，开展"树百名精神文明建设标兵、立百家精神文明建设示范点"的双百工程和"暨阳杯"共建文明小区活动；制定《诸暨市民文明守则》和《诸暨市民行为规范"十不准"》，开展学习先进典型、评选各种"十佳"活动，加强爱国主义、集体主义、社会主义教育，不断深化社会公德、职业道德和家庭美德教育，激发全市人民爱国、爱党、爱家乡的热情。精神文明建设促进了物质文明建设，使诸暨人勇于拼搏、创强争先的风尚进一步弘扬，市民思想文化素质不断提高。

　　（二）以开展全民普法宣传教育、实行依法治市为重要途径，增强干部群众的法制意识和法律观念。几年来，市委、市政府结合每年农村党的基本路线教育和五年一轮的全民普法教育等活动，组织开展入村入户的"枫桥经验"专题宣传教育和全民普法教育。宣传部门和各新闻单位坚持在广播、电视、报刊中开辟法制宣传教育专题或专栏，向全体市民开展经常性的法制宣传教育。公安、司法等部门通过讲座、展览、上法制课等多种形式积极开展对干部职工和青少年的法制宣传教育。全市每年还组织声势浩大的"送法下乡"活动，引导农民学法、懂法、守法、用法，增强农民的法制意识。一些外来人口聚集的镇乡还通过建立培训学校、成立外来务工青年团支部等生动活泼的形式，加强对外来人员的法制教育，保护他们的合法权益，使外来务工人员违法犯罪明显减少。全民普法教育的不断加强,推进了依法治理工作。依法治市战略全面实施,各级干部依法管理、依法办事的自觉性不断增强。

（三）以基层民主政治建设为重点,激发人民群众参与社会事务管理的积极性和创造性。近年来,我们积极完善村级民主选举制度,使民情、民意、民智真正在决策和管理中得到体现。广大村级组织发动群众,制定上合国家法律法规、下合社情民意的村规民约,充分依靠群众实行自我教育、自我管理、自我约束。全市所有镇乡和部门实行政务公开,各行政村实行以财务公开为核心的村务公开,定期向村民公开村级财务、宅基地审批和计划生育等各项工作,增加管理工作透明度。政务公开、村务公开,促进了公正、公平,密切了干群关系,减少了不安定因素,维护了农村稳定,保证了农业和农村经济的发展。

四、深化改革,加快发展,奠定社会稳定的坚实基础。

稳定为改革与发展提供了有力保证,改革和发展又为社会稳定奠定了坚实的基础。几年来,市委、市政府充分认识并正确把握改革、发展和稳定三者的辩证关系,坚持解放思想、实事求是的思想路线,把深化改革、加快发展作为解决一切问题、确保社会稳定的根本措施,赋予"枫桥经验"新的内涵。

改革开放特别是近五年以来,市委、市政府集中精力发展经济,一切从诸暨实际出发,以"三个有利于"为标准,始终坚持以公有制为主体、多种经济成分共同发展,并从战略的高度,把它列入经济社会发展的总体思路,形成了国有、集体、个体、私营多轮驱动、共同发展、互相促进的经济发展格局。全市经济总量迅速扩张,经济实力不断增强,社会事业显著进步,人民得到更多的实惠。

在农村,我们把发展农村经济、增加农民收入作为社会主义新农村建设的主要内容,作为维护农村社会稳定的重中之重。从实行农村家庭联产承包责任制到80年代初提出"四个轮子一起转,千家万户促翻番",从90年代初鼓励个私企业"三上一提高",再到今年出台加快"块状经济升级"等一系列政策,极大地鼓舞了广大农民群众致富奔小康、建设社会主义新农村的积极性。农民人均纯收入比改革开放初的1978年增长42倍,工农业总产值超亿元的村达到27个,不少村和农户走上了富裕之路。与此同时,市委、市政府还积极做好扶贫开发文章,落实结对帮扶、捆绑式扶贫等措施,帮助贫困镇(乡)、贫弱村尽快脱贫致富,走上小康之路。经济的快速发展,保证了人民安居乐业,促进了农村社会的持续稳定。

在城镇,市委、市政府一方面加强对国有集体企业的领导和监管,扶持优势企业走大集团、大企业发展之路,不断壮大经济实力,鼓励和扶持有暂时困难的企业通过内部挖潜、技术创新走上良性发展之路;另一方面,积极稳妥地实施对国有集体企业以产权制度改革为核心的企业改制工作,大力推进国有集体企业向股份制、股份合作制方向发展,盘活存量资产,激活生产要素,提高企业的综合效益,从而稳定了企业,稳定了社会,维护了改革开放的良好局面。市委、市政府还通过大力发展第三产业,鼓励个私企业吸纳下岗职工等多种方式为下岗职工提供更多的再就业岗位,缓解就业压力,促进社会稳定。

当前,我市社会治安综合治理的工作任务仍十分繁重,实现社会长治久安任重而道远。我们将坚持以邓小平理论为指导,认真贯彻党的十五届三中会精神,以纪念毛泽东同志批示"枫桥经验"35周年为契机,不断坚持、发展和深化"枫桥经验",全面推进我市社会治安综合治理,把一个经济繁荣、人民富裕、社会文明的新诸暨推向二十一世纪。

1.2.4 关于学习推广创新新时期"枫桥经验"的决定——纪念毛泽东批示"枫桥经验"四十周年

提要: 该文件对新时期如何继续创新发展"枫桥经验"提出了指导意见。文件从四个方面论述了如何学习、推广、创新"枫桥经验",着重强调要依靠群众进行社会治理、坚持强化组织领导与依靠人民群众相结合、充分发挥基层党组织的领导核心作用和战斗堡垒作用。

关于学习推广创新新时期"枫桥经验"的决定[1]

四十年前,枫桥的干部群众创造了"充分发动和依靠群众,开展说理斗争,没有打人,更没有捕人,就地制服'四类分子'"的好经验,被毛泽东同志批示推广。四十年来,"枫桥经验"在实践中不断创新和发展,成为新时期搞好社会治安综合治理、维护社会稳定、促进经济社会发展的成功典范和政法战线实现专门工作与群众路线相结合的一面旗帜。

新时期的"枫桥经验",坚持"依靠和发动群众,就地化解矛盾,实现小事不出村,大事不出镇,矛盾不上交"的基本精神,创造了"五个推进"的具体措施和基本做法,体现了以人为本的工作理念和与时俱进的精神品质,符合党的十六大精神,适应全市全面建设小康社会的形势要求,为新时期正确处理改革发展稳定的关系提供了科学的工作方法,是"三个代表"重要思想在基层的生动实践。市委、市政府决定,未来五年在全市范围内,深入开展以创建"枫桥式模范镇(街)"为载体的学习推广创新新时期"枫桥经验"活动,大力弘扬"枫桥经验"的基本精神,进一步创新新形势、新任务下的"枫桥经验",着力营造更加稳定和谐的社会环境,进一步保障和促进绍兴经济和社会发展各项事业的持续健康快速稳定发展。

一、统一思想,提高认识,切实增强学习推广创新新时期"枫桥经验"的责任感和使命感

学习推广创新新时期的"枫桥经验",有利于全市人民在坚持以经济建设为中心的同时,更加主动地抓好稳定工作,保障和促进全市经济社会的跨越式发展,实现稳定与发展同步、致富与治安并举、经济与社会协调发展的良好局面;有利于发挥党的政治优势,更加自觉地依靠人民群众,集中民智民力,共同承担

---

[1] 中共绍兴市委、绍兴市人民政府:《关于学习推广创新新时期"枫桥经验"的决定》,2003年11月23日印发,市委发〔2003〕97号文件。

维护稳定的责任,正确处理新时期人民内部矛盾,创造政通人和的社会环境;有利于强化基层组织建设,更进一步地巩固党的执政基础,提高执政能力。各级各部门特别是领导干部一定要从实践"三个代表"重要思想的高度,充分认识新形势下学习推广创新新时期"枫桥经验"的重要意义,进一步增强责任感和使命感,真正把学习、推广和创新新时期"枫桥经验"作为维护稳定、促进发展的重要任务,切实抓出成效。

学习推广创新新时期"枫桥经验",关键在于更新工作理念。各地在学习推广活动中,要注重发挥党的政治优势,牢固树立执政为民的思想,以发展富民、稳定安民为己任,坚持强化组织领导与依靠人民群众相结合,充分发挥基层党组织的领导核心作用和战斗堡垒作用,广泛发动群众、宣传群众、组织群众、依靠群众,做好稳定工作。要强化以人为本的工作理念,立足于做人的工作,最大限度地化解消极因素,最大限度地调动积极因素,真正把问题解决在基层,把矛盾化解在萌芽状态。要与时俱进,在学习推广中创新发展"枫桥经验",既继承其基本精神和基本做法,又坚持因地制宜,不断创造本地的新鲜经验,丰富发展"枫桥经验"。要尊重群众的创造,进一步调动和激发广大群众的积极性、创造性,把群众求富、求安、求知、求乐的愿望转化为群众自觉地实践"枫桥经验"、发展"枫桥经验"、维护社会稳定的不竭动力,使"枫桥经验"始终保持旺盛的生命力。

学习推广创新新时期"枫桥经验",要找准载体,进一步明确未来五年的工作目标。总的要以创建"枫桥式模范镇(街)"为载体,努力实现基层的稳定,促进经济社会的全面协调发展。具体目标为:一是政治稳定。各种影响政治稳定的社会矛盾和不安定因素得到及时排除化解,力争不发生影响社会稳定的重大群体性事件,一旦发生,能得到迅速妥善处置。二是治安安定。全市刑事案件发案率上升的势头得到明显的遏制,打击犯罪能力增强,破案绝对数和打击处理数逐年提高,人民群众对社会治安的评价进一步好转。三是民间矛盾纠纷得到有效化解。民间纠纷调解率达到80％以上，调处成功率达到75％以上，80％以上的民间纠纷在村（居、厂）基层调处解决，基本做到"小事不出村，大事不出镇，矛盾不上交"。四是"平安社区"创建活动得到不断深化。创建覆盖面和创建质量有新的提高，到2007年底，95％左右的乡镇、街道达到"平安社区"标准，"安全村（居）""安全小区"和"治安安全单位"的覆盖面均达到95％以上。五是基层基础扎实。基层治保调解组织、群防群治队伍健全，作用发挥明显；派出所、司法所、法庭等政法队伍保障落实，工作主动，战斗力强。

二、抓住重点，强化机制，不断提高学习推广创新"枫桥经验"的实效

进一步强化矛盾纠纷排查调处工作机制建设。继续坚持"四前"工作法，运用"四先四早"工作机制，坚持和健全党委、政府统一领导，综治委组织协调，有关部门各负其责的社会治安工作格局。建立定期分析治安形势的联席会议和重大矛盾纠纷联合调处制度，加强县、镇（街）、村（居）三级调处中心建设，强化工作基础。认真落实中央关于就业、再就业、社会保障和减轻农民负担等各项政策，进一步健全规范村务公开等"阳光工程"，从源头上减少不安定因素。坚持抓早、抓小、抓苗头，强化矛盾纠纷排查调处工作，着力解决重点疑难问题，真正做到"小事不出村，大事不出镇，矛盾不上交"。充分发挥基层党政组织、政法组织、人民调解组织的作用，及时准确掌握各种倾向性问题，满腔热情地解决群众实际问题。加强基层信访工作，推行"变群众上访为干部下访，变坐等来访为主动走访，对疑难信访实行联动息访"的"三访"工作机制，畅通人民群众信访途径。

进一步强化打防控一体化机制建设。坚持"严打"方针，加大打击各类刑事犯罪和经济犯罪力度，防范和惩治邪教组织的活动，坚决扫除一切丑恶现象，及时解决群众反映强烈的突出治安问题，确保社会治安的持续稳定。坚持打防并举、标本兼治，把加强防控体系建设作为长期的任务来抓，及时根据社会治安出现的各种新变化，有针对性地落实人防、物防、技防等各项防范控制措施，提高

整体防范能力。加强治安巡逻,进一步强化以公安民警为主体,保安队、"三护队"、志愿者义务巡逻队相配合的防控网络建设,最大限度地压缩可资犯罪的空间,切实保障人民群众生命财产安全。以村(居)、三资企业、民营企业等为重点,继续深化基层"创安"活动,不断提高基层创安水平。利用科技手段,努力提高安全创建工作的科技含量。

进一步强化教育宣传机制建设。要利用电视、广播、报刊等媒体,广泛宣传新时期"枫桥经验"的基本精神、深刻内涵及典型做法,在全市广泛掀起"学枫桥、赶枫桥、超枫桥"的热潮。要按照"四五"普法规划的总体部署,以各级干部、青少年和外来从业人员为重点,充分发挥治调组织、计生协会、老年协会等群众自治组织的积极作用,利用文化阵地和宣传工具,深化"文化特色村""社会主义新农村"等创建活动,深入开展"法律进社区""法律进村庄""法律进校园""法律进企业"等活动,推行送法下乡,提高全民法制观念,努力在全市营造学法、懂法、守法、用法的浓厚氛围,不断推进依法治市进程。

进一步强化青少年违法犯罪预防机制建设。重视源头治理,落实多种措施,加强青少年思想政治教育和法制道德教育,把家庭教育、学校教育和社会教育有机结合起来,增强法制观念。加强学校周边治安环境综合治理,大力构筑以"双差生"为重点,学校、家庭、公安机关齐抓共管,社会各界积极参与的校园治安管理体系,优化教书育人环境,减少社会丑恶现象对在校学生的负面影响。加大投入,加强青少年活动场所建设和管理,建设一批融知识性、趣味性于一体的青少年活动中心和教育基地,广泛开展爱国主义教育和社会主义法制教育,增强青少年抵御各种腐败思想和犯罪分子诱惑的能力。

进一步强化流动人口、归正人员等特殊对象的综合管理机制建设。坚持流动人口本地化管理,加强教育、服务、维权、管理工作,保护流动人口合法权益,提高其综合素质。重点加强高危流动人口控制工作,及时发现和打击犯罪。认真贯彻落实《浙江省归正人员安置帮教工作办法》,加强归正人员安置和帮教工作,"不推一把拉一把,不帮一时帮一世",进一步完善"事先向监狱延伸,事中向生产生活延伸,事后向巩固提高延伸"的"三延伸"帮教工作机制,做到帮心帮扶帮富,尽可能减少重新犯罪。

三、强化基础,健全网络,着力打造学习推广创新"枫桥经验"、维护稳定的坚实平台

加强基层党组织建设,充分发挥基层党组织的战斗堡垒作用。要教育基层干部增强群众观念和法制意识,改进作风,提高依法行政能力。进一步完善民主选举、民主决策、民主管理、民主监督制度,推行"阳光工程",推进基层民主政治建设。抓好农村基础工作,突出后进镇(街)、后进村(居)的整顿转化,治乱治瘫相结合,对班子软弱、经济发展缓慢、治安状况不好、群众反响强烈的,继续采取干部下派、部门帮扶、领导联系等办法帮助整顿,改变面貌。机关、学校、街道要加强党员教育管理,更好地发挥基层党组织的战斗堡垒作用和党员的先锋模范作用,把维护稳定的各项工作落到实处。

加强基层综治网络建设,提高队伍素质。强化乡镇(街道)综治委(办)建设,配齐配强专职干部,确保有人抓、有人管。按照"政治坚定、业务精通、作风优良、执法公正"的要求,坚持执法为民,加强政法队伍建设,更好地发挥维护稳定的主力军作用。以"星级治保会、治调委"创建活动为抓手,建立镇、村两级人民调解委员会,建章立制,规范操作,大力开展治调工作竞赛评比活动,促进基层治保调解队伍建设,提高工作水平和能力,充分发挥其治保调解工作的主力军作用,推动调解工作朝制度化、规范化、法制化方向发展。加强治安信息员队伍、调解员队伍、信访干部队伍建设,充分发挥治安、调解、信访"三位一体"的综合功能。

深化社区建设,推动政府管理和工作阵地前移。以枫桥镇"一处三室"(管理处、社区警务室、司法工作室、综合调解室)为样板,以社区警务室为平台,科学配置警力,做到警力向基层倾斜,把工作重点放到管理、防范、服务上来。采取社区警务室、司法工作室、纠纷调解室综合设置,社区民警、司法助理、居(村)干部互联互动,推动干部下沉和服务前移,发挥综合管理功能,密切党群干群关系,把更多的问题解决在基层。

四、加强领导,落实责任,努力形成学习推广创新"枫桥经验"的强大合力

各级党委、政府要从维护一方稳定,促进一方发展,实实在在为老百姓谋利益的高度出发,切实增强学习推广创新"枫桥经验"的自觉性,把学习推广创新活动列入重要议事日程,列入干部考核的重要内容,及时研究解决工作中的重大问题。要制定学习推广创新的计划方案,明确目标任务,层层落实工作责任。要建立情况通报和表彰奖励制度,对稳定工作出现重大问题的,要追究有关领导的责任。要切实转变工作作风,深入基层调查研究,及时解决工作中遇到的问题,每年有针对性地解决一两个突出问题,办几件实事,力求学习推广创新活动取得实效。

各地各部门要各负其责,齐抓共管。各级综治委要充分发挥组织协调作用,积极协助党委、政府抓好学习推广创新的各项工作,研究专门措施,做好对学习推广创新工作的督促、检查和具体指导工作,推动工作的深入开展。各级法院、检察院、公安、司法等政法部门要发挥主力军作用,依法严厉打击各类违法犯罪活动,着力解决各类矛盾纠纷,为群众创造良好的生产生活环境。各地各部门和各企事业单位要集中精力认真组织好本地本部门本系统的学习推广创新工作,并按照"管好自己的人,看好自己的门,办好自己的事"的原则,加强内部人员的思想教育和各项安全防范工作,防止发生重大犯罪案件和重大治安事件。宣传舆论部门在学习推广中要发挥积极作用,大力宣传新时期"枫桥经验",努力营造一个良好的社会舆论环境。党委、政府各职能部门要密切配合,创造条件,参与、支持学习推广创新工作。

各级党委、政府都要牢固树立社会主义发展观、稳定观,增强维护稳定意识,要以学习推广创新"枫桥经验"为契机,把维护社会稳定工作作为一件大事,纳入本地区经济社会发展总体规划和年度计划,专题研究、专题部署,保证有足够的时间、精力抓好这项工作。要定期听取汇报,帮助解决工作中遇到的问题。要高度重视公安政法队伍建设,特别是抓好基层派出所、司法所、法庭的建设,政治上切实关心支持,进一步理顺关系,减少非警务活动,保障必要的经费,切实发挥其在维护社会稳定中的主力军作用。

1.2.5 全国政法综治战线的一面旗帜——纪念毛泽东同志批示"枫桥经验"四十五周年

提要: 为纪念毛泽东同志批示"枫桥经验"四十五周年,浙江启动五项省级重点工作:一、召开纪念批示四十五周年大会;二、开展"枫桥经验"创新发展与和谐社会建设课题调研;三、组织"枫桥经验"优秀创新成果评选表彰活动;四、举办主题图片展;五、制作播出电视专题片。

全国政法综治战线的一面旗帜
——纪念毛泽东同志批示"枫桥经验"四十五周年[1]

上世纪 60 年代,我省诸暨枫桥的干部群众在社会主义教育运动中创造了"枫桥经验"。1963 年 11 月,毛泽东同志亲自批示"要各地仿效,经过试点,推广去做","枫桥经验"从此成为全国政法综治战线的一面旗帜。四十五年来,特别是 2003 年以来,全省各地各部门认真贯彻中央和省委的指示精神,紧紧围绕"创业富民、创新强省"总战略和建设"平安浙江""法治浙江"的重大部署,按照科学发展观的要求,充分运用"枫桥经验"的基本精神,以整合力量资源、夯实基层基础为主线,以推动科学发展、促进社会和谐为目标,致力于服务工作大局,致力于推进平安建设和社会治安综合治理,致力于加强基层民主法治建设,致

---

1 中共浙江省委政法委:《全国政法综治战线的一面旗帜——纪念毛泽东同志批示"枫桥经验"四十五周年》,《今日浙江》2008 年 11 月 10 日,第 21 版。

力于预防化解社会矛盾,致力于促进人的全面发展,不断创新发展"枫桥经验",使之在统筹解决发展过程中出现的各种矛盾和问题,推进全面建设惠及全省人民的小康社会中发挥了日益明显的作用。在毛泽东同志批示"枫桥经验"四十五周年之际,省委、省政府决定组织开展隆重的纪念活动,在全社会进一步兴起深化创新"枫桥经验"、促进社会和谐稳定的热潮。省委高度重视纪念活动,省委常委会专题听取了纪念活动筹备情况的汇报,审议通过了纪念活动方案。省委书记赵洪祝对认真落实各项工作措施,切实组织好、开展好纪念活动作出了明确指示,提出了具体要求。省里成立了由省委常委、政法委书记、公安厅长王辉忠任组长,省委常委、副省长葛慧君为副组长,省委宣传部、省委政法委、省综治委等部门负责同志为成员的纪念活动领导小组,下设办公室,具体负责纪念活动的组织实施。省委政法委、省综治办专门下发了《关于开展纪念毛泽东同志批示"枫桥经验"四十五周年活动的通知》和各项纪念活动工作方案,对全省开展纪念活动作出具体部署,明确工作要求。

纪念毛泽东同志批示"枫桥经验"四十五周年,省级主要有五项重点活动:

一、召开纪念毛泽东同志批示"枫桥经验"四十五周年大会。11月中下旬,中央综治委和省委在我省绍兴市联合召开纪念毛泽东同志批示"枫桥经验"四十五周年大会,全面回顾总结近年来我省创新发展"枫桥经验"取得的主要成效和经验,研究部署当前和今后一个时期深化创新"枫桥经验"、促进社会和谐稳定工作。会议还表彰一批近年来我省创新发展"枫桥经验"的优秀成果。

二、开展"枫桥经验"创新发展与和谐社会建设课题调研。调研活动从今年3月正式启动,分工作部署、实地调研、专题研讨、研究论证、修改完善五个阶段组织实施。省委政法委、省综治委领导分别带领有关人员,赴绍兴、诸暨及其他各市县进行了深入调研。各地及省委组织部、省信访局、省法院、省检察院、省公安厅、省民政厅、省司法厅、团省委等部门,根据省课题调研工作方案的安排,落实专人负责,认真做好有关专题调研工作。

9月上旬,省委政法委、省综治办召开课题调研情况汇报会,听取各专题调研小组汇报,并研究讨论了总课题报告的起草工作。总课题报告初步形成后,印发各地各有关部门进行讨论修改,并征求了有关专家学者的意见和建议。10月中旬,"枫桥经验"创新发展与和谐社会建设总课题报告修改定稿,并呈报省委和中央综治委。总报告全面总结了近五年来我省各地各部门学习创新"枫桥经验"取得的丰硕成果和主要经验,深入分析了新形势下进一步深化创新"枫桥经验"的重大意义,研究提出了当前和今后一个时期深化创新"枫桥经验"、促进和谐社会建设的总体思路和对策措施。

三、组织"枫桥经验"优秀创新成果评选表彰活动。评选表彰活动从今年6月正式启动,主要对近五年来全省各地各部门在创新发展"枫桥经验",推进"平安浙江"建设和政法综治工作方面的优秀调研和实践成果,特别是对一些基层好的经验和做法进行评选表彰。省委政法委、省综治办聘请有关部门领导和专家学者,成立全省"枫桥经验"创新成果评审委员会,对各地各部门报送的创新成果进行严格评审,并提出了拟表彰的优秀实践成果和调研成果名单,报请省委、省政府予以表彰。从评选情况看,获奖的调研成果,坚持以科学发展观为指导,紧紧围绕"平安浙江"建设和政法综治重点工作,内容翔实,分析透彻,观点鲜明,创新性、指导性较强,有一定的研究深度和可操作性的对策建议,具有较强的实践应用价值。获奖的实践成果,主要是来自基层的典型经验和做法,从各个方面破解了基层平安建设和政法综治工作重点难点问题,具有一定的独创性,在实践中取得了显著成效。这些优秀调研和实践成果在纪念大会上予以表彰。

四、举办主题图片展。纪念大会期间,我们举办"创新发展走在前列——'枫桥经验'在浙江"主题图片展,从亲切关怀、齐抓共创、化解矛盾、夯实基础、深化创安、严防严治、服务管理、公正执法、强化宣传、丰硕成果等不同角度,用直观生动的图片,集中展示近五年来我省各地各部门在党委、政府的领导下,全面推动"枫桥经验"创新发展取得的丰硕成果,鼓舞和激励全省广大干部群众特别是政法综治维稳工作者,深入学习实践科学发展观,进一步深化创新"枫桥经验",为建设"平安浙江""法治浙江",构建社会主义和谐社会,确保实现"继续走在前列"的目标,作出新的更大的贡献。纪念大会当日,还在互联网上同步展出,并在纪念大会结束后,组织在全省11个市地巡展,进一步扩大宣传影响力。

五、制作播出电视专题片。为丰富纪念活动的形式,扩大纪念活动的宣传面,省委宣传部、省委政法委和省广电集团联合摄制了电视专题片《"枫桥经验"在浙江(暂定名)》,通过领导谈启示、干部谈体会、群众谈感受,以一个个生动鲜活的事例,全面介绍"枫桥经验"的历史沿革,揭示"枫桥经验"经久不衰、历久弥新的根本原因,展示全省各地各部门创新发展"枫桥经验"取得的成效。

1.2.6 加强和创新群众工作,为全面建成小康社会创造和谐稳定的社会环境——纪念毛泽东同志批示"枫桥经验"五十周年

提要: 为纪念毛泽东同志批示"枫桥经验"五十周年,时任中央政法委书记、公安部部长孟建柱撰文指出,要加强和创新群众工作,为全面建成小康社会创造和谐稳定的社会环境。首先,要深刻认识"枫桥经验"的时代意义,在新时代进一步坚持和发展"枫桥经验";其次,要积极创新社会治理模式,最大限度化解社会矛盾;再次,要切实关注群众的现实需要,正确把握信访工作定位;最后,要坚持依法治理,努力把社会矛盾预防化解纳入法治轨道。

加强和创新群众工作,为全面建成小康社会创造和谐稳定的社会环境
——纪念毛泽东同志批示"枫桥经验"五十周年[1]

今年是毛泽东同志批示学习推广"枫桥经验"五十周年。回顾"枫桥经验"

---

[1] 孟建柱:《加强和创新群众工作,为全面建成小康社会创造和谐稳定的社会环境——纪念毛泽东同志批示"枫桥经验"五十周年》,《求是》2013年第21期。

的诞生和发展过程,探讨"枫桥经验"的魅力所在,继承和发扬"枫桥经验"的基本精神,对于密切党和人民的血肉联系,实现中华民族伟大复兴的中国梦,具有重要意义。

一、深刻认识"枫桥经验"的时代意义,进一步把"枫桥经验"坚持好、发展好

五十年前,浙江枫桥创造了依靠群众就地化解矛盾的"枫桥经验"。1963年11月,毛泽东同志批示"要各地仿效,经过试点,推广去做"。五十年来,浙江枫桥坚持"为了群众、依靠群众、发动群众、就地解决问题"的基本精神不动摇,并根据形势变化,不断丰富和发展"枫桥经验",走出了一条经济社会协调发展的新路子。

习近平总书记在浙江工作期间,强调要充分珍惜"枫桥经验",大力推广"枫桥经验",不断创新"枫桥经验",作出了建设"平安浙江""法治浙江"的工作部署。浙江省委和省政府把"枫桥经验"的基本精神贯穿于经济、政治、文化、社会、生态文明和党的建设各个领域,紧紧扭住做好群众工作这条主线,牢固树立"大平安"的理念,实施和谐促进工程,确保了社会大局持续和谐稳定;牢固树立依法治理的理念,把群众路线与法治方式有机结合起来,支持群众依法实现自我管理、自我服务;牢固树立改革创新的理念,全面实施创业富民、创新强省战略,形成了干部创事业、能人创企业、百姓创家业的生动局面;牢固树立共同富裕的理念,形成了城乡居民收入与经济发展同步增长的长效机制,实现了经济社会又好又快发展。

五十年的实践证明,"枫桥经验"是实践党的群众路线的生动体现,是政法综治战线的一面旗帜,也是依靠群众促进经济社会又好又快发展的一面旗帜,在全面建设小康社会的历史进程中彰显了独特优势,发挥了积极作用。这是"枫桥经验"历久弥新、具有旺盛生命力的根本原因所在。新的历史时期,坚持和发展"枫桥经验",实践党的群众路线,尊重人民主体地位,是全面建成小康社会、夺取中国特色社会主义事业新胜利的根本保障。

党的十八大明确指出,发展中国特色社会主义是一项长期的艰巨的历史任务,必须准备进行具有许多新的历史特点的伟大斗争。当前,我国经济持续健康发展,各项事业全面进步,社会大局和谐稳定,人民群众安居乐业。同时,改革进入攻坚阶段、发展进入关键时期,经济社会深刻变化,改革发展稳定任务繁重艰巨。今天,我们纪念毛泽东同志批示"枫桥经验"五十周年,就是要在新的历史阶段,把"枫桥经验"坚持好、发展好,把党的群众路线实践好,把人民群众合法权益维护好,进一步凝聚起维护社会和谐稳定,促进经济社会又好又快发展,坚持和发展中国特色社会主义的强大力量。

各地各部门要深入贯彻落实党的十八大和习近平总书记重要指示精神,从坚持和发展中国特色社会主义的战略高度,深刻认识"枫桥经验"的时代意义,牢固树立一切为了群众、一切依靠群众的观念,继承和发扬优良传统,主动适应时代发展进步的要求,以与时俱进的精神,研究新情况、把握新规律,创新群众工作方法,加大依法治理力度,完善工作制度机制,不断提升新形势下群众工作能力和水平,切实解决好涉及人民群众切身利益的突出问题,确保人民安居乐业、社会安定有序、国家长治久安。

二、积极创新社会治理方式,最大限度地预防化解社会矛盾

发动和依靠群众,坚持矛盾不上交,就地解决问题,是"枫桥经验"最突出的特点。要继承和发展"枫桥经验",从创新理念、完善政策、健全机制等方面入手,不断创新社会治理方式,着力提升预防化解社会矛盾的水平。

把改革发展成果更多惠及百姓,从源头上预防减少社会矛盾。当前,社会矛盾多发,除各方面客观原因外,一个重要原因是一些干部在处理政府与群众利益关系上,没有树立把改革发展成果更多惠及百姓的理念。只有让广大群众从党和政府的方针政策中获得实惠,我们才能赢得广大群众发自内心的认同和拥护,才能为社会和谐稳定奠定坚实基础。各地各部门要牢固树立把改革发展成果更多惠及百姓的理念,统筹协调、妥善处理好各方面利益关系,多干群众急需的事,多干群众受益的事,多干打基础的事,多干长远起作用的事,努力使广大群众从深化改革、推动发展中得到实实在在的好处。

坚持科学、民主决策,防止因决策不当引发社会矛盾。科学、民主决策,是实现党的领导与人民当家作主有机统一的重要途径,是提高执政能力、实现科学发展的重要基础,是维护最广大人民根本利益、促进社会和谐稳定的重要保障。开展重大决策社会稳定风险评估,是科学、民主决策的"推进器"。凡是直接关系群众切身利益且涉及面广、容易引发不稳定问题的重大事项,都要把社会稳定风险评估作为前置程序,切实做到应评尽评。要充分发挥协商民主的优势,通过建立公示、听证、对话、协商等制度、机制,加强与群众的沟通、协调,努力使社会稳定风险评估过程成为倾听民意、化解民忧、赢得群众支持的过程。要建立第三方评估制度,提高评估科学性和公信力。

完善工作机制,努力掌握预防化解社会矛盾主动权。检验社会治理水平的高低,不仅要看紧急情况下应急处置能力,更要看常态下矛盾纠纷预防化解效果。要把源头治理、动态管理、应急处置有机结合起来,完善矛盾纠纷排查、预警、化解、处置机制。要在乡镇(街道)、村(社区)党组织领导下,发挥基层干部和群防群治力量的优势,及时发现矛盾纠纷。要建立健全社会心理预警、疏导机制,完善落实对严重精神障碍患者的救治、救助机制,努力预防减少极端案(事)件的发生。要完善人民调解、行政调解、司法调解联动的工作体系,及时调解民间矛盾。对交通事故、医疗卫生、环境保护等领域的矛盾纠纷,要提高调解工作专业化水平。

创新工作方法,紧紧依靠基层组织和广大群众预防化解社会矛盾。预防化解社会矛盾,重点在基层,关键靠群众。群众对自身利益最关切,对矛盾纠纷产生的原因、存在的症结最清楚,解决起来最有智慧。要把基层作为一切工作的重点,加强基层党组织建设,努力使基层党组织成为服务群众、凝聚人心、化解矛盾、促进和谐的坚强战斗堡垒。要选优配强基层党支部书记,真正把对群众怀有深厚感情、乐于善于做群众工作的优秀党员选拔到党支部书记岗位上来，使每个党支部书记成为群众的带头人、贴心人。要充分发挥群众自治组织的作用，努力让群众自己组织起来解决自己的问题。借助社会力量预防化解矛盾纠纷，成本低、效果好。要形成合理的政策导向，吸引培育更多的社会组织参与矛盾调解、安置帮教、社区矫正、青少年教育管理等工作。要发挥好法学会、律师协会的优势，动员组织广大法学法律工作者、律师积极参与矛盾纠纷预防化解工作。要发展社区工作者、义工等社会志愿者队伍，打牢预防化解矛盾纠纷的社会基础。要健全新型城乡社区管理服务体系，努力把城乡社区建设成为政府社会管理的平台、居民日常生活的依托、社会和谐稳定的基础。要充分发挥信息网络的作用，把"脚板走访"与"网络对话"有机结合起来，加强民生服务网站、政务微博、民生微信、民情QQ群等建设，为党和政府了解民意、体察民情、化解民忧提供新渠道，为群众实现自我管理、自我服务提供新平台。

加强舆论引导，为预防化解社会矛盾营造良好舆论环境。随着社会信息化的深入推进，社会舆论对公众情绪和社会稳定的影响越来越大。要坚持一手抓法定职责的履行，一手抓新媒体沟通能力的提升。要准确把握新媒体受众特点，善于运用群众喜闻乐见的方式，弘扬主旋律、传递正能量，努力把社会情绪引入理智、平和、建设性的轨道，激发全社会团结奋进、干事创业的强大力量。要充分利用互联网强大的传播功能和广泛的社会影响，及时回应群众关切，增强宣传舆论工作的针对性、主动性和传播力、影响力。

三、正确把握信访工作定位，切实解决信访突出问题

解决好人民群众最关心、最直接、最现实的利益问题，是党的根本宗旨的要求，是坚持和发展"枫桥经验"的出发点和落脚点。对信访反映的涉及人民群众切身利益的突出问题，要高度重视、认真解决。要正确把握联系群众、保护权益、维护秩序的信访工作定位，坚持畅通信访渠道与维护信访秩序并重、创新机制与强化责任并举、主张权利与履行义务统一、依法办事与思想教育结合的原则,切实做到群众诉求合理的解决问题到位、诉求无理的思想教育到位、生活困难的帮扶救助到位、行为违法的依法处理。

进一步畅通群众诉求表达渠道,切实保障群众信访权利。畅通群众诉求表达渠道是保障公民申诉权利,密切党和政府同人民群众联系的重要举措。要大力推广民生热线、绿色邮政、网上信访、视频接访等做法,构建快捷高效的群众诉求表达新通道。要建立健全相关制度机制,认真及时办理群众来信,努力形成来信与来访同样管用的正确导向。领导干部要把群众来信作为了解社情民意的重要窗口,既及时阅批群众的重要来信,亲自研究解决群众反映的突出问题,又善于从群众来信中反思工作不足,加强和改进工作。要完善行政复议、仲裁、诉讼等法定诉求表达机制,对已经或依法应当通过行政复议、仲裁、诉讼等法定途径解决的诉求,引导信访人依法向有关机关提出,努力使他们的合法合理诉求通过法定途径得到解决。要加快推进信访信息化建设,抓紧建立网上信访事项办理程序,引导更多信访群众变信访、来访为网访。要充分利用互联网等现代传媒,打造网上服务新平台,通过网上交流、网下办理,不断提升服务信访群众的本领。

树立及时就地解决问题的导向,进一步提高信访工作公信力。绝大多数群众信访是希望通过行使程序性权利,达到解决问题的目的。要认真落实属地责任,建立联合接访机制,把工作重心转移到为信访群众排忧解难、及时就地解决问题上来。能否解决特殊疑难信访问题,是对群众工作能力和水平的直接检验。要统筹整合各方资源和力量,综合运用法律、政策、经济、行政等手段和教育、调解、疏导等办法,下大气力解决特殊疑难信访问题。

引导群众依法正确行使信访权利,维护正常的信访秩序。我国宪法不仅规定了公民的基本权利,也规定了公民应当履行的义务,要求公民在行使自由和权利时,不得损害国家的、社会的、集体的利益和其他公民的合法的自由和权利。要坚持一手抓群众诉求表达渠道的畅通、一手抓正常信访秩序的维护,加大法制宣传教育力度,努力让信访群众明白自己既有依法反映诉求的权利,也有遵守法定程序、维护社会秩序的义务。

四、坚持依法治理，努力把社会矛盾预防化解纳入法治轨道

坚持把群众路线与法治方式结合起来，运用法治思维和法治方式预防化解社会矛盾，是"枫桥经验"所蕴含的创新精神的必然要求。要按照依法治国、依法执政、依法行政共同推进，法治国家、法治政府、法治社会一体建设的总要求，积极营造办事依法、解决问题用法的法治环境，进一步提高预防化解社会矛盾的权威性、有效性。

坚持依法办事，防止因侵犯群众合法权益引发社会矛盾。不依法办事，是引发社会矛盾的导火索。各级干部要坚持对党负责、对人民负责与对法律负责的一致性，把依法办事作为一项重要基本功，带头学法、尊法、守法，提高依法办事能力。要善于运用法治思维和法治方式行使权力，严格执行重大决策事项必须进行合法性审查的规定，防止因超越法定权限、违反法定程序决策而引发社会矛盾。落实执法责任制，做到有权必有责、用权受监督、违法要问责，预防减少社会矛盾的产生。坚持从中国国情出发与遵循司法规律的统一，深化司法体制改革，着力研究解决影响司法公正、制约司法能力的深层次问题，下大气力解决人民群众反映强烈的执法司法突出问题，让人民群众对公正司法充满信心。

把法治作为化解社会矛盾的重要方式，努力实现定纷止争。现在，不同的利益诉求纷繁复杂。要牢固树立依法治理的理念，善于把法治精神贯穿于化解社会矛盾全过程。要深入实施"六五"普法规划，通过鲜活的案例，加强对群众的法制宣传教育，引导群众自觉把法律作为指导和规范自身活动的基本行为准则，通过法定程序表达诉求，依靠法律手段解决纷争，运用法律武器维护权益。对因民事、经济交往引发的利益矛盾纠纷，要引导鼓励当事人通过正当法律程序，运用法律手段去解决。

实行诉讼与信访分离，把涉法涉诉信访纳入法治轨道。对进入司法程序的涉法涉诉信访，要把着力点放在依法公正解决群众合法合理诉求上，努力让当事人切实感受到只要依法律按程序,就能公正有效解决问题。

充分发挥党的政治优势,把专门工作与群众路线结合起来,是"枫桥经验"给我们的重要启示,也是有效预防化解社会矛盾的重要法宝。要总结经验、把握规律,完善机制、创新方法,建立健全统一领导、综合协调、各负其责、齐抓共管、标本兼治的工作格局,形成预防化解社会矛盾的强大合力。要紧密结合党的群众路线教育实践活动,把做好群众工作作为看家本领,引导各级干部深入条件艰苦、情况复杂、矛盾集中的地方,与普通群众交朋友,与困难群众结对子,与群众一道把问题摸清楚、把原因分析透、把矛盾解决好。要加强教育培训、完善落实政策,使广大干部增强群众观念、了解群众心理、学会群众语言、掌握沟通技巧,成为做好群众工作、预防化解社会矛盾的行家里手,努力建设一支乐于在基层、善于预防化解社会矛盾的高素质干部队伍。要总结推广预防化解社会矛盾的成功经验,充分发挥正反两方面典型的激励、警示作用,推动社会矛盾预防化解工作深入开展。

1.2.7 坚持和发展新时代"枫桥经验"——纪念毛泽东同志批示学习推广"枫桥经验"五十五周年

提要: 习近平同志高度重视坚持和发展"枫桥经验"。在纪念毛泽东同志批示"枫桥经验"五十五周年之际,中共绍兴市委书记马卫光撰文指出,习近平同志要求始终坚持党建引领,以人民群众为主体,坚持"三治融合",坚持"四化并举",坚持共建共享,让新时代"枫桥经验"助力我国政法综治战线。

坚持和发展新时代"枫桥经验"
——纪念毛泽东同志批示学习推广"枫桥经验"五十五周年[1]

今年是毛泽东同志批示学习推广"枫桥经验"五十五周年。上世纪60年代

---

1 马卫光:《坚持和发展新时代"枫桥经验"——纪念毛泽东同志批示学习推广"枫桥经验"五十五周年》,《求是》2018年第23期。

初,浙江诸暨枫桥的干部群众在社会主义教育运动中创造了"发动和依靠群众,坚持矛盾不上交,就地解决,实现捕人少、治安好"的"枫桥经验"。1963 年,"枫桥经验"经毛泽东同志批示后在全国推广,五十五年来历久弥新、经久不衰,成为我国政法综治战线的一面光辉旗帜。

习近平同志高度重视坚持和发展"枫桥经验",2003 年在浙江工作时,明确提出要充分珍惜"枫桥经验",大力推广"枫桥经验",不断创新"枫桥经验"。党的十八大以来,习近平总书记提出了一系列社会治理的新理念、新思想、新战略,特别是对坚持发展"枫桥经验"作出重要指示,要求把"枫桥经验"坚持好、发展好,把党的群众路线坚持好、贯彻好。[1] 这些年来,绍兴全市上下在习近平总书记重要指示精神指引下,传承弘扬、创新发展"枫桥经验",紧密结合各个不同时期形势任务的变化,与时俱进赋予其新的内涵,努力发挥好"枫桥经验"在服务经济转型升级、协调经济社会关系、预防化解社会矛盾、巩固基层政权中的重要作用,在促进经济、社会和人的全面发展,推进基层治理体系和治理能力现代化等方面进行了新的探索,取得了新的成效。

坚持党建引领,确保基层社会治理的正确方向。习近平总书记强调,中国特色社会主义最本质的特征是中国共产党领导,中国特色社会主义制度的最大优势是中国共产党领导。[2] 这些年来,我们充分发挥党的政治优势,始终把党的领导与"枫桥经验"基本精神紧密结合起来,贯穿于基层改革发展稳定各领域全过程,把党的基层组织作为创新社会治理的"主心骨",大力加强基层党建工作,强化党组织的政治引领、组织引领、能力引领、机制引领,有效整合基层力量资源,积极创新"党建+"模式,探索基层党建新做法。坚持把党建作为引领发展、推进基层治理的"牛鼻子",深入实施"党建+基层治理四平台""党建+乡村振兴""党

---

[1] 《把"枫桥经验"坚持好、发展好,把党的群众路线坚持好、贯彻好》,《人民日报》2013 年 10 月 12 日,第 1 版。

[2] 《庆祝中国共产党成立 95 周年大会在京隆重举行,习近平发表重要讲话》,《人民日报》2016 年 7 月 2 日,第 1 版。

建+两新组织""党建+流动人口管理服务""党建+阵地建设",使党的旗帜在每一个阵地高高飘扬,确保党的全面领导落实到基层工作中。推行党建工作清单制,每年制定党建工作责任清单、任务清单,并与中心任务、重点工作紧密结合,使党建工作"脱虚向实"、责任层层落实。实践证明,党的领导是坚持发展新时代"枫桥经验"的根本保证,必须推动基层党建与基层治理有机衔接,把党组织的服务管理触角延伸到社会的每个末梢,实现党领导下的政府治理和社会调节、居民自治良性互动。

坚持人民主体,认真践行党的群众路线。发动和依靠群众是"枫桥经验"的精髓所在、灵魂所在,是党的群众路线在社会治理中的具体体现和实现形式。这些年来,我们始终坚持以人民为中心,把每年新增财力的三分之二以上用于民生,让群众更好共享改革发展成果。坚持既要依靠群众、更要为了群众,用脚步丈量民情,在密切党群干群关系上下功夫,点对点、面对面地做群众工作,着力打通联系群众、服务群众的"最后一公里"。从2003年起,全市坚持实施领导干部接访下访制度,就地化解矛盾纠纷,形成了"干部多下去,信访少上来"的良好局面,历年信访积案化解率超过92%,居全省第一,去年成为全省唯一"零非访"城市,今年前十个月继续保持"零非访"。实践证明,坚持人民主体,是坚持发展新时代"枫桥经验"的出发点和落脚点,必须坚定不移走好党的群众路线,把以人民为中心的发展思想落实到关心每一项"关键小事"、解决每一件具体纠纷上,做到治理过程让群众参与、治理成效让群众评判、治理成果让群众共享,不断提高群众获得感、幸福感、安全感。

坚持"三治融合",积极创新基层善治路径。"枫桥经验"产生之初,主要依靠思想政治工作结合民间自治传统来解决基层矛盾纠纷。随着社会结构的深刻变动和利益格局的深刻调整,必须探索更加有效的治理模式来适应日趋多元的利益诉求。这些年来,我们深入推进基层法治,积极创建民主法治村,实现"一村一律师"全覆盖,法治理念全面融入基层治理实践。依据《村民委员会组织法》制定了"乡村典章"——《石磁村典章》，对集体土地、资产、工程、财务等事项予以细化明确，实施后矛盾纠纷明显减少，法治化程度不断提高。积极践行基层德治，挖掘当地深厚历史文化蕴含的德治理念，发挥道德在基层治理中的引领、规范和约束作用，提高全社会道德水准，在更高水平上促进社会和谐稳定。有的村多年来无刑事民事案件、无出村上访事件，村民安居乐业。实践证明，自治法治德治"三治融合"是坚持发展新时代"枫桥经验"的重要路径，必须加强"三治融合"体系建设，夯实自治这个基础，强化法治保障作用，发挥德治引领作用，更好地实现基层善治。

坚持"四化并举"，着力促进治理成效升级。以互联网技术为代表的新技术发展对社会治理提出了新挑战，也为"枫桥经验"注入了新的时代元素。这些年来，我们积极探索"科技+""互联网+"社会治理创新模式，全力打造"枫桥经验"升级版，提高社会治理社会化、法治化、智能化、专业化水平。积极发展城乡基层生活服务类、公益事业类、慈善救助类、专业调处类等社会组织，充分发挥他们在维护公共利益、救助困难群众、化解矛盾纠纷、维护社会稳定中的重要作用。加强预测、预警、预防工作，推动关口前移、力量下沉，深化"网格化管理、组团式服务"，确保问题隐患被及时发现、及时处置，绝大部分纠纷在乡镇以下解决。坚持人防、物防、技防、心防"四防齐抓"，加快建设立体化、信息化社会治安防控体系，建立社会治理数据库，全面建成"雪亮工程"，用科技手段破解过去用道德、行政、法律手段解决不了的难题。坚持"用不同的钥匙开不同的锁"，健全完善大调解体系，在交通、医疗、劳资、环保、拆迁等领域建立专业调解组织，高效化解矛盾纠纷。实践证明，"四化并举"是坚持发展新时代"枫桥经验"的重要手段，必须把"枫桥经验"基本精神与现代治理理念结合起来，更好地把制度创新和科技创新成果转化为基层治理效能。

坚持共建共享，不断优化社会治理格局。"枫桥经验"诞生、发展、深化的过程，反映出中国社会治理模式和治理格局的变化过程。这些年来，我们坚持"枫桥经验"在规范基层秩序、夯实基层基础实践中所体现出的协商、协调、协同、协作理念,进一步认识"谁来管、怎么管""谁来治、为谁治"这一基本问题,不断创新全社会共同参与社会治理的制度机制和载体,着力构建维护社会平安稳定的"命运共同体"和共建共治共享的社会治理格局。坚持统筹联动、开放共治的理念,发挥党委领导核心作用和政府在实施过程中的主导作用,整合政法部门、其他部门、群团组织的力量,引导广大社会成员以主人翁精神参与社会治理,努力构建党委领导、政府负责、社会协同、公众参与、法治保障的社会治理体制。积极探索"契约化"共建,推动机关企事业单位与社区党组织以"协议+清单"形式共同推进社会建设和管理。实践证明,共建共享是坚持发展新时代"枫桥经验"的重要方向,必须充分整合广大社会成员的力量,发挥各个治理主体的积极性,形成人人参与、人人尽力、人人享有的良好局面,不断增强基层治理的协同性、整体性、实效性。

第二章
群防群治维护社会治安的"枫桥经验"

群防群治不仅是一种组织形式,还是一种工作机制,具体指在各级党委、政府部门和专门机关指导下,充分发挥企、事业单位以及其他社会团体的作用,组织群众,依靠群众力量,预防和治理违法犯罪,协助政府强化所在地区、单位的社会治安综合治理的一种组织形式和工作机制。在1963年的社会主义教育运动中,毛泽东同志肯定了诸暨县枫桥区"少捕、矛盾不上交,依靠群众教育人改造人"的好经验,并推广到全国,群防群治的概念应运而生,成为"枫桥经验"的重要组成部分。

枫桥区作为社会主义教育运动的最初试点地区,充分发挥群众力量,依靠群众就地解决纠纷,引导群众自己教育自己、自己管理自己;调处民间纠纷及时、合理、服人,帮教违法人员诚心、耐心,并帮助他们走上勤劳致富的道路。此外,该地区建立了严密的治保调解工作网络,治保调解干部积极主动、不计报酬的奉献精神,成为发动群众做好预防犯罪工作的桥梁和纽带。改革开放之后,枫桥区在坚持贯彻运用群防群治的基础上不断改革创新,促进"枫桥经验"在新形势下的持续发展,坚持党对治安工作的领导,强化基层组织建设、加强精神文明建设、努力提高人的素质,健全和完善村、乡治安公约,规范群众行为。

"枫桥经验"群防群治的理论在实践中展现出其在社会治安综合治理中强

大的生命力,在诸暨市和绍兴市的其他地区也相应推广开来。其中,绍兴县和诸暨市赵家镇、乐山乡坚持群防群治,因地制宜运用"枫桥经验",开展基层社会治安工作,促进社会治安综合治理;店口镇人民政府结合时代特色,组建镇级、村级、群众三级信访服务组织,推出信访代办制度;枫桥区在农业学大寨运动中对阶级敌人实行有效的监督改造,进一步在基层巩固无产阶级专政;檀溪公社泉四大队修订十条治安公约,对遵纪守法、维护治安、护林防火、社会公德等方面进行了约定,并制定了六条安全守则作为补充。这里收录了以上地区相关史料,从实践做法、典型事例以及成效三方面分别呈现群防群治在社会治安综合治理中的积极作用。

2.1 群防群治维护社会治安的实践

2.1.1 乐山乡强化防范机制,确保治安稳定

提要:在社会治安综合治理中,乐山乡人民政府充分发挥人民群众的力量,以强化防范机制,确保治安稳定:抓好法制宣传,提高全民法制意识;"刹三风、创三户",破除陈规陋习,树立良好风尚;跟进基层信访工作;从解决违法人员及家属的生活困难着手,做好违法人员的帮教工作,促进他们自我改造、重新做人,稳定社会治安秩序。上述经验得到了诸暨市政府的肯定和推广,是新形势下"枫桥经验"的有益实践。

强化防范机制,确保治安稳定[1]

我们乐山乡有6个行政村,2 098户人家,6 000多人口。几年来,我们把提

---

[1] 乐山乡人民政府:《强化防范机制,确保治安稳定》,《公安学刊》1990年第3期。

高人民群众的素质、增强群众自己管理自己的能力作为一项重要工作来抓,加强了社会防范机制,确保社会治安秩序的稳定。1989年,全乡工农业总产值达到1 342.84万元,比1986年增长1.15倍,1986年以来,全乡发生刑事案件3起,捕3人,捕人数占总人数的万分之一。全乡出现"捕人少、治安好,经济发展较快,人民安居乐业"的可喜局面。

我们的做法主要是:

一、抓好法制宣传,提高全民法制意识

法制教育是社会长治久安的根本措施。为了增强广大干部群众学法、知法、守法的自觉性,提高群众运用法律与违法犯罪行为作斗争的能力,从1985年起,我们乡开展了普及"九法二例"基本常识的活动。乡、村成立了普法领导小组,由乡村主要领导、治保、调解以及妇联、共青团干部等人员组成,选配了36名法制宣传员,广泛开展法律知识宣传并把党员和乡村干部作为普法重点,利用乡党校、成人教育中心进行法律知识培训。为在全乡推开普法,我们先在大溪村进行了普法试点,采取上法制课,进行法律咨询,观看普法教育电视录像、图片展览,组织法律常识测试等方式,进行法律常识教育。在取得经验的基础上于1989年在全乡推开普法工作。在普法教育中,我们注重抓好面授工作,多次请司法局、派出所、法庭、工商所等单位的同志来上法制课,讲解《宪法》《刑法》《经济合同法》《治安管理处罚条例》等法律法规,全乡有95%以上的人至少参加了一次面授。经以户为单位的法律常识测试,平均成绩达到92.3分,被评为诸暨市普法先进单位。

在积极引导广大干部群众学法的同时,我们还大力加强法制宣传。除乡政府利用广播开辟每周二天的法制专题外,各村也充分利用广播、黑板报、宣传窗、电影院等宣传工具,经常性地开展灵活多样、群众喜闻乐见的宣传教育,并结合农村不同季节、不同对象,有针对性地开展法制宣传,在春季出笋季节宣传《森林法》、对建房户宣传《土地管理法》等等。同时,以案讲法,对违反乡规民约

的人责令其作公开检讨,使大家吸取教训、接受教育,起到了"处理一个,教育一片"的作用。

二、"刹三风、创三户",破除陈规陋习,树立良好风尚

前几年,我们乡与其他地区一样,赌博、封建迷信、婚事大操大办等"三风"盛行,给社会治安和人民的生产生活带来了许多不利影响。为了刹住这些歪风,净化社会环境,保持和发扬艰苦奋斗、勤俭节约的优良传统,逐步形成文明、健康、科学的生活方式,我们在抓普法的同时,开展了"刹三风、创三户"活动。

1987年,经乡党委、政府研究决定,乡成立了由党委、政府、团委、妇联、公安、司法、文化站成员等组成的"移风易俗理事会",各村设立分会,制定了章程,积极开展"刹三风"活动,收到了较好的社会效果。一是大力提倡勤俭节约,积极推行婚事新办。为了抵制讲排场、摆阔气、大办酒席的风气,使婚事简办深入人心,各村购买了乐器、组织人员,成立了"婚丧喜事服务队",为群众节俭办喜事提供良好服务。现在全乡改变了过去婚丧喜事大操大办的现象,丧事简办、婚事新办已蔚然成风。二是狠刹赌博歪风。有的村干部认为,有的人赌博是一分二分小搞搞,不会出大事情,因而不闻不问。我们认为,赌博往往是从小到大的,应防微杜渐。乡政府每年都要集中抓几次禁赌工作,对参赌人员除了按乡规民约严肃处理外,还召开由参赌人员及家属参加的座谈会,动员家属子女共同帮助参赌人员认清赌博的危害,改掉赌博恶习。同时,各村成立了"禁赌协会",积极协助村干部的禁赌工作,刹住了赌博歪风。三是破除封建迷信活动。我们敢于冲破传统势力的束缚,提倡文明节俭的丧葬仪式,推行殡葬制度改革:鼓励火葬,改革土葬,提倡深埋不露坟头,合理规划墓地,严格控制面积,禁止占用耕地。同时,破除封建迷信,禁止建庙宇、塑菩萨以及做道场、走仙桥等封建迷信活动,劝阻聚众念佛。大祝村有一名妇女,家里设神位,装神弄鬼给人治病,不少人上当受骗,有的还送了"二娘娘妙手回春"等锦旗、镜框。在"刹三风"活动中,乡村干部对其进行批评教育,动员她自己烧毁了锦旗、镜框和迷信物品,制止了封建迷信活动,教育了群众。

同时,乡政府和村委注重正面引导,大力开展"创三户"活动,坚持在每年年底对每户村民进行考核评比,对符合条件的家庭授予"爱国守法户""五好家庭""双文明户",对不符合条件的及时予以"摘牌"。至1989年,全乡共评出村级"爱国守法户"1 841户,乡级"五好家庭"315户,县级"双文明户"26户,合计"三户"占总户数的91.3%。全乡已有大溪、石峡口、单家甸、大祝等四个村和乡卫生院分别被评为绍兴市和诸暨市文明村和文明单位,75%以上的群众生活在文明村和文明单位之中。

三、搞好基层信访工作,为稳定社会治安秩序服务

我们认为要搞好基层信访工作,最重要的一条就是把矛盾纠纷调解在基层。因此,我们乡成立了信访领导小组,各村建立信访小组,在进一步落实治保、调解承包责任制的基础上,实行村级信访承包责任制,把信访与治保、调解工作融为一体,把群众中发生的矛盾纠纷解决在基层。1987年至1989年,全乡共发生民事调解、社会治安等方面的信访案件313起,村调处258起,占82%,乡调处55起,占18%,调结率为100%。由于我们工作做在前头,近年来我们乡没有因民事纠纷调解不成而发生的上访事件,1988年,我们乡被评为绍兴市信访工作先进单位。1990年3月,诸暨市政府在我乡召开全市信访工作现场会,推广我乡的做法和经验。

一是坚持不同矛盾、不同的人采取不同的调处方法。近年来,我们通过不断实践摸索出了一套成功的经验。比如对家庭纠纷要上门去做内部调解,山林纠纷到现场调处,对违法青少年以教育为主,老人则多劝解疏导,小纠纷个别调解,大纠纷集体调解,等等。

二是坚持"三个一样",即外地人与本地人一个样,干部、干部家属与群众一个样,法人与公民一个样。对违反乡规民约和有轻微违法行为的人,不管他是什么人,我们都予以秉公处理。

三是坚持"四要四不准",即要以理服人、不准以权势压人,要耐心疏导、不准强迫粗暴,要调查研究、不准主观臆断,要廉洁奉公、不准营私舞弊。

四是坚持"三勤一不怕",即脚勤嘴勤手勤,不怕得罪人。作为一个基层治调干部不仅要有"宰相肚量",更要有脚踏实地的工作作风。1989年元月,岫山村村民王某某夫妻俩为一件小事反脸闹离婚,妻子拿了家中4 500元存款和粮票出走到绍兴柯桥做工,王某某多次去劝仍不肯回来。到1985年10月,乡综治办的同志前后十多次到柯桥做思想工作,终于使这对夫妻破镜重圆。

四、从解决违法人员及家属的生活困难着手,做好违法人员的帮教工作,促进他们自我改造、重新做人

我们认为,对违法犯罪人员,要坚持正面教育为主,帮助解决他们的实际困难,以调动一切积极因素,消除社会不安定因素,促进社会治安稳定。石峡口村有这样一对兄弟,从小没了爹娘,无人管教抚养,好吃懒做,卖掉楼房住小屋,卖掉小屋钻草窝,弄得一无所有,而且偷摸成性,弟弟还染上了赌博恶习。村干部磨破嘴皮,不知教育了多少次,他们仍是一个耳朵进一个耳朵出,村里的人说,这种人罚他,他一无所有,关他,他求之不得,真是"气煞公安,难煞法院"。1984年,村里腾出一间公房,打好灶头,给兄弟俩住,还把哥哥安排到石宕(采石场)做工。从此,两兄弟逐渐安定下来,在村干部的反复劝导和帮助下,慢慢地改掉了好吃懒做、赌博、偷摸等恶习。今年弟弟与同村一个女子结了婚,小日子过得倒也不错。

2.1.2 枫桥镇:新形势下我们是怎样做好调解工作的

提要:在新的历史条件下,枫桥镇始终遵循着"枫桥经验"的基本精神,依靠群众就地解决纠纷,建立了严密的治保调解工作网络、配套的规范化制度及一套切实有效的措施,全镇纠纷得到妥善处理,社会治安井然有序。

新形势下我们是怎样做好调解工作的[1]

我们枫桥镇是枫桥区政治、经济、文化的中心。全镇有11个行政村,1个居委会,63个市、区、镇属企事业单位,1.46万人口。实行联产承包责任制以来,农村经济的活力大大增强了,但治安调解工作出现了许多新情况和新问题。为了抓好这方面工作,我镇认真贯彻"调防结合,以防为主"的人民调解工作方针,依靠群众就地解决治安纠纷。八年来,我镇发生的各类纠纷97%以上在村、镇得到调解解决,没有发生因治安纠纷引起的恶性案件,治安纠纷每年下降10%以上,社会秩序井然,群众安全感增强。我们的做法体会是:

一、组织上,形成一个严密的治保调解工作网络

多年来的实践,我们深深地体会到,要把纠纷及时解决在基层、解决在萌芽状态,组织上必须要形成一个严密的治保调解工作终端。我们主要做到"四抓"。

1. 抓班子落实。我镇于1985年建立了镇综合治理领导小组,下设办公室,招聘了专职调解员,与镇司法助理员、公安员一起负责组织指导全镇调解工作,调解村治调会移送的纠纷;各村建立了治保、调解主任交叉任职、互为一体的治保调解组织,由村主任、副主任或村两委成员任主任,把12个村(居委会)划分成两个调解片,每片选出一名主任任片长;镇、村还组建了一批信息员。全镇已经形成了村、片、镇三级,信息员、治调员、司法助理员、公安员四位一体的治调组织网络。

2. 抓素质提高。坚持每年组织一次整顿,调整充实治调人员。目前,35名村级治调干部中,有村主要干部6名、两委会成员29名,其中党员32名,90%以上的达到初中文化程度,坚持每年二次业务培训,交流、汇报情况,总结经验,结合典型案例学习《宪法》《土地管理法》《治安管理处罚条例》等有关法律。我们

---

[1] 枫桥镇人民政府:《新形势下我们是怎样做好调解工作的》,《公安学刊》1990年第3期。

还组织各村治调干部订阅《法制日报》和有关法律书刊。这样做既提高了他们的法律水平、依法解决纠纷的能力,又使一些疑难案件找到了调处办法。

3. 抓报酬落实。镇政府专门发文件解决治调干部的报酬问题,采取固定补贴、实误实记和补贴加奖励等三种形式。经费通过村级经济支付一点,镇政府拨一点,向当事人收一点三种渠道解决。每年镇政府还拨出专款,奖励为治调工作作出显著成绩的先进集体和个人。

4. 抓实际问题解决。镇政府注意解决治保调解干部的实际困难,关心他们的生活。西畴村治调主任陈友仁,土改时就参加治保工作,早些年他左脚因公受伤久治未愈,1987 年他想到绍兴去治疗,但家里没有钱,我们镇政府得知后拿出 100 元,并派人陪他去绍兴治疗,期间,又多次看望他。对此,他很受感动。如今陈友仁虽已白发苍苍,但他仍带病坚持搞调解工作。1989 年,村里发生的 21 起纠纷都就地得到了解决。

二、行动上,有一套规范化的制度

建立一套行之有效的制度,是做好治保调解工作的保证。

一是学习培训制度。规定治保调解干部每月一次集中学习和全年两次集中培训,新上岗位的治调干部都要进行上岗培训。

二是调解日制度。每月 10 日为村调解日,调解平时未能调处的纠纷;15 日为片调解日,由片长召集,镇政府分管片的干部参加,调处该片所属村疑难纠纷;29 日为镇调解日,由镇综治办召集,镇分管政法的领导参加,调解各片解决不了的疑难纠纷和复议片、村所调处的纠纷。

三是纠纷移送制度。村解决有困难,需要移送的纠纷,必须具备四个条件:(1)当事人有申请报告,(2)治调会有调查笔录,(3)治调会有初步调处意见,(4)调解不成的原因。

四是登记立档制度。规定村级治调会调处纠纷要认真做好笔录,立卷归档,做到事事有登记,件件有档案。

五是回访制度。凡调处的纠纷要上门回访,进一步做好当事人的思想工作,检查督促协议的执行,消除当事人双方思想隔阂。

六是责任制。我们对治调工作实行了"三包"岗位责任制,即包安全防范、包纠纷调处、包易发生纠纷户和人的教育、疏导。并把责任制纳入村领导、治调干部的考核内容。

七是总结评比制度。全镇每年自下而上地进行一次治调工作总结考核,对成绩显著者列入镇政府年终统一表彰,给予精神鼓励和物质奖励。由于制度健全,责任落实,调动了广大治保调解干部的工作积极性和主动性,达到了"一般纠纷不出村,较大纠纷不出片,疑难纠纷不出镇"的工作目标。1985年至1989年,村镇受理的468起各类纠纷已全部妥善调处。

三、工作上,有一套灵活有效的方法

为了适应新形势下治安纠纷出现的新特点,我们主要采取以下灵活有效的工作方法。

1. 对家庭纠纷深入到户内面对面地做思想工作,做调解工作,做到家庭纠纷不出门。

2. 邻居纠纷通过亲戚协助,背靠背做思想工作。

3. 对涉及外乡、村(或单位)的纠纷,实行横向调解或联合调解。

4. 疑难纠纷采取镇、村领导参加的纵向调解方法。

5. 对宅基、山林、水利等纠纷,采取现场调处的办法。在调处纠纷中做到"三个统一""六个心"。"三个统一"即治调干部在纠纷调处前思想认识统一,法律、政策依据统一,调处方案统一。"六个心"即倾听当事人陈述专心,调查分析细心,思想工作耐心,调处纠纷诚心,处理结论公心,遇到反复有恒心。

四、防范上,有一套切实有效的措施

要搞好调解工作,不但要调,更重要的是防。把防范工作做好了,既减少纠纷的发生,也可以使治调干部集中精力把已经发生的纠纷调解好。我镇根据当

地实际采取了以下防范措施。

1. 开展经常性的法制宣传。一是抓治调干部的自身学习;二是利用广播、黑板报、宣传窗等形式宣传法律常识;三是利用文化站、电视室、电影院开办法制讲座;四是给干部、职工、学生上法制课。1985年以来,我们先后上法制课125场,受教育者达1.3万多人次,群众法制观念大增。几年来赡养纠纷年年下降,1988年发生4起,比1987年7起减少3起,1989年又比1988年减少1起。

2. 建立预防纠纷信息员。为扩大治调人员的视野,及时发现纠纷苗头,把问题解决在萌芽状态,我们镇在各行政村招募了具有一定文化、关心治调工作、接触群众多、消息灵通的信息员12名。行政村又在自然村组建了一批。信息员的主要职责是:及时向治调会提供信息,提高治调会对治安纠纷的预测能力;积极开展各种形式的法制宣传,协助治调会控制易发生纠纷的户和人,当好治调会的助手,积极协助治调会调处纠纷。

3. 抓住"三个环节",消除隐患。一是抓预防。我们针对农业生产责任制建立后,可能会出现争农机具、争山林、争宅基、争水利、争晒场纠纷的情况,坚持了"六统一",即对大型农机具统一管理使用,晒场统一规划到户,水源做到定人、定时、定量的统一管理,对村与村、户与户之间的山界明确划界定桩,设立10个护林组,定人定山片统一管理。对宅基地,镇政府作出了"四公开、三到场、一监督"的规定,这就是建房指标公开,申请户申请内容公开,村委会意见公开,镇政府批文公开;村镇土管员看地基到场,放样到场,地基填平后验收到场;聘请人民代表监督员,对农户用的农药设立配药站、配药员,统一管理配制发放。1982年来,全镇没有发生大的争水利、争山纠纷,没有发生用农药自杀或投毒的案件。造房户没有减少,宅基纠纷都逐年下降,1988年发生15起,比1987年的24起下降60%,1989年又比1988年下降60%。二是抓苗头。人们认为是鸡毛蒜皮的"区区小事"往往是纠纷发生的先兆,我们及时抓住这些苗头做好当事人的疏导工作,消除隐患。三是抓季节性纠纷。注意摸索不同季节纠纷发生的特点,采取有效措施,堵塞漏洞,针对"双夏"电器设备用量增多易发纠纷的特点,我们提前搞好维修,疏通线路,做好安排。由于抓住了"三个环节",从而减少了纠纷。

4. 开展"三防"红旗竞赛活动。我们镇于1988年3月底开展了以"防纠纷引起的非正常死亡、防纠纷激化为刑事案件、防纠纷发生"为内容的"三防"红旗竞赛活动。镇综治办负责,每月29日定期召开村、居委会等单位治调主任或副主任会议,根据平时调查了解情况,对每月开展的活动情况进行小结,按照竞赛活动的条件进行认真的评比,优胜者可获得流动红旗,镇政府年终再按获得流动红旗的次数,评出一、二、三等奖和治调工作先进集体及个人,发给一定的奖金给予鼓励。这一活动的开展,激发了我镇广大治调干部的工作积极性、责任心。全镇达到了"三无"即无民转刑案件、无大的宅基纠纷、无两个月以上的积案,出现了纠纷少、治安好、经济大发展的良好局面。

2.1.3 绍兴县:我们是怎样学习推广"枫桥经验"的

提要:绍兴县委在统一思想认识的基础上,务实推进"枫桥经验"的运用,点面结合、抓基础工作与解决突出治安问题相结合、治标与治本相结合,密切联系本地实际情况,推进社会治安综合治理,并在全县推广开来。

我们是怎样学习推广枫桥经验的[1]

1—8月,全县实现工业产值39.47亿元,比上年同期增长9.78%,经济效益有回升,农业生产也获得了丰收,整个政治经济形势和社会治安形势在向好的方向发展。现将我县推广"枫桥经验",推进社会治安综合治理的一些做法向领导和同志们汇报一下:

---

1 中共绍兴县委:《我们是怎样学习推广枫桥经验的》,浙江省社会治安综合治理工作会议经验交流材料,1990年10月,诸暨市档案馆藏,131-039-023-003。

一、从稳定的高度，求得推广"枫桥经验"的共识

"枫桥经验"的基本精神是发动和依靠群众，维护社会治安的稳定。在新的形势下，"枫桥经验"在不断完善和发展，学习推广具有现实意义。但是，在试点初期，部分同志的认识并不是很统一的，主要有"四怕"：一怕中心工作受影响。上半年市场疲软，部分企业不景气，经济形势十分严峻，中央和省里及时采取了微调措施，各级都在紧张地做工作，怕推广"枫桥经验"影响落实经济措施。二怕精力顾不转。当时各项工作的试点如屯粮工程建设、人口普查工作、三轮承包、个体户清理整顿等试点很多，再加一个推广"枫桥经验"试点，感到安排不过来。三怕效益难体现。有些同志认为"枫桥经验"是花力多，而效益一时体现不出来。四怕群众有误解。认为这几年绍兴县社会稳定，经济发展，人民乐业，现在强调推广"枫桥经验"抓治安，怕引起群众错觉，以为治安形势出了什么大问题。针对上述种种思想，我们进行了认真分析，认为要推广"枫桥经验"，必须首先统一思想。为此我们着重从三方面做统一思想的工作。

第一，把推广"枫桥经验"作为贯彻六中全会精神的重要内容来认识。"枫桥经验"的基本精神体现了党的群众路线，而六中全会的精神就是强调要坚持一切为了群众，一切依靠群众，从群众中来到群众中去的群众路线。依靠群众抓好社会治安，不仅体现了人民群众参与和管理社会事务的政治民主性，而且体现了人民群众当家作主的主人翁地位，这项工作做好了，不仅能够促进社会治安，而且也能够促进其他各项工作。因此推广"枫桥经验"与贯彻六中全会精神是完全一致的，是贯彻六中全会精神的一个具体体现。

第二，把推广"枫桥经验"作为稳定大局的措施来认识。我们结合形势教育，重点讲清三个问题。一是讲清国际形势的变化，当时，人们对东欧局势的剧变比较关心，我们就因势利导，讲清东欧的变化除了各种因素之外，与社会的动荡不安有很大关系，国家要稳定，很重要的一条就是要有良好的社会治安作保证。二是讲清国内的政治经济和社会治安形势是稳定的，但潜在着许多不安定

因素,特别是国内外敌对势力正在加紧对我国进行"和平演变",并制造了各种破坏颠覆活动,我们必须有高度的警觉性,竭力维护社会的稳定。三是讲清本县的治安状况,特别是头五个月,我县的治安形势比较严峻,一些地方刑事犯罪猖獗,案件呈上升趋势,群众缺乏安全感,治安形势不容乐观,必须依靠群众加强综合治理,保持稳定的局面。

第三,把推广"枫桥经验"作为保证经济发展的需要来认识。在宣传教育中,我们运用一些犯罪案例,讲清经济与治安的关系。开始,女职工上夜班,路经公路沿线,时常遭到一些流氓的跟踪、侮辱,使女工们害怕上夜班。又比如一些盗窃分子,在企业仓库、宿舍作案,使得干部职工人心惶惶。这些问题不解决,厂长难以集中精力抓生产,职工难以安心搞生产。因此,经济要稳定发展,必须有安定和谐的社会环境作保证,而经济上去了,又能为落实治安措施创造条件,两者是相辅相成的。在统一认识的基础上,为切实保证推广"枫桥经验"的顺利开展,县委常委会还多次专门研究,解决有关具体问题。县委规定,推广"枫桥经验"要做到组织、班子、经费三落实,组织落实就是各级党委政府要有一名领导分管抓,专门工作班子负责抓,县委分管书记、政法委书记共同抓;并派工作组下去指导工作,上情下达,沟通情况;对推广所需经费,列入各级财政,统一安排,原则上由乡、村或厂负责。县委还规定,在推广"枫桥经验"试点阶段,除特殊情况外,一般不召开各种会议,保证区、乡镇集中精力搞推广。各区、乡镇还把推广"枫桥经验"列入岗位责任制考核内容。

二、以务实的精神,求得推广"枫桥经验"的效应

在统一认识的基础上,我们强调推广工作必须突出"务实"二字,以"枫桥经验"为基本点,以进一步改善本地的治安状况为出发点紧密联系实际,落实各项治安措施,以达到稳定社会、促进经济之目的。工作中我们注意了"三个结合"。

第一,点面结合。在推广"枫桥经验"中,如何使"枫桥经验"与绍兴实际紧密结合,探索一条行之有效的推广路子,我们采取了以点带面、点面结合的方

法。经过认真分析研究,我们确定了马山镇为县级试点镇。这个镇规模大小适中,镇、村企业比较多,又有一个小集镇,在以后全面推广时比较有代表性。5月中旬,县委组织政法委、公安、检察、法院、司法、宣传等部门的22名干部进驻马山镇,吃住在村,紧张地开展试点。到6月中旬,县委在马山镇召开试点现场会,总结试点经验,部署并提出下一阶段各区搞一个试点的安排和要求。6月中旬以后,推广"枫桥经验"进入第二阶段,各区以马山镇的试点为借鉴,结合本地实际,搞自己区里的试点,全县共有15个乡镇开展试点。马山镇以点带面,全面铺开。在这个阶段中,我们组织了499名县、区、乡、镇干部参加的二十多个指导组,分赴各区、乡镇指导推广"枫桥经验"。7月初,县委又召开了各区试点工作交流会,研究在试点中要注意的问题。8月下旬,全县全面推广"枫桥经验",县委再次召开会议,分析了前两个阶段的试点情况,研究部署了全面推广的要求和措施。会后,各区、乡、镇立即行动,进入了全面推广的第三阶段。现已基本告一段落,正在总结经验,研究持之以恒的措施。

第二,抓基础工作与解决突出治安问题相结合。在基础工作方面,我们重点抓了"四个落实":一是落实了治保、调解组织。针对治保、调解两个组织存在的工作不到位、职责不明确的问题,进行了全面整顿,调整充实了力量。据15个试点乡镇统计,村厂治保组织从原来392个增加到437个,人员也增加了三分之一;调解组织从296个增加到440个,人员增加了近400人。此外,乡镇联防队、义务消防队也得到了充实,加强了维护社会治安的力量。二是落实了违法人员的管理和教育。各地都对这批人员进行了分析摸底、谈话教育,落实了帮教人员和帮教措施。如平水镇,针对青少年违法犯罪比较突出的问题,专门成立了由学校、居委会、派出所和镇委等领导组成的青少年管理小组,制定和宣传青少年遵纪守法章程,还举办了法制讲座,召开了各种座谈会,收到了较好的效果。三是落实了安全防范措施。按照"以防为主,防打结合"的方针,各地普遍对村厂进行了一次安全防范检查,并组织企业根据《浙江省机关、团体、企业、事业单位治安保卫工作条例》建立治保责任制,明确厂长为责任人,加强了内部治保队伍建设,使企业的治保工作转入经常化、规范化。四是落实了公复场所的治安管理。针对一些地方的影剧院、台球摊、农贸市场等公共复杂场所秩序比较混乱的情况,着手进行了整治,加强了治安力量,健全了有关规章制度,制止和处理了各种不法行为。如地处浙赣铁路、104国道和水路沿线的钱清镇,结合学习"枫桥经验",大张旗鼓地开展了整顿交通秩序、整顿镇容镇貌的活动,使原来脏、乱、差的状况得到了明显的改观。各地在加强基础建设的同时,还针对当地聚众赌博、封建迷信、盗挖古墓、乱砍山林等突出的治安问题,开展了"攻坚战",起到了遏止犯罪、巩固基础的作用。如胜利乡针对赌博歪风盛行的问题,集中力量开展了禁赌专项治理,挖出了赌博团伙二个,县抓住这个典型,及时召开了打击处理大会,依法对四名惯赌逮捕法办,还针对一些参赌人员举办了学习班,在社会上震动很大。富盛镇地处山区,历代古墓较多,盗掘古募文物走私的事件时有发生,这次镇村二级广泛进行法制宣传,教育群众,自觉保护国家文物。群众思想觉悟提高之后,积极协助公安部门破获了一起时隔一年的偷盗古墓案,抓获了二名犯罪分子,缴获了被盗的文物。在治理突出问题的基础上,我们抓了"严打",扩大战果。如马山镇的一次打击处理大会,一千多个座位的会场竟挤满二千多人,有的群众是从几十里外赶来参加大会的,声势很大。群众说:"对犯罪分子,政府决不能手软,只有'严打',社会才会稳定。"

第三,治标与治本相结合。搞好社会治安,是一项综合性、系统性的工程,不仅是个法制建设问题,而且也涉及社会政治、经济、文化道德等因素。我们在推广中,注意了治标与治本的紧密结合,以此来推动农村的依法治理和精神文明建设。一是推广"枫桥经验",促进依法治理。为了使农村的各项工作逐渐走上法制的轨道,我们在15个试点乡镇都成立了依法治理领导小组,并且在调查研究的基础上,制定了本地依法治理的三年规划,明确提出了依法管理经济,管理行政事务,管理社会治安的重点和工作要求。各地都将实施规划提交乡镇人民代表大会讨论通过。面上推开时,也坚持了点上的做法。二是推广"枫桥经验",促进精神文明建设。学习推广"枫桥经验",促进社会风气的好转,既要刹歪风,也要树新风。刹歪风要靠综合治理;树新风就要广泛开展评"三户"活动,只有两者有机结合,农村的社会风貌才能大大改观。从我县的实践看,通过这次年中"三户"初评活动,使极大多数群众受到激励,也使少数没有评上的群众受到触动,起到了自我教育、自我制约、相互帮助、共同提高的作用。特别是区、乡(镇)、村各级群众治安调解组织的建立和健全,如妇女禁赌会、红白喜事会、计划生育协会等组织,正常开展活动后,起到了群防群治群帮的作用,使社会治安逐步走上了良性循环的轨道。

三、以实践的回顾,总结推广"枫桥经验"的启示

学习推广"枫桥经验",我们仅仅是开了个头,成绩也是初步的,我们工作还没有做深做细。但五个月来的实践,给我们的启示有三条。

1. 各级党委重视,才能使推广"枫桥经验"的工作社会化。我们县委认为,推广"枫桥经验",搞好社会治安综合治理并不是少数几个人、哪几个部门的事情,而是全党全社会的事情。因此,加强党委领导是根本的保证。我们从试点开始,到每个阶段的具体实施,各级党委主要领导都做到了三个"亲自",即亲自动员,统一思想;亲自部署工作,提出要求;亲自听取汇报,下去检查指导。五个多月中,县委多次召开常委会研究推广"枫桥经验",并确定一位副书记和一位常委具体抓,书记亲自掌握全过程,并及时作出决策。各区、乡(镇)党委第一把手也都亲自担任推广指导小组组长,认真贯彻县委的决定。干部和群众普遍反映:县委这样重视推广"枫桥经验",是我们所想不到的,我们非抓好不可。

县委的重视推动了各区、乡(镇)党委的重视。首先,在领导班子力量、工作班子力量上都作了统筹安排,抽调各方面的精兵强将开展工作。柯桥区委还规定,试点组的同志到试点结束后,每人要写出一份工作总结,作为年终岗位责任制考核的内容。二是在工作上也作了统筹安排,避免出现推广工作与其他工作

"撞车"现象。三是形成了较大的声势和影响。如马山区委书记、区长在试点时,先后三次到全区各乡镇检查指导,及时解决遇到的难题。皋埠区、越南区的区长亲自带队,带着铺盖到试点乡镇去开展工作。这使基层干部感到有分量,加深了对社会治安综合治理必须"齐抓共管"这个指导思想的认识,增强了"谁主管谁负责"的责任心。这次在推广中除政法部门外,县委办、人大、妇联、计生委、团委、总工会等15个部门都抽调人员参加,使推广工作社会化。

2. 广泛发动群众,才能使推广"枫桥经验"的工作大众化。我们县委认为,推广"枫桥经验"的关键是充分发动群众,激发群众的积极性,从而把"枫桥经验"落实到每个人的身上,使推广工作成为群众的自觉行动,把社会治安综合治理工作推上一个新的台阶。我们在工作中,注意广泛发动群众,深入到农户家里访问,了解情况;召开不同层次、不同阶层的座谈会,征求意见;召开全镇、全乡群众大会。还利用广播、墙报、标语等宣传工具,宣传推广,力求做到家喻户晓,深入人心。许多群众反映:这次推广"枫桥经验",干部都下来了,又贴标语又开会,很有点像去年冬搞路教的味道。由于注意了充分发动群众,使推广工作出现了群众积极参加的大众化的局面。

3. 坚持因地制宜,才能使推广"枫桥经验"的工作个性化。在学习推广"枫桥经验",由点到面的过程中,我们始终强调要联系绍兴县的政治经济形势以及治安基础和现状,分析绍兴县与枫桥区的相同点以及不同点来开展工作,从而使学习推广"枫桥经验",与我县的实际紧密结合起来。对于一个区、一个乡镇甚至一个村、一家企业来说,我们也要求紧密联系自己的实际,参照县、区试点的基本经验,有针对性地开展工作,因地制宜,发展提高。同时,在工作中注意了既认认真真地抓好上面讲过的"四个落实",又解决本地突出的治安问题。这种因区制宜,因乡制宜,因村、厂制宜的做法,基层干部反映较好,容易接受,并且已经收到了较好的效果。

我们在学习推广"枫桥经验"的过程中,多次得到省、市有关领导的指导帮助,为我们开展工作创造了有利条件。我们的工作离领导的要求还有不少距离,与兄弟县市相比还有差距。会议之后,我们决心继续把这一工作抓下去,做到持之以恒,常抓不懈,确保我县社会稳定,促进我县经济持续、稳定、协调发展。

2.1.4 运用"枫桥经验"推进社会治安综合治理

提要: 在纪念毛泽东同志诞辰一百周年暨批示"枫桥经验"三十周年大会上,时任诸暨市委副书记杨胜讲话指出,多年来,诸暨市各级党委、政府一直重视"枫桥经验"的总结、推广和落实,并以"枫桥经验"为模式,开展创建"枫桥式"乡镇活动,推动了社会治安综合治理工作的开展,形成了党委重视、全民动手、全社会共同参与、齐抓共管社会治安的局面,为改革开放和经济建设创造了稳定、良好的社会治安环境。推广"枫桥经验",主要是真正落实社会治安综合治理的各项措施,坚持运用"五个依靠",深化推广措施,全面推进综合治理工作,把综合治理工作推上新水平,使得"枫桥经验"更加深入人心,群防群治队伍网络形成,社会防范能力大大提高。

发展光大"枫桥经验",推进社会治安综合治理
——纪念毛泽东同志诞辰一百周年暨批示"枫桥经验"三十周年大会讲话[1]

"枫桥经验"是毛泽东同志亲自树立的治安战线的一面旗帜。是坚持党委领导,依靠群众,少捕、矛盾不上交,把绝大多数"四类分子"改造成新人的经验;也是新时期社会治安综合治理的光辉典范,达到治安稳定、案件较少、经济发展的目标。

六十年代初,我市枫桥区的干部群众在社会主义教育运动中,认真贯彻党中央关于对"四类分子"基本上采取"一个不杀,大部不捉"的方针,充分发动和

---

[1] 杨胜:《发展光大"枫桥经验",推进社会治安综合治理——纪念毛泽东同志诞辰一百周年暨批示"枫桥经验"三十周年大会讲话》,1993年11月22日,诸暨市档案馆藏,242-014-007-009。

依靠群众,开展说理斗争,把"四类分子"中的绝大多数改造成了新人。

毛主席听取汇报后十分高兴,肯定地说"这叫矛盾不上交,就地解决",亲笔批示"要各地仿效,经过试点,推广去做"。又强调:"从诸暨的经验看……群众工作做好了,就可以减少反革命案件,减少刑事案件。"

"枫桥经验"对当时的社教运动起到了积极的示范和指导作用。七十年代,坚持依靠群众,运用"枫桥经验"的基本精神,就地教育改造流窜犯和帮教一般违法人员,教育挽救了一大批失足者。同时,解放思想,坚持实事求是,一切从实际出发的思想路线,在全国率先对表现好的"四类分子"摘帽,有效地调动了积极因素,为全国"四类分子"摘帽工作起了积极的推动作用。改革开放后,又针对突出的治安问题,依靠群众,就地化解矛盾纠纷,维护治安秩序,促进社会的稳定。因此,"枫桥经验"实际上已成为新时期社会治安综合治理的好典型。

一、推广的主要成果

一是"枫桥经验"更加深入人心。经过大张旗鼓的宣传和层层发动,从各级领导到基层干部群众,对推广落实"枫桥经验"、推进社会治安综合治理有了更深的认识,对维护社会稳定,实现长治久安,促进经济发展的意义形成了共识。党委、政府两手抓的指导思想更明了,两手更硬了。广大群众参与治安工作的自觉性更强了,积极性更高了,涌现出了一大批沈尘、陈熊、杨飞燕式的勇于同犯罪分子作斗争的先进人物。

二是形成了群防群治队伍网络。全市普遍加强了以治保、调解为主体的群防群治队伍,健全了组织,提高了政治业务素质。目前全市共有治保会1 528个,6 112人,调解会1 343个,5 372人,好的和比较好的占91.8%。有联防队30支,198人,35个企业设有保卫科、企业派出所,配有专职保卫干部197人,每个乡镇都建立了义务消防队,市区500多幢楼群,还有义务治安员600多人。1990年末,全市41 200多起民间纠纷,90%由乡、村两级解决;有2 902名一般违法人员,全部落实基层帮教。

三是社会防范能力大大提高。通过推广落实"枫桥经验",就地化解矛盾纠纷,避免了一大批可能发生的刑事案件。加强对群众的法制教育,增强了群众学法、守法的自觉性。内部单位按照"谁主管,谁负责"原则,增强了内部防范机制。社会防范更加严密,全市有2 300多名治安积极分子,长年担任夜间治安巡逻,总体防范能力大大提高。1990年以来,全市有811个村没有发生刑事案件,占总数的62.3%。84%的企业实现"三无"(无刑事案件、无职工犯罪、无治安灾害事故)。刑事案件稳中有降,今年1—10月发案数比去年同期下降16.3%。

四是有效地解决了一些突出的治安问题。通过推广"枫桥经验",在加强基层建设、帮教失足青少年、严密防范机制的同时,针对不同时期突出的治安问题,有效地开展了"打流治破""反窃车""反内盗""反盗窃""三打一禁"等专项斗争,共破获刑事案件3 102起,其中重大案件779起。对重点地区开展治安重点治理,推进了推广工作的整体发展。

五是促进了社会治安的进一步稳定和经济的发展。多年来,我市社会治安一直比较稳定。近十年,年均发案率和捕入率占总人口的万分之八和二点八,其中去年占总人口的万分之十二和二点九七。良好的社会环境,促进了经济的长效发展,去年全市工农业总产值达56.8亿元,跃入农村综合实力全国百强县行列。今年1—10月,全市仅工业产值就达72.23亿元,比去年同期增长86.96%。

二、推广工作的主要做法

1990年初,我们会同绍兴市委调查组,对新形势下"枫桥经验"的新发展作了系统的调查总结,形成了新的经验,即"五个依靠"。

——依靠群众,就地消化矛盾纠纷。基本上做到小事不出村,大事不出乡,矛盾不上交。把绝大多数纠纷解决在基层,解决在萌芽状态和始发阶段。

——依靠群众,就地教育挽救违法人员。落实帮教力量,健全帮教制度;对症下药,因人施教,引导帮教对象走勤劳致富的道路;采取"抓两头,管中间"和"打预防针"的方法,做好流动帮教对象的帮教工作;坚持内部职工内部帮,不把包袱推社会;动员社会力量,做好"两劳"回籍人员的接茬教育。

——依靠群众,加强公共场所和复杂场所的治安管理。依靠群众力量,建制度、立规范,自我教育、自我约束,实现集镇系列化治安管理。

——依靠群众,加强内部安全范防。抓组织、抓重点、抓检查,按照"谁主管,谁负责"原则,层层落实治安岗位责任制。

——依靠群众,协助公安机关查破刑事案件。把广大群众渴望社会治安稳定的良好愿望,引导到自觉为社会治安作贡献上来,充分调动群众的积极性,发动群众力量,加强刑事案件的侦破。

三、推广活动全面推进了综合治理工作

推广"枫桥经验",主要是真正落实社会治安综合治理的各项措施。在党委、政府的直接领导下,统一认识,发动和依靠群众,打、防、教、管、建等多管齐下,形成齐抓共管,推广"枫桥经验",主要坚持"五个抓"。

1. 抓领导,落实工作责任。为了有效地形成真抓实干局面,全市从市到镇乡普遍建立了社会治安综合治理领导机构和实干办事机构。市委由一名副书记分管,两名常委具体负责。成立了由宣传、教育、工商等23个部门和单位参加的社会治安综合治理委员会,制定了各成员单位工作职责,各部门各司其职,各负其责,分工协作,齐抓共管。镇乡和厂矿单位也相应成立了由主要领导负责的综合治理领导小组及办公室,由市委统一制定工作职责及考核办法。每年市委都把综合治理工作列入重要内容,常委会定期研究,年终与经济工作一样考核和奖惩。市人大常委会作出了《关于加强社会治安综合治理工作的决议》,每年都派出人民代表进行视察和监督,市政协也积极参与综合治理工作,提出了许多好的提案和建议。由于领导重视,组织落实,真抓实干,全市的综合治理工作搞得比较扎实。1991年在全省社会治安综合治理工作评比中,市公安局和中共枫桥区委均评当省先进集体。去年底,根据我市社会治安综合治理五年规划的要求,市委、市府组织力量,按《绍兴市社会治安综合治理"达标"考评办法》,

评定出 1991 年、1992 年两年全市社会治安综合治理达标合格乡镇、单位达 39 个。枫桥镇被中央社会治安综合治理委员会评为全国先进集体,枫桥法律服务所被司法部评为全国优秀法律服务所。

2. 抓基层,巩固基础。抓好村级班子是社会治安综合治理工作的落脚点,也是稳定农村治安的关键。抓好农村治安工作,首先要抓好村级班子建设,而村级班子建设的核心,是村党支部建设。为此,1990 年,市委就着力抓以党支部为核心的村级班子配套建设。市级机关抽调三分之一的干部,由主要领导带队,赴各镇乡协助搞好班子建设。今年,在村级班子换届选举中,又注意扶持作风正派、有事业心、敢抓敢管的党员担任支部书记或村主任。选择敢抓敢管,有责任心、事业心和无私奉献精神的同志担任治保、调解干部。市政法各部门积极当好党委、政府参谋,及时调整充实组织,加强业务培训,提高治调干部的政治业务素质,使治调组织具有较强的战斗力。其中枫桥镇钟瑛村治保会、紫薇村调解会分别被评为省先进集体。

3. 抓整治,打防结合。政法各家始终把打击刑事犯罪作为综合治理的首要环节。公安机关针对各个时期、各个地区的刑事犯罪情况和治安特点,对严重刑事犯罪坚持"露头就打"的方针,不让其形成气候。有计划地开展了各个专项斗争,摧毁了一批犯罪团伙,抓获了一批犯罪分子,破获了一批影响较大的刑事案件。特别是今年 2 月,根据全省政法会议精神,我市率先开展了以打击流氓犯罪团伙和车匪路霸为重点的"三打一禁"斗争,一举抓获犯罪分子 240 多名,挖出犯罪团伙 62 个,破获刑事案件 565 起,其中重大案件 194 起。市检察、法院在"三打一禁"中提前介入,主动到基层了解典型案件,对严重刑事犯罪分子快捕快诉快判,收到了较好效果。同时,积极落实"枫桥经验",基层共调处治安纠纷 3 076 起,对 318 名一般违法人员拆伙、落实帮教,并选择典型案例,大力进行法制宣传,为综合治理措施的落实创造了条件。在整治治安问题时,及时发现和整改各种薄弱环节,落实整改措施,加强安全防范。

4. 抓落实,齐抓共管。各部门按照综合治理的职责,分工合作,齐心协力,做到"谁主管,谁负责"。公安部门充分发挥主力军作用,在抓打击同时,加强基层基础工作;法院主动为基层"出点子,当教师,解难题";检察部门认真搞好"三延伸"工作,加强对五种罪犯的考察、帮教,对判处徒、缓刑罪犯和免诉人员实行重点帮教,消除社会隐患;司法行政机关深化"三防"竞赛,努力调处民间纠纷,避免了一大批可能发生的刑事案件和治安事件。基层政法三家实行联合调解制度,集中调解疑难纠纷。

在各部门推行综合治理目标管理,完善治安责任制,确定责任人,并与其政治荣誉、职级提升、评比先进等挂钩,与生产同步考核。内部单位按照"看好自己的门,办好自己的事,管好自己的人"的要求,积极抓好内部治安工作,落实内部帮教,安置劳释人员,不把包袱推向社会。为落实监督、检查综合治理措施,1992年对全市584个历年来的文明单位(村)进行了全面复查验收,有24个因综合治理达不到要求被撤销文明单位称号,有3个被"黄牌"警告。敢于动真格,真正落实综合治理措施。

5. 抓教育,倡导新风。以"二五"普法为主线,大力开展法制宣传教育。举办普法师资培训班5期,培训普法骨干600多人,分期组织厂长(经理)轮训,开展法律知识竞赛7次,还运用报纸、电台、电视台等广为宣传,群众受教育面达85%。与此同时,深入开展"刹三风、创三户"活动,大力推广妇女禁赌协会等群众性自发维护社会治安的经验,倡导和树立良好风尚。

1992年全市有75%的家庭被评为"双文明户""五好家庭户"和"爱国守法户"。重视青少年教育,努力把他们培养成为"四有"新人。积极开展群众性"创文明"评选活动,落实综合治理为主要内容的"优良秩序"竞赛活动,这些都有效地推进了社会主义精神文明建设和社会治安综合治理工作。

四、深化推广措施,把综合治理工作推上新水平

社会治安综合治理工作是一项长期的、涉及社会各个领域的系统工程。因此,要更好地把社会治安综合治理工作落到实处。

首先,要进一步加深认识。推广落实新形势下的"枫桥经验",深化和巩固推广成果,必须提高各级干部的认识。认识到什么程度,工作才会到什么程度。我们要通过宣传发动,教育干部认真处理好推广"枫桥经验"与坚持党委领导下的群众路线的关系,与正确处理人民内部矛盾的关系,与发展经济的关系,与落实综合治理工作的关系,在思想上、认识上重视推广工作。

其次,要列入党委、政府的重要议事日程。把推广落实"枫桥经验"作为党委、政府日常工作,经常研究,把握推广工作中的重要问题,使"枫桥经验"在更大的范围开花结果。

最后,继续按照以下六条标志把推广落实"枫桥经验"工作抓深抓细。(一)乡镇党委、政府重视,建立社会治安综合治理机构,有专门办事人员,建立乡镇联村(居委会)干部抓治安目标管理责任制。(二)基层治保、调解队伍健全,形成网络,建立定期例会、培训等一套工作制度。(三)及时调处治安、民间纠纷,基本做到"小事不出村,大事不出乡,矛盾不上交"。(四)做好有轻微违法犯罪人员和"两劳"回籍人员的帮教安置工作,重新违法犯罪得到有效控制。(五)防盗、防火、防破坏、防事故的"四防"安全措施落实,发案上升势头得到控制,其他治安问题较少。(六)干部群众法制观念有所增强,敢于同违法犯罪作斗争。

2.1.5 新时代践行"枫桥经验",推行信访代办制

提要:店口镇委员会、店口镇人民政府将"枫桥经验"与时代相结合,推出信访代办制度,组建镇、村、群众三级信访服务组织,打通"网上网下"屏障,实施"数据信息网上跑、镇村干部网下跑、专业人士精准跑、社会组织大家跑"的精准代办服务,践行"枫桥经验",为群众办实事,减少群众负担,实现群众、企业反映诉求"最多跑一次"的目标。

关于坚持发展新时代"枫桥经验",推行信访代办制实现群众反映"最多跑一次"的实施意见[1]

镇机关各办公室(中心),各行政村(社区):

为贯彻落实习近平总书记关于加强和改进人民信访工作重要思想,坚持发展新时代"枫桥经验",提升新时代群众工作的能力和水平,推动群众诉求及时就地解决,构建良好信访生态,根据国务院《信访条例》和有关法律法规,结合我镇实际,制定以下实施意见。

一、工作目标

秉承"小事不出村,大事不出镇,矛盾不上交"的理念,以信访代办制为主抓手,依托"基层治理四平台""全科网格"等载体,推动"多头跑"向"一个口子跑"转变,"向上跑"向"就地跑"转变,"多次跑"向"一次跑"转变,实现群众诉求受理100%,合理诉求有效办结100%,群众满意率100%,推动群众、企业反映诉求"最多跑一次",确保跑一次是底线、一次不用跑成常态。

二、工作内容

(一)组建三级信访服务组织

有效整合各级资源,合理分配调动力量,组建好三级信访服务组织。

1. 镇级信访代办中心。由分管政法的党委副书记任中心主任,负责全镇信访代办工作的统筹协调,承担镇级代办范围内的事项受理、办理、督查,处理村级代办员上报的事项,考核评价各代办员、各服务组织等工作内容。

2. 村级信访代办站。由村党总支书记任站长,村(社区)主任任副站长,配备专职代办员若干名。代办站主要承担村级代办范围内的事项受理、办理、反馈等工作。

---

[1] 中共诸暨市店口镇委:《关于坚持发展新时代"枫桥经验",推行信访代办制实现群众反映"最多跑一次"的实施意见》,2019年7月13日印发,店委发〔2019〕33号文件。

3. 群众服务代写点。在为民服务中心、社会组织服务中心设立群众服务代写点，提供为群众代写反映事项的免费服务。

（二）实施四类精准代办服务

打通"网上网下"屏障，实施"四个跑"精准代办服务。

1. 数据信息网上跑。依托"基层治理四平台""全科网格"，将12345、96345、镇长热线、网格信息和其他各类网络平台反映事项，全部纳入平台管理。

2. 镇村干部网下跑。通过优化代办工作考核机制，压实问题解决责任，让"群众催着办"变为"干部主动跑"，推动群众诉求有效解决。

3. 专业人士精准跑。将法律顾问、心理工作者和其他专业人士纳入信访代办体系，共同参与事项办理、诉求代写等服务，由专业的人办专业的事，提供精准服务。

4. 社会组织大家跑。充分调动社会组织作为重要社会治理力量的积极性，在擅长领域做精做透，提供个性化、易接受的特色服务，架设党委、政府和信访群众之间的桥梁，形成共建共治共享的局面。

（三）完善五个运行闭环

以问题为导向，补齐短板，全面运行五个闭环。

1. 机制闭环。进一步完善"137"限时办结、每日情况汇总、每周研判分析、每月效果评价等各项机制，促进效率提升，实现群众事项办理全流程透明化，着力解决"拖着办""不想办""不敢办"等问题。

2. 流程闭环。形成镇村两级代办流程，发挥代办员跟踪、监督、沟通、宣传、评价作用，实现代办员一个口子进、一个声音出的工作闭环，解决群众诉求"盯不牢"的问题。

3. 服务闭环。畅通镇村代办事项上下渠道，组建信访办理服务团、社会组织帮帮团、专业人士评判团等三个服务团，从办理、帮扶、评判三个层面提供精准、有效服务。

4. 效果闭环。以不满意事项为重点,通过责任领导、代办员、经办人三日内上门走访的形式,开展情绪疏导,做到群众不满意,事项不结案,实现群众"带着情绪来,带着笑容回"的效果。

5. 考核闭环。实行全岗、全员考核,通过群众评事项办理情况、代办员评经办人员、代办中心评代办员形成考核闭环,将评价体系与机关干部考核挂钩,进一步压实责任。

三、工作要求

要全面提高认识,统一思想、统一步调、统一行动,加强考核、强化问责,以"钉钉子"的精神推动信访代办制落地、落实。加强宣传发动,镇、村要利用微信、电子屏等多种媒体渠道广泛宣传,为信访代办制实施营造良好氛围,建立群众基础。要加大综合保障,尽最大程度整合原有人力、物力、财力资源,把相关费用纳入综治专项经费,加快硬件设备和数字平台升级整合,确保"网上网下"全面融合。

2.2 群防群治维护社会治安的典型事例

2.2.1 在农业学大寨运动中坚持"枫桥经验",依靠群众专政

提要:在1975年的农业学大寨保卫工作会议上,时任诸暨县委副书记汪心田发言指出,"枫桥经验"不是单纯的公安业务经验,而是对资产阶级实行全面专政,把巩固无产阶级专政的任务落实到基层的一个重要经验,是深入开展农业学大寨运动的一项重要工作。根据农村两个阶级、两条道路斗争发展的需要,"枫桥经验"将所体现的群众专政思想,由少捕、矛盾不上交、就地制服敌人,进一步运用到了对阶级敌人实行有效的监督改造、教育改造有违法犯罪行为的人、查破一般性案件等方面,充分发挥了群众专

政的优势,把矛盾纠纷调解在基层,防范社会矛盾的激化。

枫桥区在农业学大寨运动中坚持"枫桥经验",依靠群众专政的情况[1]

这次地委召开农业学大寨保卫工作会议,这对保卫农业学大寨、普及大寨县,是非常必要的、及时的。会上听了地委领导的报告和地区公安局、法院领导的讲话,对我们教育很大;现在再听取兄弟县一些先进单位的经验介绍,对我们是一个很好的学习机会。我们回去后,坚决把这次会议精神贯彻好、落实好。下面,汇报一下我们诸暨县枫桥区在农业学大寨运动中,坚持"枫桥经验",依靠群众专政的情况。

(一)基本情况

枫桥区是一个七山一水二分田的半山区。全区有十三个公社,一百八十五个大队,十三万多人口,八万七千一百多亩田地。

一九六三年,在社会主义教育运动的对敌斗争阶段,在省委社教工作团的领导下,枫桥区的广大干部群众运用毛主席依靠群众专政的思想,创造了少捕、矛盾不上交,发动和依靠群众,开展说理斗争,就地制服敌人的经验(群众称为"枫桥经验")。伟大领袖毛主席亲自肯定了这个经验,说它是个"好例子",并指示我们"经过试点,推广去做"。毛主席的重要指示,给了我县人民,特别是枫桥区的干部群众以巨大的鼓舞和力量。

伟大领袖毛主席发出"农业学大寨"的伟大号召后,枫桥区各级党组织带领广大干部群众,坚持走毛主席指引的大寨道路,学大寨的根本经验,牢记党的基本路线,把坚持"枫桥经验"作为贯彻执行党的基本路线,深入开展农业学大寨运动的重要内容来抓,列入党委工作的重要议事日程。在学习无产阶级专政理

---

[1] 汪心田:《枫桥区在农业学大寨运动中坚持"枫桥经验",依靠群众专政的情况》,农业学大寨保卫工作会议上发言,中共栎江人民公社委员会,1975 年 11 月 20 日,诸暨市档案馆藏,140-008-007-033。

论,进行党的基本路线教育时,联系"枫桥经验"反复宣传毛主席依靠群众专政的思想,在艰苦创业、改天换地的生产斗争中,运用"枫桥经验",斗敌人、批资本主义、狠抓阶级斗争、促进大干快上。

十多年来,枫桥区的干部群众,敢于斗争,排除了修正主义路线和资产阶级派性的干扰,勇往直前,全区农业学大寨运动不断深入发展,毛主席亲自肯定的"枫桥经验"也在斗争实践中运用得更加广泛。目前,在毛主席关于学习理论反修防修、安定团结和把国民经济搞上去的三项重要指示指引下,认真贯彻全国农业学大寨会议精神,全区农业学大寨运动已进入了一个新的阶段,革命、生产形势越来越好。粮食生产在一九六三年至一九七四年的十二年中,三年过"纲要",九年超千斤,并涌现了八个超"双纲"的大队。林、牧、副、渔各业也得到了迅速的发展,全区一共办了林、茶、桑、牧、渔场六百九十七个。过去的黄土荒坡、乱石山岗种上了大批竹、木、茶、桑,集体经济进一步巩固发展,对国家贡献也越来越大。一九七四年向国家投售茶叶一万一千多担,比六四年增加三倍以上。蚕茧产量翻一番,集体养猪在我县也是较多的,社员生活不断改善。现在全区有三十二个学大寨的先进大队,这些大队也是坚持"枫桥经验"比较好的单位。由于深入开展农业学大寨运动,大抓阶级斗争,不断宣传落实"枫桥经验",毛主席依靠群众专政的思想已在枫桥区深入人心,出现了无论社队、街道、学校、商店,各行各业都抓阶级斗争,敌人一有活动就揭发、批斗的群众专政局面。一些基层干部说:"运用'枫桥经验'尝到了甜头,学到了专政的本领,抓革命促生产更有劲头。"有位老贫农说:"'枫桥经验'是个宝,代代相传忘不了。"有个少年对一个反革命分子警告说:"你再不老实,我就要用'枫桥经验'制服你!"近几年全区案件减少(七二年八十八起,七三年六十二起,七四年六十起),治安秩序比较安定。对有破坏活动的敌人坚持了少捕、矛盾不上交。七一年以来,有六个公社还对群众要求捕办的九名犯罪分子,没有捕办,依靠群众就地落实了改造。基本上做到了治安好、捕人少,为农业生产大干快上,提供了良好的治安秩序。

（二）运用"枫桥经验"加强基层专政的一些做法

毛主席在十多年前指出："从诸暨的经验看，群众起来之后，做的并不比你们差，并不比你们弱，你们不要忘记动员群众。"毛主席这一指示，又一次为我们指明了专政工作的路线和方向，对我们教育极为深刻。毛主席在关于理论问题的重要指示中教导我们："列宁为什么说对资产阶级专政，这个问题要搞清楚。这个问题不搞清楚，就会变修正主义，要使全国知道。"我们深深体会到毛主席要全国人民搞清楚无产阶级专政理论，就是依靠人民群众对资产阶级实行全面专政，筑起反修防修的铜墙铁壁，把无产阶级专政下的继续革命进行到底。全国农业学大寨会议上提出的普及大寨县的六条标准中的第二条指出："树立了贫下中农的阶级优势，能够对资本主义活动进行坚决斗争，对阶级敌人实行有效的监督改造。"这条标准是大寨的重要经验之一，充分体现了毛主席依靠群众专政的光辉思想。学习了毛主席的指示和全国农业学大寨会议的文件，使我们在学大寨运动中坚持推广"枫桥经验"的方向更明确、决心更坚定。

十二年来，枫桥区各级党组织牢记毛主席的教导，在农业学大寨运动的鼓舞和带动下，根据农村两个阶级、两条道路斗争发展的需要，把"枫桥经验"所体现的群众专政思想，由少捕、矛盾不上交、就地制服敌人，进一步运用到了以下四个方面：

第一，依靠群众对阶级敌人实行有效的监督改造。

枫桥区通过四清运动，打退了封建主义和资本主义两股势力的猖狂进攻，一些有破坏活动的"四类分子"，暂时被群众制服了。广大群众热烈响应毛主席的号召，掀起了学大寨、夺高产的热潮。但是，一小撮坚持反动立场的"四类分子"，人还在心不死，一有机会就兴风作浪，进行破坏活动。各级党组织，遵照毛主席、党中央关于依靠群众力量，把绝大多数"四类分子"改造成为新人的指示，对"四类分子"实行了有效的监督改造。他们的做法是：充分依靠贫下中农，严格监督,坚持斗争;认真执行党的政策,区别对待,指明出路;在改造反动思想上狠下功夫。

他们根据毛主席"几个好人中夹一个坏人,这就专了政"的指示,采取各种形式把"四类分子"包夹在广大群众之中进行改造,普遍建立了监改小组和一套可行的汇报、请假、学习、评审等监改制度,坚持每年搞评审,对"四类分子"的监督很严。广大群众的警惕性很高,"四类分子"一露头破坏,就及时揭发批斗。钟瑛大队一九六九年因虫害减产十万斤,反革命分子骆某某利用个别社员想外流赚现钱的心理,煽动说:"我如果没有帽子,带二三十人出去吃饱饭是没有问题的。"社员立即报告了大队,党支部马上组织群众,大队集中斗,小队轮流批,并在社员中开展了"减产以后怎么办"的大辩论,激发了群众大干社会主义的积极性。一些原来想外流的人都积极投入了冬耕积肥,全大队没有一个人外流。结果第二年增产粮食二十七万斤。新山大队有个坏分子晚上出来乱窜,被一个八岁红小兵碰见,他觉得这个坏家伙黑夜出门鬼鬼祟祟,一定不干好事,马上追问:"你出来干什么?"这个坏家伙仓惶溜走。他把这个情况报告了大队,结果查明这个坏分子那天晚上偷了一户社员的木料。群众高兴地说:"'枫桥经验'人人学,男女老少警惕高,敌人捣乱逃不了。"在广大群众的严密监督之下,使有些敌人不敢轻举妄动。反革命分子骆某某,有个人叫他上饭店喝酒,对他说:"管你的干部都走了,还怕什么!"他回答说:"干部虽然走了,还有群众的几百双眼睛盯着我,去不得。"从这个反革命分子嘴里道出了群众专政威力之大。

枫桥区的干部群众从斗争的实践中体会到,仅仅对"四类分子"夹紧管牢,还不能达到改造其成为新人的目的。他们遵照毛主席关于"人是可以改造的,就是政策和方法要正确才行"的教导,认真执行党的给出路政策,充分发挥无产阶级政策的强大威力,分化瓦解敌人,促进思想改造。在政治上,根据"四类分子"的不同表现,实行区别对待。每年评审时,有摘有戴,有升有降。对摘帽戴帽的严格区分,候补社员、监督劳动、依法管制的也给予不同对待。群众把摘掉帽子的称为"站到了人民一边",政治上给以社员同等待遇(只由党支部和治保会内部掌握,列入视线考察);候补社员没有选举权和被选举权,但可以参加生产队里讨论生产的会议,有发言权;监督劳动的不能参加生产队社员会议,但准其对生产和经营管理提合理化建议;管制分子不准参加生产队的一切会议和活动。他们还运用摘戴帽子,开展政治攻势,做到摘戴一个,分化一批。桥亭大队反革命分子王某某,经过多年改造,老实守法,自己丧失劳动能力,但能支持子女关心集体积极劳动,临死前给他摘了帽子。栎江公社党委利用这个事例对其他"四类分子"进行一次政策教育,指明出路,震动很大,促使不少"四类分子"向好的方面转化。有个富农分子,多年装疯,看到政府兑现摘帽政策后,主动交代了装疯抗拒改造的罪行,表示要老实改造,重做新人。在经济上,他们严格执行同工同酬的政策(义务劳动除外),把监督"四类分子"参加劳动,作为改造其反动思想的手段,根据"四类分子"的性别、年龄、体力安排农活,注意发挥一技之长,坚持按劳计酬,不予克扣。对生活确有困难的,经过群众讨论,也给以适当解决。同时,他们认真执行党对可教子女的政策,把争取教育可教子女看作是同阶级敌人争夺下一代的大问题,教育这些人认清"四类分子"的罪恶,在政治上划清界限,懂得出身不由己、道路可选择的道理,鼓励他们同贫下中农站在一起,积极抓革命促生产。对表现好的,予以信任,有的吸收参加民兵或监改小组,有的发展入团,有的还当了生产队干部。这样做既团结、教育、争取了可教子女,又促进了对"四类分子"的改造。枫溪大队反革命分子邓某某的儿子被选为生产队队委、会计后,邓逢人便说:"党的政策英明,毛主席真伟大。"几年来,邓在群众监督和他儿子的帮助下,改造表现好,去年摘了帽子。

他们对"四类分子"的思想改造工作做得很用心、很充分,非常注意在改造其反动世界观上下功夫。对"四类分子"的反动经历和现实表现,逐个进行分析,采取有针对性的改造措施。有破坏的,坚持说理制服;耍两面派的,揭真相、挖老根;表现好的,予以肯定,加速改造。即使对表现一般的,也要具体分析,找出症结,对症下药。钟瑛大队反革命分子骆某某,四清运动中批斗制服后,多年来表现一般。七二年年度评审前,社员反映:这种人好坏表现不明显,怎么评审他、改造他? 当时,党员、生产队长提出,对这种人要用改造成新人的标准来要求,这样一议,大家开了窍。评审开始,这个反革命分子果然只报了一笔"流水账",社员就给他具体分析,大家说:"你服从领导,能完成生产任务,这是应该的,但你是'四类分子',还有个改造成为新人的任务,完成得怎么样?"并列举了他不主动改造自己的许多事实,问他:"你看见稻子倒在田塍上,为什么不把它扶起来? 你看到粪勺掉在粪坑里,为什么不去捞起来? 你是想把自己改造成新人吗?"经过这样一评,他口服心服,连声说:"贫下中农给我指明了改造的方向,我决心争取改造成为新人。"此后,他改造自觉性提高了,主动找活干,带病参加劳动,社员反映较好,准备给他摘帽。反革命分子骆某汉,六九年刑满放回后,消极对抗,一年到头不洗脸,不洗脚,不洗碗,不刷锅,搞慢性自杀,还说什么:"暮年残景,断子绝孙,一日三餐不知增加我多少麻烦,改造毋需前途后途,反正我没有归宿。"在评审时,群众针对他这种没落阶级的反动思想,严正地指出:"你活一天,我们就要改造你一天,消极对抗就是继续与人民为敌,是没有出路的,只有转变反动立场,才有前途。"同时,适当解决了他生活上的一些实际问题。这样,这个反革命分子开始有了转变,表示要"打叠精神,重新做人",劳动积极起来了,一年拾粪两万多斤。根据他的表现,现在已由监督劳动升为候补社员,使他增强了改造信心,他表示:"政府政策英明,群众对我改造有方,我一定争取摘帽,免得遗臭万年。"

经过多年来的监督改造,全区原有三千四百多名"四类分子",改造好摘了帽子的八百多名,占百分之二十三。除了死亡、迁出、捕办的以外,现有的一千一百多名"四类分子",表现好的和比较好的占百分之七十五。社教运动中矛盾不上交的四十五名"四类分子",改造表现好和比较好的占百分之八十,有些已摘了帽子,改造成为新人。

第二,依靠群众教育改造有违法犯罪行为的人。

枫桥区有那么一些人,东流西窜,偷扒拐骗,大案不作,小案常干。群众反映,这些人"有钱酒肉囫囵吞,钱光肚空动脑筋,白天蚂蚁踏勿煞(怠工),夜里飞机追勿着(作案)"。他们为数虽少,但破坏性、腐蚀性很大,危害集体经济和人民生活,涣散群众斗志,成了影响抓革命促生产的一个突出问题。群众出于义愤,往往要求矛盾上交,说这些人"锅灶搭在脚背上,流来荡去管勿牢",有的说:"这种人不送去劳改,监狱不用造了。"面对这种情况,枫桥区从一九六五年起就把"枫桥经验"运用于做这些人的教育改造工作,从抓典型入手,摸索经验,逐步推广开来。

在改造这些人的过程中,曾经走过一段弯路。开头,只靠少数干部和积极分子做工作,注重生活照顾,忽视思想教育。因此,尽管夏天送蚊帐,冬天给棉被,逢年过节送点好吃的,但是改造效果不大。有的把粮食吃光、东西卖光,继续作案。群众对这种做法很有意见,说"队里养了一个太公"。在这种情况下,区委认真总结经验,发动广大干部群众,重新学习"枫桥经验",对这些人进行具体分析,提高思想认识,改进工作方法。经过分析认识到,这种人与"四类分子"不同,基本上属于人民内部矛盾,而且绝大多数出身于贫下中农和其他劳动人民家庭,由于资产阶级思想的腐蚀,或者受了坏人的勾引,或者从小缺乏家庭管教,"一懒、二馋、三偷、四溜",逐步走上犯罪道路。有的还被拘留、劳教过,介乎两类矛盾之间,任其发展就要转到敌人方面去,方法得当,改造好了,可以化消极因素为积极因素,给农业学大寨添一份力量。但是这些人都有较深的恶习,要做好他们的转化工作,只靠少数人、偏重于生活照顾是不行的,必须依靠广大贫下中农,做深入细致的思想教育工作,促进他们世界观的改造。经过多年的实践,枫桥区在这方面摸索了一些经验。他们的做法主要是:发动群众管和落实专人帮相结合;着重抓阶级教育和社会主义道德品质教育,帮助总结变坏的教训,启发改造自觉性;不厌恶、不歧视,严肃批判其过错,热情鼓励其进步;劳动上严加督促,生活上教以自食其力,适当安排;消除走老路条件,严防坏人勾引;有了进步工作不放松,出现反复思想不动摇,长年不懈地坚持下去。

贫农儿子骆某某,从小偷窃,越偷越凶,开始干部没有办法,曾把他扣在一只大水缸里,为了防止闷死,用一块石头把缸搁起,到时候送饭给他吃,以为这样总可以管牢了。谁知他半夜砸破水缸,流窜到杭州、上海、江西、广州等地继续作案,多次拘留,屡遭屡逃。后来干部给他吃饱穿暖,还是往外跑。六五年遣送回来后,大队党支部总结了过去改造工作中的经验教训,专门召开生产队社员大会,发动大家齐心协力做教育改造工作,创造一个良好的改造环境。不少老贫农经常给他忆苦思甜,启发阶级觉悟。一些青年社员主动与他接近,不拿他过去的问题当话柄,还借些革命图书给他看。当过去的"贼朋友"来勾引他时,大队就及时加强教育,坚决予以割断。干部、群众对他生活也很关心,有的教他种自留地,有的女社员还教他缝洗衣服。同时,根据他的体力,适当安排劳动,教他学做农活,培养劳动习惯。他看到大家都在挽救他,感到了集体的温暖,感动地说:"这都是要我好。"在群众的帮助教育下,这个"破缸而逃"出了名的流窜犯,不仅十年来没有作案,而且已成了一个爱集体、爱劳动、勤俭持家的好青年。他发现自己的父亲偷队里的肥料上自留地,也能严厉地批评制止。现在他已当了民兵副班长和作业组长。

紫薇大队青年社员陈某友,父母死得早,从小缺乏管教,偷窃成性,流窜作案大小百余次。自称"每到半夜,不起来偷怪难受"。六五年对他落实改造后,没有外流作案,几年来表现很好,在他身上出现了新社会的道德风尚。他护林时,看到有人砍树偷柴,就去教育阻拦;遇到挑担上山下山的老人、妇女,就主动帮人家挑担。七三年春青黄不接时,还把自己节余的粮食借给缺粮社员。贫下中农说:"过去陈某友懒得出奇,贼性发作,四邻遭殃,如今陈某友常年出勤,热爱集体,助人为乐。"他之所以能够改造好,一个很重要的措施,就是有人专管。几年来,陈某友不论安排在林场或生产队劳动,对他的专管从未间断,党支部先后确定四个大队干部,天天把他带在身边,教他学毛主席著作,懂革命道理,并从怎样捏锄头把开始,把着手教他学会农活。他有一点进步,就适当鼓励;流露出怕苦怕累的情绪,就耐心教育。开头一段时间,十天发一次口粮,每月预支三元钱零用,教育他自力更生,勤俭过日子。由于群众管教和专人管教相结合,终于把陈某友改造过来了。

改造有违法犯罪行为的人,是无产阶级同资产阶级的一场争夺战,是一项长期的、艰巨的斗争任务。在改造过程中,都或多或少出现过反复,有的甚至改造数年还有反复。之所以反复,与农村中两个阶级、两条道路的斗争有密切关系,但从工作上看,往往因思想麻痹、放松管教所致。枫桥区广大干部群众不怕反复,而是从反复中找原因,工作上找漏洞,总结经验教训,及时采取措施。有几次反复,就几次落实做工作,持之以恒,坚持改造。泰山大队宣某某,今年二十九岁,是个贫农出身的孤儿,小时无人管教,开始变卖家具杂物,三间草房卖掉二间半,剩下半间草屋一口锅,一堆稻草当棉被,依靠偷摸过生活,由顺手牵羊发展到撬门、破锁、打洞,偷盗种子化肥,先后流窜三个县十一个公社,大小作案三百余次。公安机关多次教育无效,还说什么"派出所是我的外婆家"。四清后,大队对他帮教改造,稳定了一段时间,但由于没有充分发动群众,加之林彪修正主义路线的干扰,宣某某旧病复发,继续偷窃流窜。七一年,大队党支部总结过去的经验教训,放手发动群众,加强管教。在半年多的时间里,宣某某表现较好,大队吸收他参加了文宣队活动。但就在这时,由于只看到了他一点进步,放松了对他的管教,结果又出现了反复,偷了集体稻谷一百多斤。当时一部分群众反应很强烈,说"大队干部养贼骨头,政府太宽大了!"在这种情况下,党支部坚持用"枫桥经验"教育群众,强调不能因为有反复就失去对他改造的信心。同时,对宣某某进行严肃的批判和耐心的教育,让他在群众大会上检查交代错误,他表示要痛改前非。这次反复以后,使干部群众树立了对他长期改造的思想。经过四年来的教育改造,宣某某没有再作案,积极参加集体生产劳动,每年做的工分都在三四千以上,并且为集体做了许多好事。寒冬腊月,他潜入水库修闸门;耕牛陷在井里,他带病下井救上来;暴风雨的晚上,他不顾自家草屋顶被刮掉,先遮盖集体的财物,得到群众的一致称赞。党支部也正在培养他当生产队干部。

十多年来,枫桥区在改造有违法犯罪行为的人中,取得了一定成绩。全区除十名重大流窜犯及时给以捕办打击外,在就地陆续安置改造的三十五名中,有七八年以上不再作案,已经改造过来的九名;已经稳定三五年,改造表现较好的十五名;稳定一二年,开始接受改造的七名。实践使他们认识到,做好这项工作,具有逐步消除旧社会遗留下来的"瘟疫、传染病和溃疡",打击资本主义势力的重要意义,也是农业学大寨运动深入发展的需要。

第三,依靠群众查破一般性案件。

枫桥区的一些大队,一般性的盗窃案件时有发生,直接危害社会主义集体经济和社员的生产热情和生活安定,影响群众学大寨的积极性。各级党组织为了给学大寨运动扫除障碍,保卫社会主义财产和群众利益,要求基层治保人员及时查破这些案件,制止犯罪活动。广大治保人员在党组织领导下和公安机关的指导下,自己动手,开展调查研究,查破了大批案件。如宅土大队,一九六七年以来发生一般性的盗窃案件十一起,已经自己动手查清了九起。一九六九年七月,这个大队的仓库被盗了四百四十斤肥田粉,当时生产太忙,社员一听说肥田粉被偷,非常气愤,有的社员说:"社外拼命干,队里有人偷,干活脚骨酸,生产没劲头。"党支部把破这起案子作为一件大事来抓,支部书记和治保干部组织群众勘查现场,吸收有经验的社员参加分析案情,进行了认真的调查研究。只用了三天时间,就查清了这起案子,追回了全部赃物,全大队社员顿时兴高采烈,安心生产,及时完成了"双抢"任务。群众动员起来就有办法,枫溪大队去年冬,发生了一起四百多斤重的活猪被人搞死,偷挖去了八十斤肉的案件,群众经过摸底排队,大队治保干部发现偷窃者喜欢吃酒,在吃酒中发现肉切的不端正,有长的短的、薄的厚的、宽的窄的,吃下去也特别咸,就怀疑了,从而破了案。现在枫桥区发生的一般案件,基本上都是党组织指挥治保人员发动群众破的。他们在破案中,严格执行党的政策,遵守工作纪律,不取得证据不定案,不经过批准不正面审查人。有些治保人员从实践中积累了不少经验。有的公社查破案件,还采取组织几个大队有经验的治保人员"会诊"的办法,效果很好。有的大队在查破案件以后,还由治保人员带领作案人主动去外队上门退还赃物,这样做既消除了社员与社员之间、队与队之间的误解,促进了团结,也推动了生产。事实说明,在基层治保组织健全和坚强的地方,只要在党组织领导下,专门机关加强指导,一般性的案件完全可以放手依靠群众自己查破。破案、退赃的过程,也是对广大群众进行党的基本路线教育,也是对资本主义势力作斗争,有利于锻炼群众,提高阶级斗争的本领。

第四,依靠群众搞好防范,维护社会治安。

枫桥区一些学大寨的先进单位,治安秩序都比较好。这些社队有个共同的特点:凡属于人民内部矛盾、民事纠纷,就用说服教育,按党的政策,及时得到解决,把问题消灭在萌芽状态。他们不是就事论事地定制度、堵漏洞,而是经常对广大群众进行党的基本路线教育,用马列主义、毛泽东思想武装群众头脑,用社会主义占领一切阵地,破除小生产的私有观念,树立爱国家、爱集体的共产主义风格和新的道德风尚。干部、群众觉悟高,对资本主义敢管、敢批、敢斗,能够按照党的政策,运用说服教育的方法,正确处理人民内部矛盾,认真调解民事纠纷,把问题解决在萌芽状态。因此这些单位的社会风气正,治安问题自然也就少了。

郭店大队在这方面做得比较出色。这个大队的党支部一班人,坚决执行党的路线和政策,带领群众一心干社会主义,团结、战斗,处处以身作则,深受群众拥护。他们努力从政治上、思想上、经济上巩固和扩大社会主义阵地;不论农忙农闲,坚持办政治夜校,学理论,用基本路线教育群众;对于资本主义自发倾向和歪风邪气,一露苗头,群众就坚决抵制,党支部立即严肃处理,很快"灭了芽头",省得再"拔蒲头"。六九年,第五生产队刮起一阵聚众赌博、说唱坏戏、私砍集体树木的"资产风"。党支部一发现就在全大队进行大议大批,开展积极的思想斗争,及时煞住了这股邪风。这样,每斗一次资本主义,社员干社会主义的劲头就提高一步,形成了"好人好事有人夸,坏人坏事有人斗"的政治局面。十几年来,这个大队在激烈的阶级斗争和两条道路斗争中,一直保持了案件少(只发生一起贪污案)、治安好,资本主义的东西在这里没有市场。社员出门放心,生产安心,全队安定团结,革命生产热气腾腾,连续三年粮食平均亩产近一千四百斤,是全县农业学大寨的先进单位。

施坞大队前几年在学大寨运动中放松抓阶级斗争,治安秩序不好,偷砍集体山林的事件时有发生,社员自留地上的蔬菜作物也经常被偷。有的社员气得没办法,就到村旁两座山头上骂一顿出出气,群众把这两座山叫作"骂人山"。后来,他们学习大寨的根本经验,开展党的基本路线教育,同时学习了兄弟大队坚持"枫桥经验"的先进事迹,党支部一班人决心"不做老好人,要做阶级斗争的带头人"。他们以身作则,带领群众,打破情面,不论是队里干部,或是自己亲戚,只要搞资本主义,就坚决进行斗争。这样七斗八斗,社员觉悟大提高,社会风气大变样。近几年来,不仅没有发现一个社员偷集体竹木,偷瓜摸菜的现象也很少发生,原有十多个劳力外流单干,现在都叫回来了,社员情绪高昂,学大寨的劲头很足,集体积累逐年增长。群众反映说:"过去的'骂人山'现在变成了'唱歌山'。"

随着农业学大寨运动的深入开展,"枫桥经验"深入人心,出现了一个各行各业人人抓防范的局面。闹桥大队代销店营业员、共产党员周友山,把三尺柜台看作阶级斗争的战场,时刻用阶级斗争的观点观察和处理问题。一次有一个社员拿着几块较好的犁头、犁壁来当废铁卖,引起他的怀疑,立即报告了大队,结果查明是从队里偷的。又有一次,一个小孩拿着五元钱来买糖吃,他想,谁家大人能一下给小孩五元钱买糖吃,这钱必有问题。他就领着小孩找到了他的家长,一查问,原来钱是他从家里偷的。最近,周友山有个亲戚拿了一张农用大塑料薄膜,去代销店卖,他感到来路可疑,没有收购,这个亲戚又把它撕碎了拿来卖。周友山立即对这个亲戚进行了严厉的批评,指出"你这样搞是一种犯罪行为"。这个亲戚承认了错误,受到了很大教育。

目前,枫桥区的各级党组织和广大群众,在毛主席的三项重要指示指引下,在农业学大寨、普及大寨县的伟大革命运动鼓舞下,各条战线正在把"枫桥经验"进一步发展运用到专政工作的更多方面,努力把无产阶级专政的任务落实到每个基层,实现对资产阶级的全面专政。

(三)我们的一些体会

十多年来,枫桥区运用"枫桥经验",取得了一些成绩,这是广大干部、群众坚持党的基本路线和各级党组织加强领导的结果。

毛主席教导我们说:"正确的政治路线和军事路线,不是自然地、平安地产生和发展起来的,而是从斗争中产生和发展起来的。"在一段时间里,"枫桥经验"受到反革命修正主义路线的干扰,一度把它当作"修样板"来批判,说什么矛盾不上交是"放纵敌人";说理斗争制服敌人是"和平改造";区别对待、给出路是"保护敌人利益";等等,造成了恶劣的影响。但是,广大干部、群众不信邪,坚信"枫桥经验"不动摇,他们说:"'枫桥经验'是毛主席肯定的,错不了,照着办不会走岔路。"枫溪大队原支部书记、治保主任陈友堂,在"四类分子"乘机向他挑衅时,他坚定地回击说:"有毛主席给我们撑腰,天塌不下来,你们不要空高兴!"许多大队没有放松对"四类分子"的监督改造,有的大队还挖出了隐藏较深的阶级敌人。一九七一年,毛主席亲自批发的《第十五次全国公安会议纪要》,表彰枫桥区七年依靠群众专政,给广大干部、群众以极大的教育和鼓舞,掀起了落实"枫桥经验"、加强专政工作的热潮。去年我县受到资产阶级派性的严重干扰,削弱了党的领导,使各项工作包括推广"枫桥经验"的工作再次受到了干扰。在学习无产阶级专政理论和深入开展农业学大寨运动的推动下,在毛主席、党中央对浙江问题一系列重要指示的指引下,枫桥区广大干部群众又一次排除干扰,各项专政工作有所前进。排除一次干扰,干部、群众执行毛主席革命路线的自觉性就提高一步。他们说：同地富反坏和新的资产阶级分子作斗争,是铲除林彪反革命修正主义路线的社会基础,同违法犯罪分子作斗争,就是同资本主义势力作斗争。因此,学习、宣传"枫桥经验"的积极性越发高涨,坚持运用"枫桥经验"的劲头更足了,老典型进一步巩固,新典型不断出现。

我们县委和枫桥区各级党委总结了第九、十两次路线斗争的经验教训,从广大干部、群众的斗争实践中吸取养分,特别是通过无产阶级专政理论的学习,深深体会到"枫桥经验"不是单纯的公安业务经验,是对资产阶级实行全面专政,把巩固无产阶级专政的任务落实到基层的一个重要经验,是深入开展农业学大寨运动的一项重要工作。栎江公社党委几年来从阶级斗争抓得紧—松—紧,生产出现高—低—高的经验中认识到,落实"枫桥经验"是党委坚持基本路线的大问题。随着认识的提高,县委、区委和公社党委的许多领导同志,亲自抓典型、树样板,及时总结交流新鲜经验,做到"点上下功夫、面上出成果"。七三年十一月,是毛主席发出推广"枫桥经验"指示十周年,县委在枫桥召开了全县各区、社党委书记参加的纪念会,并把坚持"枫桥经验"好的单位组成报告团在全县巡回介绍,出现了学习、宣传、推广"枫桥经验"的新高潮。枫桥区党组织在斗争实践中还体会到,落实"枫桥经验",依靠群众专政,必须狠抓基层民兵、治保队伍和调解组织的建设。全区各大队的治保会比较健全,各生产队也都有治保员或治保小组,共有治保干部二千五百多人。在党支部领导下,民兵、治保调解密切配合,协同作战,在阶级斗争中已经锻炼成为一支有觉悟、守纪律、讲政策、联系群众、战斗力强的队伍。党支部称赞他们是"好助手",群众夸奖他们是"对敌斗争的尖兵""我们队里的公安员"。

枫桥干部群众坚决贯彻执行毛主席的指示,并取得了一定成果,为全县人民作出了榜样。全县推广"枫桥经验"也取得了一定成效。但是,由于我们县委对无产阶级专政的理论学得不好,对"枫桥经验"认识不足、抓得不力,在全县推广的步子不快,在枫桥区发展也是不平衡的。当前,我县一个农业学大寨、普及大寨县的伟大革命运动正在蓬勃兴起、形势逼人。摆在我们面前的一个重大问题是:"枫桥经验"在诸暨,诸暨怎么办?十二年已经过去了,今后怎么办?对这样一个严肃的政治问题,我们诸暨全党、全体干部,首先是县委,必须用实际行动作出回答。县委决心站在农业学大寨、普及大寨县的伟大革命运动的前列,真正把运动抓在自己的手上,在学大寨中认真抓好"枫桥经验"的推广落实,誓为加速建成大寨县,把巩固无产阶级专政的任务落实到每个基层而努力奋斗。

2.2.2 枫桥区依靠群众力量查破刑事案件

提要: 枫桥区在社会综合治理中,充分发挥群众力量,使群众自觉协助公安机关查破刑事案件、稳定社会治安,为全区经济、社会发展打造了良好的治安环境。

依靠群众力量查破刑事案件
——"枫桥经验"谱新篇报告之三[1]

近年来,枫桥区之所以社会治安良好,除了公安部门充分发挥人民民主专政的威慑作用外,还由于他们有一支坚强的群防群治队伍。

"枫桥经验"问世 20 多年来,枫桥区群众自觉形成了一种协助公安机关查破案件的良好风气。自 1986 年至今,全区群众提供各种罪犯作案线索 205 条,帮助公安部门抓获违法犯罪分子 33 名。

去年 9 月 4 日,枫桥派出所接到诸暨市公安局的指令,要他们追捕在城关杀

---

[1] 宣旸:《依靠群众力量查破刑事案件——"枫桥经验"谱新篇报告之三》,《绍兴日报》1990 年 4 月 5 日,第 4 版。

人外逃的7名犯罪分子。在追捕过程中,公安干警发现这7名歹徒已乘上一辆公共汽车往绍兴方向逃跑了。这时,枫桥镇两个开招手车的司机主动请战,驾车追击堵截。20多分钟后,他们追上了那辆公共汽车,帮助民警抓获了5名犯罪分子。当另外两名歹徒夺路逃上山时,当地200多名群众闻讯赶来,迅速形成包围圈,上山搜捕,使罪犯无一漏网。

经过长期的锻炼,枫桥区治保调解队伍中还涌现出了一批乡村"福尔摩斯",他们协助破案的能力使公安干警也十分钦佩。几年前,枫桥酒厂仓库发现有80坛黄酒失窃。一位厂所在地的枫桥镇钟瑛村的治保干部分析案情后认为,作案者很有可能是熟悉仓库内情的当地人,偷窃的黄酒量大,不可能全部自己喝,也不可能明目张胆地运到外地销赃。于是,他走访了枫桥镇上的个体饭店,查询他们销售的黄酒的货源来自何处。在××饭店,他终于找到了线索,协助公安机关及时地破了案。新丰乡先进村的治保主任骆某某,听说枫桥镇拖拉机站失窃了两只价值近千元的轮胎,他就开始留意过往村里的拖拉机。四年后,他看到同村一村民的拖拉机换上了两只新轮胎,型号规格与镇拖拉机站失窃的两只一模一样,他就悄悄地到供销社了解车胎的销售情况,得知该村民没有在这儿购货后,就巧妙地与之周旋,借查看他的托运单之机,查明了这两只轮胎的来源,为拖拉机站追回了两只轮胎。

由于枫桥区群众能够积极配合公安机关做好工作,全区破案率一直保持较高的水平。去年,这个区一般案件破案率为85%,重大案件破案率达100%,从而为全区社会、经济发展创造了良好条件。

2.2.3 枫桥派出所社会治安众人管,走入群众天地宽

提要:诸暨市公安局枫桥派出所充分发动群众和依靠群众,实行群防群治,从四个方面构筑起社会治安防控网络,确保社会治安的同时获得群众的广泛称赞:一是把握"枫桥经验"基本点,依靠群众化解矛盾,全面强化

预防工作,确保辖区治安的持续稳定;二是抓住专群工作结合点,推行辖区民警责任制,严打严防严管齐头并进,营造群众满意的治安环境;三是找准群众满意切入点,从群众满意的事情做起,从群众不满意的方面改起,将服务群众融入各项警务活动中;四是重视队伍建设根本点,在提高民警素质上下功夫,采取切实有效措施,建设一支群众信赖的有战斗力的队伍。

社会治安众人管,走入群众天地宽[1]

诸暨市公安局枫桥派出所扎根于"枫桥经验"的所在地。三十五年前,毛泽东同志亲笔批示在全国推广的"发动和依靠群众,坚持矛盾不上交,就地解决,实现捕人少、治安好"的"枫桥经验",使枫桥古镇名闻大江南北。三十五年来,枫桥派出所以弘扬"枫桥经验"为己任,以人民满意为目标,开拓进取,奋发努力,确保了一方平安,为促进地方经济的发展提供了良好的社会治安环境。

把握"枫桥经验"基本点,依靠群众化解矛盾,全面强化预防工作,确保辖区治安的持续稳定的核心就是在党委、政府领导下,依靠群众维护社会治安。枫桥派出所牢牢地把握这一精髓,在新形势下坚持和运用"枫桥经验",紧密依靠党的领导、紧密地依靠人民群众,调处纠纷,化解矛盾,严密社区安全防范,维护辖区社会治安稳定。

一是健全组织,形成网络。枫桥派出所辖区84个行政村、1个居委会,现有治调组织199个,治保人员294名;联防队1支,队员10员;护村队37支,队员122名;暂住人口登记站24个,暂住人口协管员47名;帮教小组68个。在建立健全群防群治组织的基础上,指导村民建立群众性组织,村村都建立了"三会一队",即老年协会、禁赌协会、计生协会和护村队,强化村民自治,进行自我管理、自我约束,有效化解各种矛盾。与此同时,还建立了一支由236人组成的治安信

---

[1] 叶寒冰、冯金寿:《社会治安众人管,走入群众天地宽》,《公安学刊》1998年第6期。

息员队伍,将触角延伸到每个自然村、厂矿企事业单位的车间班组、重点要害部位和复杂人群,随时汇集各种信息,形成了覆盖全辖区、渗透到社会每个角落、整块有效的群防群治网络体系。

二是积极防范,化解矛盾。派出所充分依靠群防群治组织,切实发挥其对暂住人口的协管作用,对重点人口的帮教、控管作用,调处民间纠纷的第一道防线作用,宣传、开展安全防范的组织作用,提供违法犯罪线索、服务打击犯罪工作的作用,有效地强化社会治安防控。对各类可能影响辖区治安稳定的矛盾纠纷,则充分依靠群众,就地化解,防止矛盾激化。具体工作中,采取"四前"工作法,即"组织建设走在工作前,预测工作走在预防前,预防工作走在调解前,调解工作走在激化前",建立起了有效的预防和化解矛盾的工作机制,把大量的矛盾纠纷解决于基层,消除于萌芽状态和始发阶段。1993年来,枫桥派出所辖区共发生各类纠纷4345起,调处4232起,调处率为97.4%,其中有78%在村一级得到了及时化解,没有发生一起矛盾激化,基本实现了小事不出村,大事不出乡,矛盾不上交。在大力发动依靠群众、化解纠纷、消除矛盾的同时,去年以来派出所,积极推进以创建安全文明村、单位、小区、路段为内容的"四创建"活动,通过开展"四创建"活动,组织治保会、联防队、护村队开展夜间治安巡逻,严密社会面控制。在加强人防的同时,逐步加强物防和技防含量,创建期间,共更换加固防盗保险箱62只,安装电脑报警系统20套,做到人防、物防、技防同步落实。并把创建工作向住户延伸,在居民住户中开展争创安全文明户活动、在文明村开展争创遵纪守法户活动,使创建工作扎根于广大群众之中,形成了"维护治安,人人有责,同居一地,共保平安"的新格局。到目前为止,纳入创建规划的66个行政村已有48个达标,50个单位已有38个创建合格。经过去年一年的"四创建"活动,有效遏制了辖区刑事发案,总发案数比上年下降了10个百分点,创建村的发案则下降了22个百分点。

三是加强指导,规范保障。对各类群防群治组织,坚持业务上加强训练指导,每年都集中两次进行业务培训,组织学习有关法律法规,着力提高队伍素质;工作上大力支持,特别是对发生的危害治调干部人身和财产安全的案件,快速查处,做坚强后盾;生活上关心爱护,设立了治调干部人身财产保护基金,逢年过节上门慰问,生老病痛上门看望;对先进工作者,每年进行表彰,并适时组织外出旅游参观,对连续10年以上担任治调干部的发给荣誉证书,增强了治调干部的自豪感,激发了他们维护社会治安的积极性。近三年来,派出所辖区80%的刑事案件是由群众提供线索破获的。各类群防群治组织共协助公安机关抓获违法犯罪嫌疑人47名,提供案件线索236条,从中破案58起,帮教失足青少年147名,其中转好率达85%以上,"两劳"回籍人员重新犯罪率仅为1.5%,辖区枫桥没有发生群体性上访闹事事件,没有发生一起凶杀案件,没有一起民间纠纷转化为刑事案件,刑事案件发案数控制在万分之八左右。据抽样调查,99.5%的群众有安全感。基本上实现了"发案少、秩序好、群众满意"的目标。

2.3 群防群治维护社会治安的"枫桥经验"成效

2.3.1 檀溪公社泉四大队:发动群众民主制定治安公约

提要: 粉碎"四人帮"后,枫桥地区治安秩序逐步好转。第五届全国人民代表大会以来,为了更好地遵守新宪法,加强社会主义法制,进一步落实"枫桥经验",檀溪公社泉四大队修订了十条治安公约,对遵纪守法、维护治安、护林防火、社会公德等方面进行了约定,并发动财物、农机、茶桑、养蚕、养猪、养牛的相关人员制定了六个安全守则,作为具体补充。治安公约修订以后,已成为干部群众自我教育的依据、互相制约的准绳。社会主义正气上升,歪风邪气下降,爱护集体经济蔚然成风;团结互助增强,治安秩序安定,为全国群防群治维护社会治安提供了有益经验。

发动群众民主制定治安公约[1]

一、粉碎"四人帮"人心思治

我们大队共一百六十户、六百一十九人。文化大革命中,林彪、"四人帮"叫嚷"砸烂公检法",破坏毛主席亲自批示肯定的"枫桥经验",煽起了一股无政府主义的反动思潮。我们大队资本主义势力抬头,偷盗拐骗、破坏山林、投机贩卖、劳力外流等问题突出,有的"四类分子"不服管教。

粉碎了"四人帮",在党中央的指引下,我们大队治安秩序逐步好转。但是,由于"四人帮"的流毒还在,部分社员的法制观念比较淡薄,乱砍山林、小偷小摸不断发生,社会风气也不大好,婆婆骂媳妇,媳妇打婆婆,甚至有的闹气寻死,三日两头有人告状,弄得干部头昏脑涨。一九七七年十月,枫桥区委召开治保工作会议,高举毛主席亲自树立的"枫桥经验"红旗,狠批了林彪、"四人帮"破坏"枫桥经验"的罪行。我们大队干部、社员反映要搞好治安,总得有个大家遵守的章程。于是在党支部领导下,针对本大队存在的问题,讨论制定了八条公约。定了以后,对两个违反公约偷窃外大队树木的人,进行了严肃处理,要他们在干部陪同下,上门退赃作检讨,初步打下了歪风邪气。但是,当时定的公约没有经过社员的民主讨论,有的条文中规定对小偷小摸要"挂物游斗",不符合党的政策;定后也没有广泛宣传,只贴在治保室里,发现违约行为的人就按公约去"治"。

二、学习新宪法修订公约

五届全国人大以后,党支部组织干部、社员认真学习了五届人大文件。为了更好地遵守新宪法,加强社会主义法制,进一步落实"枫桥经验",我们在学习五届人大文件的基础上,修订了治安公约。

---

[1] 檀溪公社泉四大队:《发动群众民主制定治安公约》,载浙江省公安厅编:《高举枫桥经验红旗,依靠群众加强专政》,内部出版,1978年11月,第77—81页。

这次修订公约时,我们发动全体干部、社员认真讨论,前后开了三个会。第一个是党支部扩大会,吸收治保会、队委干部、贫协委员参加,先学习新宪法,后讨论修订意见。会上有的干部提出对违反公约的人要罚得煞(厉害),不煞不行。多数干部认为对违反公约的人,对待要合理合法;损害集体和社员利益,经济上是需要合情合理赔偿的,但不能搞"土政策"、乱罚款、"挂物游斗"。大家以贫农社员何某某为例,作了分析。何某某因为有小偷小摸行为,在"四害"横行时,叫他和"四类分子"一起劳动,结果何某某赖倒做(耍无赖),说:"反正是这笔账了。"就外流出去,偷得越发厉害。后来遣送回来,治保会对他进行耐心的思想教育,启发他的阶级觉悟,有一点进步就鼓励、表扬,他慢慢转变了,积极劳动,热爱集体。去年贫下中农一致同意他参加贫协。年终还评上大队先进生产者。何某某变好的事实使我们看到,乱罚款、乱处罚,不合政策不合法,看着厉害实际松,使违法的人内心记私仇,脸皮撕破横竖横,今后不能采用这种办法。经过讨论,明确了公约内容要做到两个"清楚"。就是提倡什么、反对什么,是非清楚;守法、违法,界限清楚。执行公约要坚持两个"为主",就是要以表扬遵守法纪的为主,对违约的以耐心说服教育为主。统一思想后,就起草了一个治安公约的修订草案。

第二个是生产队、贫协、妇联、共青团等全体干部会议,讨论公约修订草案。再由他们带回生产队发动全体社员座谈。广大社员以主人翁的态度,进行三"摆":一摆大队过去经常发生的治安问题;二摆影响治安的不安全因素;三摆发生治安问题的原因。通过三"摆",对症下药地补充修改了治安公约。

第三个是全体社员大会。由党支部书记向社员宣读治安公约,说明道理,反复征求意见。直到大家说"没有意见了",最后提交社员表决。当天到会二百五十多个干部、社员一致举手通过。这个公约的主要内容是:

一、拥护党中央,严格按照新宪法和国家政策法令办事。

二、提高革命警惕,不听信谣言,不收听敌台广播,发现反动言行和可疑迹象,立即报告。

三、按照党的政策,严格监督和教育改造"四类分子"。

四、自觉维护治安秩序,做好对违法犯罪人员的帮助教育。

五、保卫社会主义公有制,不糟蹋庄稼,不偷砍山林,不外流,坚决同贪污盗窃、投机倒把活动作斗争。

六、做好防火工作,维护交通安全。

七、执行安全防范制度,加强对粮食、现金、票证、农机、农药、耕牛等安全管理。

八、增强人民内部团结,不准打人骂人。

九、加强对青少年的法纪教育,坚决同阶级敌人的腐蚀活动作斗争。

十、尊重社会公德,发扬社会主义新风尚。

会后即把公约写到村里墙头上,刻印出来送到生产队和社员家里。同时发动搞财物、农机、茶桑、养蚕、养猪、养牛的人员分别订了六个安全守则,作为具体补充。社员说:"治安公约好比桌面,安全守则好比四只脚,配起套来就牢了。"

三、认真执行公约,促进大治

治安公约修订以后,已成为干部群众自我教育的依据、互相制约的准绳。半年多来社会主义正气上升,歪风邪气下降,团结互助增强,治安秩序安定。

爱护集体经济蔚然成风。过去集体的竹笋、番薯、水果,即使定罚规,派人看管,也经常被偷,干部弄得没法子。制定治安公约后,广大社员自觉地维护集体经济。有个小孩割了一点草子,父母主动送还生产队,还争着自我批评对孩子管束不严,违反了公约,表示今后一定更好地执行。有个十五岁的牧童,过去是大队七八个牧童的小头头,也是偷瓜摘果的"指挥员"。制定治安公约时,他经过教育,上台表示既当"牧牛佬",又当"治安员"。从此以后不再偷摘瓜果,牛也养得更壮了,大队就及时在广播中表扬了他。一个拖拉机手过去曾为搞投机贩卖的人带货,定了公约后自觉改正,工作态度也好了,受到社员的称赞,说他"过去是香烟老酒猪肉饭,现在是一心为公耕田忙"。第二生产队贫农社员赵某某,原来对集体不够关心,人家说他上工走路慢吞吞,像只"洋鸭",干起活来又像条"慢拖船"。今年春天他参加修订治安公约,思想转变很快,当了粮食保管员,早去仓库,早出晒场。收割春粮时,发现准备分到户里当燃料的蚕豆秆上还有剩豆,主动组织晒场女社员拷打出八十斤蚕豆归集体。"双夏"评比时,被评为大队先进生产者。社员称赞说:"慢拖船割断私有绳,关心集体做先进。"

按照党的政策改造"四类分子"。定了公约后,干部社员对"四类分子"敢管敢斗,也更加讲政策、策略了。地主沈某某,一贯好吃懒做,连晒谷看鸡也懒得来。过去生产队干部社员看到她只摇头,不用心去教育改造她。定了公约后,大家用"橡皮碉堡"摘帽的事例对她进行教育,她表示要努力改造,争取摘帽。现在已参加生产劳动,经常在大路上拾粪,并主动挑到东塘水库,交集体养鱼,还做些公益的事。

解决纠纷增强团结。一九七六年邻近一个大队的社员偷了我们大队的草子,引起了一场群众性的械斗纠纷。事情过去两年了,这场纠纷一直没有解决。定了公约后,我们主动找对方协商,承担责任,派人把械斗时抢来的家具等财物送还原主,解决了多年结下的疙瘩,增强了团结。今年四月有三个社员去东溪公社山口大队山上偷砍了三株树。治保主任发现后,便找来这三个社员,一起学习治安公约,经过教育,他们承认了错误。治保主任就陪他们背着树,送上门作检讨。山口大队干部说:"我们被偷还不知道,你们就主动上门来了,'枫桥经验'的确好。"

加强"四防"保障安全。过去,由于施农药没有个章程,养蚕室没有个制度,多次发生蚕吃沾有农药的桑叶而被毒死的事故。这次治安公约规定了施农药安全制度,养蚕室执行了安全守则。今年春、夏、秋已养了四批蚕,都没有发生中毒事故。同时,加强了财务管理制度,注意了防火安全,没有发生盗窃案件和火灾。今年五月,第三队社员何某某,按照治安公约要求做到"水缸满,灶前清",一次他出畈做生活,家中一个小孩玩火烧着了蚊帐,大队两个理发员赶来,由于水缸满,就及时浇水扑灭了。

公共秩序安全良好。过去,有的顽皮儿童常在公路垒石头,危害交通安全。治安公约上定上维护交通安全后,就没有再发生这类事了。过去大队放电影,广场里常常发生打架,村里还发生失窃。一九七六年春天,村里放《龙江颂》,山上就被偷去茶柴七八百斤。最近,我们大队放映《红楼梦》电影,村庄里男女老少几乎都去看,周围三个公社群众也赶了来。大队干部在放映前广播了治安公约,并组织治保人员在村庄巡逻。整个广场五千多人秩序很好,村里也没有发生任何事情。七十九岁的老贫农何佐根非常高兴地说:"今天两个好,电影好、秩序好,看电影多年没有这样安心过,治安公约真正好。"

2.3.2 依靠群众管治安,促进治安工作社会化

提要:枫桥区作为一个人口众多的农业区,20世纪60年代依靠群众的力量,创造了捕人少、治安好、产量高的"枫桥经验"。改革开放以后,当地紧紧抓住依靠群众这一路线,不断改革创新:进一步强化以治保组织为主体的群众自治组织,增强活力;依靠群众就地解决纠纷引起的治安问题,把大量治安纠纷解决在基层、解决在萌芽状态;抓集镇、带农村,使集镇治安管理逐步城市化;摸索出了建立治安承包责任制、加强群众普法教育的"二靠"和抓保卫队伍的组建、抓安全业务培训以及抓安全保卫承包责任制的"三抓"治安工作社会化经验。群众的法制观念明显增强,全区乡镇企业没有发生重大刑事案件,企业生产、居民生活秩序安定,经济发展势头良好。

依靠群众管治安,促进治安工作社会化[1]

浙江省诸暨县枫桥区是一个有两个镇、十三个乡、十五万人口的农业区。六十年代他们依靠群众力量,创造了捕人少、治安好、产量高的"枫桥经验"。党的十一届三中全会以来,枫桥区的政治、经济情况发生了很大变化。商品生产的发展促进了人们思想观念的更新,也给社会治安带来不少新情况、新问题。一是农村生产结构改变以后,因产权转让,争水利、争田地、争农机具、争宅基地等民间纠纷大幅度上升,由此引起的治安问题也相应增多;其中因矛盾激化而演变为凶杀、伤害的案件接连发生。二是商品经济的蓬勃发展,带动了集镇的发展、繁荣。建制镇已从一个发展到二个,自然镇增加到十二个。由于集镇物资相对集中,人口流动频繁,违法犯罪分子乘机活动,枫桥、赵家两镇上发生的刑事案件占全区刑事案件的64%,治安问题相应增多。三是乡镇企业发展后,管理制度、内部防范工作跟不上,成了犯罪分子的主要侵害目标,盗窃、诈骗等刑事案件不断发生。四是基层治保组织有所削弱,治保干部年龄老化、文化偏低、经济报酬不落实。针对上述情况,诸暨县公安局和枫桥、赵家镇派出所及时转变思想和工作方法,在当地党委、政府的领导、支持下,顺应改革开放大气候,紧紧抓住依靠群众管治安这条成功经验,不断改革创新,摸索出了一些治安工作社会化的新经验。

一、进一步强化以治保组织为主体的群众自治组织,增强活力

首先,从实际出发,合理解决治保干部的经济报酬,使义务治安服务逐步转变为有偿治安服务。解决的办法有:一是村办企业拨款,每月发基本工资;二是实报实记加补贴;三是镇政府财政拨一点,调解纠纷收一点。对成绩突出的治保干部,年终给予一次性奖励。

其次,调整村治保干部的年龄、文化等构成。一九八五年以来,公安机关会

---

[1] 公安部三局:《依靠群众管治安,促进治安工作社会化》,《治安简报》第34期,1988年8月。

同区公所、乡政府,每年对基层治保会进行整顿充实,使治保干部的平均年龄从原来的六十岁下降到现在的三十八岁,文化程度从原来的大多数初小、文盲,提高到现在的大多数初中以上。同时,村治保会主任与调解委员会主任互兼对方组织的副主任,共同商讨、处理工作。目前多数村治保主任由村主任或村党支部书记兼任,使治保组织更具权威性。

最后,各乡、镇均建立由政法副乡长、副镇长、公安员、司法助理员等组成的综合治理办公室,负责对各村治保、调解组织实施指导,协助派出所调处重大疑难治安纠纷,通过加强治保组织建设,全区初步形成了以治保组织为主体的治安保卫网络。全区93%的治保组织在预防、控制违法犯罪,防止灾害事故中发挥了较好的作用。

二、依靠群众就地解决纠纷引起的治安问题,把大量治安纠纷解决在基层,解决在萌芽状态

他们的主要做法是"二靠":一靠治安承包责任制。区、乡(镇)普遍推行了治安承包责任制,规定:凡须由村移送乡调处的治安纠纷,须有当事人要求上级调处的报告、村治保会对纠纷的调查材料、调解的初步结论和调处不了的理由。因此,各乡镇都能做到一般纠纷不出村,大的纠纷不出乡,矛盾基本不上交。据对八乡一镇统计,一九八六年、一九八七年两年共调处纠纷一千九百八十一起,其中村调处的占66.3%,乡调处的占24.3%,上交区公所、派出所调处的占9.4%。二靠普法教育。公安机关会同有关部门,对全区群众进行"九法一例"的教育。民警走村串户,深入乡镇企业,组织群众学法,有的还组织法律知识竞赛。通过普法教育,使群众的法制观念明显增强,敢于抵制违法犯罪,主动与违法犯罪作斗争的社会风气越来越浓厚。一九八六年以来,群众直接扭送违法犯罪人员归案的十八名、检举揭发各类犯罪线索一百零五条。

三、抓集镇、带农村,使集镇治安管理逐步城市化

集镇是农村商品经济的"龙头",也是治安情况较为复杂的地方。为了保护

"龙头",采取了三条措施:

1. 建立集镇治安管理体系。由镇政府牵头,公安、司法、工商等有关部门参加的综合治理领导小组,统一协调治安管理工作。领导小组下设办公室,分成治安调解组、街道执勤组、市场管理组等。枫桥、赵家二镇还有两支治安联防队、三支义务消防队及游乐场所的专业联防队,初步形成了集镇治安管理体系。

2. 实行规范化管理。根据集镇状况,因地制宜设立了小商品市场、农产品交易市场、停车场等,并分别制定了交通管理、专业市场管理等安全保卫制度。按照"谁主管、谁负责"的原则,落实对影剧院、游乐场等公共复杂场所的治安管理。

3. 成立退休工人委员会。协助派出所调处治安纠纷,参加治安巡逻和帮教违法青少年。

加强集镇治安管理后,社会秩序明显改观。一九八七年,枫桥、赵家二镇没有发生重大刑事案件和火灾事故。

四、建立乡镇企业保卫体制,优化内部安全防范机制主要做法是"三抓"

一抓保卫队伍的组建。自上而下建立乡镇企业治安保卫组织,区、乡(镇)工业办公室设专职保卫干部,负责指导乡镇企业的安全保卫工作。村办企业、个体联户企业采取农工一体化方法,村主要治保干部进入企业,与企业治保干部共同抓。

二抓安全业务培训。乡镇企业的保卫干部纳入全区治保干部培训计划,同训练、同总结、同评比、同奖惩。

三抓安全保卫承包责任制。各乡镇政府明确规定把企业保卫工作纳入厂长责任制之中,作为他们任期内的主要目标之一。区工办逐级与保卫干部签订了治安承包合同,明确职责,落实责任,实行奖罚。

两年多来,全区乡镇企业没有发生重大刑事案件,企业生产、生活秩序良好,促进了经济发展。

2.3.3 诸暨市赵家镇上京村:我村为什么八年无案件

提要: 诸暨市赵家镇上京村在发展工农业生产的同时,对一些容易发生的民事纠纷和治安问题采取了切实有效的预防措施,鼓励群众参与社会治安建设:组织村民加强爆炸物品管理,防止爆炸案件和事故的发生;加强农田水利管理,预防和减少水利纠纷发生;加强山林管理,鼓励群众同破坏山林的现象作斗争,防止乱砍滥伐;征求群众意见,超前做好宅基纠纷的预防工作;开展法制宣传,引导群众积极参与,树立良好的社会风气。上述措施使得该村八年间无刑事案件和重大治安事件,促进了社会的长治久安。

我村为什么八年无案件[1]

我们上京村是诸暨市第三大村,有 45 个村民小组、794 户、2 894 人。1989 年,我们村的工农业总产值达到 275 万元,年人均收入 968 元,比 1982 年增加了 2.4 倍。治安情况一直良好,做到了 8 年无刑事案件和重大治安事件。我们村之所以能出现这种可喜的局面,主要是因为我们在发展工农业生产的同时,对一些容易引起的民事纠纷和治安问题采取了切实有效的措施,促进了社会的长治久安。具体做了以下几方面工作:

一、加强爆炸物品管理,防止爆炸案件和事故的发生

我们村有一个规模较大的叶腊石矿,共有 6 个矿点、250 名职工,年产矿石万吨以上,产值 65 万元,是我们村经济的一大支柱。这个矿每年使用的炸药在一吨以上,如果稍有疏忽,失散到社会上,被一些不法分子利用,就会对社会治安造成很大的影响。因此,我们对炸药、雷管等爆炸物品的审批、运输、使用、保管四个环节制定了严格的规章制度。规定由村主任负责全村爆炸物品的审批,村炸药库配备了 2 名专管员负责收发、登记、保管工作。各矿点由负责人、安全

---

[1] 诸暨市赵家镇上京村:《我村为什么八年无案件》,《公安学刊》1990 年第 3 期。

员、爆炸员组织作业小组。并用钢筋混凝土制造了 2 个土保险箱,分别存放雷管、炸药。1989 年 9 月的一天,一个木工在装修炸药门锁时,顺手牵羊拿走了一盒雷管。由于保管员责任心强、账目清楚,当晚清点时就发现了这一问题。我们立即召集所有村干部,分头进行调查,第二天就追回了失窃的雷管。

对爆炸物品的使用,我们严格实行"当天要用多少领多少,剩余的当天上交集中保管"制度。同时,加强爆破员的专业培训,现有的 8 名专职爆破员都经过市公安局的专业技术培训。到目前为止,整个矿点没有发生爆炸事故。

除叶腊石矿以外,我们村的炸药库还负责周围几个乡的民用爆炸物品的供应。因此,我们注意抓好面上的管理。对群众造房子等需要的爆炸物品,我们发给爆破员作业,做到一般群众不接触爆炸物品,不使爆炸物品失散到社会上去。

二、加强农田水利管理,预防和减少水利纠纷发生

水利是农业的命脉。水利搞不好,不但会给农业生产带来影响,还会引起许多纠纷。随着生产责任制的落实,争水利、争设施的矛盾日益突出起来。为了把水管好,预防和减少纠纷的发生,我们村每年投资 3 000 多元进行疏通渠道等水利设施建设,对所属的 4 个水库配备了 4 名专职管理员,统筹安排全村水田灌溉。对两条总长 6 000 多米的渠道,我们实行分段负责制,责任到人。每年夏收夏种季节,村干部集中精力抓好用水管理,每天晚上派人对各个渠洞进行用水安排和监督,做到先远后近,合理灌溉。近年来,由于采取了这一系列的措施,我们的农田水利管理井然有序,没有发生一起重大纠纷。群众说:"村干部都给我们安排好了,我们还有什么好争的。"

三、加强山林管理,防止乱砍滥伐

8 000 余亩山林是我们村的"绿色银行"。这些年来,虽然乱砍滥伐山林的现象很少见,但偷窃情况时有发生。为了发展林业,加强山林管理,1983 年,我们根据宜统则统、宜包则包的原则,将 800 余亩山林划为村统管区,其余的都承

包给村民个人管理。我们制定了《护林公约》,选配了 11 名护林人员,管理全村山林。同时,实行采伐证制度,规定民用竹木须由村护林绿化小组指定时间、地点、数量、大小,并发给"采伐证"进行采伐,违反者,一律以偷窃论处。还规定未经批准,竹木不得外流,一经发现即予没收。对违反《护林公约》,乱砍滥伐或者偷盗林木的,除了原物归还外,要写出保证书在广播上作检讨,并根据情节轻重进行处罚。对检举揭发和制止破坏山林者以罚款的 50% 作为奖励,并对外保密,鼓励群众同破坏山林的现象作斗争。

四、严格审批和管理,超前做好宅基纠纷的预防工作

这几年,经济发展了,生活宽裕了,要求翻建新房、批地建房的人越来越多。群众为了争一块宅基地,或者在翻建时为房屋之间的高低、采光等引起的纠纷也越来越多。这类纠纷占了全村纠纷总数的 60% 以上,其中尤以老屋翻建引起的纠纷为多。

因此,我们对老屋翻建,实行"先协商、后翻建"的原则,规定翻建的一方必须事先征求住宅周围被影响到的群众的意见,双方对翻建的高度、结构、面积等达成协议后,我们才批准翻建。如果双方有矛盾,我们出面协调,协商同意后审批翻建;一时达不成协议的,暂缓翻建。违反此项规定的,视态度和情节分别给予批评教育、罚款、拆除等处理。这样,翻建房屋引起的纠纷就大大地减少了。在新房建造方面,1987 年我们划出 30 多亩自留地作为宅基地,进行统一规划。至今,已有 100 多户人家建房 170 多间,没有发生一起纠纷。

五、树立良好的社会风气,促进社会的长治久安

这几年,我们村积极开展了"抓普法、刹三风、创三户"活动,利用大会、广播等形式大力开展法制宣传。组织治保人员进行夜间巡逻,发现有打关牌"小搞搞"的赌博现象,认真进行说理教育。几年来,全村没有发生较大的赌博现象。同时,刹住了封建迷信、红白喜事大操大办等不良风气。现在,全村有 788 户人

家被评为"爱国守法户""五好家庭"或"双文明户",1987年,我们村被评为诸暨市文明村。

在文明村建设中,村党支部积极发挥党员的先锋模范作用,每年都要组织党员开展修桥铺路等义务劳动,并发动群众参加。1989年,党支部组织全村群众义务铺路两天,每天参加的群众达1 000多人。党支部还坚持在新年春节期间看望烈士军属、孤寡老人、老干部等,向他们赠送被面、球鞋等生活用品。同时,坚持党员联户制度,帮助困难户勤劳致富。村民周某某,家有三子一女,自己体弱多病,生活很困难。1982年,村委为他作担保贷款700元,买了一头耕牛,生活渐渐有了好转。后来,村里又将一块桔园和粮食加工厂承包给他家,使他家渐渐脱贫致富,造起了楼房,过上了宽裕的日子。党员干部的模范行动,提高了干部在群众中的威信,也带动了群众,从而对社会风气的好转起了积极的推动作用。

我们村的老人们也积极发挥余热。前几年,村里的90多位老人自发组成了"老年协会",我们积极支持老人们的活动,除了解决活动场所外,还出钱订购报纸,添置活动用品,供老人们娱乐。"老年协会"也积极帮助村干部开展工作。当他们看到或者听到村里出现的一些治安纠纷苗头时,能及时向村干部反映,起了"信息员"的作用;当老人被虐待或与子女关系不和时,"老人协会"就组织会员到老人家里做思想工作,协调双方关系,起了"调解员"的作用;当老人生病时,会员就买了糖果糕点去看望,老人的子女说:"别人对俺爹都这么好,我们做子女的更应该孝顺了。"

2.3.4 依靠群众管治安,村风民风大改观

提要:枫桥区坚持运用"枫桥经验"解决社会治安问题,紧密联系群众,依靠群众协助管理社会治安,取得了一定的成效,村风民风得到极大改善。

依靠群众管治安,村风民风大改观
——"枫桥经验"老枝开新花[1]

二十几个春夏秋冬,诸暨市枫桥区始终坚持毛泽东同志亲自批阅而闻名全国的"枫桥经验",依靠群众管治安,收到了捕人少、治安好、产量高的显著效果。近十年来,刑事案件平均年发案率只占总人口的万分之二点九六,捕人数占万分之一点四六,而工农业总产值则增长 10.3 倍。

近年来,农村山林、宅基、婚姻等纠纷引起的治安问题大量增多,对此,枫桥区普遍建立了由区乡镇、团委、妇联等主要领导参加的综合治理办公室,形成了村治保会、调解会互为一体的调解网络,做到矛盾不上交、小事不出村、大事不出乡。1986 年至去年,全区发生的治安纠纷村乡两级调处的占 91.4%,有效地防止了民事纠纷的激化而导致的治安事件。

枫桥区的领导认为,要使农村治安稳定,努力帮教违法人员十分重要。有一名 28 岁的青年,1988 年因赌博输掉万元钱,单位给他一个改过的机会,予以开除留用一年的处分。岂料,那青年旧病复发。单位领导经讨论,决定给予继续留用,再次给他以"回头"的机会。耐心的帮教工作,不仅稳住了这名青年,还教育了另两名同类职工。赵家镇有名青年,1980 年中学毕业后,好吃懒做,到处流窜盗窃,闯过"三江六码头",对其落实帮教后,在进行思想教育的同时,积极帮他贷款承包搞拖拉机运输。他致富后,遵纪守法,不仅建立了美满的小家庭,还成为维护社会治安的积极分子。1980 年以来,全区 754 名帮教对象,已改好或基本稳定的有 535 名,占 71%,有 113 名成为各类专业户。

枫桥区还不断加强社会防范机制,把增强群众的法制观念作为搞好治安的根本措施来抓。他们利用乡镇党校、成人教育中心这一阵地,先后培训党员、干

---

[1] 朱思恩:《依靠群众管治安,村风民风大改观——"枫桥经验"老枝开新花》,《钱江晚报》1990 年 4 月 14 日,第 4 版。

部 5 000 多名,对 8.3 万余名群众进行了系统的法制教育,举办了两次有近万人参加的法律知识大奖赛,有效地增强了干部群众的法制观念。同时,全区开展的"刹三风、创三户"活动也有力地推动了精神文明建设。近 3 年来,全区有 107 个村和单位被评为市级以上文明村(单位),有 3.7 万户农户被评上文明户、五好家庭和爱国守法户,占总户数的 84.7%。

由于维护社会治安已成为每一个人的自觉行动,近年来一般案件破案率为 85%,重大案件的破案率一直达到 100%。

第三章
专群结合维护社会治安的"枫桥经验"

在1978年之前,"枫桥经验"主要是一种对"四类分子"进行社会改造的经验,主张"捕人少,矛盾不上交,就地解决"。1978年党的十一届三中全会后,改革开放使中国社会发生了巨大变化,社会以经济建设为中心,旧"枫桥经验"完成了历史使命,而如何发展新"枫桥经验"成为当时枫桥的干部群众需要迫切解决的一个问题。

在新的历史时期,社会治安随着社会转型、经济转轨出现新情况、新问题,刑事案件和各种社会治安问题数量大幅度增长。面对新的社会情况,枫桥的领导干部和群众意识到应及时把"枫桥经验"转移到维护社会治安上,社会治安综合治理开始成为这一时期"枫桥经验"的主旋律。枫桥当地开始不断探索社会治安综合治理的"枫桥经验"新模式,"四前工作法""网格化治理""大调解机制"等竞相出炉。至1998年,浙江省公安厅、绍兴市委和诸暨市委组成联合调查组在枫桥蹲点调查,总结出了"党政动手,依靠群众,立足预防,化解矛盾,维护稳定,促进发展"的时代特色经验。

专门机关的职责是有限的,力量也是有限的,而人民群众是社会历史的主体,是维护社会平安稳定的力量源泉。作为党委领导下的群众路线的一面旗帜,新"枫桥经验"强调了群众对于社会治安综合治理的重要性,"群防群治"的综治经验受到枫桥干部和群众的一致认可。枫桥的干部和群众积极探索专门工作与群众路线相结合方针在新的历史条件下的实现形式、方法和途径。由此,在新的历史时期,"枫桥经验"有了新的特色,那便是专门工作与依靠群众相结合:既要依靠群众,坚持走群众路线,组织群众参与社会治安综合治理,预防化解矛盾;也要发挥专门机关的领导、指导和培训作用,合力维护社会稳定。专群结合已经成为党和政府依靠群众预防化解矛盾纠纷的一项重要原则,推动了社会治理重心的下移,在充分发挥专门机关作用的同时,最大限度地拓宽了群众参与社会治理的途径。

"枫桥经验"的发展历程表明,只有充分相信群众,紧紧依靠群众,全面激发和充分发挥群众的创造力和积极性,才能使"枫桥经验"历久弥新,始终保持生机与活力。可以说,相信群众,依靠群众,从群众中来,到群众中去,正是"枫桥经验"的基本内核和精髓所在。专群结合是贯彻实践专门工作与群众路线相结合方针的典范,本章即选取部分关于专群结合维护社会治安的实践做法、典型事例和成效文献,反映人民群众参与社会治安综合治理的积极性和实效性,展现"枫桥经验"切实维护社会治安的效果。

3.1 专群结合维护社会治安的实践

3.1.1 大力推广"枫桥经验",加强社会治安综合治理

提要:时任中共浙江省委常委、政法委书记、浙江省公安厅厅长夏仲烈撰文指出,"枫桥经验"实质上是社会治安综合治理的典型经验,强调要更好地贯彻依靠群众与专门工作相结合的方针,专群结合是"枫桥经验"发展的新亮点。"枫桥经验"的特色是依靠群众维护治安,但这并不排斥充分发挥政法机关专门工作的作用。

大力推广"枫桥经验",加强社会治安综合治理[1]

诸暨"枫桥经验"是我国公安政法战线坚持党委领导下的群众路线的一面旗帜,经过了27年的风风雨雨,依然放射着夺目的光彩。我们今天重温毛泽东同志的教导,共同座谈"枫桥经验"的实质内容,总结枫桥区坚持和发展"枫桥经验"的实践经验,对于在全省更好地推广"枫桥经验",必将起到有力的推动作用。

十年动乱期间以至到粉碎"四人帮"以后的一段时间里,"枫桥经验"受到了一些人的怀疑和否定。但是枫桥区的广大干部和群众坚信"枫桥经验"是正确的,始终坚持依靠自己的力量维护社会治安,使枫桥区保持着案件较少、治安稳定、经济发展的良好局面。区委书记介绍全区刑事案件发案率占总人口数的万分之三不到,赵家镇上京这个800多户的大村,8年无刑事案件和火灾事故,是很不简单的。实践证明了"枫桥经验"具有不竭的生命力。枫桥区的干部群众创造了"枫桥经验",为探索具有中国特色的公安政法工作路子作出了突出的贡献。在此,我向枫桥区的干部和群众表示深深的敬意。绍兴市、诸暨市的党政领导、政法部门对"枫桥经验"多方扶持,做了许多有益的工作,也功不可没。不久前,傅缨同志在这里调查了一段时间,在全省社会治安综合治理工作会议上介绍了"枫桥经验",反响是很好的。

27年来,枫桥区之所以能排除干扰、顶住压力,坚持和发展"枫桥经验",是有其内在原因的。我觉得核心是两条:一条,枫桥区的各级党组织始终坚持两手抓,始终把依靠群众、发动群众维护社会治安作为一件大事来抓。两手抓,就是一手抓经济建设,一手抓精神文明建设。抓社会治安工作,是精神文明建设中很重要的部分。枫桥区十分重视从整个精神文明建设的大背景下来抓社会

---

[1] 夏仲烈:《大力推广"枫桥经验",加强社会治安综合治理》,载诸暨市公安局编:《"枫桥经验"三十年》,内部出版,1993年10月,第39—42页。

治安工作,注重从提高人的素质上下功夫,从弘扬正气、减少社会不安定因素上下功夫,这就具有高屋建瓴的气势。再一条,随着形势的发展变化,"枫桥经验"也在发展,在不断丰富其内容,也就是说,"枫桥经验"不是一个停滞、僵化的经验。六十年代,国内外阶级斗争都十分尖锐复杂。在这种情况下,一些人主张多捕多杀,但枫桥区在上级党委的领导和支持下,依靠群众力量,把绝大多数"四类分子"就地改造成新人,做到一个不杀,大部不捉,对社会改造工作,作出了贡献。七十年代,针对当时社会治安中的突出问题,枫桥区着重抓了对有违法犯罪行为人员的帮教,就地消化了许多影响社会安定的因素。党的十一届三中全会后,针对社会治安出现的新情况、新问题,除了继续抓改造教育有违法犯罪行为的人员外,又把调处纠纷矛盾、及时消除不安定因素和加强社会面控制列入重要议事日程。不难看出,情况在发展,"枫桥经验"也在丰富。任何有生命力的事物,都不是凝固不变的,"枫桥经验"所以具有强大的生命力,就在于它是在实践中不断发展丰富的。搞清了"枫桥经验"得以坚持和发展的内在原因,我们在推广"枫桥经验"中就能把握住正确的方向。

省委、省政府对推广"枫桥经验"是很重视的。今年7月,省委批转了省委政法委的报告,要求在全省大张旗鼓地学习和推广"枫桥经验"。同时,从中央开始,各级党委、政府对坚持党的群众路线、推进社会治安综合治理都十分重视。因此,当前对推广"枫桥经验"有着良好的大气候。"枫桥经验"实质上是社会治安综合治理的典型,中央政法委最近也发了简报加以介绍。我们在落实社会治安综合治理措施时,要把推广"枫桥经验"作为重要一环,切实抓紧抓好。在推广中,我认为应当注意这样几个问题:

一、正确认识"枫桥经验"的精神实质。"枫桥经验"的核心,简而言之,就是在党委、政府领导下,依靠群众维护社会治安,加强社会治安的综合治理。这实质上是马克思主义的群众观点和党的群众路线在公安政法工作中的具体运用。毛泽东同志等老一辈无产阶级革命家为公安政法工作制定的路线,就是党委领导下的群众路线。有的同志因不太了解情况,既不了解当时枫桥的情况,又不了解现在枫桥的情况,因为"枫桥经验"诞生于"左倾"错误严重的年代,就认为是"左倾"路线的产物,是阶级斗争为纲的产物,这种看法不符合实际,没有看到"枫桥经验"的本质。应当承认,"枫桥经验"作为历史的产物,不可能不带有当时"左"的痕迹,但从总体上讲,它是对"左倾"错误进行抵制的成果,这才是问题的本质。这个问题不澄清,推广"枫桥经验"就难免有理不直、气不壮的现象,所以我们必须正本清源,理直气壮地推广"枫桥经验"。

二、坚持从各地实际出发来学习、推广"枫桥经验",防止照搬照抄。"枫桥经验"的基本精神应当学习、应当仿效,这是毫无疑问的。但它的具体做法,毕竟是枫桥这块土地的产物,由于经济状况、群众觉悟、工作基础、治安情况各不相同,各地照搬照抄效果不会好。从治安情况看,我省杭、嘉、湖、绍比较平稳,温州就比较复杂。所以推广"枫桥经验",做法上也要有所区别,主要是学习他们依靠群众、加强安全防范,推进社会治安综合治理。具体做法,还得从各地实际出发。近几年来,我省各地包括绍兴市、诸暨市在依靠群众维护社会治安方面都进行了积极的探索,创造了一些成功的经验,这次全省社会治安综合治理会议上,就有30个典型材料,其中18个材料会上作了介绍。学习"枫桥经验"时,应当把自己的特色和枫桥的经验结合起来,取长补短、相得益彰。

三、要更好地贯彻依靠群众与专门工作相结合的方针。"枫桥经验"的特色是依靠群众维护治安,但这并不排斥充分发挥政法机关专门工作的作用。在推广"枫桥经验"过程中,政法机关的职责和作用有两个方面应当有所作为。一个是充分发挥专政职能作用,坚决打击严重刑事犯罪,为社会治安综合治理创造必要的条件,为基层治保和调解骨干作坚强后盾。这几年阶级斗争基本不讲了,我们是吃了亏的,不是说要以阶级斗争为纲,但要看到在一定范围内阶级斗争是长期存在着的,人民民主专政机关的专政不能削弱,只能加强。再一个是在推广"枫桥经验"中做好党委、政府的参谋,通过对本地治安状况及综合治理工作的现状作深入细致的调查研究,向党委、政府提出推广"枫桥经验"的实施方案和具体措施,供党政领导参考。与此同时,加强对基层治保、调解组织及各种群防群治队伍的业务指导,加强对治保、调解干部的思想教育和业务培训。

四、要重视舆论宣传工作,大力宣传"枫桥经验",使"枫桥经验"在更多的群众心中扎下根来。当年具有崇高威望的毛泽东同志肯定了"枫桥经验",枫桥人民欢欣鼓舞,无比自豪。党委、政府因势利导,大力宣传,坚决贯彻"枫桥经验",使之在枫桥家喻户晓,深入人心。"枫桥经验"能在枫桥坚持下来,应当说和宣传工作广泛深入很有关系。看到这一事实,给我们这样一个启示:我们推广"枫桥经验"一定要在宣传群众、动员群众、组织群众上下功夫,要在宣传舆论上形成气势。政法部门、宣传部门要密切配合,齐心协力做好这篇文章。

3.1.2 预防化解矛盾,维护农村稳定

提要:1998年9月,浙江省公安厅、绍兴市委、诸暨市委联合调查组赴枫桥蹲点调研,后撰写调研报告,指出枫桥干部要遵循专群结合的工作方针,依靠群众预防化解矛盾,主张"四前工作法",强调以人为本,并要求对干部加强业务指导,要求干部具有群众观念、公正清廉,构建新型干群关系。

预防化解矛盾,维护农村稳定

——"枫桥经验"新发展[1]

六十年代初,枫桥的干部群众在社会主义教育运动中创造了"枫桥经验",得到了毛泽东同志的充分肯定。

改革开放以来,枫桥的干部群众在邓小平理论指引下,坚持"两手抓,两手都要硬"的方针,继承和发扬"枫桥经验"的基本精神,预防化解了一大批可能影

---

1 中共绍兴市委:《关于转发调查报告〈预防化解矛盾,维护农村稳定——"枫桥经验"新发展〉的通知》,1998年11月2日印发,市委发〔1998〕71号文件。

响社会稳定的各类矛盾,出现了"矛盾少、治安好、发展快、社会文明进步"的良好局面。"枫桥经验"在实践中不断丰富和发展,形成了鲜明的时代特色:党政领导,依靠群众,预防纠纷,化解矛盾,维护稳定,促进发展,为农村的稳定与发展创造了新路子。

一、着眼发展、壮大经济,奠实稳定基础

改革开放使枫桥(包括枫桥镇、全堂镇、东一乡)的社会面貌发生了深刻的变化,但在社会转型、经济转轨过程中,由于利益格局的重新调整,产生了大量的矛盾,特别是农村实行家庭联产承包责任制后,数以万计的富余劳动力需要寻找新的出路,优胜劣汰的市场机制使一批企业出现生存危机,带来失业、劳资纠纷、债权债务等问题,影响稳定与发展。枫桥的干部群众强烈地意识到没有稳定,不可能促进经济的发展,发展中出现的问题和矛盾,必须用发展的眼光、思路和办法来解决,才能实现稳定与发展良性循环的局面。

培育块状经济,转移农业富余劳动力。邓小平南方谈话后,枫桥的干部群众解放思想,抢抓机遇,他们以市场为导向,瞄准有一定基础的衬衫、轻纺业,大力发展个体私营企业,全面活跃农村经济,使这两个行业发展成为枫桥经济的支柱产业。目前,枫桥已有大规模衬衫企业34家,年产量超过2 000万件,市场占有率已达全国3%,产品远销国外,被国家服装专业委员会命名为全国唯一的衬衫之乡。遍布千家万户的轻纺织机直接为衬衫业配套,枫桥已拥有织机1万多台,年产各类织物4亿多米。以衬衫和轻纺为特色的块状经济的崛起,加速了枫桥农村工业化进程,使枫桥综合经济实力跻身于绍兴市"三十强",农民收入大幅度提高。1997年,枫桥两镇一乡实现工业产值25.6亿元,国内生产总值12.93亿元,利润总额1.6亿元,都比5年前增长10倍以上,农民人均收入已达5 120元,比5年前增长2.19倍。农村面貌日新月异,呈现出"过了一村又一村,村村像城镇"的新气象。二、三产业的发展,提供了众多的就业机会和致富门路,使枫桥4.5万余名农业富余劳动力就地转移,彻底改变了"男人呆大路,女

人咬耳朵",有人无事干的现象,并吸纳了一大批外地务工经商人员,现在已有11家外地企业在枫桥落户。在枫桥人人有工做、个个想致富、家家奔小康,农民的思路和注意力已牢牢凝聚在发展经济上,富裕起来的农民更加珍惜来之不易的安定局面,人心思定、安居乐业,大量因经济利益引发的矛盾和问题迎刃而解,为社会长治久安打下了坚实基础。

运用市场手段,解决困难企业职工出路。随着改革的深入和市场竞争的加剧,枫桥也有一些企业陷入了困境,企业债权债务、职工再就业等矛盾和问题比较突出。枫桥党委、政府运用市场经济手段,妥善解决了7家困难企业的出路,及时消除经济发展过程中影响稳定的问题,至今没有发生企业职工为生计问题上访闹事。

落实稳定责任,促进社会协调发展。"要戴致富帽,先戴平安帽",枫桥的干部始终保持清醒的头脑,正确处理稳定与发展的关系,把维护稳定摆在突出位置,以高度的政治责任感和使命感,认真履行保一方平安的职责。多年来,这里的干部换了一茬又一茬,但坚持"枫桥经验",依靠群众、化解矛盾、维护稳定的传统作风没有变。镇乡党委、政府把维护稳定列入了干部岗位目标责任制,与政治荣誉、经济利益挂钩,严格考核、严格奖惩,一级抓一级、一级对一级负责,保证了综合治理各项任务落到实处。公安派出所发挥了维护稳定主力军作用,打击犯罪,严密管理和防范,指导纠纷调处,热心为民服务。据抽样调查,群众对派出所工作的满意率达99.5%。在党委、政府的统一领导和协调下,法庭、司法所、工商所、税务所等部门主动积极,各司其职,密切配合,齐抓共管,使社会治安、社会生活和经济领域出现的苗头性、倾向性问题解决在基层。十六年来,枫桥没有发生群体性上访闹事事件,没有发生凶杀案件,没有因民间纠纷调解处理不当激化为刑事案件;近五年,枫桥刑事案件发案数一直控制在万分之八左右,年捕人数没有超过万分之二,大大低于诸暨市、绍兴市、浙江省的平均水平。良好的社会治安环境,促进了经济的发展,在枫桥的外商都说这里的治安真好。

二、立足预防就地化解,防止矛盾激化

在现阶段,影响农村稳定的突出因素是人民内部矛盾。枫桥的党政领导清醒地认识到,这些矛盾是改革、发展过程中产生的,可预见、可调节、可疏导,只要主动预防、及时化解,一般不会酿成大的事端。为此,他们把正确处理人民内部矛盾、预防化解纠纷作为维护社会稳定的基础性工作和重点环节来抓,采取"四前"工作法,即"组织建设走在工作前,预测工作走在预防前,预防工作走在调解前,调解工作走在激化前",初步建立了有效的预防和化解矛盾的工作机制。

组织建设走在工作前,保证预防化解工作有人抓、有人管。建立健全镇乡综治办机构,两镇一乡都有一名政府副职专抓综治工作。重视村(居)、企业治保调解组织建设,做到了网络健全、力量精干,解决了有人管事的问题。枫桥有治调组织197个、治调人员574名,还建立了一支有276人组成的横向到边、纵向到底的治安信息员队伍。在加强治保调解组织建设中,一是实行兼职制。治保、调解主任一般由村党支部书记或村主任兼任。经过调整充实,与1990年相比,治调干部的年龄从平均58岁下降到45岁,文化程度由小学提高到初中至高中。二是业务上加强指导。每年都要对治调干部集中进行业务培训,派出所、司法所、法庭等单位针对农村纠纷矛盾的特点,开展经常性的业务指导和法律辅导,以提高治调干部的业务素质和调解水平。制定了一整套规范的工作制度和办事程序。镇乡、司法所、村"两委"及村民小组都有明确的调解工作职责和任务分工,层层建立了调解工作责任制,避免了因推诿、拖拉导致矛盾激化。三是生活上给予关心。为提高治调干部的积极性,镇乡政府规定对连续担任治调干部10年以上的发给荣誉证书,由镇村投保养老保险,解除他们的后顾之忧。每年都要表彰先进,增强了治调干部的自豪感,激发了他们的工作热情。

预测工作走在预防前,建立一个反应灵敏,能及时发现矛盾纠纷的预警体

系。镇乡党委、政府两个月召开一次综治联席会议,通报形势,分析预测社会治安、不安定因素和矛盾纠纷的特点规律,以提高预防工作的针对性。每年开年后,组织各部门力量,开展大规模的不安定因素排查工作,搞清底数、摸清社情。重视群众来信来访,建立镇乡领导干部信访接待日,及时了解民情。公安派出所发挥工作优势,将触角延伸到每个自然村、厂矿企事业单位的车间班组、要害部位和重点人群,使大量的矛盾纠纷苗头得到了及时反馈传递。每年通过各种渠道收集的信息有200余条,为预防和化解矛盾超前做好工作提供了依据。

预防工作走在调解前,努力减少矛盾,尽可能避免纠纷。坚持抓早、抓小、抓苗头,突出抓好与农民生活生产密切相关的重点事的预防工作。织机遍布千家万户后,用电量猛增,村民对保证用电和电价问题十分关心,党委、政府和电管部门及时对农村电网建设作出规划,扩充了一批变压器容量,定期不定期对用量情况进行检查,整顿村级电工队伍,纳入镇乡统一管理,有效减少用电纠纷。农村集镇建设和企业规模的扩大,在征用土地时,做到合理使用土地与宣传教育并重,取得村民的理解。为减少宅基地和农民翻建新房过程中的矛盾,土管城建部门和各村完善了建房审批"四公开四到场"制度,即土地审批计划、审批手续、地点户名和结果四公开;审批前、地基定桩、墙体砌砖和建成后验收到场,既严格依照政策办事,又充分考虑左邻右舍的利益,防止房屋建成后产生纠纷。同时,他们还注意抓好重点季节预防纠纷工作。在枫桥农村,多年来已形成了一条不成文的规矩:"双抢"大忙来临之前,村里几套班子成员都要集体检查一遍电线、沟渠、机耕路和山塘水库,该修补的及早修补,该抢建的及早抢建,防止村民因争水、争电、争路发生矛盾和冲突。由于预防工作注意把握规律、针对性强,近几年发生的纠纷稳中有降。

调解工作走在激化前,力争把矛盾纠纷解决在萌芽状态。农村矛盾纠纷难以避免,但有事不要怕事,关键是要及时疏导,调解得法,理清纠葛,就可以把纠纷解决在初发阶段,解决在基层。他们在开展调解工作中,突出"快",注重

"细"。"快"就是一旦发生矛盾纠纷,不论是报告哪个干部,都不拖不推,立即受理,立即调处,真正做到了闻风而动、雷厉风行。"细"就是做过细的教育说服工作,理顺情绪、消除隔阂。1993年以来,枫桥两镇一乡共发生各类纠纷4 345起,调处4 232处,调处率为97.4%,其中有78%在村一级得到了及时化解,调解一事、和睦一方,没有一起矛盾激化,基本实现了小事不出村、大事不出镇、矛盾不上交。

三、以人为本,强化教育,减少消极因素

农民素质的高低直接关系农村的稳定。枫桥的党政领导始终坚持两手抓,在抓好物质文明建设的同时,突出抓好精神文明建设,以民为本,通过开展形式多样、积极向上的活动,着力提高农民觉悟和全民整体素质。

因地制宜抓好农村文化设施建设,倡导健康向上的文明风尚。枫桥舍得在文化设施上投入,"多一个球场,少一个赌场",建好阅览室、活动室,有的村还为老年人建门球场,组织村民开展健康的文体活动,充实村民的闲暇生活。广泛开展创"文明村、文明户",做"文明人"活动。工青妇及敬老协会、禁赌协会、计生协会等充分发挥自身优势,组织开展群众性活动和公益劳动,丰富了群众业务生活,增强了群众的公益意识。枫桥的许多企业针对青年职工多的实际,提出"既出产品又出人品",把企业办成学校,提高了职工素质,使他们成为8小时内是企业文明守法的职工,8小时外是社会文明守法的公民。

做好挽救人、转化人的工作,努力化消极因素为积极因素。对有轻微违法犯罪的人员和"两劳"回籍人员,善于做耐心细致的帮教,"不是推一把,而是拉一把,不是帮一时,而是帮一世",真诚挽救、真情感化,使他们不仅没有滑向犯罪深渊,而且不少还入了团、入了党、成了家、致了富,成为经济发展的有用之才。对正在服刑的人员也满腔热情给予关心,把帮教工作做到狱内。有的村把帮教与解困结合起来,积极开展帮教谈心和帮扶连心活动,真正把帮教工作做到家。五年来,枫桥共对427名失足青年落实了帮教,其中转好率达94.5%,

"两劳"回籍人员重新犯罪率仅为1.5%。

加强外来人员管理,为促进本地经济服务。经济发展后外来人口大量涌入,弥补了枫桥劳动力的不足。对外来人员,枫桥人不歧视、不排斥,既严格管理,又保护他们的合法权益。派出所加强日常性登记、发证管理,做到来一个发证一个。有外来务工人员的村和企业都建立暂住人口管理队伍,加强对外来人员的教育和管理。同时,尽力帮助解决实际困难,逢年过节,外地人回家,用车接送,使来枫桥打工的外地人没有距离感,使他们增强了对枫桥的亲切感。一些企业对外来人员采取公寓式管理,实行集中住宿,不仅让他们学技术,而且要他们学文化、学法律,自觉遵纪守法。在枫桥务工经商的2500余名外来人员中,三年来违法犯罪受处罚的只有7人。

四、扩大民主,村务公开,推进依法自治

随着民主法制建设的健全,农民要求参与经济和社会事务管理的意识大大增强,能否满足农民的民主要求,保证农民的民主权利,直接影响农村的稳定。枫桥党委、政府十分重视基层民主政治建设,以此推进依法治镇(乡)、依法治村、依法治厂。

建立健全以民主和公开为核心的规章制度。进一步完善村级民主选举制度,让村民自主选出村级班子,使民情、民意、民智真正在决策和管理中得到体现。依照国家法律、法规、政策,通过村民代表大会审议,制定上合国家大法、下合社情民意,简单明了、具体实用的村规民约、护林公约、禁赌条约等,充分依靠群众实行自我教育、自我管理、自我约束,运用道德力量调节家庭成员之间、群众之间、干群之间的纠纷和矛盾。同时,全面推行村务公开,增强工作透明度。过去干群之间的矛盾主要是由隐性操作引起的,村干部往往是好心办坏事,办了好事说不清。为此,枫桥镇政府规定每年3月28日为村财务公开日,对其他集体项目投标、宅基审批、计划生育指标、水电费收缴等村民比较关心的内容分月、分季向村民公开,接受群众监督。村务公开后,"给群众一个明白,还干部一

个清白",既消除了群众疑虑,调动了群众参与村务管理的积极性,又加强了村干部廉政建设,减少了干群矛盾,密切了干群关系,对维护农村稳定、促进经济发展起到积极作用。

努力提高农民的法律素质。近年来,枫桥从抓镇村干部入手,每年年初定期对镇村两级干部进行法律知识培训,组织法律考试,并把考试成绩纳入干部的目标考核,提高依法行政、依法办事水平,基层干部的学法责任心、自觉性明显增强,法律素质不断提高。枫桥村村有法制宣传亭,每个自然村有法制宣传栏,定期开展针对性法制宣传,群众需要什么、群众不懂什么,就重点宣传什么,大张旗鼓地开展全民普法教育。今年政府还出资购买了"三五"普法读本,每户一册,送法上门。经常运用有线电视、广播等开展法制教育,并每年组织一次大型的群众性法律知识竞赛,在群众中营造了良好的学法、知法、依法经营、守法致富氛围,群众运用法律知识解决问题的意识明显增强,从而减少了一些纠纷矛盾的产生和激化。

严格依法办事。枫桥的镇村干部在引导农民依法行使自己的民主权利的同时,严格按规章纳税、交粮交款、审批土地,把各项行政活动纳入法制化、规范化、制度化轨道。在调解纠纷过程中,始终坚持合法、合情、合理的有机统一,讲事实、讲证据、讲法律。对调处中涉及的有关法律问题,专门请教有关职能部门或司法服务部门,对照法律法规,结合双方实际,进行依法调解;对双方当事人要求到法庭调解的,在做好前期缓和工作的基础上及时移送法庭审理,不强迫压制,以保护当事人权益;对疑难复杂易激化的纠纷矛盾或跨村、跨镇乡的纠纷矛盾,村调处有困难的,由村调解组织初步调解,找出原因,提出意见,写出书面报告,及时移交政法办或派出所调处,防止激化。

五、率先垂范,无私奉献,发挥堡垒作用

在枫桥,绝大部分矛盾在基层得到化解,几十年保持社会的持续稳定,关键得益于以党支部为核心的村级基层组织健全,干部队伍有强烈的事业心、责任感,善于做群众工作,在群众中享有较高的威望,具有强大的凝聚力、号召力和战斗力。

抓好班子,形成维护稳定合力。枫桥镇乡党委一直把以党支部为核心的村级班子配套建设作为农村基层组织建设的重中之重来抓,配齐配好支部成员,配强支部书记,选好农村致富的领头雁。近年来,通过大力开展整顿转化工作和实施党政、党群、干群"同心"工程,狠抓党支部规范化建设和村级组织配套建设,整顿后进支部11个,充实年富力强、群众公认的优秀中青年支部书记40名,在带领农民致富,维护农村稳定中发挥了战斗堡垒作用。同时,指导村民建立群众性组织,形成以党支部为核心,村民委员会为依托,治保调解会、共青团、妇联、民兵等组织相配套,群众自发组织"三会一队",即老年协会、禁赌协会、计生协会和护村队为基础的化解矛盾、维护稳定的整体合力。私营企业是枫桥经济的支柱,镇乡党委通过抓私营企业的党组织建设,促进企业健康发展。对达到一定规模的,同步组建党组织,对无党员企业,由镇党委派驻不拿企业工资的政治指导员。目前,枫桥在私营企业中建立党支部13个,派驻的政治指导员26名,保证了私营企业有人抓党的工作和职工的思想政治工作。

敢管善管,乐于奉献。枫桥的干部有很强的群众观念,他们以群众高兴不高兴、满意不满意、赞成不赞成作为工作的最高标准,察民情、为民安、帮民富、解民忧。他们不仅有强烈的责任心,敢于管事,而且有较高的工作水平,善于管事。群众信任他们,他们热心为群众办事,不计个人得失,在新的历史时期建立了新型的干群关系。

坚持公道,清正廉洁。枫桥的干部正是以自身正气、办事公道而获得群众的称赞。特别是在调处矛盾纠纷中做到"四个一样",即干部与村民一个样,老板与职工一个样,本地人与外地人一个样,自然人与法人一个样,同时对涉及村干部的实行回避制度,确保调解工作的公平公正。

3.1.3 诸暨市委、市政府关于深化"枫桥经验"的意见

提要:"枫桥经验"是全国政法战线实行专门工作与群众路线相结合的一面旗帜。为深化"枫桥经验",诸暨市委、市政府提出了一系列指导意见,包括"网格化治理""四前工作法""动态治安防范体系"等,并要求在思想上、行动上、宣传上进一步深化"枫桥经验",依靠群众实现社会治安综合治理。

关于深化"枫桥经验"的意见[1]

"枫桥经验"是诸暨人民的一大创举,是全国政法战线实行专门工作与群众路线相结合的一面旗帜,是新形势下搞好社会治安综合治理、维护社会稳定、促进经济发展的成功典范。中央综治委、公安部和省委、省政府十分重视新形势下的"枫桥经验",认为学习推广"枫桥经验"对于推进农村改革、实现跨世纪奋斗目标具有普遍的指导意义和长远的战略意义,指示在全国全省推广。市委、市府要求各级各部门抓住机遇,乘势而上,主动出击,开拓创新,进一步深化"枫桥经验",以始终保持社会稳定、加快经济发展。为保证深化"枫桥经验"工作的顺利进行并取得成效,现提出如下意见:

一、统一思想,提高认识,把深化"枫桥经验"真正作为一件大事来抓

改革、发展和稳定是全党全国的工作大局。稳定是改革、发展的前提,稳定压倒一切。深入贯彻落实党的十五届三中全会精神,提前基本实现现代化,实现我市"二次创业"的战略目标,必须有一个稳定的社会政治环境。各级各部门尤其是领导干部一定要从全党全国的工作大局和市委、市府的中心工作出发,站在战略高度来深刻领会"枫桥经验"的精神实质,充分认识新形势下深化"枫

---

1 中共诸暨市委、诸暨市人民政府:《关于深化"枫桥经验"的意见》,1999年4月2日印发,市委发〔1999〕33号文件。

桥经验"对于维护社会稳定、保障并促进经济发展的重要意义,真正把深化"枫桥经验"作为一件大事来抓。

各级党委、政府要切实增强深化"枫桥经验"的自觉性,把深化"枫桥经验"列入重要议事日程,作为"两个文明"建设的重要内容,与"两个文明"建设同研究、同部署、同检查、同考核;要认真制订学习、深化"枫桥经验"计划,进一步明确目标任务,落实标本兼治的各项措施;要坚持常议常抓,健全定期分析研究制度,听取专题汇报,及时研究解决深化工作中的重大问题,保证深化工作的顺利进行。

各级党政主要领导是深化"枫桥经验"、维护稳定的第一责任人,要切实加强领导,担负起"保一方平安,富一方百姓"的政治责任;要落实领导责任制,签订责任状,把深化"枫桥经验"、维护社会稳定的政治责任落实到各级、各部门、各单位领导的肩上,做到一级抓一级、层层抓落实,不断扩大深化"枫桥经验"的成果。

综治、政法、组织、人事、纪检、监察等部门要加强联系、互通情报,发挥职能作用;继续坚持通报追究制度,行使"一票否决权",强化检查监督工作,完善考核奖惩办法,加大考核力度,真正使深化"枫桥经验"、维护社会稳定的责任制落到实处。

二、健全组织网络,完善工作机制,奠定深化"枫桥经验"的坚实基础

完善领导机制。健全镇乡、部门综治领导机构,镇乡综治委主任由镇乡长兼任,政法、综治工作由副书记分管、党委委员或者政府副职主管,继续落实镇乡干部联村包治安工作的责任制,把维护稳定工作有效地分解到每个干部身上。各部门、各单位要各司其职,各负其责,齐抓共管,最大限度地消除影响社会稳定的各种因素,努力做好维护稳定的各项工作,形成一把手负总责、分管领导经常抓、主管领导具体抓、部门单位共同抓的领导机制,增强领导力,强化综合力。

健全工作机制。要继续坚持组织建设走在工作前、预测工作走在预防前、预防工作走在调解前、调解工作走在激化前的"四前"工作法,本着抓早、抓小、抓苗头的原则,把大量的纠纷矛盾解决在基层、消除在萌芽状态。要进一步抓好基层政法组织建设,突出安全防范工作重点,充分发挥派出所、法庭、司法所维护农村稳定的后盾作用。要进一步加强群防群治网络建设,选配好村级班子和治保、调解两会成员。坚持定期分析治安形势的联席会议和纠纷矛盾信息员制度,完善联片调解和毗邻市(县)联合协调工作机构,积极预防和及时调处跨行业、跨部门、跨地区的"三跨"纠纷。充分发挥市人民调解协调指导中心的职能作用,实行经常性调处工作和集中排解相结合,适时组织开展纠纷矛盾集中排解专项活动,重点解决久拖不决、相互推诿的重大疑难案件,真正做到"小事不出村(单位)、大事不出镇(部门)、矛盾不上交"。

进一步完善动态环境下的治安防范体系,强化以公安多警种结合、群防群治组织为基础的防控网络,充分发挥以110报警系统为重点的信息指挥中心作用。加强以巡(特)警、交警为主体,治安室、治安岗亭和报警点、护楼队相配合的防控网络建设,不断增强城区、居民小区和国省道的防控能力。在农村,继续坚持以基层政法组织为骨干,基层联防队、治安巡逻队和护村、护路队为依托的治安巡逻制度,形成多层次、全方位、立体化的治安防范大格局,增强发现、控制和处置违法犯罪能力,提高快速反应和应变能力,确保城乡治安秩序稳定。要建立法律服务援助中心,开通"148"法律服务专用电话,为群众提供优质的法律服务。要继续坚持"严打"方针,有效打击各种刑事犯罪和经济犯罪,严厉打击农村恶势力和各种坑农害农犯罪活动,扫除"黄、赌、毒"等社会丑恶现象,为人民群众创造良好的生产、生活环境。

强化宣传机制。宣传文化部门和新闻单位要与政法部门密切配合,运用各种宣传工具和阵地,大力宣传"枫桥经验"的重要意义、精神实质和主要做法,及时宣传报道深化"枫桥经验"工作中出现的先进典型和事迹,办好法制宣传专栏节目,努力营造良好的社会舆论氛围。继续开展"送法下乡"活动,让人民群众了解法律,不断增强广大干部群众的法律意识和法制观念。

严格激励机制。完善岗位目标责任制考核办法,严格实行社会治安综合治理"一票否决制"、重大案件查究通报和考核制度,奖罚分明,考核结果与干部任期目标管理和经济责任制直接挂钩,作为干部评选先进、升职晋级的重要依据,对工作力度大、成效显著的给予表彰奖励,对发生重大治安问题、造成生命财产严重损失的,坚决实行一票否决,并追究有关领导的责任。

三、突出重点,狠抓落实,做好深化"枫桥经验"的文章

(一)紧紧围绕"农村基层组织建设年"主题,进一步加强农村基层组织建设。以换届为契机,切实加强以党支部为核心的村级领导班子建设,增强村级组织的自转能力,充分发挥农村基层党组织在维护农村稳定中的战斗堡垒作用,教育基层干部增强群众观念和法制意识,改进工作方法和工作作风,全面提高他们的整体素质和依法办事自觉性,密切党群干群关系,加强民主法制建设,普遍建立健全一套行之有效的民主选举、民主决策、民主管理、民主监督制度,健全完善《村民自治章程》或村规民约,广泛开展村民自治活动,全面推进依法治村。

(二)深化村务公开,强化土地管理。切实加强村务公开的规范建设,严格公开程序、公开时间、公开形式,建好明白墙,增加工作透明度,接受群众监督。加大新《土地管理法》的宣传力度,抓紧研究制订有关配套措施,进一步强化规划管理、用地管理和农村宅基地管理,加大土地执法监察力度,加强行风建设和土地管理干部队伍建设,保证土地管理公开、公平、公正。

(三)积极开展"四大活动"。一是学习推广"雅璜经验",结合我市实际,扎实开展"走百家、访百户"活动。紧紧围绕转变干部思想、工作作风这一重点,实施《联村工作手册》,在全市范围内普遍建立民情日记制度,明确民情日记的主要内容、具体形式和基本要求,落实反馈与考核责任,加强检查、督促,并在全市

镇乡机关中开展评选"百名优秀联村干部、百篇优秀村情报告"活动,教育和督促机关干部深入群众、体察民情、反映民意、解决实际困难,营造"爱民、为民、安民、富民"的良好氛围,确保农村社会稳定。二是深入开展平安社区创建活动。抓好"安全文明户"的推广工作,努力提高社区预防、发现和控制违法犯罪能力。到今年底,全市安全文明小区达到150个,治安安全单位达到620个,治安安全村达到920个,安全文明路段达到4条,重点镇至少有一个安全小区。对已建成的要做好深化、巩固、提高工作,落实长效管理。加强人防、物防、技防,有效控制影响人民群众安全感的多发性案件,保障人民群众安居乐业。三是广泛开展矛盾纠纷排查调处活动。政法各机关和农经、土管等部门要加强联系,密切配合,共同做好不安定因素和民间矛盾纠纷的定期排解工作。各镇乡要充分发挥村级组织和居委会在民间矛盾纠纷排查调处中的主力军作用。各部门和企事业单位要运用"枫桥经验",针对新形势下出现的新问题、新情况,加强思想政治工作,及时化解矛盾纠纷,确保内部单位的稳定。各级各部门要认真抓好今年4、5、6月在全市范围内开展的矛盾纠纷集中排解活动,调动社会各方面的力量,消除各种不安定隐患,化解各种矛盾纠纷,减少信访总量,保持安定团结政治局面。民间纠纷调处率和成功率分别达到100%和95%以上,无"两转"案件发生。四是积极开展农村精神文明阵地建设活动。镇乡一级要建好一个长廊(宣传长廊)、二个中心(文化中心、广电中心)、三所学校(镇乡党校、成人文化技术学校、农函大辅导站)、四支队伍(党校教员队伍、通讯报道员队伍、文艺宣传队伍、广电工作队伍)。村一级要做好"四个一",即配好一名党的宣传员,办好一个宣传栏,用好一块黑板报,建好一个活动室。用健康向上的思想文化占领农村思想文化阵地,丰富农民群众的精神文化生活。

(四)抓好"四支队伍"建设。一是抓好镇乡和村级干部队伍建设。重点抓好镇乡、村级班子成员的转型提高。今年上半年对镇乡班子成员进行以法律法规为重点的封闭式集中培训,下半年对换届后的行政村两委班子进行上岗培训教育,提高他们依法行政、依法管理和解决实际问题的能力。二是抓好政法干部队伍建设。以严肃公正执法为重点,广泛开展争创人民满意的政法干警(单位)活动,完善政法系统的自律和他律机制,保证政法队伍清正廉洁、严肃执法、公正司法。三是抓好基层治保调解队伍建设。把镇乡综治办规范化建设逐步延伸到村(居)治保会、调委会,保证村(居)治保、调解组织做到组织、人员、制度、报酬"四落实",加强对治保调解队伍的业务培训,提高他们解决实际问题的能力。四是抓好信访干部、治安调解信息员队伍建设。切实抓好信访干部和治调信息员人员、责任、工作"三落实",充分发挥治安、调解、信访"三位一体"的综合治理功能,使群众信访"件件有着落,事事有结果"。

(五)加强外来人口管理和刑释解教人员的安置帮教工作。各级政府要加强对外来人口管理工作的领导,健全外来人口管理协调领导小组,及时解决外来人口管理工作中的重大问题。管理协调领导小组的成员单位要互相配合,严格管理制度,及时做好登记办证工作,深化对外来人口的法制教育,积极解决外来务工人员的劳务纠纷,维护外来人员的合法权益,外来人员"三证"办理率达到95%以上,违法率控制在1%以内,犯罪率控制在0.8%以内,劳务纠纷受理率100%、调处率95%以上,无计划外生育。加强盲流乞讨人员的收容遣送,预防和打击流窜犯罪和外来人口犯罪活动。司法、公安、检察、法院、劳动、工商、财税等部门要齐抓共管,切实做好刑释解教人员的安置帮教工作,使安置率达到90%以上、帮教率达到95%以上,当年无重新犯罪,三年内重新犯罪率控制在5%以内。加强对判处缓刑、管制、假释及监外执行人员的监管改造,减少脱管、失控现象,确保社会安定。

3.1.4 次坞镇委关于创新发展"枫桥经验",推进综治网格化管理工作的实施意见

提要:2008年8月13日,中共次坞镇委员会发布"关于创新发展'枫桥

经验',推进综治网格化管理工作的实施意见",着重讲述了"123"工程,强调构建"两委领导、综治协调、代表为主、党员配合、群众参与"的网格式工作格局,明确联系村民代表的职责和三项民意反映机制。

关于创新发展"枫桥经验",推进综治网格化管理工作的实施意见[1]

各行政村(居):

为进一步深化发展新时期"枫桥经验",推广枫桥镇综治网格化管理工作经验,切实提升基层基础工作水平,决定在全镇各行政村开展创新发展"枫桥经验"推进综治网格化管理工作。现提出如下意见:

一、指导思想和工作目标

指导思想:以邓小平理论、"三个代表"重要思想和党的十七大精神为指导,全面贯彻落实科学发展观,紧紧围绕市委"创业创新、富民惠民"工作主题,坚持"枫桥经验"依靠群众、化解矛盾基本精神不动摇,加强村级换届后配套组织建设,整合基层各类综治资源,进一步推进民主自治进程,探索行政村规模调整后社会管理的有效模式,建设"乡风文明、管理民主、邻里和睦、安定有序"的平安和谐新农村。

工作目标:力争10月底前在全镇全面推行综治网格化管理工作,努力确保家庭琐事不出户、邻里纠纷不出组、小事不出村、大事不出镇,实现全镇农村和谐稳定。具体目标是:

(一)组织更加健全。村级综治组织触角得到延伸,力量得到补充,网络得到全覆盖,基层综治工作有人抓、有人管,形成社会化联动新机制。

(二)信息更加灵通。各类矛盾纠纷能及早发现、收集和上报,主动发现、获

---

1 中共诸暨市次坞镇委:《关于创新发展"枫桥经验",推进综治网格化管理工作的实施意见》,2008年8月13日印发,次委〔2008〕59号文件。

取不稳定因素的能力有效增强,不发生因信息掌握不及时而造成事态扩大。

(三)管理更加民主。村级自治范围扩大,村民参与村级经济社会各项事务的积极性得到有效保护,诉求得到合理表达,构建起基层民主畅通的反映渠道和直接的参与平台,促进村级民主决策、民主管理、民主监督机制的落实。

(四)作用更加明显。村两委会干部、党小组长、党员和村民代表维护一方平安的责任意识增强,模范带头作用和桥梁纽带作用得到充分发挥,矛盾纠纷90%以上在村一级得到疏导化解。

二、工作原则

(一)以人为本原则。始终把维护群众的切身利益作为工作的出发点和落脚点,第一时间解决群众的困难,第一时间化解群众的矛盾,着力解决群众最关心、最直接、最现实的利益问题。尊重群众意愿,增强群众参与度,促进广大群众的全面发展、和谐相处。

(二)因地制宜原则。根据各村群众基础和经济条件的不同,以及村两委会干部和村民代表自身特点和素质能力,相应确定联系对象。既要按照统一要求,又要结合村情村况,建立具有各村特色、适合各村实际的综治网格化管理模式。

(三)简便易行原则。农村综治网格化建设要坚持循序渐进、合理可行,网格要简洁,对象要明确,职责要明了,运作要方便,防止简单问题复杂化,削弱村级自治功能。

(四)务求实效原则。坚持抓早抓小抓苗头,重在及时掌握小矛盾,力所能及化解小纠纷,妥善解决生产生活中的小事情等方面发挥作用,使联系村民代表成为村两委会干部的"助手",当好村民的"管家""和事佬",增强其在综治工作中的主动性和创造性,切实把矛盾纠纷化解在萌芽状态、解决在家门口。

三、工作重点

推进综治网格化管理工作,重点是开展"123"工程。

（一）构建一张网络。全镇各行政村按村民代表数划分为相应数量的网格区域，分层实施两委干部联系村民代表、村民代表联系农户制度，网格区域内党小组长配合做好工作，综治工作站（治调委）做好协调指导，形成"两委领导、综治协调、代表为主、党员配合、群众参与"的立体型、网格式工作格局。

（二）明确两大职责。联系村民代表应充分运用人熟地熟、消息灵通的优势，重中之重是履行好责任网格内矛盾纠纷的信息员和"和事佬"两大职责。具体职责是：

1. 加强村民代表自身建设，认真学习党的路线方针和国家的政策法规，带头履行应尽义务，做到文明守法、清正廉洁、办事公道，提高处事能力和公信度；

2. 了解掌握责任网格内的不安定因素和矛盾纠纷情况，开展经常性的道德、法制、安全等方面的宣传教育；

3. 反映群众的意见建议和利益诉求，尽可能帮助联系农户解决生产、生活中的实际困难；

4. 及时上报责任网格内发生的矛盾纠纷，并积极主动参与疏导化解工作，努力把矛盾纠纷解决在萌芽状态；

5. 组织责任网格内的村民开展群防群治活动，带头参加平安志愿者活动和邻里守望行动，维护本村治安稳定；

6. 完成其他综治维稳任务。

（三）建立三项机制

1. 维稳信息排查上报机制。每月一次走访联系农户，对掌握的各类矛盾纠纷、治安隐患等信息，第一时间向村两委会报告，重要事件同时上报镇综治工作中心，并做好书面记录。

2. 矛盾纠纷联调联动机制。对责任网格内发生的一般矛盾纠纷由村民代表先行受理和调处。确实解决不了的，要及时向村两委会干部或村两委会报告，并协助做好后期调处工作。对疑难复杂纠纷，要借助其他联系人、社会关系等力量开展联合调处。

3. 民情民意下询反馈机制。定期收集责任网格内村民的舆情民意,做好分析甄别工作,及时向上反映,帮助解决问题,及时向群众反馈处理结果。对无理的意见建议和一时难以解决的问题,要认真做好解释说服工作,理顺群众情绪。

四、实施步骤

全镇综治网格化管理工作要求在10月底前基本完成。具体分为三个阶段:

(一)组织部署阶段(8月8日—8月31日)。对各行政村综治工作的现状、村民代表的履职能力等进行调研,摸清底细、掌握情况,制定针对性、操作性强的实施方案,成立专门工作班子,层层召开班子会议、全体机关干部会议和村主职干部会议。驻村指导员要帮助所在村召开村两委会干部、党小组长、村民代表及其他有关人员会议,统一思想,明确任务,有序启动网格化管理工作。

(二)全面建设阶段(9月1日—9月30日)。镇结合各村实际,建好联系网格,制定职责制度,完善配套措施,有关职责、流程上墙公布,采取多种形式加强宣传。

(三)巩固提高阶段(10月1日—10月30日)。各行政村加强指导帮助,举办各层面的业务培训,建立考核激励等长效机制。对各行政村综治网格化管理工作进行一次全面检查评估,认真总结经验,查漏补缺,完善提高。镇综治办将组织有关部门进行督促检查。

五、工作措施和要求

(一)加强组织领导。实施综治网格化管理工作是创新发展"枫桥经验"的重要举措,是推进村级组织民主管理的迫切需要,也是加强社会矛盾源头预防化解,构建平安和谐新农村的有效途径。各行政村要充分认识综治网格化管理工作的重要意义,切实加强组织领导,落实专门人员,明确工作责任,强化经费保障,保证工作顺利进行。

(二)强化评议激励。探索建立年度群众意见征求、问卷评议等方法,增强村民代表的责任意识,建立村民代表和农户之间良好的互动关系。广泛开展优秀村民代表等评比活动,对工作出色、实绩显著的从物质和精神上给予适当奖励,激发村民代表的工作热情。

(三)落实指导措施。镇综治工作中心要加强业务指导,分批对村民代表进行集中培训,使其掌握基本的法律知识、沟通技巧和调解方法,提高村民代表的业务素质和工作能力。要维护村民代表的合法权益,支持村民代表开展工作。村两委会要出台便民服务代理、责任网格内有关事务事先听取村民代表意见等制度,引导群众有小事先找村民代表,从而提高村民代表的荣誉感和责任感,增强群众的认同感和信任度。

(四)营造良好氛围。要利用新闻媒体广泛宣传,使广大干部群众了解综治网格化管理工作的重要意义、基本内容和联系方法。要及时总结、宣传、推广成功经验和先进典型,不断扩大综治网格化管理的社会影响力。

3.2 专群结合维护社会治安的典型事例

3.2.1 枫桥区专门机关与人民群众协同作战,实现社会安定

提要:枫桥区依托群众管治安,坚持专门机关和人民群众相结合的方针,将大部分治安问题化解于基层。专门机关借助群众力量处理社会基层矛盾的优秀经验有"便利群众、便于问题解决的'两便'方针""群防群治队伍建设""指导基层工作,做基层的后盾"等,突出强调依靠群众管治安,使大部分治安问题和民间纠纷在基层得到妥善解决。

协同作战实现社会安定[1]

我们枫桥区设有 2 个公安派出所、2 个法律服务所和 1 个人民法庭。几年来,我区政法三家在区委、区公所和上级业务主管部门的领导下,充分相信并依靠基层组织和群众,始终坚持专门机关和广大群众相结合的方针,坚持惩办与宽大相结合的政策,实行"打、防、管、建"一体化建设,突出强调依靠群众管治安,使大部分治安问题和民间纠纷在基层得到妥善解决,避免了许多可能因矛盾激化而导致的刑事案件,有效地促进了社会治安的稳定。近年来全区刑事案件的平均发案率占总人口的万分之二点九六,捕人数占万分之一点四六,下面谈谈我们的主要做法。

一、解决纠纷,实行"两便"

随着经济体制改革的不断深化、经济的迅速发展及全民法律常识的普及,人民群众的思想观念更新、法律观念增强,各种诉诸法律的治安问题和民间纠纷也随之增多。但由于立法还不能完善,有的案件管辖范围的界限较难分清,加之群众对公安政法机关内部的办案程序也缺乏了解,群众报案投错门等现象时有出现,这不仅容易延误一些案件的办案时机,而且容易出现互相推诿的现象,影响公安政法部门在群众中的形象。对此,我区政法三家始终牢记群众观念,解决治安纠纷实行"便利群众,便于问题解决"的"两便"方针。因此只要是群众来信来访或上门告状的,不管哪一家,总是热情接待,先行受理,妥善处理,然后再按照管辖分工,内部传递,归口办理,做到来信必有回复,来访必有着落,对一些情节比较简单不够立案条件的治安纠纷,不分你我,不踢皮球,哪家接待来信来访,就由哪家受理调处,把纠纷解决在始发阶段和萌芽状态;对容易引起矛盾激化的纠纷,不管哪一家,都采取果断措施,依靠群众,疏导教育,消除矛盾双方的对立情绪,做好缓解工作,同时通报案件管辖的部门;对有些性质较难确

---

[1] 中共枫桥区委:《协同作战实现社会安定》,《公安学刊》1990 年第 3 期。

定,管辖范围不大明确的案件,三家共同协商,互相探讨、商定,由一家为主处理,其他二家配合,有的及时请示上级业务部门妥善解决;特别是对伤害案件,派出所或法庭受理后,先进行调查,搞清楚基本情况,再按照轻、重伤害的管辖范围移送处理。这样做可以使一些治安问题得到及时处理,减少了恶性刑事案件的发生,有利于促进社会治安的持续稳定,也深得群众的拥护,他们说:"枫桥的政法机关,真正是为群众着想、为群众办事的机关。"

二、办理案件,互相配合

几年来,我区政法三家在办理案件过程中,十分注意协调。一是主动配合,开展调查,派出所对需要移送法庭处理的案件,基本上能做到事实清楚、证据齐全,为法庭庭审工作打下基础。有的移送案件,法庭认为需要补充调查的,一般也不再退回派出所,由法庭自行补查。二是相互配合,扩大办案效果,纠纷引起的轻伤害案件量多面广,处理不好,不但双方缠讼不休,而且类似案件也得不到制止,直接影响社会的安定团结。因此,1985年,派出所主动配合法庭,选择了8起典型的伤害案件,在全区巡回审判,对群众进行面对面的法制教育,从而减少了因纠纷激化的伤害案件。如派出所调处郭某某伤害案,要其赔偿对方当事人医药费、误工费六百五十元,郭不执行,在法庭审理另一起典型的伤害案时,让郭和另一方共同到法庭旁听。庭审结束后,派出所抓住有利时机,召集双方再次调解,郭表示愿意执行协议,这场纠纷就这样顺利解决了。三是制止无理取闹,共同维护秩序,对那些无理取闹的当事人,派出所干警主动出面制止,协助法庭维护秩序。

三、重点问题,联合解决

最近几年,赌博问题突出起来,群众性纠纷增多。对这些突出的治安问题,单靠政法机关难以从根本上解决,必须在党委、政府的领导下,政法各家齐心协力,依靠乡、村基层组织和广大群众,统一行动,集中解决,才能达到较好的社会效果。1988年11月,当赌博风开始在我区蔓延时,区委、区公所在派出所、法庭和司法特派员的建议下,决定在全区开展禁赌活动。以政法三家人员为主力,由区领导带队,统一行动,集中禁赌,形成了强大的声势,很快刹住了赌博歪风。我区政法三家还有这样的传统,就是每年在"双夏"和春节前,三家对全区基层解决不了的疑难纠纷案件,集中精力、集中时间、分片负责、突击解决,较好地保证了"双夏"季节农业生产的正常进行,保证群众愉快地欢度春节。

四、当好参谋,抓好队伍

多年来,我区政法三家在实际工作中深深体会到,要从根本上搞好社会治安,除了党和政府加强领导,各部门齐抓共管外,在基层必须有一支素质好、战斗力强的群防群治队伍。经过几年的努力,从区到乡都建立了综合治理领导小组,下设办公室,招聘专职人员。全区还拥有专业治安联防队4支24人、义务消防队15支139人、季节性联防队8支68人。185个村和200多家企业都组建了治保会和调解会,共有人员1 193人,初步形成了治安管理网络。每次换届,政法三家的领导和干警都分头到各乡、镇,当好党委、政府的参谋,物色人选,力求配齐配强。对事业性强,工作经验丰富的治保、调解干部,可能会因工作中得罪人而落选的,会同乡、镇、村事先做工作。每年还对治保、调解干部进行一至二次的考察,个别素质较差的及时调整,三家每年联合对治保、调解干部以乡、镇为单位进行培训,新当选的治保、调解干部进行上岗培训,全区每二年召开一次治保、调解干部表彰会,鼓励先进。1987年底,区公所拨出一万元钱,作为治保、调解干部的培训和表彰经费,对连续担任15年以上的治保、调解主任,发给荣誉证书。

同时,注意解决好干部的报酬问题,全区基本上实行三种报酬形式:一是每月发固定工资,二是实误实记加补贴,三是年终一次性补贴。经费来源:乡、镇政府拨一点,村办企业凑一点,调解纠纷收一点。

对治保会、调解会等群众自治组织建设采取了这些措施,使责、权、利相统一,增强了广大治保、调解干部的政治责任感和荣誉感,提高了业务素质,充分发挥了他们在维护社会治安中的主力军作用。

五、支持基层,做好后盾

改革开放后,农村形势发生了很大的变化,新情况、新问题不断产生,基层工作的难度越来越大。因此,公安政法部门在维护社会治安中,还有很重要的一条,就是指导基层工作,做基层的后盾。多年来,我区政法三家始终坚持做到这一条。

一是转变工作作风,变等案上门、坐堂办案为主动下基层、上门服务。派出所建立了干警联乡制度,每个干警联系一个乡,每月都花一定的时间,吃住在乡村,帮助解决一些棘手的问题。法庭把全区分成五个片,每个审判员管一片,带案下乡,上门服务。司法特派员对乡村的疑难纠纷,也主动下去,就地调查处理。这样不但为基层解决了一些具体问题,而且使政法干警增强了为基层服务的观念,密切了警民关系。

二是乡村在工作中碰到困难,政法部门有求必应,大力支持。如开东乡河宜村宣某某多次虐待母亲,宣母三次向法院起诉,因证据不足被退回。枫桥派出所认为此事虽不属公安管辖,但弄得不好会出人命。于是,便积极会同乡政府调查取证,在材料齐备、证据充足后,及时移送法庭处理。乡政府、法庭和群众都很满意。

三是指导基层工作,维护基层威信。有的纠纷虽做了调解,但兑现不了,影响基层的威信。派出所及时与法庭、司法特派员商量,组成联合工作组,对全区类似这样的纠纷,逐件分析,加强指导,帮助兑现,大大提高了基层治保、调解工作的威信。

四是关心基层干部,帮助解决实际问题。治保调解干部因工作性质,往往容易得罪一些人,有的因此农作物、家禽遭报复破坏。一旦发生这类事件,政法三家都集中力量,及时调查,严肃处理。新枫乡佳山村支书兼治保主任何支书,事业心强,工作敢抓敢管。1988年本村陈某某因偷窃被治保主任查获,被公安机关处予治安拘留,并赔偿全部损失。对此,陈耿耿于怀,暗中毁坏了治保主任家的晚稻杂交秧苗。派出所得悉后,当天查获作案人,作了公开处理。对治保、调解干部的生老病死,政法部门也时时挂在心上,给予温暖和体贴。治保干部谢世,派出所出面为其召开追悼会;家庭有困难,想尽办法帮助解决。因此,当地群众感动地说:"派出所同治保干部真是心贴心,有手足情。"

3.2.2 钟瑛村坚持"枫桥经验",搞好治保工作

提要:改革开放后,诸暨人民在治安保卫、社会防范等方面形成了新的社会治安综合治理经验。钟瑛村依靠集体,重视防范,注重调解,调动一切积极因素做好帮教工作,并在积极协助公安机关办理案件等方面取得了显著的成果。实践证明,坚持和发展"枫桥经验"是推动社会治安综合治理的重要举措之一。要进一步推广落实"枫桥经验",实行群防群治,需要增强人民群众的法制意识,把巩固无产阶级专政的根本任务落实到基层,鼓励、发动群众与犯罪分子作坚决的斗争,弘扬社会正气。

坚持"枫桥经验",搞好治保工作[1]

我们钟瑛村地处枫桥镇上,现有18个村民小组、408户、1407人,是枫桥镇第一大村,由于我们十分注意抓好治安保卫工作,二十多年来,我们村没有发生过凶杀、纵火、爆炸、重大盗窃案件,治安秩序一直良好。去年,我村治保会被评为省级治保先进集体。在治保工作中,我们主要抓了四个方面的工作:

一、做好防范工作,消除不安全因素

我村辖区有天竺大街、汽车站、小天竺风景区、穿镇公路和一批工厂商业单位,全镇每天2万多流动人口大部分从我们村进出,治安情况十分复杂。为此,

---

[1] 枫桥镇钟瑛村治保会:《坚持"枫桥经验",搞好治保工作》,《公安学刊》1990年第3期。

我们首先抓面上防范。对于防范工作,我们总是逢会必讲,以强化全村干部群众的防范意识。另外,我们还建立了共青团、妇女、治保、调解和基干民兵五位一体的防范体系。由共青团负责防范宣传;由妇女组织"三防"检查;由治保、调解干部和基干民兵组成巡逻小分队,在节日和治安问题易发季节开展昼夜值班、巡逻。由于抓住了面上的防范工作,及时处置了一些可能出现的治安问题,堵塞了防范上的漏洞。

其次抓重点防范。我们在抓好面上防范的同时,又突出抓重点防范。我们村有500亩自有和集体山林,蓄材达3 000立方(米),是我们村的一大经济支柱,又是枫桥镇唯一的一片风景林。过去,由于管理工作跟不上,偷伐树木和火警时有发生。为此,我们将山林作为防范重点,从1980年起,落实了5名专职护林员,实行定人划片、定点巡逻的管理办法,收到了较好的效果。我们还根据辖区开发建设的需要,把防范工作的重点放在保护新区建设上。1988年,我村集资48万元,在天竺大街建造一幢2 000多平方(米)的综合大楼。由于我们重视安全防范工作,在长达一年多的建筑工期中没有出现一起失窃案件和治安事件。

第三抓治安苗头。这些年,城乡各地的赌博活动十分猖獗。这股歪风同样也刮到了我们村,针对村里的一些赌博苗头,我们发动党员、妇女和治安积极分子共同加入禁赌行列,把禁赌工作做到家庭、社会的方方面面,终于使赌博活动在我们村失去了市场。

二、认真调解纠纷,把矛盾解决在萌芽状态

我们村是城镇开发建设的重点地区,因新建、拆建房屋而导致的治安纠纷日益增多。这类纠纷往往情况错综复杂,解决起来难度较大。为了掌握解决纠纷的主动权,我们一般都做到提前介入,经常关注,随时调处。如是新建房子,我们事先与土管员一起到场,分析有无纠纷的隐患,对建房户和左邻右舍的意见做到心中有数,及早予以解决。如是拆迁,我们一般都做到测量到场,折价到场,拆迁到场,尽量维护拆迁户的正当利益和要求,并从城镇建设的大局出发,做好思想工作。近几年来,我们调解的纠纷每年都在40起以上,绝大部分都得到了妥善解决,没有一起因矛盾激化而转化为刑事案件的。

三、调动一切积极因素,做好帮教工作

对违法犯罪人员进行帮助教育,一直是我们钟瑛村治保工作的一项重要任务。过去,我们曾帮教好了像"破缸而逃"的骆某某那样的一批典型。在新形势下,我们继续加强这项工作,努力探索新的帮教路子,取得了一定的成效。我村现有的帮教对象中,没有一个重新犯罪,稳定和基本稳定者已占85%以上。我们在帮教工作中,紧紧抓住了以下三个环节:

(一)落实帮教力量,健全帮教制度。村里组成了由治保、调解干部,党员骨干和老同志十多人参加的帮安小组,经常性地开展帮教活动。对6名帮教对象,我们分别落实了帮教对子,帮教小组成员要定期不定期地交流汇报情况,商讨帮教对策。另外,我们村还建立了党员联系制度,要求全村30名党员每人联系一户,重点做好违法者家庭的法制宣传教育工作。

(二)对症下药,因人施教,持之以恒地做好帮教工作。目前我们村的6个帮教对子的关系都比较融洽,互相都有一定的感情。我们先后撮合了4名帮教对象的婚事,为3名帮教对象落实了工作,还为2名帮教对象解决了住房和户口,使他们能够安下心来,好好改造。对正在劳改劳教人员,我们超前做好工作。我村目前有2人正在劳改、劳教。我们长期与他们保持着联系,多次上门探望,带去组织的温暖和关怀。如俞某某在"严打"中被判刑11年,送往西北劳改。1988年,他家因城建规划需要拆迁,村里并没有因为他是劳改犯而不闻不问,而是尽可能地保障他的合法权益,3 000元拆迁费一分不少,替他存入了银行,并为他安排了一块较好的地基,村里还为此专门与劳改单位联系,让他请假回来处理拆迁。今年,我们还打算由生产队负责帮他建造房子,以保证他释放后有一个落脚之处。在俞某某服刑期间,他的父母先后亡故,村里拿出几百元钱予以照顾,妥善料理了后事,俞十分感激,表示一定要好好改造。

（三）改善帮教环境，形成良好的帮教小气候。这几年，我们村大力开展文明村建设，努力转变村风村貌，使帮教对象生活在一个文明健康的环境之中。目前，我们村已有98%的农户被评为"三户"，普法合格率达95%，1983年我村还被评为诸暨市级文明村，从而为开展帮教工作、巩固帮教效果，创造了一个较好的环境。

四、积极协助公安机关查破案件

1988年以来，由我们提供线索，公安机关破获的案件有7起，我们之所以能在侦破案件中发挥一点作用，主要是做到了"四要"：

一是责任心要强。协助公安机关查破案件，非要有一种强烈的责任感不可。1985年，地处我村的枫桥酒厂仓库有80坛老酒被盗，等仓库保管员发现，离发案已相隔较长的一段时间，这给查破案件带来了一定的难度。尽管这样，我们还是感到，案子出在我们村里，如果不及时破案，不但国家受损失，我们也无法向单位和群众交待。为早日破案，我们认真分析了案情，认为偷了这许多酒，外村人作案的可能性较小，自己吃的也不可能，偷运外地销赃也有一定困难，因此我们在全面排队摸底的基础上，有重点地走访了一些饭店。结果，终于发现了线索，我们及时把情况汇报给派出所，破获了这起案件。

二是心要细。做这项工作必须要有十分细致的工作作风，要善于从蛛丝马迹上发现案件线索。1986年，我村有一村民家的箱子被撬，失窃近100元现金和一批食品。当时，现场被翻得十分凌乱，寻找线索一时无法入手。后来，我们仔细分析作案者的进出路线，终于在靠窗口的桌上找到了一只比较清晰的鞋印，通过对鞋印的分析，我们断定是一双女式雨鞋，失窃的东西中有食品，我们认为很可能是小孩穿着大人鞋作案。我们凭着平时的细心观察，认为一名叫吴某的在校学生作案可能性较大，找他本人一谈，吴承认是他作的案。

三是脚要勤。基层治保会要在侦察破案中发挥作用，说到底，靠的是大量细致的调查工作。1988年9月，我们村一居民放在家里的一批木头被窃，我们得知后立即投入了控制赃物的工作。我们白天黑夜,马不停蹄地走访了解,跑遍了枫桥镇上和附近地区的所有锯板厂、家具厂,还走访一些木匠,到一些大兴土木的地方查看。当我们了解到犯罪分子可能把赃物隐匿时,我们又一户一户地走访,最后终于在靠近一家锯板厂的居民家中找到了赃物,这起案件很快破获了。

四是决心要大。干治保工作没有不怕苦、不怕累、不怕打击报复的决心,工作是无法开展的。有一段时间,我们村偷电现象比较突出,因为这是一项技术活,工作不细不实根本是无法查出的,我们就与电工一起,一户一户仔细地查、反复地查,工作量十分惊人,有些不理解我们工作的人还要讽刺挖苦,甚至指着鼻子谩骂,但我们决心非要查个水落石出不可,经过近一个月的艰苦工作,最后还是把偷电者查了出来。

3.2.3 社会治安多方管,齐心协力保平安

提要: 枫桥区依靠群众,加强公共复杂场所的社会治安管理,退休干部职工在调解社会基层矛盾中发挥了重要作用。枫桥当地组建了离退休干部职工委员会,组织退休员工参与调解,维护社会治安。

社会治安多方管,齐心协力保平安
——枫桥经验谱新篇报告之四[1]

枫桥区紧密依靠群众,多层次全方位地加强公共复杂场所的社会治安管理,取得了明显的成效。该区公共场所和情况复杂地段已连续5年没有发生重大刑事案件和治安事件。

改革开放促进了商品经济的发展,随之带来了人财物的大流动。目前,枫

---

1 黎伟挺:《社会治安多方管,齐心协力保平安——枫桥经验谱新篇报告之四》,《绍兴日报》1990年4月10日,第4版。

桥区已有2个建制镇和12个自然集镇。其中2个建制镇有232家市、区属企事业单位，275家商店，300多家个体摊贩，每天流动人口达2.5万人，使原有的公共复杂场所规模不断扩大，同时，也产生了一批新的公共复杂场所，社会治安管理面临新的考验。对此，该区党政部门和公安机关及时采取措施。1984年，2个建制镇先后成立专门管理公共复杂场所的综合治理领导小组，下设办公室，分治安调解、执勤巡逻、市场管理和镇容管理4个组，形成了公共复杂场所的治安管理体系。各集镇还依据"谁主管、谁负责"的原则，对小商品市场和农贸市场等一些公共复杂场所实行了专业化、系统化管理，分别制定了交通和专业市场管理细则及安全保卫制度。通过这些措施，基本上把公共复杂场所的治安管理纳入了条块结合的管理体系，有效地保证了社会治安的稳定。

这个区积极动员社会各方力量，参与维护社会治安的管理。1984年，2个建制镇相继成立了离退休干部职工委员会，把400多名离退休干部职工组织起来，维护社会治安秩序，调处治安纠纷。新枫乡杜黄桥村曾发生了一起妯娌不和引起的治安纠纷，一方服药自杀，导致矛盾激化。原梅岭乡武装部长、退休干部陈某某主动出面调解此事。经老陈耐心说服教育，事态很快得以平息，避免了一起流血事件。自1984年以来，该区的离退休干部职工已调处各类治安纠纷300多起。

为加强暂住人口管理，确保社会治安稳定，该区枫桥、赵家2个派出所在群众中物色了35名暂住人口协管员，对1 500多名暂住人口进行登记，将暂住人口纳入依法管理的轨道。

3.2.4 "7·12"案件侦破的启示

提要：诸暨市公安局破获"7·12"案件是专门机关与坚持党的领导下的群众路线相结合的充分体现。在案件破获过程中，不仅领导干部亲临一线指导慰问，公安干警艰苦奋战，而且群众积极回应，包括提供线索、辨认证据、举报犯罪嫌疑人等,缩小了案件排查范围,突出了重点。二者结合取得了事半功倍的效果。

"7·12"案件侦破的启示[1]

1993年7月12日凌晨,一蒙面持枪歹徒翻墙窜入诸暨市金三角加油中心办公室,撬盗保险箱,被正在工作的加油中心职工发现,案犯见行窃不成,即掏出一支"五·九"式手枪,开枪杀死出纳员杨某某,抢得现金7万余元后越墙逃跑。

接报后,市公安局领导立即组织干警迅速赶到现场,省厅刑侦处、绍兴市局及刑侦支队的领导和刑侦技术人员也及时赶到现场,指挥并直接参与侦破。市公安局抽调刑侦、巡警、治安和当地派出所等单位干警70多人,组成专案组,夜以继日地开展侦破工作。在各级党委、政府的重视和群众的直接支持下,经过22天的艰苦奋战,于8月4日破案,一举擒获案犯卢某某(男,28岁,诸暨市王家井镇施家卢村农民),缴获手枪1支、子弹19发、赃款4.4万元。巧审细挖后,还成功地破获了6月30日牌头镇斗岩饭店持枪抢劫案和7起撬盗保险箱的重大案件。破案后,诸暨人民奔走相告,欢欣鼓舞,赞扬公安机关摘除了一大毒瘤。绍兴市委书记陈礼安,市委常委、公安局长应勇专程到诸暨慰问公安干警,并奖给现金1万元。省公安厅给侦破组荣记集体二等功,绍兴市公安局给詹某等4名干警记个人三等功。8月27日,诸暨市委、市政府隆重召开表彰大会,给市公安局予通令表彰,并奖给现金5万元。

"7·12"案件的成功破获,是公安机关在新形势下坚持党委领导下的群众路线和专门机关工作相结合的充分体现。这样的重大疑难案件能在短时间破

---

[1] 浙江省诸暨市公安局:《"7·12"案件侦破的启示》,载诸暨市公安局编:《"枫桥经验"三十年》,内部出版,1993年11月,第131—135页。

获,给我们以深刻的启示。

启示之一:党委的重视和直接领导,是新形势下侦破重大疑难案件的重要保证

诸暨市金三角加油中心位于萧金公路沿线,昼夜营业,人员流动频繁。案犯蒙面持枪作案,社会影响很大。各级党委、政府领导十分重视此案,直接领导整个破案工作。案发当天,市长当即赶到现场,听取案件情况汇报,代表市委、市府全力支持侦破工作。侦破工作全面展开后,市委书记在市级机关干部大会上亲自动员,号召全市干部群众积极协助公安机关开展工作。绍兴市委、市公安局的领导先后两次专程到诸暨,了解案情,鼓励公安干警克服一切困难,全力破案。正在绍兴考察工作的省委领导也亲自过问案件的侦破工作。

为了充分调动基层干部积极参与破案,市委于7月13日分别在王家井、牌头两镇召开村主任、村支部书记以上干部会议,市委领导在会上通报案情,进一步进行动员发动。两镇共抽调33名镇干部配合公安干警进行摸底排查。在案件侦破过程中,市委、市府领导密切关注侦破进展情况,遇到疑难问题,一起研究解决的措施。在车辆、破案经费等方面予以了充分的保障,并多次到破案第一线,慰问冒酷暑破案的公安干警,鼓励干警斗智斗勇,迅速破案。

省厅和绍兴市局领导也十分关注此案的侦破工作,特别是在现场指挥破案的各级领导与干警摸爬滚打在一起,同吃同住同战斗,有效地保证了侦破措施的实施。领导的重视和关心,极大地鼓舞了广大干警的破案斗志,更有效地调动了干警的破案积极性。

启示之二:充分利用新闻媒介,在较大范围公布案情,广泛发动群众检举揭发,是新形势下侦破重大疑难案件的有效举措

在案件的侦破过程中,市公安局根据刻画的条件,确定7个镇225个行政村为摸排范围。在这个区域的18万人口中筛选对象,确似大海捞针。针对一般枪案的特点和"7·12"案件的具体情况,市公安局大胆利用新闻媒介,有步骤地公布案情,动员广大群众提供线索、检举揭发,大大加快了破案进度,收到了事半功倍的效果。

7月13日,市局分别通过《诸暨报》、诸暨电视台、诸暨人民广播电台发布案情公告,公布举报电话,明确提出凡提供线索,对破案直接有功者,奖励现金5 000至10 000元。市局确定专人昼夜值班,接受群众举报。为了使群众能够更有针对性地提供有价值的线索,市公安局副局长詹友法以接受记者采访的形式,发表电视讲话,更大范围公布案犯的特征、逃跑路线等情况。在现场获得的具有个体特征的物证除个别用以甄别案犯的痕迹外,都在电视上向群众展示,动员群众辨认揭发。与此同时,侦破组在重点村召开群众大会,公布案情,展示物证,收到了明显效果。一些群众当场向干警提供了这些物证所特有的区域,大大缩小了排查范围,进一步突出了重点。

全市广大群众通过新闻媒介了解案情后,纷纷举报,至8月4日案件破获,共收到群众举报信200多件,来人来电提供线索300多人次。根据举报的线索查证,7月底案情逐步明朗,范围缩小到王家井镇施家卢等6个村的8个重点对象身上。8月3日,案件有了重大突破。市局根据群众举报,把原列为重点对象之一的施家卢村卢某某上升为重大嫌疑对象。经过进一步查证,获取了重要证据。8月4日中午,案犯卢某某落网。

"7·12"案件的破获,充分说明了在社会主义市场经济条件下,公安机关的侦察破案工作坚持党委领导下的群众路线的重要性。实践证明,依靠群众是公安工作的一大法宝。

启示之三:继承和发扬公安机关英勇顽强、雷厉风行的工作作风,艰苦奋斗、连续作战的奉献精神,是公安干警在新形势下积极侦破重大疑难案件的精神支柱

各级领导对"7·12"持枪抢劫杀人案的重视和关心,既是对干警的压力,更是动力。案犯持有武器,天气又炎热,而广大公安干警不畏艰险,精神抖擞,"明知山有虎,偏向虎山行",为清除社会隐患,连日来顶烈日,冒酷暑,不怕苦,不怕累,夜以继日,连续作战,充分表现了对党对人民高度负责的精神。在紧张战斗的22天中,年纪较大的老公安主动请缨上第一线;年青干警更是披星戴月,日夜奔波,有的带病坚持工作不下火线。刑侦大队一名领导,担任西山片排查组长,工作中由于疲劳过度,突然生病,被干警送到医院住院治疗。当时侦破工作正处于关键时刻,身在医院,心却一直惦记着案件的侦破进程,于第3天瞒着医生偷跑出来,又上了第一线。

公安机关的优良传统和作风,是侦察员巨大的精神支柱。他们在艰苦的工作环境中,以顽强的毅力,不息地战斗,在危急关头,敢于挺身而出。王家井派出所一名领导,在8月4日抓捕持枪杀人犯卢某某的过程中,一马当先,凭着一身好功夫,冲上前去,勇敢地将罪犯拦腰抱住,在其他干警的配合下,一举生擒案犯。

在战斗的22天中,70多名参战干警有21名干警带病参战,更多的干警则没有睡过一个囫囵觉。许多一直参与侦破工作的干警,在案件破获后讲的第一句话就是:"我真想睡个两天两夜。"

启示之四:综合运用多种侦察手段,诸警种合成作战,是新形势下侦破重大疑难案件的成功之举

"7·12"案件的成功破获,公安机关刑侦技术、各警种合成作战发挥了重要作用。案发后,市公安局在上级业务部门专业技术人员的指导帮助下,根据案发现场遗留的痕迹物证及作案手段、作案工具和作案时间规律等情况,经过认真分析,认定此案与在此前发生的一起持枪抢劫案和一系列撬盗保险箱案件是同一人所为,即进行串并侦查,扩大了侦察视线。刑侦人员细致勘查现场,获取了案犯痕迹,成功地推算出案犯的身高在170厘米左右,缩小了排查对象范围。发现嫌疑对象后,通过刑侦技术工作,为否定和认定犯罪分子提供了直接证据,加快了办案速度。案件侦破过程中,市公安局打破科所队界限,以刑侦大队为主体,抽调精兵强将组成专案组,统一协调指挥,各方密切配合、合成作战,保证了侦破工作各项措施的顺利实施。

3.2.5 依法办事也要依靠群众

提要:专群结合是运用"枫桥经验"维护社会治安的一个重要方针,本文主要讲述了几个公安机关依靠群众解决案件的事例,体现了群众的支持和帮助对于公安机关办理案件的效果。

依法办事也要依靠群众
——"枫桥经验"系列报道之七[1]

"运用'枫桥经验'预防化解矛盾,做到矛盾不上交,并不是一律不上交。"在3月21日枫桥镇召开的深化发展"枫桥经验"大会上,镇委书记的这一观点在与会代表中引起反响,来自基层的干部都认为,该让公安派出所打击的还得打击,该上交的矛盾还得上交,这切合实际,符合民意。

枫桥把有效预防建立在有力打击基础之上,前提是依法办事,但关键是依靠群众。枫桥派出所的刑侦队有句话:"破案工作一靠案犯投案自首,二靠群众扭送。"事实也正是如此,枫桥老百姓那种对犯罪分子的深恶痛绝和与公安派出所的主动配合在别处是不多见的。

采访中有这样几件事给记者的印象特别深:

——今年1月7日上午8时许,一位六十开外的老农民匆匆走进枫桥派出所,他告诉民警,早上在枫桥的宜桥头上看见有两名外地人在烤火,身边停着两辆摩托车。"我看像是贼骨头,你们快去看看。""老同志,谢谢你给我们带路。"老人未说半个不字就将民警领到了宜桥头。那天是个大雾天,三步内看不到人

---

[1] 纪阳、杨小白、孟焕国:《依法办事也要依靠群众——"枫桥经验"系列报道之七》,《绍兴日报》1999年5月2日,第1版。

和物,老人却一直将民警领到了两名犯罪嫌疑人的身边。"喏,就是他俩。"说时迟那时快,民警们一把抓住了这两名犯罪嫌疑人。带回所一审讯,这两辆价值2.5万元的摩托车是他俩于3天前从诸暨城关偷来的。

——3月7日,东一择泉村村民老徐发现有一名外地人在使用假币,他就暗中盯梢,发现此人每到一间小店,就用1张100元买一包"石林"香烟。在买到第四包"石林"时,这人便离村而去。哪晓得老徐在这时已叫来十多名村民赶了上去,大家七手八脚把这个人扭送到村委办公室,村干部又向派出所汇报。经审讯,这人是贵州人,叫白某某,他从贵州花80元买了600元假币。后白某某被拘留15天。

——3月10日,在枫桥到东和乡的一辆中巴车上,一位老太突然惊叫自己的钱包被偷,这时有人提醒说,会不会是刚下车的人偷走了。立即从车上走下5名乘客,大家掉转头追那人。半路上,这5人碰到了一辆桑塔纳出租车,司机一听说有人行窃,连说乘我的车去追。没多时,窃贼便被抓住,当场搜出了老太的钱包,结果此人被扭送到了枫桥派出所……

像上述这类群众将窃贼扭送到派出所的事在枫桥可谓是屡见不鲜,即使是持刀的歹徒,枫桥的老百姓也临危不惧,敢于挺身而出。去年2月的一个深夜,钟瑛村一村民途经天竺街,发现有3名犯罪嫌疑人在撬一家店铺,村民奋不顾身扑了过去,但他孤身一人怎敌得过3名持有凶器的歹徒,在搏斗中,其中一名歹徒趁其不备朝其后脑勺一铁棍,顿时村民被击昏在地。在3名歹徒刚想侥幸逃窜时,又被另外的群众抓获。后来,该村民被评为诸暨市十大治安积极分子。至于在重大刑事案件发生时,枫桥的群众更不会袖手旁观了。今年2月,枫桥接连发生了两起投毒事件,在派出所干警侦查中,村干部和群众没日没夜帮助寻找证据,终于使投毒犯认罪。在派出所民警答谢村干部时,村干部却说,这是我们的分内事,你们是在帮助村里做事呀……

是啊,群众之所以对派出所的工作支持,主要是派出所理直气壮地打击了违法犯罪活动,只有打得出色、打得好,群众才会坚决拥护、积极配合。所以说,该上交的矛盾还得上交!

3.3 专群结合维护社会治安的成效

3.3.1 发扬"枫桥经验",搞好社会治安

提要: 1990年2月25日,中共枫桥区委书记楼国华发表讲话,指明了发展"枫桥经验"的实效,强调了专门领导体系、社会治安工作队伍、依靠群众等"枫桥经验"实践环节。

发扬"枫桥经验",搞好社会治安[1]

六十年代枫桥区坚持走党委领导下的群众路线,依靠群众把巩固社会主义制度、搞好社会治安的任务落实到基层,形成了"治安好、产量高、捕人少、矛盾不上交"的"枫桥经验",曾得到毛泽东同志的充分肯定,亲笔批示"要各地仿效,经过试点,推广去做",从而使"枫桥经验"成为六十年代公安战线的一个好典型。二十多年过去了,枫桥区的干部虽几经变动,但始终遵循着"枫林经验"的基本精神,根据新的历史条件,不断加以完善提高,特别是改革开放以来,切实加强了社会治安的领导,强化了基层社会治安工作队伍,使整个区的刑事、民事、民间纠纷一直稳定在一个低水平上。良好的社会环境促进了经济的发展。近十年来全区工农业总产值增长10.03倍,其中工业产值增长了90倍。

回顾这些年的工作,区委、区公所主要抓了以下几个环节:

一、形成自上而下的抓社会治安的领导体系。多年来,我们区一直把创造

---

[1] 楼国华:《发扬"枫桥经验",搞好社会治安》,《诸暨报》1990年2月25日,第1—2版。

一个良好的社会环境作为一项主要工作抓,一是自上而下形成一个领导体系。从区到乡都有1至2名领导成员分管社会治安工作,村民委员会和企事业单位都配有1至2名成员分管。二是针对农村出现的社会治安的突出问题突击抓。如针对农村中的赌博增多的倾向,全区统一行动,突击抓几次。这样形成声势,效果较好。去年上半年全区出现偷盗案件较多,区委、区公所连续组织召开了会议,加强企事业单位的内部保卫工作,并组织了对有关单位的二次抽查,对个别单位出现的问题作了及时处理,使企业的盗窃案件明显减少。三是集中力量解决疑难案件。去年上半年区委、区公所整理了12件难案,领导分头负责到案件发生地,在调查研究的基础上都得到了妥善解决。

二、强化乡司法办、村治保、调解组织三位一体的抓社会治安的基础工作队伍。我们区的大部分乡镇都建立了由乡镇党委领导、公安员、司法助理员组成的乡镇司法办公室,204个行政村和企事业单位都建立了治调组织,形成了一支1 000人参加的抓社会治安的基础工作队伍。为了提高这支队伍的素质,区乡镇分层次进行业务培训与指导,每个乡镇都建立每月一次的例会制度。区每年进行二到三天的业务培训,进行业务指导,总结和表彰先进。同时,集中力量解决一些疑难案子。这样全区形成了一个以治调组织为主体的社会治安网络,对预防和控制违法犯罪、防止恶性事故的发生起了积极的作用。

三、建立把矛盾解决在基层的治安责任制。首先我们抓村、乡两级的治安责任制,做到小事不出村,大事不出乡。如需上级解决,要按程序进行,当事人要有报告,村治调组织要有调查和处理意见,这样做使全区每年发生的近2 000件民间纠纷一般都在村、乡两级解决,防止了事态的扩大,成功率在97%以上。如乐山乡已实现连续五年无矛盾上交的良好社会治安状况。二是抓企事业单位内部的安全防范责任制,明确规定要把企业的保卫工作列入企业的承包合同,厂长不但对生产负责,而且要对企业的安全负责。

与此同时,区委、区公所还抓控制民间纠纷的有效措施的落实,坚持"四抓四防",即抓法制宣传防纠纷,抓早防激化,抓苗头防扩大,抓隐患防民转刑案件的发生。并根据季节、任务结合农村实际,提高民间纠纷的预测率,采取预防措施,把各类民间纠纷率降低到最低程度。

四、把工作重点转移到教育改造违法犯罪人员上来,因人施教,化消极因素为积极因素。我们通过基层治调组织对违法犯罪人员进行摸底排队,针对性地做好教育工作。

对于一般犯罪人员,特别是青少年,除了由村治调组织进行教育以外,还挨家挨户做家长的工作,同他们一起研究其子女违法犯罪的原因和教育办法。这使许多家长深受感动,有的还主动检查了自己疏于管教、庇护怂恿及教育不当的过错,表示要担当起教育好子女的重任,把走上邪路的子女挽救过来。

对于那些不够刑事处罚的偷窃惯犯和流窜犯,村治调组织对他们建立帮教小组,区别对象,因人施教。在帮教中,注重思想教育,消除犯罪根源,同时适当解决生活中的实际困难,发现有不良苗头,及时纠正,促使其从根本上改变违法行为。

对于有小偷小摸行为的人,主要是进行社会主义法制和道德风尚教育,并采取制定治安公约的办法,使其自我约束,制止不良行为。

五、开展普法教育,增强全民法制观念。我们把抓好群众的法律知识教育作为抓好社会治安的根本任务来抓。一是抓好党员干部的法制教育。从1986年开始,我们对5 000多名党员干部通过多种形式进行法制教育,提高了党员干部的法制观念,在日常的工作中严格按法律办事,为群众做出样子。二是以两个法律事务所为基地,配合文化教育等部门广泛开展法制宣传,通过看、听等多种形式使群众受到形象、生动的法制教育。三是组织全区公民进行以"九法一律"为主要内容的法律知识学习。普遍的法制教育,使群众的法制观念明显增强,形成了群众自觉维护安定社会秩序的文明之风。

六、充分发挥政法部门的指导作用。法制的完善要求基层治调组织必须有较高的素质,而且要求对民间纠纷的解决有较高的兑现率。要解决这两个问题,必须要求与派出所、法庭以及司法部门密切配合。几年来我区的派出所、法庭等部门能与基层单位密切配合,到乡镇、行政村进行面对面业务知识培训,帮助基层解决疑难案件。这样既密切了政法部门与基层的关系,又帮助基层解决了困难,共同努力把矛盾解决在基层,解决在萌芽状态。

我们在贯彻"枫桥经验"的过程中,体会到"枫桥经验"是适合社会主义商品经济发展需要的,也是现阶段我国人民当家作主的具体体现。只要不断完善,"枫桥经验"仍在新的历史阶段显示出强大的生命力。

3.3.2 关于推广诸暨市枫桥区在新形势下坚持和发展"枫桥经验"的报告

提要: 文件中叙述了"枫桥经验"依靠群众进行社会治安综合治理的路径。枫桥区依靠群众加强治安防范和管理,预防和化解矛盾,在实践中探索出了一条依靠群众进行社会治安综合治理的路子,收到了案件较少、治安稳定、经济发展的效果。

紧紧依靠群众维护社会稳定
——枫桥区在新形势下坚持和发展"枫桥经验"的调查报告[1]

一九六三年,诸暨县(现改为市)枫桥区在社会主义教育运动中,创造了"矛盾不上交,依靠群众力量,加强人民民主专政,把绝大多数'四类分子'改造成为新人"的"枫桥经验",做到了"捕人少、治安好、产量高",得到毛泽东同志的肯定。二十七年来,尤其是党的十一届三中全会以来,枫桥区的各级党政组织根据各个时期的不同情况,坚持和发展了"枫桥经验"。他们依靠群众维护社会治安,收到了案件较少、治安稳定、经济发展的效果。近十年来,全区年均刑事案

---

[1] 中共浙江省委办公厅:《中共浙江省委办公厅转发省委政法委员会〈关于推广诸暨市枫桥区在新形势下坚持和发展"枫桥经验"的报告〉的通知》,1990年7月28日印发,省委办〔1990〕20号文件。

件发案数和捕人数分别占总人口的万分之二点九六和万分之一点四六,明显低于全省和绍兴市的平均比例。社会安定,经济发展。十年中,全区工农业总产值增长了十倍,其中工业产值增长了九十倍。

一、依靠群众,就地消化大量纠纷矛盾和一般治安问题

随着农村经济体制改革和人们价值观念的转变,民间纠纷特别是山林、水利、宅基、婚恋、经济等纠纷大量增多,往往引发许多治安问题,影响社会安定和经济发展,也牵制了基层党政组织的大量精力。枫桥区的党政组织和政法部门,面对这一新情况,按照新形势下社会治安综合治理的要求,坚持"枫桥经验",紧紧依靠群众,充分发挥基层治保、调解组织的作用,把大量纠纷和矛盾解决在基层和萌芽状态。他们的主要做法是:(1)建立治保、调解网络。一九八四年以来,全区各乡镇分别建立了由分管政法的副乡镇长为主任,公安员、司法助理员、土管员、团委书记、妇联主任参加的综合治理办公室,统一负责社会治安综合治理,指导各村调处纠纷,并直接负责必须由乡镇调处的重大治安纠纷。目前,全区已形成了一个纵向连贯、横向联系、纵横结合的治保、调解网络。(2)贯彻"以防为主,防调结合"的方针。各级党委和政府,一方面加强对群众的法制教育,广泛开展防民间纠纷发生、防民间纠纷引起非正常死亡、防民间纠纷激化为治安问题和刑事案件的"三防"活动;一方面加强信息工作,在纠纷矛盾较多的村,物色了一批热心治保调解工作、消息灵通的群众为治安纠纷信息员,通过他们及时掌握各种纠纷苗头,预测发展趋势,把工作做在前头。对多发的山林、水利、宅基等纠纷,采取综合措施,做好超前预防工作。如宅基、房屋纠纷,仅一九八六年就发生六百九十三起,占全部纠纷的35%。针对这一突出问题,他们采取三条综合措施:一是宅基地由乡(镇)长一支笔审批,严格把关;二是申请宅基地的报告由驻村干部统一负责审核;三是实行"四公开""三到场""一监督"(建房指标、申请报告、村里和驻村干部审核意见、乡镇批文公开;村、乡土管人员看地基、打样、地基填平验收到场;聘请人民代表实施监督)。这样做的结果,宅基纠纷明显减少,一九八九年建房户比一九八六年增加一倍,而宅基纠纷减少了57.8%。(3)建立治保调解责任制,明确职责,定期考核。比如,他们规定,凡经村一级组织调处无效,必须送交乡镇调处的纠纷,应具备以下条件:一是有当事人的申请报告;二是有村治保、调解会的调查材料;三是有村里的调处意见;四是有送交乡镇调处的理由。这一做法有效地调动和增强了村治保、调解干部的积极性和责任心,使大量的纠纷和一般治安问题及时解决在基层。一九八六年至一九八九年,全区发生各类纠纷和治安事件八千八百零六起,由村、乡两级调处解决的就有八千零四十六起,占91.4%。如乐山乡发生四百一十二起各类纠纷,没有一起上交,全部就地消化。

二、依靠群众,就地教育挽救违法人员

依靠群众就地教育挽救违法人员,这是维护社会治安,减少犯罪的治本之策,也是"枫桥经验"的主要内容。多年来,他们在这方面做了大量工作,使全区七百五十四名帮教对象中,有五百三十五名改邪归正。

枫桥区教育挽救违法人员,主要采取了四项措施:一是普遍建立由治保、调解干部和党员骨干、离退休老同志参加的帮教小组,定期研究违法人员的表现,因人施教。对重点帮教对象,确定专人结成帮教对子,一对一帮教;有的村还实行党员联系违法人员家庭的"联系户"制度,联系帮教。二是单位内部的违法人员,实行单位包干帮教。各单位把帮教违法人员作为自己对社会应尽的义务。三是对"两劳"回籍人员,坚持原来是哪个单位的仍回哪个单位的原则,使近几年回原籍的一百三十六名"两劳"人员得到了妥善安置。这些人安置后,由于所在单位加强教育管理,表现都比较好。四是加强对外出务工、经商帮教对象的教育管理。全区七百多名帮教对象中,外出务工、经商的占20%。对这些人员,主要采取了"抓两头、管中间"的方法:一头抓好外出前的教育,打"预防针";一头抓好回归时的教育,并进行考评。外出期间,凡是有组织或有同行人的,确定帮教人员或建立帮教小组,抓好帮教对象的教育管理。几年来,在外出务工、经商的帮教对象中,没有发现新的违法犯罪行为。

在教育挽救工作过程中,坚持政治教育为主,帮助违法人员解决一些实际问题为辅的"双管齐下"的方针。针对每个帮教对象的表现和个性特点,进行"谈心"活动,做到热心、耐心、细心,使政治教育深入违法人员的头脑。同时,对确有实际困难的违法人员,尽量帮助他们解决一些后顾之忧。赵家镇赵某某,高中毕业后到处流窜盗窃,自称到过"五大洲",一九八一年落实帮教后,镇里一方面在政治上对他从严要求,一方面帮他解决贷款,承包了集体的拖拉机,帮他介绍对象,建立家庭,此后他一直表现较好,还积极参加维护社会治安的工作。枫桥粮管所青工钱某某,曾因旷工受过处分,后又挪用公款做生意,事情暴露后外流。所领导从努力教育挽救人、不向社会甩包袱的责任感出发,在严肃指出钱某某的错误,待本人有悔过表现后,作出开除留用察看的处分。钱从此改过自新,表现突出,还受到所里的表扬奖励。

枫桥区在做教育挽救违法人员工作时,十分注意引导他们走自食其力、勤劳致富之路,采取多种途径和方法,教育他们树立正确的人生观和道德观,抛弃以往好逸恶劳的恶习,认识自己在社会主义建设中的应有价值,较好地化消极因素为积极因素。一九八〇年以来,全区有一百一十三名帮教对象成了各类专业户,占已改好帮教对象总数的21%。

三、依靠群众,加强治安防范和管理

近年来,枫桥区各级党政组织坚持社会主义方向,坚持改革开放,促进了商品经济的发展,带来了枫桥区的繁荣,社会治安的大环境也发生了很大变化。全区现有建制镇二个、自然集镇十二个。其中枫桥、赵家两个建制镇就有市区属企事业单位二百三十二家,各类商店二百七十五家,个体摊贩三百多家,影剧院、溜冰场等娱乐场所十多家,各种机动车二百八十八辆,每天通过公共汽车上百班次,日均流动人口二万五千多人次。经济的繁荣,社会由封闭走向开放,由静态转向动态,都对维护社会治安提出了更高的要求。

枫桥区的各级党组织,把坚持"枫桥经验"的基本精神,依靠群众维护社会治安,作为自己的光荣传统和应尽职责。二十七年来,区、乡镇领导班子换了一届又一届,每次换届,都把这项工作列入必须"交接"的内容。为了适应和促进商品经济发展的新形势,枫桥区在实践中从三个方面加强了治安防范和管理:一是建立和完善企事业单位的治安保卫责任制。明确从乡镇领导到部门、职工各自的治安保卫职责,并纳入各自的岗位、效益考核范围,做到与生产、经营同部署、同检查、同考评、同奖惩,并把十八家骨干企业列为重点保卫单位,实行严格管理。自一九八四年建立责任制以来,全区企事业单位包括乡村企业在内,没有发生过重大盗窃案件,生产、经营秩序良好。二是对公共复杂场所实行行业化、网络化管理。枫桥、赵家两镇镇政府分别建立了公共场所综合治理领导小组,下设干实事的办公室,具体组织、协调这方面的工作。全镇组建了治安联防队和义务消防队,并在小商品市场、农贸市场设立了市管员,在停车场设立了交管员。他们还将热心于治安管理的四百多名离退休干部组织起来,有的在镇上巡逻,有的在市场、停车场、娱乐场所维护秩序,有的到群众家里调解纠纷、宣传法制,等等,发挥了积极作用。同时,在调查研究的基础上,两镇分别制定了市场、车辆、娱乐场所以及爆炸物品等管理细则,使各项治安管理有章可循。三是做好社会面的控制工作。除了组织和依靠乡镇村、企事业单位党政组织,以及治保会、调解会、联防队、帮教小组等群众自治组织对社会面进行多层次公开管理外,还建立了一支治安信息员、暂住人口协管员等群众治安积极分子队伍和秘密力量。采取公开和秘密相结合的办法,加强了社会面的控制。一九八六年以来,仅通过公开、秘密力量提供的违法犯罪线索就有二百多条,抓获违法犯罪分子三十多名。全区刑事案件破获率达到85%,其中重大案件全部破获。

四、把维护社会治安与加强社会主义精神文明建设紧密结合起来,把立足点放在提高群众的精神文明素质上

几年来,枫桥区一手抓治安管理,一手抓对干部群众的思想教育。全区利用乡镇党校、成人教育中心,对五千多名党员、干部进行培训,向八万三千七百多名群众进行了法制教育,同时,还举办了有九千多人参加的法律知识竞赛。一九八六年以来,深入开展了"刹三风、评三户"活动。去年,全区有一百零七个行政村和单位被评为市级以上文明村(单位),34.7%的户被评为双文明户、五好家庭和爱国守法户。同时,有六个乡镇建立了移风易俗理事会、婚丧喜事服务队和禁赌协会。各级团组织和学校广泛开展学雷锋、学赖宁,读好书、唱好歌、做好事活动,弘扬了正气。两个建制镇还加强了文化市场管理。随着精神文明建设的加强,违法犯罪可耻、维护社会治安光荣的良好风气正在形成。

枫桥区的公安派出所、人民法庭、司法特派员是维护社会稳定的骨干力量,他们坚持和发展"枫桥经验",在党委领导下,紧紧依靠群众,以维护全区社会稳定、保障经济发展为己任,紧密配合,互相尊重,各司其职。一方面经常分析、预测治安形势,主动向党委、政府提出对策建议,并具体组织实施,当好党委、政府的参谋和助手。另一方面在加强自身思想、组织、业务建设的同时,扎扎实实抓好治保会、调解会以及各种群防群治力量的建设,充分发挥其联系群众、维护治安的作用。工作中,他们一手抓打击,一手抓防范,立足于把问题解决在基层和萌芽状态。经过长期不懈的努力,逐步建成了覆盖全区的融打、防、教、管、建于一体的社会治安综合治理网络,有效地维护了全社会治安,保障了经济的发展。

3.3.3 治安综合治理与维护社会稳定

提要:时任中共浙江省绍兴市委政法委书记应勇撰文,对治安综合治理与维护社会稳定的关系,以及新形势下社会治安综合治理工作的意义进行了总结,提出一系列卓有成效的措施,强调要充分发挥公安政法机关在综合治理中的主力军作用,要充分相信和依靠群众,动员组织群众投身于综合治理。

治安综合治理与维护社会稳定[1]

对社会治安实行综合治理,是党中央科学总结十多年来改革开放实践作出的重大决策,是解决我国现阶段社会治安问题的一条根本出路。当前,我国正在朝着十四大确立的社会主义市场经济新体制的目标迈进,改革已进入了整体推进和重点突破的关键时刻。随着改革的全面深化和开放的不断扩大,各种社会矛盾将不可避免地在社会治安上反映出来。切实加强社会治安综合治理,认真解决好各种突出的社会治安问题,确保社会长治久安,将是我们面临的一项长期而艰巨的任务。

一、加强新形势下的社会治安综合治理工作具有重要的现实意义

社会治安综合治理发轫于八十年代初期,在改革开放的大潮中勃发生机,在建立社会主义市场经济体制的新形势下,它显得越来越重要。

首先,加强社会治安综合治理是服从全党工作大局的需要。不久前,党中央依据邓小平同志建设有中国特色社会主义的理论,从我国改革开放和经济建设的实际出发,审时度势,高瞻远瞩,提出了"抓住机遇,深化改革,扩大开放,促进发展,保持稳定"的战略方针,正确把握这一全党工作的大局,其核心就是要正确处理并深刻理解改革是动力、发展是目的、稳定是前提的政治关系和道理。我们必须清醒地认识到,不依靠改革的办法,没有经济的发展,稳定就没有基础,而没有稳定的社会环境,什么事情都办不成。这就是说,要实现深化改革、扩大开放、促进发展等战略目标,必须保持和维护社会稳定。而加强社会治安综合治理,是保持和维护社会稳定的有效手段。

其次,加强社会治安综合治理是扭转严峻的治安形势的需要。当前,社会治安从总体上看是比较好的,特别是就我市范围而言,是基本稳定的。但也存在着比较严峻的一面,主要表现在,境内外敌对势力、敌对分子千方百计进行各

---

1 应勇:《治安综合治理与维护社会稳定》,《绍兴日报》1994年6月14日,第3版。

种渗透破坏活动,妄图制造新的动乱;某些改革中出现的矛盾和问题,引发影响社会稳定的不安定因素增多;严重刑事犯罪活动猖獗,暴力犯罪、团伙犯罪、流窜犯罪增多;社会丑恶现象屡禁不止。解决社会治安问题要靠综合治理,维护社会政治稳定更要靠全党和全社会的齐抓共管,以充分运用各种有效手段和途径,提高发现、预防、控制、打击犯罪的整体水平,提高驾驭社会治安局势的能力,从根本上解决社会治安中的各种问题。

再次,加强社会治安综合治理符合人民群众的切身利益。严峻的社会治安形势,阻碍改革开放和经济建设的顺利进行,威胁国家和人民群众的生命财产安全,直接损害了广大人民群众的切身利益。当前社会治安问题已成为人民群众广泛关注的热点问题之一和影响人心向背的重要因素。搞好社会治安综合治理,切实解决好社会各界反映强烈的治安热点因素,及时打击损害群众利益的各类违法犯罪,对于调动一切积极因素,保障人民安居乐业,改善党和政府的形象和声誉具有积极意义。

二、强化综合治理意识,形成社会治安齐抓共管的局面

社会治安综合治理是一项复杂的社会系统工程,必须借助行政的、法律的、政治的、经济的、教育的等多种手段,动员社会方方面面的力量共同参与,才能奏效。只有全社会具有强烈的"综治"意识,人人行动起来,个个为社会治安的好转作贡献,各项综合治理措施才能真正落到实处。这里,关键是要树立一个思想,健全一个机制,发挥一个作用,抓好一个动员。

树立一个思想,这就是要牢固树立"两手抓,两手都要硬"的思想。社会主义制度与资本主义制度的显著不同,不仅在于社会主义制度能最大限度地解放和发展生产力,而且还在于社会主义能保持物质文明和精神文明的同步发展,在经济迅速发展同时,社会秩序和社会风气也能得到不断改善,使各类违法犯罪得到有效遏制。这就要求我们特别是各级领导在致力于发展经济的同时,也必须高度重视社会治安工作,真正做到两手抓,两不误,要把社会治安综合治理工作列入重要议事日程,纳入经济和社会发展规划之中,常抓不懈,不负"促一方经济,富一方百姓,保一方平安"的历史使命和政治责任。

健全一个机制,就是要把社会治安综合治理工作纳入法制化、制度化的轨道,为综合治理各项工作的开展提供强有力的保证。当前,要以落实中央五部委关于社会治安综合治理领导责任制为契机,全面推进综合治理工作制度化、规范化建设,明确各级各部门在综合治理中的责任,把社会治安的好坏与单位和个人的政治荣誉、经济利益等紧密挂钩,形成一个一级抓一级、层层负责、层层落实、奖罚分明的良好机制,保证切实"管好自己的门,看好自己的人,办好自己的事",形成多方关心、支持、参与社会治安综合治理的强大动力。

发挥一个作用,就是要充分发挥公安政法机关在综合治理中的主力军作用。公安政法机关是人民民主专政的工具,是社会治安的主管部门,在综合治理中有其他部门无法替代的特殊重要作用,综合治理的一些重要措施,只能依靠专门手段,借助专门力量去实施。公安政法机关要勇挑重担,当好党委、政府有效地组织领导综合治理的参谋助手;要充分发挥职能作用,运用法律武器,及时打击各类违法犯罪分子,挽救失足者;要通过各项管理工作,加强检查督促,严密安全防范,堵塞犯罪漏洞。

抓好一个动员,就是要充分相信和依靠群众,动员组织群众投身于综合治理。要通过有针对性的宣传教育和发动工作,把广大群众渴望社会治安稳定的强烈愿望引导到为维护社会治安人人作贡献上来,大力弘扬见义勇为的新风尚,树立社会正气,鼓励人民群众自觉遵纪守法,勇于同违法犯罪作斗争,形成维护社会治安的钢铁长城。

三、从实际出发,推动社会治安综合治理向纵深发展

社会治安日趋严峻的客观现实和建立社会主义市场经济的新要求,需要社会治安综合治理工作不断向广度和深度拓展,我们只有从实际出发,创造性地开展工作,才能使综合治理充满生机和活力,在新形势下不断得到发展。就我市来说,主要在"抓重点,夯基础,创特色"九个字上下功夫。

所谓抓重点,就是要紧紧抓住深化我市社会治安综合治理的主要方面,重点进行突破。一是要抓首要环节。在当前严重刑事犯罪大幅度上升的情况下,要紧紧抓住打击这一综合治理的首要环节,增强打击力度,严厉打击各类严重刑事犯罪分子,打出声威,打出实效,坚决把犯罪分子的嚣张气焰压下去,确保治安局势的平稳。二是要抓住重点地区和部位。要把社会治安工作的重点放在市区、各县城关镇、大型市场所在地和交通、经济比较发达的地区,努力稳定这些地区的治安秩序,并以此带动广大农村地区,对治安问题较多的地区、行业和单位,要及时组织重点整治,限期改变面貌,并切实加强公共场所、特种行业、要害部位的安全防范工作,缩小犯罪空隙,提高对犯罪的防控能力。三是打抓薄弱环节。当前,越来越严重的外来人口和青少年的违法犯罪问题已成为影响我市治安稳定的一大隐忧,迫切需要探索出一套与动态环境相适应的人口管理机制,使它既保证劳动力的合理流动,又有利于发现和控制犯罪;要加强对青少年的教育,使之成为社会主义的一代新人。此外,对赌博、卖淫嫖娼以及盗窃自行车等广大群众呼声强烈的"热点"问题,也要进一步采取有力措施,切实予以惩治。

所谓夯基础,就是加强基层组织建设,使综合治理工作有扎实的根基和强有力的依托。基层组织是党和政府管理社会、联系群众的桥梁和纽带,也是社会治安综合治理的基本力量。各项综合治理措施只有通过基层组织才能切实得到贯彻落实。近几年来。特别是"撤扩并"后,各级党委政府对加强基层组织建设采取了一系列措施,一部分软弱涣散的基层组织状况有所改变,但由于种种原因,仍有相当数量的基层组织缺乏号召力和战斗力。必须认真研究探索市场经济条件下加强基层组织建设的新途径、新办法、新措施,配强班子,落实责任,提高素质,调动积极性,使治保会、调解会、联防队等群防群治组织在综合治理中发挥更大的作用。

所谓创特色,就是要赋予社会治安综合治理以显明的地方特色和时代特色。我市的社会治安综合治理最大的特色,就是创造了"枫桥经验"这一典范。我们必须通过进一步推广落实"枫桥经验"、完善和发展"枫桥经济",创造更多枫桥式的典型和经验。同时,我们要认真研究新形势下社会治安的特点,以改革为动力,以"三个有利于"为标准,从各地实际出发,勇于探索和实践,推动社会治安综合治理迈上一个更高的台阶,为确保我市的改革和发展的顺利进行作出新贡献。

3.3.4 "枫桥经验"的民本化新解

提要:"枫桥经验"主要依靠群众化解矛盾、解决纠纷。本文叙述了公安系统在新时期对"枫桥经验"的创新、发展、运用及取得的成效,实践证明以人为本、与时俱进的"枫桥经验"具有鲜活的生命力,有利于平安和谐社会的创建。

群众警务:"枫桥经验"的民本化新解
——我市公安系统创新发展"枫桥经验"纪事[1]

平安落地,富裕才能生根。45年前,本着这一理念,绍兴人在艰苦创业的同时,创造了闻名全国的"枫桥经验"。

形势在变,经验也需创新。以群众力量为依托,以民生和社会需求为导向,以依靠群众、保护群众、服务群众、惠及群众为根本内容——45年后的今天,绍兴大力推行的群众警务,继承和创新了"枫桥经验"以人为本、与时俱进的核心精神。

群众警务,警务为民。创新"枫桥经验"的结果是:近几年,全市社会政治稳

---

[1] 钟兰花:《群众警务:"枫桥经验"的民本化新解——我市公安系统创新发展"枫桥经验"纪事》,《绍兴日报》2008年10月29日,第1、7版。

定,没有发生严重影响社会稳定的重大案(事)件;社会治安平稳,命案、五类案件破案率一直保持在90%、99%以上,打防控工作实绩列全省前列;交通、火灾事故相关指标连续4年实现"零增长";群众安全感和群众对公安队伍的满意率稳步提高,2007年,全市群众安全感升幅居全省第一,对公安队伍的满意率居全省第二。2008年,公安部、科技部授予绍兴"科技强警示范城市"称号,市公安局作为全国公安队伍正规化建设示范局顺利通过了公安部的考核验收。

一、依靠民力实现平安共建共享

今年6月,诸暨市枫桥镇枫源村一矿主扩修矿山道路,损害了一农户的山林利益,这位农户手持柴刀要求赔偿损失。紧急关头,村民代表及时赶到,耐心疏导,一起即将发生的恶性事件被成功化解。

这一事件的及时化解,得益于该村的综治网格化管理。村委会主任告诉记者,该村将全村580户农户分成36个网格,分别由36个村民代表负责联系,村两委会干部每人联系4至5名村民代表。一旦农户发生矛盾纠纷,所联系的村民代表立即赶到,无法调处的,再报村两委会调处。严密的网络,将村民之间的纠纷在第一时间消除于无形。

不仅仅是枫源村。在枫桥镇,所有行政村都建立了三级基础警务网。由村民代表、中共党员组成的基础防范网,由村治保会、调解委、护村队和老、妇、青等群众组织组成的基础管控网,以及由平安协管员和流动人口管理员组成的警务综治网,将大量纠纷消灭在萌芽状态。

事实上,作为"枫桥经验"的发源地,绍兴公安在学习、实践、发展"枫桥经验"过程中,始终秉承其发动群众、依靠群众的优良传统,通过建立健全群众工作机制,把矛盾化解在基层。一个社会平安人人有责、和谐平安人人共享的局面,生动显现。

社会治安工作被纳入"平安绍兴"创建目标体系,置于改革发展稳定的全局中进行研究。不安定因素排查化解、刑事案件防范控制、交通火灾事故预防等指标被纳入县(市)对乡镇(街道)的考核范畴,社会稳定工作与经济社会发展指标一样,成为各级领导时时关注的一件要事。

小事不出车间,大事不出企业。步森集团有限公司成立了治保调解委员会,下设治保调解小组,还在每个车间设调解员、信息员。一旦员工之间发生纠纷,从车间到分厂到集团保安部再到治保调解委员会,层层有人调解。多年来,企业在平安和谐中实现了生产的大发展。

行业自律,共创平安。上虞市旅馆业行业协会在加强行业自律的同时,为公安现实斗争带来了强助力。成立4年来,协会已协助公安机关抓获逃犯71名、犯罪嫌疑人218名,协助破获各类案件134起,合计案值154万元。旅馆中刑事发案明显下降,黄赌毒恶社会丑恶现象得到遏制,旅馆行业治安秩序良好。

从政府到企业,从社区到协会,群众求富盼安的愿望转化为参与群防群治的热情。目前,全市各地社区巡逻队、护村队、护厂队等群防群治队伍不断壮大,共有专职巡防队伍411支、3306人,义务性巡防队伍3310支、190431人,在公安机关组织下常年性开展巡逻防范活动。

二、保障民安实现平安工作前移

蝼蚁之穴,可以溃堤。同样,一个小小的苗头,不加重视,有可能酿成大祸。近年来,绍兴公安充分发挥"枫桥经验""四前四早"的工作理念,坚持"打防结合,预防为主",注重完善传统警务与构建现代警务紧密结合,依托警务信息化,注重调处"小"矛盾,防范"小"案件,整改"小"隐患,实现了平安工作的前移。

"侦防特勤队真是帮了我们大忙,就在几天前,两名窃贼趁着夜色攀爬我们企业围墙,被正在巡逻的特勤队员逮了个正着。"落户绍兴生态产业园区的浙江鹏丰纺织有限公司总经理章金龙,在谈到园区的治安管理时跷起了大拇指。

绍兴生态产业园,曾经是个涉企盗窃较多、路面"两抢"时有发生的地方。为切实扭转被动应付犯罪局面,对症下药,越城公安分局专门组织人员对产业园近年来"两抢"犯罪相关情况进行深入的分析研判。去年2月,越城公安分局组建了一支生态产业园侦防特勤队,按照确定重点、定点包路,便衣行动、跟踪伏击,信息预警、分级防控的工作策略,这张点线面结合的防控网络逐渐显现功效,去年园区发案同比下降69.73%,今年上半年又同比下降80.56%。

对小案件的有效防范,减少了大案件发生的可能。同样,对小矛盾的及时调处,减少了民转刑等大案件的发生。绍兴县公安局自2004年初以来,在全县派出所中推行"一派二驻"制度(派遣民警进镇街调处服务中心,协警驻村、司法调解驻所),较好地解决了过去派出所与乡镇(街道)、村(居)之间在矛盾调处工作中存在的界定不明、合力不强、效率不高、群众不满意的问题,将大量的矛盾纠纷解决在了第一时间、第一层面。4年多来,该县群体性事件大为减少,群众满意率大大提高。

随着私家车的日益增多,道路交通安全形势严峻。如何让有限的警力发挥最大的效能,消除道路安全隐患,保障群众出行平安?市交警支队皋埠中队变"全时警务"为"实效警务",推行"红黄绿三色"勤务管理,根据路面交通信息及时调整勤务方式。"绿色勤务"针对日常性路面执勤;"黄色勤务"针对暴露出来的需要重点管理的问题;"红色勤务"针对重大而又突出的问题。"三色管理"有效遏制了恶性交通事故的发生。

从小处着手,防大事发生。绍兴公安狠抓源头的做法,使得平安和谐的愿景成为近在眼前的期待。

三、惠及民生实现平安共赢

在爱心医院看病可免挂号检查费用,到超市购物在会员价基础上可再打折,去电影院看电影比本地人便宜三成。在诸暨市店口镇,江西籍外来建设者廖某笑称:"暂住证变成优惠证了!"

店口镇现有外来建设者5万余人。他们在为当地建设作出贡献的同时也成了治安管理的一个难题。而强大的流动性使很多外来建设者逃避办暂住证,给治安管理带来了难度。今年4月,店口派出所推出了"外来建设者爱心服务一证通",外来建设者凭暂住证就可享受购物、娱乐、就学、居住、医疗等多方面的会员服务,从而实现了流动人口管理上的新突破。

不仅仅是店口。在对待流动人口上,绍兴坚持实行管理、服务、教育、维权并举的做法,致力于为流动人口生产生活营造良好的治安环境。至今年6月底,全市登记在册的流动人口已达114.8万人,比五年前翻了一番。

强化对流动人口的服务,只是绍兴公安适应经济社会发展新形势而创新公安行政管理的一个举措。本着人性化的理念,绍兴公安在警务创新中用和谐的思维思考民生,用和谐的态度感受民忧,用和谐的方式舒解民困,服务水平显著提高。

市公安局交警支队事故处理中心推出"一站式"事故处理方法,将涉及交通事故的法院、中介评估、机动车维修行业管理、法律援助、医疗救助等多个部门集中设点办公,以"大堂服务"的模式,对一些较轻的交通事故,当场受理,一次性解决。交通事故日结案率由原先的30%左右迅速提高到85%左右。

新昌县公安局有个"网上警民恳谈室"。今年9月,几名网民在网上聊天时反映了新昌县公安局有民警公车私用回老家祭祖的问题。几天后,许多网民在网上看到新昌县公安局发布的一篇帖子,上面写道:据调查,该局交警大队一位民警前不久回老家祭祖用的是他本人的私车,如有疑问可以向县公安局督察队直接询问调查,同时欢迎大家继续对全局民警进行监督。帖子发布后,当天跟帖的就有好几百人,大部分网民都对新昌县公安局严查民警作风的行为表示了赞赏,同时希望该局能继续保持下去,以实际行动树立良好形象。

如何让群众更"舒心"、更"省心"、更"放心"?现在,全市公安机关从上到下不仅重视"埋头拉车",而且更加重视"抬头看路",看看自己所做的每一件事是否符合群众的意愿,是否有利于维护群众的合法权益,是否能够满足群众的需求。深化公安行政审批"三集中"工作,审批平均承诺时间从7.1个工作日缩短为5.41个工作日;全面推行户口网上迁移、"二代证"异地办理措施,把方便让给群众;实施"公民按需申领护照"政策,简化居民短期赴港澳台手续;加大打击经济犯罪和追逃、追赃工作力度,近五年累计为企业挽回经济损失 5.08 亿元……绍兴公安从最基本的民生问题入手,让群众实实在在地感受到了平安和谐就在眼前。

第四章
源头治理维护社会治安的"枫桥经验"

　　矛盾纠纷源头治理是社会治理的重要方面,旨在从根源上防范风险、化解矛盾,通过凝聚和发挥基层智慧,第一时间、最小成本解决问题,构筑起预防化解矛盾纠纷、防止重大刑事案件和社会问题发生的第一道防线。因此,矛盾纠纷源头治理不仅是建设更高水平的平安中国、法治中国的必然要求,更是实现良法善治、推进国家治理体系和治理能力现代化的题中应有之义。如今,"枫桥经验"源头治理的理念与实践已渗透到城乡的各个角落,成为浙江省乃至全国平安建设、构建和谐社会的一大法宝。历届浙江省委、省政府高度重视学习推广"枫桥经验",主张从源头处理矛盾纠纷,防范重大风险。根据毛泽东同志的批示精神和党中央在不同时期的具体要求,浙江省委、省政府多次对这一典型进行具体指导,对全省各地学习推广"枫桥经验"提出明确要求。浙江省委把学习推广新时期"枫桥经验"作为加强社会治安综合治理的总抓手,抓基层、打基础、建机制、架网络、明责任、强保障,使"枫桥经验"在全省城乡基层单位全面推开,使源头治理焕发蓬勃生机和旺盛活力。诸暨市枫桥区坚持深化"枫桥经验",贯彻矛盾纠纷源头治理的方法,从建立健全基层治保组织、培养基层干部化解纠纷能力,到依靠群众维护社会治安、提升社会治理的法治化水平,实现群众安居乐业和社会长治久安。

"枫桥经验"形成后,诸暨市枫桥区坚持源头治理,将对矛盾风险的处置从事后向事前迁移,在良法善治、民建民享的驱动下,坚持矛盾不上交,建立多元化纠纷解决机制,将违法风险早防范、早发现、早解决,减少违法犯罪案件的发生,使得矛盾纠纷化解在基层,和谐稳定创建在基层。与此同时,坚持以人民为中心,加强社会保障与社区服务;坚持共建共治共享,营造社区居民良性互动氛围;防范化解重大风险,建立风险排查预警机制。从个人到村集体,再到整个社会,"枫桥经验"在维护治安、解决纠纷方面的典型事例比比皆是。实践证明,"枫桥经验"的源头治理成效显著,能够在最大限度内解决群众的矛盾纠纷,维护社会稳定。

"坚持矛盾不上交、就地解决"是目标,"发动和依靠群众"是根本途径,也是"枫桥经验"历久弥新的关键所在。枫桥区坚持和发展新时代"枫桥经验",探索形成的源头治理经验充分发挥了广大人民群众在基层社会治理中的积极作用,进一步畅通和规范了群众的诉求表达、利益协调、权益保障通道,完善了基层群众自治机制,充分调动城乡群众、企事业单位、社会组织自主自治的积极性,构建出人人有责、人人尽责、人人享有的社会治理共同体,激发了基层社会治理新动能。源头治理的矛盾纠纷解决理念让"枫桥经验"在改革开放后的社会治安管理方面取得显著成效,同时在新时代、新发展理念下,源头治理仍能不断焕发新的生机与活力。

4.1 源头治理维护社会治安的实践

4.1.1 枫桥区依靠党委、依靠群众办专政

提要:依靠群众专政,正确处理敌我矛盾,正确处理人民内部矛盾。针对干部、群众的活思想,认真学习中央文件,认真学习"枫桥经验",开展阶

级教育和党的方针政策教育。浙江省公安厅提出参考枫桥区依靠党委、依靠群众专政的经验,治理社会纠纷、化解基层矛盾,改造"四类分子"和其他犯罪分子,并将枫桥区的三个案例作为全省各地学习的经验,分别是"政策兑现,改造有盼头""治安问题自己解决,矛盾不上交""尝到了依靠群众专政的甜头"。枫桥区严格落实政策,为"四类分子"和其他犯罪分子创造了"盼头",化解矛盾的源头,实现基层治安自己保障、源头矛盾自己解决,并探索出依靠群众专政是化解矛盾纠纷最直接有效的方式。

枫桥区依靠党委、依靠群众办专政[1]

公安厅按:

枫桥区依靠党委、依靠群众办专政的经验很好,值得各地参考。从这个经验中看出:要搞好专政工作,必须坚持党委领导,大做群众工作,大抓基础工作。公安机关还要蹲点、搞样板,用实际事例宣传党的方针政策。

依靠群众专政,不仅要正确处理敌我矛盾,还要正确处理人民内部矛盾。两类矛盾的正确处理是互为作用的。正确处理了敌我矛盾,有利于锻炼群众,分清敌我,防止敌人插手人民内部矛盾;正确处理了人民内部矛盾,防止了矛盾的激化,有利于团结绝大多数人,最大限度地孤立敌人。

改造"四类分子"和其他犯罪分子,要正确执行政策,要有适当的方法,要把他们当作人,给他们以希望,要用心地做艰苦细致的教育工作,在政治上启发他们的觉悟,调动他们改造的积极性不要采取简单粗暴、不符合政策的做法。

对于反动阶级和反动派的人们,在他们的政权被推翻以后,只要他们

---

[1] 诸暨县公安局编:《枫桥区依靠党委、依靠群众办专政》,载诸暨县公安局编:《枫桥依靠群众专政的典型材料》,内部出版,1966年1月,第1—11页。

不造反,不破坏,不捣乱,也给土地,给工作,让他们活下去,让他们在劳动中改造自己,成为新人。他们如果不愿意劳动,人民的国家就要强迫他们劳动。也对他们做宣传教育工作,并且做得很用心,很充分,像我们对俘虏军官们已经做过的那样。这也可以说是"施仁政"吧,但这是我们对于原来是敌对阶级的人们所强迫地施行的,和我们对于革命人民内部的自我教育工作,不能相提并论。

这对于反动阶级的改造工作,只有共产党领导的人民民主专政的国家才能做到。这件工作做好了,中国的主要的剥削阶级、地主阶级和官僚资产阶级即垄断资产阶级,就最后地消灭了。

——毛主席:《论人民民主专政》

善于把党的政策变为群众的行动,善于使我们的每一个运动,每一个斗争,不但领导干部懂得,而且广大的群众都能懂得,都能掌握,这是一项马克思列宁主义的领导艺术。我们的工作犯不犯错误,其界限也在这里。

——毛主席:《对晋绥日报编辑人员的谈话》

对于人民的缺点是需要批评的,我们在前面已经说过了,但必须是真正站在人民的立场上,用保护人民、教育人民的满腔热情来讲话。如果把同志当作敌人来对待,就是使自己站在敌人的立场上去了。

——毛主席:《在延安座谈会上的讲话》

在阶级社会中,每一个人都在一定的阶级地位中生活,各种思想无不打上阶级的烙印。

——毛主席:《实践论》

诸暨县枫桥区在社教运动结束之后,为了巩固和发展运动中对敌斗争的成果,区、社党委和大队支部把经常性的专政工作,提到议事日程,定期讨论,各级书记还亲自搞点,针对干部、群众的活思想,通过学习中央文件、运用活教材等办法,进行活的阶级教育和党的政策教育。派出所在区委领导下,大做群众工作,整顿健全治保组织,搞样板,推广先进经验,提高群众斗争水平。一年多来,不仅加强了对敌对阶级分子和犯罪分子的改造工作,还处理了许多社会治安问题,防止了某些人民内部矛盾的激化,使许多消极因素化为积极因素,保卫、促进了生产。

"政策兑现,改造有奔头"

今年一月,各个大队认真地宣传贯彻了"二十三条"。治保干部联系"四类分子"的改造情况,向他们详细讲解了"给出路"的政策。不少"四类分子"反映:"二十三条是明灯,改造更加有信心。"地主胡某某,十多年来一贯表现较好,学习了"二十三条"之后,表示决心好好改造,争取摘掉帽子。二月二十七日,邻居贫农社员家失火,她带着女儿参加扑救,后因火势太旺,延烧成炎,自己家里的东西也被烧光。群众根据她历来的表现和这次救火行为,报请县里批准,摘掉了地主分子的帽子。桥亭大队七十一岁的王某某,十多年来基本守法,社教运动之后,表示要争取"摘了帽子进棺材",经常为集体收拾零散的农具,主动让出自己的房屋给生产队作养蚕室。他发现两头耕牛吃草快要胀死了,立即报告生产队,得到了抢救。支部书记李国民向派出所提出:这样的"四类分子",如果在他临死前把他帽子摘掉,对促进"四类分子"改造是有利的,对争取他们的子女也有利。派出所根据支部的建议,经过群众评价和县里批准,摘掉了王某某的帽子。

这两个"四类分子"摘帽子,是体现党的政策的活教材,派出所把他们的改造经过和维护集体经济的事实,编成材料,发动全区"四类分子"学习讨论。"四类分子"普遍反映:"政策兑现了,改造有奔头。"有的说:"过去我们有个老思想,只想检举个特务来立功,好摘掉帽子,但是,找不到一个特务分子,现在知道要争取摘帽,就要关心集体,积极劳动。"桥上大队杨某某说:"过去我只有人死观,没有人生观,本想把帽子带到棺材里去,现在要好好改造了。"枫溪大队地主分子骆某某说:"救火的机会难得,但总应该做点对集体有利的事。""四类分子"出勤率和农活质量普遍提高,老实守法的增多,有的还主动为集体办"好事",表明自己愿意走社会主义道路。王某某所在大队的十三个"四类分子",为集体办"好事"的有五个。一天夜里,突然下大雨,宣某某担心本队新打的甘蔗田泥墙会被雨水冲坏,起床冒雨拿自己的稻草把泥墙盖好。王某发现早稻苗有的被暴雨打坏,他主动去补好,未向生产队要工分。钟瑛大队七个"四类分子"有四个主动打扫公共场所、修补道路、糊田缺等。骆某某帮助一个外地农民推车上山坡,那个农民说:"同志,谢谢你。"他说:"我是'四类分子',不是同志,你要谢,谢谢毛主席。"

对于"四类分子"侵犯集体利益的处理,一般都能按照党的政策办事,改变了过去的做法。檀溪公社泉四大队坏分子何某某,过去是该公社抗拒改造的"四大金刚"之一。去年春天,他在东溪公社山口大队的山上,偷了一株别人砍倒的桐树,山口大队要罚他三十元。泉四大队支部认为这样做不利于改造,决定对他进行守法教育,按照人民公社六十条规定,要他补种桐树苗,并到山口大队检讨认错。这个意见,取得了山口大队的同意。处理之后,何某某口服心服,说:"六二年偷掰了三个玉米,斗争会上拳打脚踢,还罚二十元,你罚得越重,我偷得越多。这次没打没罚,批评实事求是,我心悦诚服,我要死心塌地接受改造。"

大多数社、队还根据党的政策,教育团结"四类分子"子女,发动他们向"四类分子"做工作。由团支部组织他们学习毛主席的有关著作和报刊上关于他们阶级出身的子女入团、入党的文章。吸收他们参加青年会谈和俱乐部活动(编黑板报、演唱革命歌曲)。思想、劳动确实表现好的,经过党委批准,列席贫协代表会。去年冬季征兵时,好几个大队的"四类分子"子女要求参军,支部为了鼓舞他们,同意他们报名参加体格检查(按照规定的政治条件,一律未吸收)。经过这些工作,多数"四类分子"子女消除了同贫下中农对立的情绪,积极劳动,学习政治,要求上进。有的人原来感到前途渺茫,现在说:"党的政策重在表现,我们的前途有了希望。"对他们父母也进行了教育和监督。桥上大队女地主赵某某,群众向她借蚕匾(养蚕用具),她说:"我本来有的,土改时别人分去了。"她的儿子杨某立即向治保干部报告,说他母亲表现不老实,有复辟思想。西畴大队地主分子陈某,一贯好吃懒做,去年基本上未干农活,今年在儿子陈某某的督促下,参加集体劳动,七个月已做了一千二百个工分。不少"四类分子"见到干部、群众对他们和子女都采取了正确的政策,很高兴,说:"子女的前途、个人的帽子,两大顾虑都解除了,改造更有信心了。"

"治安问题自己解决,矛盾不再上交"

各个大队差不多都有几个懒汉、二流子等不良分子,这些人大多数出身贫苦,他们偷偷摸摸,闹得四邻不安。过去干部对他们是打骂、游街,生活上不予照顾,结果,他们的不良行为越来越严重。现在大队干部和群众,采取启发他们的阶级觉悟,培养他们的自尊心,适当安排劳动,解决生活出路,有进步及时表扬的办法,使不少的人得到改造。有的大队还采取抓重点带一般的办法,改造好了一个不良分子中的"尖子",影响了好几个不良分子改邪归正。据十九个大队统计,三十一名懒汉、二流子,目前显著转变的有二十五名,有的人还成了维护社会治安的积极分子。

流窜犯罪分子的活动,过去干部群众最感头痛,这些人"天当棺材盖,地当棺材底",行动飘忽,找不着、管不牢,只好矛盾上交。今年五月以来,派出所向基层干部和群众宣传毛主席依靠群众专政,矛盾不上交的指示,说明改造这些人的条件和对集体经济的好处,搞通干部、群众的思想;同时说服犯罪分子的家庭和大队干部,落实安置工作。对犯罪分子,既严肃对待,又不歧视,只要本人表示悔改,愿意接受改造,群众又不坚持对他批判斗争,就不批不斗,把"帽子挂在墙上",以观后效。现在已找回的十个流窜犯,有九个已接受了改造。夏湖大队何某某,贫农成分,今年二十一岁,因受后娘虐待,十五岁即外出流窜,曾在上海、杭州和浙赣、沪杭等铁路沿线的其他城镇作案一百余次,在上海市百货公司还扒窃了外国人的二百元钱。先后被上海、杭州等六个市县的公安机关拘留六次,强制劳动、扣押审查、集训七次,劳动教养了二年半,都没有改造好他。四次押回原籍,都不到三天就跑了。群众称他是"劳改坯""国际水平的贼骨头"。今年五月,又被县公安局查获。派出所进行了艰苦细致的群众工作之后,由他的父亲从县公安局把他领回来,一到家就受到了干部、群众的教育和关怀,使他很受感动,第三天即在治保委员徐仁传带领下,参加了劳动,三个月已做了五百多工分。

处理山林纠纷,坚持说服教育,明确所有权,从根本上解决问题。永宁公社新山大队和网山大队因争夺山林所有权,长期闹纠纷,今年三月,酿成了三百多人的械斗。先是派出所、法庭和公社干部训斥压服,没有效果,后又不分是非地进行劝说,仍然行不通。区委书记知道后,亲自带领工作组前去解决。他不是先去指责干部群众,追究肇事的分子,而是首先组织干部、群众学习毛主席的《关于正确处理人民内部矛盾的问题》,启发干部、群众的自觉性,用团结—批评—团结的原则解决。学习后,公社干部检讨了自己一拖二压三和的缺点,大队干部检讨说:"毛主席早有指示,我们带头闹事是不对的。"贫下中农也说:"自己人赤膊相斗,影响生产影响团结,还会给坏人钻空子。"干部、群众的觉悟提高以后,确定了网山大队的山林所有权,问题得到了彻底解决。事态平息后,区委召开了全区公社政法主任、调解干部会议,推广与交流经验,使许多有关山林、生产的纠纷,在酝酿过程中就得到了解决。保安、永宁、枫溪三个公社四十六起纠纷苗头,除了七起由法庭干部参加处理外,其余的都是社、队干部和群众自行解决的。现在不少社、队干部表示:"有些治安问题,我们自己能解决,矛盾不再上交了。"

"尝到了依靠群众专政的甜头"

目前大多数"四类分子"继续向好的方面转化,没有发生严重的违法破坏,原来干部认为不能改造的七十四个"橡皮碉堡"式的"尖子",也都较之前老实守法。他们"在外群众管教,在家子女督促,大势逼人,不改造也得改造"。偷摸、赌博、迷信活动很少发生,社会秩序越来越好。

广大干部和群众经过斗争的锻炼,觉悟程度大大提高,出现了许多自我教育的感人事例。枫溪大队第三生产队贫农陈某某,今年五月偷了集体的少量番茄苗去贩卖,有个社员看到后报告了干部,但没有及时批评。发生问题的当晚,党支部书记组织社员学习毛主席的《反对自由主义》,有的说:"毛主席说,明知不对,也不同他们作原则上的争论是自由主义,这条我也有。陈某某损害集体,当时没有当面批评,这是不对的。"有的说:"毛主席说,有的人只要组织照顾,不要组织纪律。陈某某就是这种人。"陈某某经过一番思想斗争后,当场作了检讨,表示今后一定改正。有的社员又提出要罚他五元钱,支书说:"罚不好。他认错检讨就好了。"

由于许多消极因素化为积极因素,维护了良好的社会秩序,就保卫和促进了集体经济的发展。全区自社教运动以后逐年增产,去年粮食总产量比前年增长了百分之十三点六,今年早稻又获得大丰收,山林、生猪、茶叶、蚕茧等都有显著发展。西畴大队老贫农骆某某说:"现在'四类分子'不敢调皮,他们的子女贴近我们,偷偷摸摸的也少了,消极变积极,积极促生产。"张某某说:"过去我们认为专政工作是秘密工作,只能由公安政法部门来办,事实证明,全党办、群众办比少数人办好。同时还要按照'二十三条'办事。这样,既能分化瓦解大多数,又能打击真正的敌人,还能团结更多的人,搞好集体经济。现在,我们尝到了依靠群众专政的甜头。"目前存在的问题是个别大队对"四类分子"的同工同酬政策和对他们子女的政策,还执行得不好;少数大队治保组织还不够健全,组织作

4.1.2 依靠群众是维护社会治安的根本

提要：绍兴市、诸暨市公安局在调查枫桥区坚持和发展"枫桥经验"情况的过程中提出：依靠群众是维护社会治安的根本，是从源头发现并解决矛盾纠纷的关键。还总结认为："枫桥经验"的基本精神体现了我党的根本工作路线符合群众的根本利益，深为广大群众所拥护。"枫桥经验"是维护基层社会治安、化解矛盾源头的制胜法宝。

依靠群众是维护社会治安的根本
——对枫桥区坚持和发展"枫桥经验"的调查[1]

在1963年社会主义教育运动中，我们枫桥区创造了矛盾不上交，依靠群众力量，加强人民民主专政，把绝大多数"四类分子"改造成新人的好经验，收到了"捕人少、治安好、产量高"的效果，得到了毛泽东同志的充分肯定。27年来，我区的干部群众针对各个时期的不同情况，坚持运用"枫桥经验"的基本精神，依靠群众维护社会治安，收到了案件较少、治安稳定、经济发展的效果。最近10年，全区刑事案件平均发案数占总人口的2.96‰，年平均捕人数占人口的1.46‰，均大大低于绍兴市的比例。而同期全区的工农业总产值则增长了10倍，其中工业总产值增长了90倍。事实反复证明，"枫桥经验"具有强大的生命力。

六十年代初，在国内外阶级斗争十分尖锐复杂的形势下，我们对一大批有严重破坏行为的"四类分子"一个不杀，大部不捕，依靠群众就地改造；七十年代，针对当时社会治安中的突出问题，我们着重帮教流窜犯和其他违法人员，就地消化了许多影响社会安定的因素；进入社会主义现代化建设的历史时期后，

---

[1] 绍兴市、诸暨市公安局联合调查组：《依靠群众是维护社会治安的根本——对枫桥区坚持和发展"枫桥经验"的调查》，1991年4月20日，诸暨市档案馆藏，131-039-022-002。

针对社会治安出现的新情况、新问题,我区的干部群众又摸索出了许多行之有效的新经验,其基本精神是:紧紧依靠基层、依靠群众,加强安全防范工作,就地改造教育有违法犯罪行为的人员,及时把不安定因素消除在萌芽状态或始发阶段,保持社会的稳定,促进经济持续发展。具体可以归纳为"五个依靠"。

一、依靠群众,就地消化矛盾

随着农村生产经营方式和分配方式的变革,山林、水利、宅基、婚恋、经济等纠纷大量增多,往往引发许多治安问题,影响社会安定和经济发展。为此,全区各级党委、政府和政法各单位,紧密依靠群众,运用各种方法,就地解决治安纠纷问题,避免了许多可能导致的恶性案件,基本上做到小事不出村,大事不出乡,矛盾不上交。

(一)建立和完善调解工作网络,开展"三防"竞赛活动。1984年以来,区和各乡(镇)都成立了由区、乡(镇)长,公安员,司法助理员,土管员及团委书记、妇联主任等参加的综合治理办公室,指导基层治安调解组织调处一般治安纠纷,调处重大治安纠纷,厂、村、居委会连片建立治保调解组织,村(居)民小组确定了一批纠纷信息员。从而在全区形成一个纵横连贯的预防、调解纠纷的组织网络。为调动广大治保、调解干部的工作积极性,使绝大部分纠纷解决在基层、解决在萌芽状态和始发阶段,同时还在全区开展了以防民间纠纷引起的非正常死亡、防民事纠纷转化为刑事案件、防民间纠纷发生为主要内容的"三防"红旗竞赛。1986年以来,全区141起可能铤而走险的纠纷,由于信息灵通、调处得力,得到了及时制止和解决。对易发生和多发的山林、水利、宅基等纠纷,采取综合措施,做好预防工作,避免纠纷的发生。针对宅基、房屋纠纷占全部纠纷的35%这一突出情况,我们采取三条措施:一是宅基地实行由乡长一支笔审批,严格把关;二是对申请报告的审核实行驻村干部负责制;三是审批做到"四公开""三到场""一监督"(建房指标,申请户,申请内容,村里批文、乡政府批文公开;村、乡土管组看地基、打样、地基填平后验收到场;聘请人民代表为监督员)。对因审批把关不严而造成纠纷的反面典型,通报全区、扣发有关责任人的奖金。采取这些措施后,收到了较好的效果。1989年共发生宅基纠纷366起,绝对数比1986年下降57.8%,而造房户数则增加一倍。

（二）建立责任制,就地化解矛盾。多年来,我市各乡镇建立了调解责任制,要求村调解的纠纷在90%以上,调解成功率在90%以上。规定凡经村一级移送乡镇调处的纠纷,必须具备四个条件:(1)要有当事人要求上级调处的报告;(2)要有村治保、调解会对纠纷的调查材料;(3)要有村调解的初步意见;(4)要有确实不能调处的理由。这样做,有效地调动和增强了村治保、调解干部的积极性和责任心,使大量的治安纠纷及时解决在基层。1986年至1989年,全区共发生8 806起治安纠纷,由乡、村两级调处的占91.4%。乐山乡自1984年以来发生的412起治安纠纷,全部由乡、村消化解决。

二、依靠群众,就地教育挽救违法人员

枫桥区的干部群众认为,"枫桥经验"说到底是教育人、改造人的经验。因此我们历来把帮助教育违法人员作为一项重要工作来抓。在农村社会结构和生产方式发生重大变化的情况下,对帮教对象的集体约束减弱、帮教难度大,但我们坚持依靠群众的力量,尽可能就地教育改造有轻微违法犯罪行为的人。1980年以来,全区754名帮教对象中,已改好或基本改好的有535名,占71%。

1. 落实帮教力量,健全帮教制度。多数村都针对不同的帮教对象组成了由治保干部、党员骨干和离退休老同志参加的帮教小组,经常性地开展帮教活动。帮教小组成员不定期地交流汇报情况,商讨帮教对策。有的村还让帮教骨干与帮教对象结成对子,实行一对一包干帮教。有的村建立了党员联系户制度,每个党员联系一户有违法人员的家庭,会同家庭成员进行帮助教育工作。

2. 对症下药,因人施帮,引导帮教对象走勤劳致富的道路。针对不同帮教对象的具体情况和个性,帮教人员注意与帮教对象建立感情,增强信任感,以便针对其思想状况,有的放矢地进行谈心教育。帮教工作中,我们十分注意帮助帮教对象解决婚姻、住房等实际问题。对已经有所转变的帮教尖子,巩固帮教成果,防止反复。枫桥镇钟瑛村骆某某,六十年代曾以"破缸而逃"闻名,生产责任制落实后,由于缺少生产技术,生活困难,思想波动。帮教人员发现后,在反复细致地做其思想工作的同时,帮其买来鱼种,手把手教他养鱼,治保主任还叫他到自己办的炒货店做工,增加收入。当他妻子产后大出血住院时,村里的干部群众又给予经济资助,还多次派人看望。骆某某对此深受感动,很快稳定情绪,几年来再没有出现反复。在乡、村和帮教人员的扶持下,1980年以来,全区已有113名帮教对象成为各类专业户。赵家镇赵三村赵某某,1980年高中毕业后到处游荡,1981年落实帮教后,在对其进行思想教育的同时,镇村帮他贷了款,承包了集体拖拉机,走勤劳致富的道路,又帮其找对象,建立了美满的家庭,至今赵不但自己遵纪守法,而且还多次挺身而出制止斗殴事件,积极协助维护社会治安。

3. 适应新的形势,积极探索帮教对象外出务工、经商时的帮教管理措施。枫桥的帮教对象中,目前约有20%外出务工经商。对这些人如何做好帮教工作,枫桥区干部群众作了有益的探索。在帮教对象外出前,帮教人员对其进行思想、法制教育,打"预防针"。有同行人员的,在同行人员中物色帮教人员,或者布置帮教对象的师傅、负责人对其进行帮教。同时要求他们的家长、亲友经常与其通信联系,多加提醒、劝导。帮教对象回村时,及时找他们了解情况,对他们的表现进行考评。由于采取了这些措施,几年来,尚未发现帮教对象在外进行违法犯罪活动的情况。

4. 对违法违纪的职工,坚持留在单位内部进行挽救。枫桥粮管所以"菩萨心"帮教本单位的违法青工,1987年以来,3名帮教对象已有2名基本改好,另一名也有明显转变。如青工钱某曾因旷工受过处分,后又挪用公款,事情败露以后外流,靠摆棋摊、搞"摸彩"混日子。上级主管部门明确提出将其除名。对这样屡教不改的人,粮管所领导经过慎重考虑,认为还是应当"再拉他一把",不能把他推到社会上去。于是,该所在报上刊登寻人启事,把钱某找了回来,一方面严肃批评,给予开除留用察看两年的处分;另一方面建立领导、职工、家长三结合的帮教小组落实帮教。钱某为领导的一再挽救所感动,决心改过自新,做好本职工作。此后,钱某月月出满勤,脏活累活争着干,去年受到了所里奖励。

5. 动员社会力量,努力做好"两劳"回籍人员的安置工作和接茬教育。对"两劳"回籍人员,坚持哪里去由哪负责安置,落实帮教的原则,使近几年回籍的136名"两劳"人员,都得到了较好的安置。枫桥镇钟瑛村陈某某刑满释放后,由于腿有残疾,生活比较困难,村里积极与镇有关部门联系,安排他做街道清扫工作,并让其兼管村里的山林,使他生活有了保障。陈工作认真负责,去年还被评为先进工作者。对正在服刑或劳教的人员,则把工作做在前头,为其安心改造创造条件,为安置做好准备。乐山乡石碛口村金某某因盗窃被判刑,其妻因家庭生活困难曾产生离婚的念头。村干部得知后,立即做金妻子的工作,并争取了一个名额把她安置进乡办厂做工。金的妻子很受感动,不但打消了离婚的念头,还把这些情况写信告诉了金,鼓励他好好改造。村里也派人到劳改农场,协助劳改单位做金的工作。从此,金安心改造,表现较突出,被提前一年释放。

三、依靠群众,加强公复场所的治安管理

商品经济的发展,带动了农村集镇的发展和繁荣,枫桥区2个建制镇中就有市区属企事业单位232个,各类商店275家,个体摊贩300多家,机动车288辆,每天公共汽车通过上百班次,还有自行车12 000多辆,电影院、溜冰场等各种娱乐场所10多家,每天流动人员达25 000多人。因此,加强公共场所的治安管理,对全区社会治安稳定有举足轻重的作用。自1986年来,枫桥区依靠群众,加强公共场所治安管理,突出地抓了以下几项工作。

一是抓好专业化、系统化管理。在枫桥、赵家两个建制镇健全了综合治理办公室,下设镇治安调解、街道治安执勤、镇容镇貌和市场管理四个组,还建立了镇联防队和义务消防队。在各小商品市场、农贸市场建立了市管员,停车场

建立了交管员,对个体机动车统一建立车队,纳入管理,并制定了交通管理、专业市场管理、公共复杂场所安全保卫等方面规章制度,使各项管理有章可循。

二是严密社会面的控制。白天主要依靠市管员、交管员及车站、饭店、旅馆等部门的干部职工加强控制;晚上则组织治安巡逻,加强门卫值班制度。枫桥、赵家派出所还在群众中物色了35名暂住人口协管员,对1 500多名暂住人口进行登记、管理。同时,还建立了一支治安信息员队伍,及时掌握治安动态,增强了控制社会面的能力。

三是组织离退休人员,参与社会治安管理。1984年起,在区和镇党委的关心和支持下,两建制镇都成立了离退休干部职工委员会,把400多名离退休干部职工组织起来,运用他们丰富的社会经验和在群众中的威信,积极参与交通、市场和娱乐场所管理,及时调处各类治安纠纷和其他治安问题。近几年来,他们共调处各类纠纷300多起,为维护社会治安作出了积极贡献。

四、依靠群众,加强内部安全防范

现在,乡镇企业已成为枫桥经济的重要支柱,保卫乡镇企业的生产经营安全,已成为安全保卫的一项重要任务。因此枫桥区本着"谁主管、谁负责"的原则,紧紧依靠各企业事业单位和广大职工群众,建立健全了内部安全保卫工作机制。

首先,自上而下建立企业治安保卫组织。区工办成立了安全委员会,负责指导全区乡镇企业的安全保卫工作;乡、镇工办设立了专职保卫干部;17家产值在50万元以上的企业,设立了专职保卫干部或成立治保会;村办企业、个体联办企业,由村治保干部进企业兼职,与企业共同抓治保工作。

其次,建立企事业单位安全保卫责任制。根据企事业单位的不同特点,明确从企业领导到车间、科室、班组、职工各自的治安保卫职责,作为考核干部、职工实绩的一项重要内容,使治安好坏与企业、职工的经济利益挂起钩来,做到与生产、经营同部署、同检查、同考评。各企业还根据国家有关规定,经职工充分讨论,制定内部安全保卫制度,作为厂规付诸实施。

最后,立足"打防结合",预防突出重点。在治安保卫工作中,枫桥区始终认真坚持以防为主的方针,把工作重心放在做好预防工作上。他们根据各个不同时期的治安特点,经常开展以防盗、防火、防破坏、防治安灾害事故为内容的"四防"安全检查,发现隐患漏洞,及时整改。派出所把全区18家骨干企业列入重点保卫单位,狠抓安全防范措施落实。金融系统采取人防与技防相结合的做法,并与驻地乡建立联防,做到一方出事,八方支援。由于狠抓了企业的安全防范工作,1984年以来,全区乡镇企业没有发生重大盗窃案件,生产、生活秩序良好,产值稳定上升。1989年在大都经济滑坡的情况下枫桥区仍比1988年增长4.3%。

五、依靠群众,协助公安机关查破刑事案件

枫桥区的公安机关在工作实践中,十分注重教育群众、发动群众,把广大群众渴望社会治安稳定的良好愿望引导到为社会治安作贡献上来。因此,枫桥区的群众尤其是基层治保干部已养成了一种习惯,只要发生案件,就会立即保护现场,调查访问,想方设法提供案件线索;公安机关传讯审查或拘捕人犯,就会主动提供协助。1986年以来,全区群众共向公安机关提供各类违法犯罪线索205条,协助公安机关抓获违法犯罪分子33名。

1989年5月9日晚,东一乡葛村葛某永家被窃,治保主任葛某尧接到报案后,立即会同治保干部保护现场,在报告派出所的同时,进行现场查问,很快发现了作案嫌疑对象葛某某。经派出所审讯,葛交代了作案过程,并带破了放火、盗窃等24起案件。

1989年9月24日凌晨,7名犯罪分子在诸暨城关杀人后潜逃,枫桥派出所接到诸暨市公安局指令,立即沿绍大线设卡查控。当发现这伙犯罪分子乘公共汽车向绍兴逃窜时,两辆个体客车的司机便主动邀公安干警上车追捕。在群众的配合下,迅速把公共汽车上的5名犯罪分子抓获。另2名逃往山上的犯罪分子也在当地200多名群众围追堵截下,被迅速缉拿归案。

27年来,"枫桥经验"之所以能坚持下来,并在新的历史时期得到丰富和发展,主要在于:

——"枫桥经验"的基本精神体现了我党的根本工作路线符合群众的根本利益,深为广大群众所拥护。

党在长期斗争中创造和发展起来的相信群众,依靠群众,从群众中来到群众中去的群众路线,是党的根本工作路线,是党的优良传统和政治优势。"枫桥经验"基本精神正是这一根本工作路线的具体体现。

六十年代初,在国际国内十分尖锐复杂的阶级斗争形势下,对有严重破坏活动的"四类分子",一个不杀,大部不捕,依靠群众,就地把他们教育改造成为自食其力的劳动者,取得了捕人少、治安好、产量高的可喜成效。充分体现了党根本工作路线的威力,也体现了广大群众的根本利益。

面对当前日趋复杂的社会治安形势,坚持依靠群众,及时调处民间纠纷和治安问题,在预防犯罪上下功夫,在教育挽救人上下功夫,做到就地解决,矛盾不上交,达到案件较少,治安稳定,经济发展的要求。促进了家庭和睦、邻里团结,进一步密切了党群关系,也有利于稳定大局,实现社会的长治久安。

同时,"枫桥经验"的基本精神与严格执法也是相辅相成的,它体现了我国《宪法》所规定的社会主义制度下人民当家作主的性质,体现了人民民主专政的基本原则和惩办与宽大相结合的一贯政策,有利于化消极因素为积极因素,团结一切可以团结的人,齐心协力搞好社会主义建设。

——枫桥区的党政领导十分重视社会治安工作,形成了按"枫桥经验"办事的传统。

为了抓好社会治安工作,在枫桥除从区到乡(镇)都建立了社会治安综合治理领导小组,加强社会治安工作的领导外,在选配公安员、司法助理员时,区委总是反复研究,精心挑选,力求配齐配强。全区有14名公安员由政法副乡长或党委委员担任。司法助理员大都是退居二线的乡、镇主要领导担任。对重大的治安问题,则由党委、政府统一协调,做到突出问题集中抓,疑难问题直接抓。1989年5月,区委、区公所对全区12起纠纷难案,抽调30名区乡干部,组织6个工作组,分别由区委书记、区长等领导带队,到7个乡13个村作蹲点调查,从而使这批纠纷得到了圆满解决。多少年来,由于上上下下形成了按"枫桥经验"办事的传统。尽管区、乡(镇)领导几经变动,但他们坚持"枫桥经验"的工作作风却一直没有变。

——政法部门坚持专门工作与群众路线相结合的方针,较好地发挥了职能作用。

枫桥区的公安派出所、人民法庭、司法特派员在党委、政府领导下,紧紧依靠群众,以维护全区社会稳定,保障经济发展为己任,紧密配合,互相尊重,各司其职。一是经常分析、预测治安形势,主动向党委、政府提出工作建议,并具体组织实施,当好党委、政府的参谋和助手;二是在坚持依法从重从快打击严重刑事犯罪活动的同时,坚持贯彻少捕、少判、少处罚的执法指导思想,立足于教育人、挽救人;三是切实转变工作作风,变等案上门、坐堂办案为主动服务、积极配合,协助乡、村解决疑难纠纷,立足于把矛盾解决在基层和萌芽状态;四是扎扎实实抓好治保、调解组织和各种群防群治队伍建设,提高群众自防自治能力,共同维护好社会治安。

——有一支素质好、战斗力强的以治保、调解组织为主体的群防群治队伍。

枫桥区的基层治保调解干部以高度的责任感和无私奉献精神,兢兢业业、默默无闻地战斗在维护社会治安的第一线,长期以来,他们任凭风云变幻,始终毫不动摇地坚持"枫桥经验",为丰富和发展"枫桥经验"自觉作贡献。视北乡综合治理办公室63岁的调解干部任开煊,他以"有一分热就要发一分光"的无私奉献精神,近十年来,风里来雨里去,跋山涉水,为群众解决700余起纠纷。乐山乡大祝村胡仕明,自办锯板厂,年收入上万元,1987年当选村主任兼治保主任后,为了做好工作将厂子转让给他人经营,每年仅此一项,就少收入6 000余元。新枫乡先进村治保主任骆仁潮承包的鱼塘、农作物、家禽多次遭人报复破坏,但始终没有动摇他干治保工作的信念。

为了不断提高治保调解干部的素质,提高战斗力,各乡镇和公安政法单位在抓好综合治理办公室、联防队、义务消防队等群防群治队伍建设的同时,每年都对村级治保调解会进行调整和充实,注意从成员的年龄、文化程度等方面进行优化组合,从而使治保调解组织始终充满生机和活力。

——维护社会治安与加强社会主义精神文明建设紧密结合起来,把立足点放在提高群众的素质上。

几年来,枫桥区一手抓治安管理,一手抓对干部群众的思想教育。全区利用乡镇党校、成人教育中心,对5 000多名党员、干部进行培训,向8.3万多名群众进行了法制教育,还举办了有9 000多人参加的法律知识竞赛。1986年以来,深入开展了"刹三风、评三户"活动。1989年,全区有107个行政村和单位被评为市级以上文明村(单位),84.7%的户被评为双文明户、五好家庭和爱国守法户。同时,有6个乡镇建立了18个移风易俗理事会、婚丧喜事服务队和禁赌协会,促进了社会风气的好转。

在加强社会主义精神文明建设中,枫桥区十分重视青少年的教育工作。他们在抓好学校教育的同时,重视与学生家长的配合,抓好家庭教育;在抓好中小学教育的同时,抓好幼儿教育。中小学生勤奋好学,争做好学生已蔚然成风。公安政法单位和共青团、妇联等组织,从各自的职能出发,加强对青少年的法制教育和家庭教育。宣传文化等部门加强了文化市场管理,为青少年提供了健康有益的精神粮食,全区青少年广泛开展学雷锋、学赖宁、读好书、唱好歌、做好事活动,激发了广大青少年为人民服务的自觉性和积极性。

任何有生命力的事物都不是凝固不变的。"枫桥经验"的生命力,也在于它是随着历史的发展而不断丰富其内容。完全可以相信,随着形势的发展变化,

"枫桥经验"将不断放射出夺目的光彩。

4.1.3 枫桥镇司法所：深化"枫桥经验"，维护农村稳定

提要：枫桥镇司法所在党委、政府和市司法局的领导下与多部门密切配合，联合执法，走群众路线，积极发挥基层司法所的源头治理职能，走出了一条实现农村经济发展和社会稳定的成功之路：一是以人为本，强化教育，着力营造一个良好的思想环境；二是健全网络，强化基础，着力营造一个稳定的社会环境；三是完善制度，依法治镇，着力营造一个良好的法治环境。

全面履行工作职能，积极深化"枫桥经验"，切实维护农村社会稳定[1]

我们枫桥镇位于"西施故里"——诸暨市东部，是首批浙江省历史文化名镇、省东海文化明珠镇、省体育先进镇，历史悠久，人文荟萃，既是一代画宗陈洪绶的故里，又是当代大禹——全国水利战线特等劳动模范梁焕木的家乡。现有镇域面积100平方公里，其中集镇建成区2.5平方公里，辖46个村、1个居委会，总人口4.6万。

60年代初，枫桥的干部群众创造了"发动和依靠群众，坚持矛盾不上交，就地解决，实现捕人少、治安好"的"枫桥经验"。毛泽东同志亲笔批示，中央先后两次批转，成为全国政法战线的一面旗帜。

改革开放以来，我们司法所在镇党委、政府和市司法局的领导下，与派出所、法庭等有关部门密切配合，齐抓共管，积极发挥基层司法所的职能作用，继承和发扬"走群众路线"这一"枫桥经验"的精神实质，不断探索新形势下"深化"的新路子，从而形成了鲜明的时代特色，即"党政动手，各负其责，依靠群众，

---

[1] 诸暨市枫桥镇司法所：《全面履行工作职能，积极深化"枫桥经验"，切实维护农村社会稳定》，全国政法综治宣传工作会议交流材料，1998年10月28日，诸暨市档案馆藏，088-019-009-023。

化解矛盾,维护稳定,促进发展,做到小事不出村,大事不出镇,矛盾不上交",保持了社会治安持续稳定,17年没有发生重大群体性上访闹事事件、没有发生凶杀案件、没有因民间纠纷调处不当激化刑事案件。近6年来,枫桥刑事案件发案数一直控制在总人口的万分之八左右,年捕人数没有超过万分之二,被中央社会治安综合治理委员会授予综合治理工作先进集体称号。枫桥镇经济也走上了超常规快速发展的轨道。1998年,实现国内生产总值7亿元,农民人均收入6 025元,综合经济实力进入全市十强,绍兴市30强之列,跨入绍兴市首批小康镇。成功实践了邓小平同志的"两手抓,两手都要硬"的理论,走出了一条社会稳定、经济发展良性互动的新路子,得到了中央、省、市有关部门领导的高度重视和充分肯定,省委书记张德江作了重要批示,发文要求在全省学习推广。最近,《人民日报》头版头条刊登了介绍"枫桥经验"的长篇通讯,同时配发本报评论员文章。"枫桥经验"再次走出诸暨、走出浙江、走向全国。

浙江省委副书记周国富在学习推广"枫桥经验"的动员会上指出:学习推广"枫桥经验",如果没有司法所和"148"法律服务专用电话,那就好比一张桌子缺了一条脚。我镇司法所在重视自身规范化建设的同时,尽力化解社会矛盾,努力促进当地经济发展,在履行职责过程中尽心尽力,以人为本,依法治镇,成为化解民间纠纷的"老娘舅",镇委、镇政府的"左右手",为实现农村经济发展和社会稳定的良性循环走出了一条成功之路。

一、以人为本,强化教育,着力营造一个良好的思想环境

群众素质的高低直接关系到农村的稳定,在这方面,我们枫桥也深有体会。前些年,由于少数群众素质不高,目光短浅,引起一些不必要的上访,不但影响了社会稳定,并且制约了一些村级集体经济的发展。而要全面提高群众的素质,关键在于教育,最主要的还是加强法制教育。对此,我们一是科学规划,把法制宣传列为精神文明建设的重要目标之一。制定了"三五"普法规划,每年度详细制订实施计划,以司法所为主,负责组织指导、检查落实。二是重点抓好

镇、村两级干部的法制学习。根据镇、村干部的工作需要,从依法行政、依法管理的角度出发,每年对镇、村、企业干部进行一至二次法律知识培训,并组织考试,考试成绩与工作考核挂钩。1997年以来,我们先后组织了《行政处罚法》《刑法》《刑诉法》《社会主义法制建设基本知识》《合同法》等法律法规和《森林法》《农业法》《防洪法》等专业法律法规的普及培训,订购各类法律书籍8 000余册,举办各类普法培训10多期3 000余人次,使这项工作走在了全市的前列。三是积极采用多种形式,认真抓好全民普法。首先是利用黑板报、宣传窗、广播电视、宣传车等传统形式,向全镇群众进行普法教育;其次是每年一次举办法律知识竞赛,利用农闲季节以司法所、派出所、法庭为主,其他部门配合,由镇4个工作片和11家较大的企事业单位,组成15个代表队,进行法律知识擂台赛,实况录像,在全镇有线台播放,每年都引起一个广泛的学法热潮。

在抓好本地群众普法工作的同时,我们不放松对外来人员的教育。目前,外地来枫桥打工的约3 000人,为使普法不留死角,我们帮助步森、海魄等私营企业,对外来人员采取公寓式管理,实行集中住宿,不仅让他们学技术,而且组织他们学文化、学法律,使他们8小时内是遵纪守法的职工,8小时外是文明守法的公民。海魄服饰有限公司还投资5万余元,办起了阅览室、图书室和企业报,在企业全面开展"读好书、干好事、做好人"活动。由于法制教育的扎实开展,从根本上增强了基层干部的学法责任心、自觉性,法律素质不断提高,公民的文明程度和遵纪守法的自觉性也普遍增强,促进了村民邻里讲理解、讲谅解、讲和睦新风尚的形成。

二、健全网络,强化基础,着力营造一个稳定的社会环境

市场经济条件下影响农村稳定的主要因素还是大量产生的人民内部矛盾,解决这些矛盾不能依靠专政手段,而必须依靠群众,就地化解。这对新形势下,全面加强基层司法行政组织建设,充分发挥人民调解和基层帮教的作用提出了新的更高的要求。对此,我们积极采取措施,全面加强了各项基层基础工作:

第一,重视抓好镇司法所建设。针对新的形势,镇党委、政府一班人感到要做好农村稳定工作,必须把司法所建设摆到与公安派出所、法庭同等的地位来看待。为此,镇党委、政府针对司法所业务工作需要全面调整充实了组成人员,同时,克服办公用房紧张的状况,为司法所分别设置了办公室、调解室,镇里每年安排数万元用于司法所规范化建设和开展工作之需,在交通工具方面,镇里也给予了重点倾斜。

第二,认真抓好调解网络建设。为全面履行职能,我们健全了村(企)调委会、办事处调解小组、司法所三级调解网络。同时,针对枫桥经济发展迅速、企业内部纠纷增多的实际,1995年起着手建立了企业调解委员会,现职工人数在100人以上的所有集体、个私企业已全部建立调委会,调解小组建到车间班组。并组建好各类群防群治组织,引导他们经常性开展活动。目前,全镇有各类调解组织76个,其中村调委会46个、居民区调委会1个、企业调委会29个,有调解员245人。

第三,积极抓好预测预防工作。为增强化解矛盾的主动性,司法所坚持每月一次集中摸排不安定因素,并建立了215人的信息员队伍,发现问题,及时报告并采取措施,重点疑难问题写出专题分析报告及时向党委、政府汇报。坚持抓小、抓早、抓苗头,注意把握规律,突出抓好与农民生产、生活密切相关的纠纷预防。

第四,重视建立科学的民调工作运行机制。一是建立主要领导责任机制。我们规定由司法所长、办事处治调小组组长、村调委会主任对司法调解工作负总责,并把司法调解工作写入社会治安综合治理目标管理责任书中,与各办事处、村层层签订责任书,明确目标,落实责任。二是建立协同工作机制。实行纠纷分级管理制度,采取镇、片结合,以村为主的办法,一般纠纷要求村调处,疑难纠纷由包村干部、办事处治调小组协助调处,重大疑难纠纷及跨办事处的纠纷由司法所负责调处。三是建立奖惩激励机制。制定考核办法,实施"量化工程",加大对村(企)调委会考核力度,并把考核与经济利益、政治荣誉挂钩,搞好表彰奖励。近年来,每年开春后召开的第一个大会就是表彰大会,还组织先进调解干部外出旅游,充分调动了调解干部的积极性。通过健全运行机制,进一步规范了司法调解工作,落实了责任,消除了互相推诿、扯皮,提高了工作效率。1993年以来,共发生纠纷2 276起,调处成功2 188起,调处成功率96.13%,其中有90%在村一级得到解决。基本做到了"小事不出村,大事不出镇,矛盾不上交"。

第五,积极负责抓好"两劳"回籍人员安置帮教工作。为减少"两劳"回籍人员重新犯罪率,促进社会稳定,镇成立了安置帮教工作站,各村(企)也相应成立帮教小组47个,司法所每年年初组织全面调查,每季组织重点核查,年末组织回头复查,做到底子清、情况明,并及时调整帮教人员,落实帮教措施。安置帮教工作,基本实现了组织建设网络化,档案管理规范化,帮教工作制度化,安置就业多元化。通过真诚挽救、真情感化,做好耐心细致的帮教工作,许多帮教对象不但没有重新滑向犯罪的深渊,而且不少人入了团、入了党、致了富。5年来,司法所共对82名对象实行帮教,对所有对象落实了责任田,其中30名还安排在企业就业,安置帮教率达100%,好转率为94.5%,重新违法犯罪率仅为1.5%。同时,司法所人员还凭着一种强烈的责任感,把帮教工作做到监狱内,感情联络在刑满释放前,取得了显著的成效。

第六,充分发挥基层法律服务职能。为减少各种纠纷,减轻经济损失,维护当事人权益,近年来,司法所加强了对法律服务所的指导和管理,在具体工作中,一是重视发挥他们对镇党委、政府在重大问题决策过程中法律顾问的作用,尽量减少决策失误,努力避免产生新的纠纷因素。二是引导服务所投身经济建设主战场,发挥他们对企业在体制转换、投资融资、经济往来中的法律监督和服务作用。三是依托他们植根农村贴近农民的优势,鼓励他们积极为"三农"提供优质的法律服务。近5年来,枫桥法律服务所为当地企业和人民群众代理各类案件1 810件,调处生产经营性纠纷183件,无偿提供法律援助31件,每年担任常年法律顾问70家左右,为枫桥社会的稳定及经济的发展立下了汗马功劳。

三、完善制度,依法治镇,着力营造一个良好的法治环境

土地管理、村级财务和干部作风问题,多年来一直是群众反映强烈的热点问题,也是导致一些地方纠纷居高不下的主要原因。解决这种状况,必须在产生问题的根源方面找出路,重点是加强基层民主政治建设,积极稳妥推进依法治理进程。根据诸暨市委《关于开展依法治市的决定》,镇党委于1997年上半年提出《开展依法治镇的决定》,司法所代表镇党委制定了《依法治镇五年规划》,拉开了我镇开展依法治理、加快基层民主法制建设的帷幕。对此,我们一是周密制定《依法治镇若干规定》。规定包括总则、工业经济管理、农业经济管理、社会秩序管理、村镇建设土地管理等章节,根据法律、法规的要求,把与人民群众切身利益密切相关的有关计划生育、义务教育、殡葬改革、土地、水利、山林、村民建房、电水设施保护等问题加以具体化、条例化,便于广大群众对照执行。同时,各村、居、厂、店、校、街、小区配套制定相应的自治章程、规章制度,以此为依据,在基层一线全面开展依法治理工作。二是积极开展各项专项治理。几年来,我们紧紧围绕党委、政府的中心工作,抓热点、攻难点,适时依法开展专项治理,积极运用法律手段解决突出问题,较好地形成了依法治理的氛围和气候。比如去年针对基层干部挪用公款、拖欠承包款的严重问题,我们从解决党员干部拖欠公款入手,开展了清理整顿村级财务专项行动,仅用一个月时间,就清理回收村级干部贪污挪用资金30余万元。针对集镇脏、乱、差、交通混乱的情况,今年第三季度,我们会同政法各家和有关部门开展了集镇交通卫生专项整治行动,短短一个星期,街区卫生由脏变净,交通秩序由乱而治,体现了经济强镇的风貌,深受群众的欢迎。三是全面推进村务公开。过去干群之间的矛盾主要是由隐性操作引起的,有些村干部往往是好心办坏事,办了好事说不清。为此,我们镇确定每年3月28日为村务公开日,对各村一年来工作实施情况、财务收支情况,完成各项指标状况进行全面细致、具体、准确地上墙公布,并集中解答村民的疑问。对其他集体项目投资、宅基地审批、计划生育指标、水电费收缴等村民比较关心的内容分月分季向村民公开,接受群众监督。村务公开后,"给群众一个明白,还干部一个清白",既消除了群众疑虑,调动了群众参与村务管理的积极性,又加强了村干部廉政建设,减少了干群矛盾,密切了干群关系,对维护农村稳定、促进经济发展起到积极作用。

4.1.4 城关镇:深化"枫桥经验",创平安社区

提要: 中共诸暨市城关镇党委、政府在社会主义市场经济条件下,分别从四个方面入手,强化基层基础建设,深化社会治安源头治理:强化责任意识,加强领导;健全组织网络,强本固基;完善运行机制,齐抓共管;坚持点面结合,整体推进。该镇在建设新型乡镇和新型社区过程中,通过群防群治、基层自治的方式,实现源头治理,维护社会稳定发展;依靠基层干部群众,建立、完善了预防和化解矛盾纠纷的工作机制,努力使矛盾化解在起始阶段、消除在萌芽状态,从而降低了全镇大小案件发案率,创建平安社区。

深化"枫桥经验",创平安社区[1]

领导、同志们:

随着经济、社会的快速发展,城关镇区域面积不断扩大,城市面貌日新月异,现代化新兴中等城市已初具规模。近年来,城关镇党委、政府积极探索社会主义市场经济条件下,城市社区安全文明建设的新途径,以深化"枫桥经验"为契机,以"四创建"活动为抓手,强化基层基础建设,深化社会治安综合治理,为建设新型镇乡、新型社区迈出了新步伐。今年1—8月,全镇刑事发案率22.4/

---

[1] 中共诸暨市城关镇党委、城关镇人民政府:《深化"枫桥经验",创平安社区》,1999年10月20日,诸暨市档案馆藏,101-045-007-013。

万、重大刑事发案率4.94/万、犯罪率6.2/万、违法率9.75/万,群防群治,成效显著。现将我镇深化"枫桥经验",创平安社区的基本实践和体会向大家汇报如下:

一、强化责任意识,加强领导

近年来,我们始终把维护城关稳定摆在党委、政府工作的重要位置,以高度的政治责任感和使命感,自觉履行维护稳定、保一方平安的政治责任。镇、办、村层层建立社会治安综合治理领导组织,党政一把手亲自抓综治工作。为了强化责任意识,今年,镇—办—村(居、单位)层层签订社会治安综合治理目标责任书,形成了一级抓一级、一级对一级负责的工作机制。3月我们实行了联村(居)干部包治安、包稳定责任制,并将考核结果作为干部评优、晋级、提拔的重要依据。我们还成立了深化"枫桥经验"督查组,统一协调、指导、督查全镇社会治安综合治理工作、民间纠纷、上级移交的信访案件,以及群众反映的政务、村务公开,民主管理等热点难点问题的调处工作,督查结果与干部岗位目标责任制考核相挂钩。

二、健全组织网络,强本固基

首先,我们始终把以党支部为核心的村(居)治调组织建设作为创平安社区、维护社会稳定的中心环节来抓,根据精干高效原则,全镇已在村、居委会和企事业单位建立治保调解组织262个,配有治保调解干部786名。为使新一届村级班子和治调干部尽快进入角色,提高工作水平,镇里专门举办了两期培训班,邀请市委组织部、市司法局和法制局领导对村主职领导及全体治调干部进行上岗前的思想政治教育和法律业务知识辅导,以增强其工作责任感和自觉性,提高依法管理、秉公办事的能力和水平,为搞好社区治安工作提供可靠的组织保证。

其次,我们注重加强群众自治组织队伍建设,加固人防、物防、技防"三位一体"的防控工程。以人防为核心,全镇共建立三护队131支、队员703人,三护队员在公安派出所统一组织指挥下,积极开展治安巡逻,设点守望。以物防为手段,我镇先后拨出40多万元专款,筹集社会资金40多万元,加强硬件防范设施建设。到目前为止,全镇已建立封闭型、半封闭型安全小区108个,设置治安值班室117个,在开放型小区建立治安岗亭26个,公安派出所在5个农村办事处都建立了民警值班室,实行警民联防。以技防为措施,我们在企事业单位的重点要害部位设置防盗门窗,保险箱装甲化的基础上,安装电脑自动报警装置,并已着手在城区主要出入口和街道重点部位设置监控系统的筹备,以形成全方位、多层次的安全防控大格局。

三、完善运行机制,齐抓共管

近年来,我们坚持"枫桥经验"的基本精神,依靠基层干部群众,建立、完善了预防和化解矛盾纠纷的工作机制,努力使矛盾化解在起始阶段、消除在萌芽状态。今年上半年,我们组织了两次大规模的社会不安定因素集中排解活动,对矛盾和纠纷,我们实行分级负责、分片包干、任务到人的责任制,限期解决,并将其列入干部年终工作目标责任制考核内容。我们建立了社会治安综合治理联席例会制,政法、公安、法庭、工商等部门每季一次定期分析预测社会治安和不安定因素,研究工作方法,制定工作措施。为从源头上堵塞违法犯罪,我们会同公安派出所加强了暂住人口和出租私房的管理,严格登记发证,出租房实行订牌公示,并与房主签订治安责任状,积极控制外来人口犯罪。本着抓早、抓小、抓苗头的原则,我们在原来基础上,在各村又发展了一批治安、信访信息员,及时捕捉可能发生突发性事件的苗头性、倾向性信息,及时报告,及早处置,力争做到"小事不出村,大事不出镇"。通过我们不懈的努力,成效显著:今年1—8月,共发生各类民间纠纷57起,受理调处率100%,调处成功率96.5%;信访、上访案件比去年同期下降36.5%,并呈逐月下降态势。

四、坚持点面结合,整体推进

在创安活动中,我们始终坚持"党政领导,综治牵头,公安指导,部门配合"

的原则,以点带面,不断提高创安工作的质量档次。在抓好创安工作覆盖面的同时,我们更注重抓好各类示范小区的培植和发展,临江居委会、水电局住宅小区和金鸡山后村等先后成为安全小区、治安安全村的示范点。今年,我们又选择海越花园住宅区等作为安全文明示范样板小区,促进全镇创安工作向更高层次推进。为深化创安工作,我们在城西占家山村组织了"看好自己的门,办好自己的事,管好自己的人"为主要内容的"安全文明户"创建试点。经过宣传发动、摸底调查、总结评定,全村 98.3%的家庭达到安全文明户标准。我们感觉到,"安全文明户"创建活动,既丰富了基层安全创建的内涵,更能增强村(居)民的自我防范意识,提高村民遵纪守法自觉性和精神文明整体水平。今年年初,我镇会同市民政局在艮塔居委会开展了以"结社区情,暖万家心,帮万家难,解万家愁"为服务宗旨的现代社区文明建设试点。在上级领导和社会各界的关心、支持下,集管理服务于一体、文化娱乐设施相配套的现代文明小区已基本形成,受到居民群众的普遍欢迎。我们决心,经过三年努力,使每个小区基本成为设施配套齐全、管理规范有序、服务功能完备的现代化安全文明小区,促进社区经济和社会环境有机统一。

领导、同志们,城关镇深化"枫桥经验",创平安社区,在上级领导和有关部门的关心支持下,取得了些许成绩,得到了有关部门的肯定,1997 年在全省创安工作会议上作了典型发言。回顾我镇的创安工作,我们深切地体会到:创平安社区,"枫桥经验"是武器,领导重视是前提,公安支持是关键,队伍建设是保证,群防群治是根本。分析我镇的创安现状,形势依然严峻,与兄弟乡镇相比仍有一定的差距,工作仍需努力。我们将以这次大会为契机,取人之长,补己之短,不断深化"枫桥经验",再接再厉,开拓创新,促进我镇创安工作健康有序发展,为新兴中等城市的崛起作应尽的努力。

4.1.5 共青团诸暨市委发挥农村基层团组织深化"枫桥经验"的作用

提要：农村基层组织在深化"枫桥经验"、建设新型乡镇中发挥着重要的作用。共青团诸暨市委通过枫桥试点总结出经验：围绕三个服务，即服务中心、服务青年、服务社会，通过诸暨市共青团组织的精神文明建设来营造安居乐业的稳定社会环境，做好层层防范，化解矛盾。共青团诸暨市委深化"枫桥经验"，关注源头治理，将矛盾化解在萌芽状态，充分发挥农村基层团组织的战斗堡垒和先锋模范作用，建设新型乡镇。

建设新型乡镇做好三篇文章
——农村基层团组织如何在深化"枫桥经验"中发挥作用[1]

最近省委书记张德江到我市考察"枫桥经验"时指出："枫桥是社会主义市场经济条件下有中国特色的新型乡镇的典型，要深化和推广'枫桥经验'……"农村基层团组织如何在深化"枫桥经验"、建设新型乡镇中发挥作用，诸暨团市委通过在枫桥试点的基础上得出经验：围绕三个服务，健全团的组织体系，调整团的工作格局，加强团的阵地建设，完善团工作运行机制。

一、服务中心

经济的发展是"枫桥经验"具有顽强生命力的基础，如果枫桥镇没有经济持续发展这个基础，农民还在温饱线上徘徊，那么就没有农村社会的稳定，就没有"枫桥经验"的深化和推广。基层团组织如何在发展农村经济中发挥作用，我们的具体做法是：

1. 在农村，成立青年星火带头人协会，通过召开青年星火带头人理事会、到

---

[1] 共青团诸暨市委：《建设新型乡镇做好三篇文章——农村基层团组织如何在深化"枫桥经验"中发挥作用》，1999年6月1日，诸暨市档案馆藏，023-043-009-009。

某个协会会员处参观学习等形式,交流致富秘诀、推广农业科技;利用团组织的组织优势和网络优势,加强青工、青农线的联系,定期组织科技知识培训,组织农业局、林业局的团员青年开展科技下乡活动,为农村提供农业机械服务和科技信息,促进农业产业化进程;同时,建立农村奔小康示范基地和青字号工程,带动农村青年共同致富。

2. 在企业,积极开展争创"青年文明号"和争当"青年岗位能手"活动,在农村企业的生产经营管理服务过程中营造高度职业文明的良好氛围。枫桥镇三十二家衬衫企业,已有海魄、情森等五家企业积极开展争创"青年文明号"和争当"青年岗位能手"活动,并取得了良好的效果。

二、服务青年

青年是推动农村经济发展和维护社会稳定的中坚力量,诸暨团市委在深化"枫桥经验"过程中,着力抓好服务青年这篇文章。

1. 完善教育机制。农村青年的教育问题一直是摆在我们团组织面前的一大难事,我们通过建立党团员结对联系制度,一个党员结对一名以上团员青年,由村团支部书记定期向党团员了解情况,然后向上级团组织汇报,采取相应措施,把一些问题解决在萌芽状态。特别是枫桥镇有几个村,通过党团员结对联系,使团员青年提高了思想认识,转变了观念,明确了目标。枫桥镇钟瑛村的一名青年从劳改人员通过党员结对教育,然后让他担任团支部书记,再到他自办企业的过程,就是一个很典型的例子。新店湾村原来从来不搞团的活动,团员青年对团组织不以为然,但自从配强了团支部书记,采用党团员一对一结对后,村里风气有了明显的好转,团支部的作用明显加强,成为党支部的得力助手。

2. 加强阵地建设。团的阵地是团工作的重要依托,我们用改革的思路,走事业化、社会化、市场化的路子,构筑团的阵地网络。我们加强了业余团校的建设,成立了团校党支部,改善了团干部的成长环境,增强了团干部的工作主动性和积极性,解决了农村青年入党难的问题,为优秀青年入党提供了组织保证。

同时在有条件的村建立团员青年活动室和室外活动场地(如篮球场等),使团员青年有自己的活动场所,能定期开展活动。枫桥镇有近三十个村拥有村团支部活动室,被团员青年们称为"青年之家"。我们还利用黑板报、广播、有线电视等开设青年之声栏目来加强团内宣传。通过加强阵地建设,增强了团组织的凝聚力和号召力,丰富了农村青年生活,减少了赌博等社会治安问题的发生。我们认为:农村团工作虽然基础比较薄弱,但关键是事在人为,只要我们配强配好了团的干部,办法总比困难多,农村团工作还是可以大有作为的。

3. 健全组织网络。主要是建立办事处团工委,成立团组织联谊会。针对一个乡镇管理跨度较大的实际,将地域相邻、行业相同的若干团支部组合起来,建立办事处团工委。枫桥镇共建立了五个办事处团工委,由一名办事处副主任担任团工委书记。以办事处团工委为单位,按照地域相邻的原则,把人数少、活动开展困难的团组织与相邻人数多、活动开展正常的团组织联合,建立团组织联谊会。自成立团组织联谊会,开展了一些有意义的活动后,团员青年们纷纷表示,"搞了活动才感觉到团组织的存在,才意识到自己是一名团员青年"。通过增设中间环节——办事处团工委和成立团组织联谊会,使弱村团支部在强村团支部带动下,团员青年意识明显增强,而且对团的活动表示了极大的热情。

三、服务社会

如果说"枫桥经验"是靠党政领导,发动群众,用行政的、法制的手段来实现的话,那么也无可否认,"枫桥经验"的成功还有赖于农村经济的振兴和枫桥深厚的文化积淀。因此说,营造安居乐业的社会稳定环境除了依靠法制创新、依靠组织的力量、层层做好防范化解矛盾外,还必须通过精神文明建设来保证。实际上,我们团组织在精神文明建设方面是发挥着相当大的作用的。

1. 承担社会治安综合治理中的部分职能,参与外来人口管理。我们的主要做法是配合村、厂组建青年护村队或青年巡逻队。在枫桥,四十六个行政村都建立了青年护村队,枫桥人都说,"我们枫桥有这么好的治安环境,青年护村队功不可没"，可见团组织在维护社会稳定方面发挥了很大作用。外来务工青年为我市个私经济的发展注入了新的活力，但外来务工青年的教育和管理也成为有关职能部门的一大难题。针对这一情况，我们在枫桥建立了外来务工青年培训学校，成立了外来务工青年团支部，定期对外来务工青年进行法纪法规、计划生育、安全防范等知识培训，加强了对外来务工青年的教育、服务和管理。

2. 承担农村文化建设的部分职能。团组织以股份制等形式建立农村青年科技图书站，大力推广科技、传播文明，开展读书学技活动。枫桥镇团委与海魄服饰有限公司共同创建了枫桥镇青年科技图书站，镇团委每年收取30%的利润，而平时的管理、运作都由海魄公司负责，这样团组织每年有一笔固定收入作为活动经费，更重要的是青年科技图书站的创建为农村青年经营致富提供了知识信息，引起了社会各界的一致好评。团组织还发挥优势组建青年文艺宣传队，经常开展文艺宣传表演活动。

3. 承担急、难、险、重任务。主要做法是加强对青年志愿者队伍的经常化建设，组建青年突击队和青年志愿者服务队。在枫桥镇新店湾村，提起青年突击队，人人都会竖起大拇指。前年的一场大雪，绍大线上及时地出现了一支清扫积雪的队伍；去年的春耕备耕时期，田头又出现了一支义务清除杂草、疏通排水沟的队伍。在急、难、险、重的困难前，青年突击队总是会如期出现。在新店湾村青年突击队的影响下，全镇其他四十五个行政村也纷纷组建了青年突击队。同时每个村还建立村团支部结对扶贫制度，团支部联系帮扶一户以上困难户、困难学生，结对经费由团支部争创或从团费中开支。

"枫桥经验"之所以具有强大的生命力，就是因为坚持了党的领导，这是坚持和发展"枫桥经验"的源泉所在。作为党的助手和后备军的团组织，我们正在积极探索新的做法，争取以更新的姿态在深化"枫桥经验"中取得党政肯定、群众满意和社会认可，在建设有中国特色的新型乡镇的过程中，进一步发挥农村基层团组织的战斗堡垒和先锋模范作用。

4.2 源头治理维护社会治安的典型事例

4.2.1 枫桥公社钟瑛大队："破缸而逃"变成先进生产者

提要：枫桥公社钟瑛大队依靠"枫桥经验"，抓好矛盾源头，就地教育改造，实现矛盾不上交，成功将大队成员骆某某从落后分子改造成先进生产者。

"破缸而逃"变成先进生产者[1]

我们大队社员骆某某，今年三十一岁，是贫农骆某的独生子。他从小因母亲改嫁，缺乏管教，七八岁就开始偷偷摸摸。一次偷卖家里东西，被父亲打得遍体乌青，在地上乱爬。刚上学那一年，偷了同学的铅笔，老师把他叫进办公室教育，他却乘机把老师的一支金星钢笔偷走了。后来他被学校开除，偷得更凶了。鱼、肉、盆、碗样样都偷，社员很恼火。他父亲也气煞，就用一只大水缸把他罩在里面，缸下垫了块石头通气，到时候从这儿往缸里给他送饭吃。谁知道，他在半夜里挖出石头，把大水缸敲破，逃走了。这样，骆某某就被人叫作"破缸而逃"。外逃后，他在上海、杭州、金华、江西、广州一带到处流窜偷扒，成了看守所、遣送站的"老客人"。骆某某先后进少年管教所两年，拘留、遣送十多次。

就地教育改造，矛盾不上交

一九六五年，骆某某又被公安机关遣送回来了。枫桥派出所民警把他带到大队，要我们按照毛主席批示肯定的"枫桥经验"精神，把他安置下来，就地教育改造。当时有的社员想不通，说："这个人偷窃成性，再没有办法了。"有的说："过去我们把他生活安排好，有吃、有穿，可是他仍旧要偷，还是把他送上面去处

---

[1] 枫桥公社钟瑛大队：《"破缸而逃"变成先进生产者》，载诸暨市公安局编：《"枫桥经验"三十年》，内部出版，1993年10月，第82—86页。

理好了。"但是大多数社员认为:"骆某某不是不能改造,主要是他爸爸打得太凶,又没有专人管他。如果让他偷窃流浪下去,不但断送了骆某某自己,也影响社会治安,对社会主义建设不利。他年纪小,出身好,犯了错误,我们有责任教育、挽救他。"于是大队党支部决定把骆某某安排到大队猪场里劳动,由猪场负责人、大队贫协委员、长工出身的老贫农尉某负责管教。并且专门召开了生产队社员会,提出不要把他过去的问题当话柄、作笑料,讽刺打击,大家要齐心协力教育帮助,使他变好。

不怕反复,坚持教育挽救

骆某某跑遍了三江六码头,过惯偷扒浪荡生活,在猪场劳动了一段时间,老毛病又发作,偷偷溜走了。专管员尉某发觉后立即报告大队干部和派出所,大家马上分头去追,好容易才把他追了回来。这时,有的治保干部很生气,说:"我们把他安排在猪场劳动,苦口婆心地教育他,要他好好改造,可是,没有几天就旧病复发,真想打他一顿出气。"但是,大家认为,把一个人教育好不是十天半月能解决问题的,"破缸而逃"已是老见识了,打他骂他出出气,是不中用的。于是,我们坚持耐心地对他做思想教育工作。

有一天,专管员尉某向他讲了自己在旧社会背井离乡,到处工作,在钟瑛村给地主牧牛、受冻挨饿的悲惨情景,讲了新社会靠毛主席、共产党翻身后所过的幸福生活,然后语重心长地说:"骆某某啊!在旧社会里贫下中农是被地主、资本家踏在脚底下的。现在毛主席、共产党把我们贫下中农当宝贝,领导我们走社会主义道路,生活越来越好。你要好好想一想。"骆某某听了,低头不语,思想好像有些触动。在旁的干部就紧接着问他:"大队党支部、治保会、广大贫下中农政治上教育你,生活上关心照顾你,为什么?"他轻轻地说:"要我好。"这时,大家严肃地向他指出,"你多次流窜偷窃严重扰乱社会治安,是犯罪行为,现在我们挽救你,应当痛改前非,用实际行动来改正错误。"他点点头,表示要听大家的话。从此他安下心在猪场劳动。

干部、贫下中农对骆某某都很关心,有的教他学劳动技术,种自留地,有的给他送点心吃,有的女社员给他缝补衣服,有的把大队俱乐部里的《雷锋日记》《刘胡兰》《红军史册》等连环画给他阅读。这一切使他感到集体的温暖。

割断坏人勾引,促使改邪归正

"贼朋友"还是要来缠住骆某某。一次,一个上身穿黑色灯芯绒的青年,跑到猪场来找骆某某。这个人自称"王某某",说想买小猪。专管员尉某见了,心里产生疑问:为什么来买小猪不带家伙,行动鬼鬼祟祟?他当即找骆某某个别谈话。经过教育,骆某某说:"这个人不叫王某某,叫冯某某。他说昨天在街上弄到十五元钱和一些粮票,约我出去。并送给我一元钱和二斤粮票。我不想要他偷来的钞票和粮票,也不愿跟他出去。"他一边说一边交出钱和粮票。接着又说:"我怕他。"专管员把这个情况报告了治保会,治保干部立即找了骆某某给以表扬,鼓励他、教育他应该这样同坏人划清界限,不能藕断丝连。此后,每当坏人来勾引他时,他都主动向大队报告。

一九六七年春,骆某某自己要求参加田间劳动,学习做农活。大队党支部也考虑,如他长期呆在猪场里,将来长大成人后,不懂农事,不会种田不好,就让骆某某到生产队参加田间劳动。不久,队里一个思想品质不好的人,以关心生活为名去接近他,慢慢两人结成了朋友。后来骆某某索性与这个人搬在一起居住了。他跟着这个人,晚上经常出去打猫、打狗,糟蹋农作物。党支部发现后,立即找骆某某个别谈话,进行批评教育,叫他不要再住在那个人的家里,同时批评了那个思想品质不好的人。许多贫下中农社员也帮助教育骆某某。他很受感动,悔悟地说:"我与他住在一起,不但经济上吃亏,这样下去又要犯错误了。"于是,搬回自己家里,砌了新锅灶,还在灶头旁装上了一只广播喇叭,说:"这样可以学习政治时事,又可以听戏。"邻居贫农老大娘沈某某高兴地逢人便说:"骆某某当真改好了,连根稻草也不拿了,天天出工劳动,用粮也蛮有计划。"

变成了先进生产者

这些年来,由于骆某某热爱集体,积极劳动,勤俭持家,在队办企业白泥厂担任了操作组长、民兵副班长。一九七五年和一九七七年,两次被评为先进生产者。

白泥厂实行三班制,他几年来日夜超班,是出勤率最高的。一九七七年,厂里满勤是二百一十七个班,骆某某却做了三百一十一个班,超出九十四个班;一九七八年一至八月,满勤是一百四十九个班,他却出勤二百七十五个班,超过一百二十六个班。白泥厂负责人说:"骆某某这个人啊,现在不怕别的,最怕是没得劳动。"在干活中,他认真负责,埋头苦干,爱护机器,从不出事故。去年七月二十一日,他做完夜班到天亮,听出鼓风机声音不对,轴壳出毛病。这时他已很疲劳,别人都下班了,但为了避免机器故障停产,他坚持拆开鼓风机,直到修好机器才回家。厂里社员对他这种负责的精神,写了墙报稿给以表扬。

一九七六年,大队党支部帮助介绍,骆某某同一个姑娘结了婚。党支部的同志非常高兴,像亲人一样帮他办喜事。他的一个房间隔成厨房、客堂、卧室三个小间,刷得粉白。从前见儿子就打的爸爸,也把自己常年积蓄下来的一百元钱,给儿子成亲。现在他已有九个月的娃娃了。走进他家,床铺、木箱、被柜、写字台、饭桌、座椅、躺椅,样样都是崭新的。这使人想起毛主席他老人家的一句话:"人是可以改造的,就是政策和方法要正确才行。"

4.2.2 诸暨市枫桥镇杜黄桥村转变记

提要: 诸暨市枫桥镇杜黄桥村依靠"枫桥经验"搞好源头治理,解决矛盾纠纷,在加强自身建设的同时十分重视抓好治安工作,修订完善村规民约,对村民进行法制教育,形成良好的村风村貌,最终从"后进村"变成全镇文明村,走入全镇先进行列,成为"枫桥经验"源头治理的典型示范村。

诸暨市枫桥镇杜黄桥村转变记[1]

在枫桥镇杜黄桥村两委会会议室,四壁整齐而醒目地悬挂着各级各类奖状45块。谁望着这一排排奖状,都会由衷地赞叹:不愧是全市的首批文明村。在这大大小小的奖状中,凝聚着杜黄桥村两委会的多少心血!

一

任何事物的进步和发展,都不是一帆风顺的,杜黄桥村也一样,经历过一番波折。这个有12个村民小组、318户、1 014人的村庄,早在1986年,就被诸暨县人民政府命名为文明村。然而在1987年村级班子换届中,原村支书被调到乡工办工作,新书记虽有工作能力但不愿管,村委主任忙于个人致富不来管,治保主任怕做"红脸佬"不敢管,村级班子软弱无力,人心涣散,歪风邪气乘虚而入,治安问题增多。一是赌博成风。全村形成赌博据点13家,参与小赌博的上百人。村里还有七名青年经常结伙外出搞"翻牌"赌博活动,连赌带骗,在周围小有"名气"。二是迷信活动抬头。村里有个巫婆伺机而动,利用群众祈福消灾的心理,整天装神弄鬼,蛊惑人心,骗取钱物,还煽动群众,筹款捐物,重修杜黄庙,一时村里搞得乌烟瘴气,《浙江日报》曾就此作过批评性报道。三是民间纠纷增多。村干部对纠纷调处不力,仅1988、1989两年,就有20来起纠纷上交,人心不安,治安较乱,经济倒退。1990年,诸暨市委给杜黄桥村以"黄牌"警告,并通报全市,先进村变成了后进村。

二

杜黄桥村的倒退,引起了原新枫乡(现并入枫桥镇)党委和政府的重视。1989年,乡党委决定将原书记调回该村工作,但起色不大,许多问题仍得不到很好解决。乡党委认识到,要搞好一个村的工作,光靠一二个人不行,必须抓好村

---

[1] 诸暨市公安局:《诸暨市枫桥镇杜黄桥村转变记》,载诸暨市公安局编:《"枫桥经验"三十年》,内部出版,1993年10月,第25—30页。

级班子,尤其是村党支部的建设,发挥党支部的战斗堡垒作用。基于这样的认识,乡党委下决心,狠抓了杜黄桥村的班子配套建设,对村党支部成员进行调整,配好配强支委成员,并明确职责,规定各成员的工作任务。同时,加强了村级其他组织建设。由支部成员兼任村委主任,挑选了一位工作能力较强、善于做群众工作又有一定文化水平的同志担任治保主任,由村会计兼调解主任。对共青团、妇联、民兵等群众组织都进行整顿,充实力量。在健全组织的基础上,建立了党支部、村委会、妇联、民兵、共青团等各自的工作制度,并上墙公布,以便自己约束,村民监督。村党支部有定期组织生活制度,各成员之间进行谈心交心制度,从而大大增强了凝聚力。经过一段时间的工作,杜黄桥村形成了以村党支部为核心,村民委员会为依托,治保会、调解会、共青团、妇联、民兵等组织相配套的村级新班子。1991年7月,原新枫乡及时总结了杜黄桥村的经验,把该村列为班子配套建设的"示范村"。杜黄桥村一班人不负众望,齐心协力,努力工作,创造了各线工作全优的成绩。1991年底,全乡先进集体表彰会上,捧回了12块奖状,其中人民调解组织还被评为绍兴市先进集体。1992年5月新枫乡并入枫桥镇,杜黄桥村在枫桥镇党委、镇政府的领导下,进一步加强村级班子自身建设,健全制度,继续抓好各项工作,1992年底,在全镇46个村的评比中,又勇获7块奖状。

三

杜黄桥村党政组织在加强自身建设的同时,十分重视抓好治安工作。一方面修订完善村规民约,作为村民的行为准则,采取多种形式,对村民进行法制教育,树立公德意识,形成良好的村风村貌;另一方面,采取有力措施及时整顿突出的问题,取得了很好的社会效果。

1. 狠刹赌博歪风。他们及时组织力量,进行突击检查,冲击赌场,对参赌人员按村规民约进行处理,村干部及时对参赌人员进行教育,还动员家属子女进行规劝,帮助其认清赌博的危害,尽快改掉赌博恶习。对流窜外地"翻牌"赌博的青年,责令其父母找回,进行拆伙,成立由村干部和家长亲属参加的帮教小组,落实帮教。为了教育大多数,他们还举办"禁赌晚会",宣传有关法律规定,将禁赌工作寓于群众文化娱乐活动之中。同时,成立禁赌协会,依靠群众,积极开展禁赌工作。由于党员干部敢抓敢管,群众积极支持,赌博歪风很快被刹住了。

2. 取缔封建迷信活动。村干部主动上门对巫婆进行批评教育并动员其子女及原单位配合做工作,迫使她停止活动,改邪归正。村委还专门作出规定,禁止在庙内塑菩萨,并将已重修的杜黄庙改作凉亭,供行人小憩,从而有效地制止了迷信活动。

3. 预防为主,及时化解矛盾纠纷。村干部通过分析认为,群众间纠纷增多的主要症结在于有些制度不完备,对发生的摩擦没有及时做好说服教育。为此,他们对症下药,采取以下防范措施:一是针对宅基纠纷,健全宅基地审批验收制度,规定:凡建房屋须先打申请报告,并与左邻右舍签订好协议,由村民小组长签字,村土管组审核,交村党员扩大会议讨论后,再上报乡土管办;申请批准后,由村统一放样,经村验收填平的地基,方可建造。这样做,可以使群众信服,从而杜绝了因建房而引起的纠纷。二是针对水利纠纷,合理安排灌溉,他们组织村民在农闲季节兴修水利,保证农业生产用水,在农忙季节特别是遇到干旱时,提出"干部让群众,下游让上游"的口号。在全村30名党员、干部的带头下,现在村民间排涝灌溉互让互助,已蔚然成风。三是针对市场中出现的纠纷,加强市场秩序管理。由于杜黄桥村地处三乡(镇)交界,离枫桥镇较远且交通不便。村两委会顺乎民心,开辟了可容六七十只摊位的农贸市场,很快成为附近十多村庄农副产品的集散地,既方便群众,又搞活了经济。村里还派专人负责市场管理,保证秩序良好。如今,这个日流动人口超过1 000人的集市,偷盗及纠纷很少发生,附近群众有口皆碑。四是针对民间发生的一般性纠纷,及时做过细的工作,防止矛盾激化。如村里曾发生起因公媳不和而导致的宗族内部争斗纠纷,双方均准备了铁器,眼看一场流血惨剧一触即发,村干部得悉后,立即赶到现场平息事态,并组织力量,苦口婆心做好双方当事人的工作,终于使他们化干戈为玉帛。

由于采取了上述措施,杜黄桥村的村风村貌大为改观。全村已连续两年无重大刑事案,无重大治安事件,无纠纷上交,赌博活动基本绝迹。治安的好转,促进了经济的发展,村民安居乐业,纷纷办起了布机、小五金、地毯等家庭手工业和农副产品的多种经营,村民经济收入日益增加,杜黄桥村的各项工作走入了全镇的先进行列,受到了上级党委和政府的赞扬。

4.2.3 枫溪村:村风正、矛盾少、经济旺

提要:枫溪村深化、发展"枫桥经验",提高村民文化素质,开展群众性文化活动,从源头解决村民间的矛盾纠纷,将枫溪村发展成村风正、矛盾少、经济旺的"枫桥经验"示范村。

枫溪村村风正、矛盾少、经济旺[1]

本报讯

如何进一步深化、发展"枫桥经验",富起来的枫桥镇枫溪村作了积极的探索。他们的做法是积极开展群众性文化活动,以文育人,寓教于乐,用社会公德、文明道德来培养人,提高人的素质,从而进一步维护社会稳定,促进经济发展。经过一段时间的实践,枫溪村的各项事业都取得了进步。去年,这个村实现工农业总产值1.2亿元,村级集体经济收入达70万元,农民人均收入9 805元,还被评为诸暨市优秀文化特色村、绍兴市文化特色村。用枫溪村群众的话来说是村风正、矛盾少、经济旺。

---

1 杨琼:《枫溪村村风正、矛盾少、经济旺》,《诸暨日报》2003年7月8日,第3版。

枫溪村坐落在枫桥镇上,地理位置优越,群众生活富有。前些年,因为精神生活枯燥,麻将赌博、搬弄是非、邻里矛盾、打架斗殴等现象在村里时有发生。提高村民素质,加强精神文明建设已成当务之急。现实迫使村两委会探求切合本村实际的文明之路。

民众素质的高低直接关系到社会的稳定,而要全面提高村民的素质,关键还在于教育。为此枫溪村因地制宜抓好文化设施建设,倡导健康向上的文明风尚。1999年11月该村组建了舞龙舞狮队。继后,业余演唱队、女子腰鼓队、老年文艺队紧随而出。这些团队的成立使每个村民的特长有了用武之地,一时间,村里的文化活动红红火火。每逢周日晚上,枫溪村用汽车搭成的简易舞台上总是歌声不断。村两委会在对群众性文化活动加强引导的同时,又投入资金建起了党员电化教室、灯光球场、村民活动中心。

丰富多彩、喜闻乐见的群众文化活动,对富裕起来的农民产生了强大的吸引力。"群众文化活动不但丰富了生活,更密切了群众的关系,提高了人的思想素质,促进了社会稳定",镇老年文艺队长骆萍对笔者说。该村的一位村民也向笔者介绍了这样几件事:一是这个村有两户人家一直不和,自从两家主妇进了腰鼓队,在妇女主任的帮助下,两家由接触到沟通,矛盾在不知不觉中化解了。二是有一村民,从前嗜赌成性,曾受过治安处分,夫妻关系也因此受到了影响。三年前,村干部动员他组建舞龙舞狮队。自从他成为一名"龙手"后,尤其是多次参加市及镇举办的元宵灯会和民间艺术大会串后,对舞龙活动的兴趣愈来愈浓,便渐渐地远离赌场。如今,这位村民不仅是一名舞龙高手,还找回了曾经失落的那份夫妻真情,如今,"文明家庭"的匾额高挂他家门楣。

该村党支部书记蒋仲云在接受笔者采访时说:"提高村民素质,形成村风正、矛盾少、经济旺的良好局面是我们开展文化特色村创建活动的目的所在,当然这也是全面建设小康社会的题中之义。我们将在取得成绩的基础上继续深化开展群众性文化活动。"

4.3 源头治理维护社会治安的成效

4.3.1 加强基层治保组织建设

提要：1995年4月，诸暨市公安局召开治保工作表彰大会。大会总结了近几年来诸暨市治保工作取得的优秀成绩：群防群治组织形成网络，社会防范能力大大提高，矛盾纠纷基本实现源头治理，基层治保组织成为公安工作的得力助手。

加强基层治保组织建设，推动社会治安综合治理[1]

本报讯

记者从昨天在市公安局召开的全市治保工作表彰大会上获悉，今后一段时间内，我市治保工作的主要任务是加强基层治保组织建设，推动社会治安综合治理。

市委常委、公安局局长许岳年，市人大常委会副主任戴开柱，副市长陈沛镇出席了会议。会议总结了近几年来我市治保工作所取得的成绩：群防群治组织形成网络，社会防范能力大大提高，基层治保组织成为公安工作的得力助手。会议还提出了今后一段时间内，我市治保工作的重点。副市长陈沛镇在会上强调，要把社会治安综合治理放到重要的位置，坚持"两手抓、两手都要硬"的方针。各镇乡要进一步统一思想，加强认识，落实综合治理责任制，要进一步加强基层治安组织建设，加强岗位目标管理责任制的积极性，要进一步推广落实"枫桥经验"，实行群防群治，增强人民群众的法制意识。鼓励、发动群众与犯罪分

1　陈强：《加强基层治保组织建设，推动社会治安综合治理》，《诸暨日报》1995年4月8日，第3版。

子做坚决的斗争,弘扬社会正气。

会议表彰了1994年度治保工作先进集体和先进个人。参加全市治安工作表彰大会的全体代表还向全市治保干部发出倡议,倡议全市治保干部认真学习,不断提高自身素质,发扬光大"枫桥经验"精神,坚持把一般治安问题解决在基层,积极协助公安机关工作,全心全意为人民服务,学习法律,宣传法律,做遵纪守法的模范。

4.3.2 枫桥镇实现农村经济社会发展良性互动

提要:面对新形势新问题,枫桥镇党委、政府始终坚持四项基本原则:一是注重继承与发展相统一;二是注重经济发展与社会稳定相统一;三是注重预防与打击两手硬;四是注重推进基层民主政治建设与严格依法办事相协调。枫桥镇党委、政府提出,坚持完善深化"枫桥经验"的主要做法是抓责任落实、抓基层基础、抓协调配合、抓经济发展。

坚持完善深化发展"枫桥经验",实现农村经济社会发展良性互动[1]

一、枫桥镇经济社会发展概况

地处诸暨市东北部的枫桥镇自古以来就是浙东一大经济重镇、历史文化名镇,以"枫桥经验"、枫桥衬衫、枫桥香榧而著名。境内绍大线、诸嵊线穿镇而过,交通便捷。镇域总面积100平方公里,其中集镇建成区4平方公里,辖5个办事处,46个行政村,1个居委会,总人口4.7万人。进入改革开放的九十年代,枫桥镇坚持以经济建设为中心,正确处理好改革、发展、稳定三者关系,解放思想,抢抓机遇,自加压力,负重奋进,创强争先,推进了经济社会各项事业的健康协调

---

1 中共诸暨市枫桥镇委、枫桥镇政府:《坚持完善深化发展"枫桥经验",实现农村经济社会发展良性互动》,浙江省学习推广"枫桥经验"现场会会议交流材料,1999年4月20日,诸暨市档案馆藏,242-020-019-004。

发展。1998年,全镇实现工农业总产值21.3亿元,财政收入4253万元,农民人均收入6025元,综合经济实力进入全市十强,跻身绍兴市三十强行列。

过去的几年,我们坚持发展是硬道理,合力兴工,始终把工业经济作为"重中之重"来抓,平均每年投入技改资金6000万元以上,大力培植衬衫这一优势产业,积极寻求新的经济增长点,衬衫行业得到了超常规、跳跃式发展,已成为我镇支柱产业。目前,全行业已拥有步森、开尔、海魄、情森等衬衫企业34家,流水线96条,从业人员8000余人,年产衬衫2500万件以上,创产值9.4亿元,实现利税1.25亿元。在激烈竞争的市场形势下开拓出的"枫桥衬衫"这片新业,如同诞生于六十年代的"枫桥经验",驰名大江南北,畅销国内外市场,成为中国的名优衬衫之乡。如今,工业经济已形成了一个以衬衫为龙头,矿山、建材、轻纺、机械、玩具等多业并举的格局。

过去的几年,我们坚定不移地加强农业基础地位,共投入资金5600万元,加强了以枫桥江综合治理工程为重点的农田水利基本建设,进一步箍牢米桶圈。加快了科技兴农步伐,综合开发农业方兴未艾,"一村一品"特色农业正逐步形成。目前,全镇拥有50亩以上的蔬菜、黄花梨、食用笋、板栗、茶叶、蚕桑、西瓜、英白、黑李、水产养殖等基地60多个,总面积14270亩。同时,加快了现代农业园区建设步伐,白米湾万亩低产茶园正在全力争创国家级现代茶业示范园区。

过去的几年,我们加大了集镇开发力度,加快了基础设施配套建设,集镇面积成倍扩大,集镇功能日益增强。电力、邮电、通信、供水、医疗、卫生、道路交通、文化教育等公用设施进一步完善。交通建设突飞猛进,继开通绍大线环镇段后,投资1200万元的"五路一桥"工程全面竣工,一个以集镇为中心,东西南北全方位辐射的交通新框架已基本形成,千年古镇旧貌换新颜。

过去的几年,我们始终坚持"两手抓,两手都要硬"方针,大力加强党的建设、社会主义民主法制建设、精神文明建设,努力为经济建设创造一个稳定的社会环境。现在枫桥人人讲文明,个个守法纪,家家想致富,户户奔小康,全镇上下形成党群同心、干群同心、政通人和的良好局面。

二、新形势下坚持发展"枫桥经验"的基本指导思想

随着改革开放的日益深入,随着"撤扩并"后镇域范围扩大,经济发展加快,人员流动增加,社会管理由封闭走向开放,社会形态从静态走向动态,社会现象从简单趋向复杂,在这样的新形势下如何进一步抓好社会治安综合治理,面临着一些新情况新问题。

1. 人们的思想观念发生变化。一些人对加强社会治安综合治理存在着一些误区与疑虑,譬如表现在对"黄、赌、毒"等社会丑恶现象的认识上,错误地认为经济要发展,这些现象就难以避免,而且从一些发达地区与落后地区对比中来反证这个问题。

2. 基层政权功能弱化。部分村级班子战斗力不强,支部战斗堡垒作用未能有效发挥,甚至有极个别班子存在着这样那样的问题,不仅缺少发展经济、致富百姓的思路,也缺少对村级治调组织开展工作的领导与引导。

3. 社会矛盾复杂化多样化。它不仅表现为邻里纠纷等一些小的矛盾,而且涉及整个经济社会生活的方方面面,有的矛盾还比较尖锐。

面对新形势新问题,我们在抓社会治安综合治理的指导思想上始终注重把握好以下四条原则:

1. 注重继承与发展相统一

"枫桥经验"诞生于六十年代,历经36年的风风雨雨红旗不倒,这不仅是因为有毛泽东主席的亲笔批示,更重要的是"枫桥经验"能紧随时代脚步而不断深化发展,具有强烈的现实意义和强大的生命力。

六十年代,枫桥的干部群众在社会主义教育运动中创造了在党的领导下,依靠群众力量,加强人民民主专政,少捕、矛盾不上交,把绝大多数"四类分子"改造成为新人的经验,即"枫桥经验"。毛泽东同志亲笔批示"要各地仿效,经过试点,推广去做",中央先后两次作了批转,"枫桥经验"成为全国政法战线的一面红旗。粉碎"四人帮"后,枫桥的干部群众解放思想,冲破"左"的禁锢,率先在全国对"四类分子"开展评审摘帽,为全国范围开展摘除"四类分子"帽子工作提供了成功经验。

改革开放以来,枫桥的干部群众积极探索社会治安综合治理的新办法,保持了社会治安持续稳定,被中央社会治安综合治理委员会授予全国综合治理工作先进集体称号,枫桥成为综合治理的典范。

邓小平南方谈话后,我国现代化建设进入新的发展时期。在新旧体制交替过程中,社会矛盾增多,枫桥的干部群众在邓小平理论指引下,坚持"两手抓,两手都要硬"的方针,继承和发扬"枫桥经验"的基本精神,预防化解了一大批可能影响社会稳定的各类矛盾,出现了"矛盾少、治安好、发展快、社会文明进步"的良好局面。

纵观近36年来,"枫桥经验"的内容发生了显著变化,突出表现为四个不同,即时代不同,由六十年代到九十年代;中心任务不同,由以阶级斗争为纲转到以经济建设为中心;对象不同,由敌我矛盾转到大量的人民内部矛盾;目的不同,由单纯地强调稳定维护政权,转到在抓好稳定的同时更多地着眼于发展,以稳定促发展,反过来通过发展更好地维护稳定。但是"枫桥经验"的基本精神、基本做法没有变,那就是坚持党的群众路线,相信群众,依靠群众,发动群众,从群众中来到群众中去,群防群治,齐抓共管综合治理。在市场经济新形势下,我们一方面要继续运用"枫桥经验"的基本精神、基本做法,正确处理人民内部矛盾,维护社会稳定,同时要根据时代的发展不断注入新的内涵,使"枫桥经验"体现更加鲜明的时代特色,更具现实意义。

2. 注重经济发展与社会稳定相统一

就是把坚持发展"枫桥经验"的着眼点和落脚点牢牢地放在创造一个有利于枫桥经济快速发展的内部环境上来,在做好社会稳定工作的同时,更多地着眼于发展,以稳定促发展,反过来通过发展更好地维护稳定。我们在加大法制宣传教育的力度、澄清思想疑虑的同时,对经济社会环境实行依法治理,不断净化社会空气,正确处理好改革、发展、稳定三者关系。几年来,经济发展,集镇繁荣,特别是块状经济的迅速崛起,外来务工经商人员的大量增加,充分说明了经济发展快、社会治安好二者是统一的,"保平安,促发展,快发展,靠平安"。现在,我镇的企业家尽管事业有成,但是没有一个腐化堕落、吃喝嫖赌,依然保持了兢兢业业、艰苦奋斗这样一种良好的精神风貌。而且外来投资办厂也迅速增加(步森西裤、开绅、斯罗特、三琴、梅岭运动衫厂等),有的企业不到城关到枫桥,良好的社会治安环境是他们考虑的一个重要因素。这些都与我们不断创建良好的社会治安环境是密不可分的。

3. 注重预防与打击两手硬

运用"枫桥经验"预防化解矛盾,并不等于没有矛盾;矛盾不上交,也不是一律不上交。它的前提是依法办事,关键是坚持党的群众路线,建立健全一套预防化解矛盾的工作机制。因此,我们在强化教育,立足预防,尽量把矛盾和纠纷化解在基层、消除在萌芽状态的同时,要重视区分矛盾的普遍性与特殊性,注重预防与打击两手硬,把有效的预防建立在有力打击基础之上。

4. 注重推进基层民主政治建设与严格依法办事相协调

就是以政务公开和村务公开为抓手,全面推进基层民主政治建设,一方面增强广大干部群众的民主法制意识,提高人民群众参与和管理社会事务的能力;另一方面严格依法办事,严格依法行政,使民主与法制协调推进。

三、坚持完善深化发展"枫桥经验"的主要做法

几十年来,尤其是改革开放以来,我们坚持运用"枫桥经验"的基本精神、基本做法,通过抓责任落实,抓基层基础,抓协调配合,抓经济发展,使"枫桥经验"在市场经济新形势下不断得到丰富和发展,形成了鲜明的时代特色:党政动手,各负其责,依靠群众,化解矛盾,维护稳定,促进发展,小事不出村,大事不出镇,

矛盾不上交。在新的历史条件下实现了农村社会稳定与经济发展的良性互动，走出了一条可持续发展路子。

（一）抓责任落实

"要戴致富帽，先戴平安帽。"镇党委、政府在坚定不移地推进经济发展的同时，始终保持清醒的头脑，正确处理稳定与发展的关系，把维护稳定摆在突出位置，充分发挥党委的核心领导作用，以高度的政治责任感和使命感，加强对综治工作的有效领导，认真履行保一方平安的政治责任。多年来，尽管干部换了一茬又一茬，但我们坚持"枫桥经验"的传统作风没有变。正如去年11月3日公安部副部长田期玉在我镇钟瑛村视察工作时所评价的一样，我们确确实实是把维护农村稳定作为天字第一号的工作来做。镇党委、政府把维护稳定列入了干部岗位目标责任制，与政治荣誉、经济利益挂钩，严格考核，严格奖惩，一级抓一级，一级对一级负责，保证了综合治理各项任务落到实处。在党委、政府的统一领导和协调下，公安派出所、法庭、司法所、工商所、税务所等部门主动积极，各司其职，密切配合，齐抓共管，使社会治安、社会生活和经济领域出现的苗头性、倾向性问题解决在基层。十六年来，枫桥没有发生群众性上访闹事事件，没有发生凶杀案件，没有因民间纠纷调解处理不当激化为刑事案件。近五年，枫桥刑事案件发案数一直控制在万分之八以下，年捕人数没有超过万分之二，大大低于诸暨市、绍兴市、浙江省的平均水平。良好的社会治安环境，促进了经济的发展，在枫桥的外商都说，这里的治安真好。

（二）抓基层基础

在现阶段，影响农村稳定的突出因素是人民内部矛盾，这些矛盾是改革、发展过程中产生的，可预见、可调节、可疏导，只要主动预防，及时化解，一般不会酿成大的事端。为此，我们从抓基层基础入手，坚持以教育为根本，以管理为载体，以预防为重点，以打击为手段，正确处理人民内部矛盾，及时预防化解纠纷，维护社会稳定。

强化教育。农民素质的高低直接关系农村的稳定,要全面提高人的素质关键正在于教育。可以说,六十年代我们是手中拿着"帽子"开展对"四类分子"的教育改造,大会小会依你开,九十年代时代已发生巨变,教育对象、矛盾性质也不同,为此我们更多地强化教育,通过建立学校教育、成人教育、家庭教育、社会教育、企业教育、外来人口教育等全方位立体式教育网络来开展普法教育,增强农民文明意识和法制观念,全面提高人的素质。

因地制宜抓好农村文化设施建设,倡导健康向上的文明风尚。我们舍得在宣传思想、文化设施上投入,镇级做到"四个一",即建立一个宣传长廊、一个广电中心、一个文化活动中心及一个教育培训中心;村、企事业单位做到"三个一",即用好一块黑板报、建好一个活动室、办好一个宣传栏。"多一个球场,少一个赌场",有的村还为老年人建门球场,组织村民开展健康的文体活动,充实村民,过文明的闲暇生活。广泛开展创"文明村、文明户"活动,有80%以上的村达到了文明村标准。工青妇及敬老协会、禁赌协会、计生协会等充分发挥自身优势,组织开展群众性活动和公益劳动。丰富了群众的业余生活,增强了群众的公益意识。尽管我镇个私企业相当发达,但这些私营企业没有忘"公",青团妇等各类组织健全,活动正常,他们针对青年职工多的实际,狠抓职工教育,提出"既出产品又出人品",把企业办成学校,提高了职工素质,使他们成为8小时内是企业文明守法的职工,8小时外是社会文明守法的公民。海魄服饰有限公司投资五万余元,办起了阅览室、图书馆和企业报,在企业全面开展"读好书、干好事、做好人"活动,去年经市教委批准正式成立了海魄职业学校,已有50多名青工入学,营造了企业浓厚的文化教育氛围。

做好挽救人、转化人的工作,努力化消极因素为积极因素。对有轻微违法犯罪的人员和"两劳"回籍人员,我们坚持做耐心细致的帮教,"不是推一把,而是拉一把,不是帮一时,而是帮一世",真诚挽救,真情感化,使他们不仅没有滑向犯罪深渊,而且不少入了团、入了党、成了家、致了富,成为经济发展的有用之才。钟瑛村青年谢某某,因赌博多次被派出所教育处罚,村干部与派出所民警一起开展对他帮教,有意识地让他参加一些村务活动,使其认识了错误,改掉了赌博恶习。现在谢某某入了党担任了村团支部书记,还主动与村里的另一名失足青年落实了结对帮教,对正在服刑的人员也满腔热情给予关心,把帮教工作做到狱内。郭店村青年郭某某年幼失去父亲,母亲又改嫁,前年因流窜作案被判刑。去年5月郭抱着试试看的心情给村支部书记王朱龙写了一封信,要求给他这个失去家庭温暖的孤儿关心帮助。王朱龙接到信后,村支委专门研究,并与联村干部、民警联系,组成联系帮教小组。一个月后,村主任郭七锦、治保主任郭孟龙、镇联村干部骆汉松,行程千里,前往安徽某监狱探监,鼓励他重新做人,并送给他200元钱、一箱饼干、一箱方便面,临走时,看到郭没有皮带,村主任从自己腰上解下皮带给他。郭深受感动,表示一定要痛改前非,安心改造,目前在监狱表现积极,受到了表扬。五年来,我们共对89名失足青年落实了帮教,其中转好率达94.5%,"两劳"回籍人员重新犯罪率仅为1.5%。

加强外来人员管理,为促进本地经济服务。经济发展后外来人口大量涌入,弥补了枫桥劳动力的不足。对外来人员我们做到不歧视、不排斥,既严格管理,又保护他们的合法权益。有外来务工人员的村和企业都建立暂住人口管理队伍,加强对外来人员的教育,尽力帮助解决实际困难,实行情感式管理,逢年过节,外地人回家,用车接送,使来枫桥打工的外地人没有距离感。叠山村外来打工人员较多,村里专门划出一定数量的农田让他们耕种,送适龄儿童到村小学读书,除规定税费外,不收任何外加费用。村民还主动腾出空房让外地人住宿,生活上关心帮助,送衣送物,外地人深受感动。每年"双抢"农忙时,外地人员自发帮助村民抢收抢种,相处十分融洽。步森、海魄等企业,对外来人员采取公寓式管理,实行集中住宿,不仅让他们学技术,而且要他们学文化、学法律。海魄公司与枫桥镇团委联合举办外乡务工青年培训班。对近600名青年职工进行了法律、计生等方面的培训教育,其中有一名外地人已担任车间主任。在枫桥务工经商的2 500余名外来人员中,三年来违法犯罪受处罚的只有7人。

立足预防。在现阶段,影响农村稳定的突出因素是人民内部矛盾,这些矛盾是改革、发展过程中产生的,可预见、可调节、可疏导,只要主动预防、及时化解,一般不会酿成大的事端。为此,我们把正确处理人民内部矛盾,预防化解纠纷作为维护社会稳定的基础性工作和重点环节来抓,采取"四前"工作法,即"组织建设走在工作前,预测工作走在预防前,预防工作走调解前,调解工作走在激化前",初步建立了有效的预防和化解矛盾的工作机制。

组织建设走在工作前,保证预防化解工作有人抓、有人管理。建立健全镇综治办机构,由一名分管政法的副书记挂帅,一心一意抓综治工作,重视村(居)、企业治保调解组织建设,做到了网络健全,力量精干,解决了有人管事的问题。现在村级治调组织网络有:(1)村"创安"领导小组(支书任组长,两委会成员任组员);(2)村治保委员会;(3)村调解委员会;(4)治安信息员;(5)护村队;(6)消防队;(7)"两劳"人员帮教小组。根据企业快速发展的实际,我们在抓好村级基础的同时,把企业治调工作放到突出位置,到目前已对100人以上的29个企业相应建立了上述组织,在重点企业中还切实加强了党组织建设,建立了下派政治指导员制度。为适应集镇管理日益复杂的形势,有效防止和打击外来流窜作案,镇上5个村组建了联合护镇队。下一步还将在集贸市场和交通道口设置监控装置,实现"技防"与"人防"相结合。目前,全镇共有治调组织152个,治调人员608名,还有一支155人的横向到边、纵向到底的治安信息员队伍。在加强治保调解组织建设中,一是实行兼职制。治保、调解主任一般由村党支部书记或村主任兼任,既可以树立他们的工作权威,又可以减轻集体负担。经过调整充实,与1990年相比,治调干部的年龄从平均58岁下降到45岁,文化程度由小学提高到初中至高中。二是业务上加强指导,每年都要对治调干部集中进行业务培训,表彰先进,公安、司法、法庭等部门针对农村纠纷矛盾的特点,开展经常性的业务指导和法律辅导,以提高治调干部的业务素质和调解水平。制定了一整套规范的工作制度和办事程序。镇司法所、村"两委"及村民小组都有明确的调解工作职责和任务分工,层层建立了调解工作责任制,化解矛盾纠纷逐级而上,有条不紊,既增强了干部的责任感,确保了工作的到位,又方便了群众,避免了因推诿、拖拉导致矛盾激化。三是生活上给予关心,为提高治调干部的积极性,镇政府规定对连续担任治调干部10年以上的发给荣誉证书,由镇、村投保养老保险,解除他们的后顾之忧。镇政府及派出所逢年过节上门慰问,生病有痛上门看望,对先进人物组织外出旅游参观。增强了治调干部的自豪感,激发了他们的工作热情。

预测工作走在预防前,建立一个反应灵敏、能及时发现矛盾纠纷的预警体系。镇党委、政府两个月召开一次综治联席会议,通报形势,分析预测社会治安、不安定因素和矛盾纠纷的特点规律,以提高预防工作的针对性。每年开年后,组织各部门力量,开展大规模的不安定因素排查工作,搞清底数、摸清社情。重视群众来信来访,建立镇领导干部接待日,及时了解民情。并将触角延伸到每个自然村、厂矿企事业单位的车间班组、要害部位和重点人群,使大量的矛盾纠纷苗头得到了及时反馈传递。每年通过各种渠道收集的信息有200余条,为预防和化解矛盾提供了重要依据。

预防工作走在调解前,努力减少矛盾,尽可能避免纠纷。我们的干部有很强的预防纠纷意识,坚持苗头抓早矛盾抓小,突出抓好与农民生活生产密切相关方面的预防工作。织机遍布千家万户后,用电量猛增,村民对保证用电和电价问题十分关心,党委、政府和电管部门及时对农村电网建设作出规划,扩充了一批变压器容量,定期、不定期对用电量情况进行检查,整顿村级电工队伍,纳入镇统一管理,有效减少用电纠纷。农村集镇建设和企业规模的扩大,在征用土地时,做到合理使用土地与宣传教育并重取得村民的理解。1995年7月,紫薇村的20多亩土地列入征用计划,由于涉及面广,补偿复杂,镇村干部多次分析研究,并区分不同类型和对象,制定具体的政策和办法,并公开向群众征求意见,终于使绝大部分村民统一了思想,消除了疑虑,征用工作十分顺利。为减少宅基地和农民翻建新房过程中的矛盾,土管城建部门和各村完善了建房审批"四公开四到场"制度,即土地审批计划、审批手续、地点户名和结果四公开;审批前、地基定桩、墙体砌砖和建成后验收到场。既严格依照政策办事,又充分考虑左邻,还注意右舍的利益,防止房屋建成后产生纠纷。同时,抓好重点季节预防纠纷工作。在我们枫桥,多年来已形成了一条不成文的规矩,"双抢"大忙来临之前,村里几套班子成员都要集体检查一遍电线、沟渠、机耕路和山塘水库,该修补的及早修补,该抢建的及早抢建,防止村民因争水、争电、争路发生矛盾和冲突。由于预防工作注意把握规律,针对性强,近几年发生的纠纷稳中有降。

调解工作走在激化前,力争把矛盾纠纷解决在萌芽状态。无事不要生事,有事不要怕事,我们的干部认为,关键是调解得法,理清纠葛,才能把纠纷解决在初发阶段,解决在基层,我们在开展调解工作中,突出"快",注重"细"。"快",就是一旦发生矛盾纠纷,不论是报告哪个干部,都不拖不推,立即受理,立即调处,真正做到了闻风而动,雷厉风行。"细"就是做过细的教育说服工作,理顺情绪,消除隔阂。有的调解人员为解决纠纷,不厌其烦,几次十几次地做工作,最大限度缩小双方意见差距,对解决大的群体性纠纷,更注重做过细的工作,把大事化小。1993 年以来,全镇共发生各类纠纷 2 276 起,调处成功 2 188 处,调处成功率 96.15%,其中有 78% 在村一级得到及时化解,调解一事,和睦一方,没有一起矛盾激化,基本实现了小事不出村,大事不出镇,矛盾不上交。

加强民主政治建设,推进依法自治。随着民主法制建设进程的加快,农民要求参与经济和社会事务管理的意识大大增强,能否满足农民的民主要求,保证农民的民主权利,直接影响农村的稳定。我们以政务公开和村务公开为突破口,切实推进基层民主政治建设,依法实行民主选举、民主决策、民主管理、民主监督,以公开促公平,以公正促稳定。通过进一步完善村级民主选举制度,让村民自主选出村级班子,使民情、民意、民智真正在决策和管理中得到体现。依照国家法律、法规、政策,通过村民代表大会审议,制定上合国家大法、下合社情民意、简单明了、具体实用的村规民约、护林公约、禁赌条约等,充分依靠群众实行自我教育、自我管理、自我约束,运用道德力量调节家庭成员之间、群众之间、干群之间的纠纷和矛盾。同时,通过全面推行村务公开,增强工作透明度。过去干群之间的矛盾主要是由隐性操作引起的,村干部往往是好心办坏事,办了好事说不清。为此,我们规定每年3月28日为村务公开日,对其他集体项目投标、宅基地审批、计划生育指标、水电费收缴等村民比较关心的内容分月分季向村民公开,接受群众监督。村务公开后,"给群众一个明白,还干部一个清白",既消除了群众疑虑,调动了群众参与村务管理的积极性,又加强了村干部廉政建设,减少了干群矛盾,密切了干群关系,对维护农村稳定、促进经济发展起到积极作用。

加强基层组织建设,强化整体功能。随着改革开放的深入,经济社会现象日趋复杂化多样化,客观上各种矛盾纠纷必然会增加,但部分矛盾纠纷的存在,甚至个别矛盾的扩大激化,我们发现其根源在于部分村级治调组织工作不力。尽管我们的治调组织相当健全,但是部分功能不强,其根源又在于这些基层组织整体功能弱化。为此,我们及时从单一抓治调组织建设转到抓整个基层组织建设上来,切实加强党组织对综治工作的领导,使它成为治调组织的坚强后盾,强化整体功能,推进综合治理。我们理解,基层党组织建设、作风建设,讲来讲去这个是关键,基层组织建设是不是健全有力,是不是能够把保民安、解民忧、帮民富有机地统一起来,换句话说,"枫桥经验"能不能发展,枫桥经济能不能发展,最终还是要看基层干部队伍建设、基层组织建设。所以,我们通过"抓班子、带院子、促村子"的工作思路,通过发挥党委和党支部的核心领导作用,发挥共产党员的先锋模范作用,来推进全镇社会治安和其他各项工作的开展。我们体会:社会稳定工作要真正落到实处,关键在于有一支好的基层干部队伍,建立一支有良好精神状态、优良工作作风、敢抓敢管、坚持公道、一心为民、无私奉献的基层干部队伍。钟瑛村党支部一班人,十多年如一日,穿梭于村民中间,"磨破嘴皮,跑穿鞋底",及时化解矛盾,晚上轮流值班,带领护村队员开展治安巡逻。该村交通便利,经济发达,但多年无案件,被评为浙江省治保工作先进村。有一年"双抢"大忙季节恰逢罕见大旱,为保证晚稻播种,避免村民争抢水源,先进村干部"一股蚊香,一张草席,一把蒲扇,一支电筒"在村边拦水坝上驻守七天七夜,干部的行动是无声的命令,本村和邻村的群众都为他们的精神所感动,自觉服从统一调水。

(三)抓协调配合

为协调部门关系,明确工作职责,降低纠纷萌发,减少事故发生,控制违法犯罪,维护社会稳定,确保一方平安,促进经济发展,深化"枫桥经验",镇党委、政府通过建立综合治理联席会议制度,把政法办(司法所)、派出所、法庭、交警队、法律服务所、共青团、妇联、财税、工商供销、衬衫行业协会、教育等所有政法部门和其他涉及经济社会管理事务的部门联系起来,同镇各办事处、各村"创安"领导小组联结起来,形成了一个全镇性的综合治理组织网络,协同作战,形成合力,有效地发挥了各职能部门的作用,使得综治工作的各项措施真正落到实处,较好地解决了因条块分割而造成的部门间协调不畅,指挥不灵的弊端。

联席会议明确综治委的工作制度:(1)"综治委"一般每二个月召开一次会议,特殊情况可以提前召开,必要时可邀请有关职能部门领导参加协调会议(一段时间内如发生计生、土管、劳动、用工等某方面引起的矛盾纠纷增加,就通知相关部门和负责人参加会议);(2)召开会议主要是分析辖区内治安现状,研究对策,提出解决疑难案件的方法措施;(3)协调各职能部门关系,落实办案责任制,及时高效地处理各类民间纠纷案件;(4)指导全镇综合治理的各项工作。

联席会议明确各职能部门受案的时间界定及第一责任单位(人)的认定:(1)凡接到群众报告,各单位均应受理。如认为需送第一责任单位(人)的案件,必须在当天填写联系单,当日移送。(2)第一责任单位(人)案件受理后,认为调查工作有难度,必须在三日之内与相关单位联系。(3)事实查明需移送法庭判决的,必须在受理后的一个月之内向法庭联系移送。法庭应按有关法律规定给予及时受理。(4)属疑难案件的必须在一个月内提交"综治委"协调会议讨论,提出解决方案。(5)各职能单位应按照所管辖区域规定责任区,落实责任人,原则上应负全责。

联席会议对各职能部门的工作职责进行了界定,明确规定政法办(司法所)、派出所、法庭的办案程序及相互联系方法。

通过联席会议制度的确立,建立了一种协调、顺畅、快速、高效的运行机制,形成了全社会齐抓共管的格局。

(四)抓经济发展

我们讲抓认识到位,抓基层基础,抓协调配合,说一千道一万,九九归一,其归结点、落脚点都在发展,离开发展,"枫桥经验"就没有说服力、生命力。在部分人的观念中以及从一些地方的实际情况来看,社会稳定与经济发展是一对矛盾,经济发展了而社会治安状况往往不是好转,反而有可能恶化,但在我们枫桥,正是由于继承和发展了"枫桥经验",在新形势下不仅维护了农村稳定,而且促进了经济发展,通过发展经济,反过来又更好地维护了稳定,实现了两者的良性互动,实现了可持续发展。

4.3.3 推广"枫桥经验",开创现代化建设新局面

提要:在学习推广"枫桥经验"工作会议上,时任中共浙江省委副书记、政法委书记周国富同志提出三点意见:一是充分认识学习推广新时期"枫桥经验"的重要意义;二是深刻领会和全面把握新时期"枫桥经验"的基本精神和基本经验;三是扎扎实实地在全省掀起学习推广"枫桥经验"的新高潮。学习推广新时期"枫桥经验"是事关改革开放和现代化建设全局的大事。要统一思想,把握大局,锐意进取,扎实工作,把新时期"枫桥经验"学

习好、推广好，使维护稳定各项措施真正落实到城乡基层，促进经济社会协调发展，为实现奋斗目标作出新的贡献。

学习推广"枫桥经验"，维护社会政治稳定，努力开创我省政治新局面[1]

同志们：

这次全省学习推广"枫桥经验"现场会，是省委、省政府决定召开的一次十分重要的会议。会议的主要任务是，以邓小平理论为指导，深入贯彻党的十五大、十五届三中全会和省第十次党代会精神，围绕学习推广新时期"枫桥经验"这个主题，交流经验，统一思想，明确目标，部署工作，迅速在全省掀起学习推广"枫桥经验"的新高潮，全面推进社会治安综合治理，切实维护社会政治稳定，努力开创我省现代化建设新局面。

中央有关部门对"枫桥经验"给予了极大的关注和支持。中央政法委副秘书长、中央综治委办公室主任陈冀平同志，公安部咨询委副主任谭松球同志，司法部副部长段正坤同志等领导亲临会议指导，对"枫桥经验"给予了充分的肯定，并提出了重要意见。去年，公安部专门派出调查组到诸暨市枫桥镇进行调查研究，对新时期"枫桥经验"作了很好的概括和总结。这对我们学习推广好新时期"枫桥经验"是很大的鼓舞、推动和促进。借此机会，我代表省委、省政府向中央有关部门领导的关心和支持表示衷心的感谢！省委对学习推广"枫桥经验"十分重视。去年10月，省委批转了绍兴市委、省公安厅党委《关于推广"枫桥新经验"，更好地维护农村稳定的报告》。省委书记张德江同志作了多次重要批示，对"枫桥经验"给予高度评价，要求在全省宣传、推广，并指示必须把这次现场会开好。4月17日，他又专程对"枫桥经验"进行了考察，进一步强调指出：

---

[1] 周国富：《学习推广"枫桥经验"，维护社会政治稳定，努力开创我省政治新局面》，浙江省学习推广"枫桥经验"工作会议交流材料，1999年4月21日，诸暨市档案馆藏，242-020-019-001。

维护稳定,加快发展,让老百姓安居乐业,是各级党委、政府和领导干部的根本任务。枫桥面对改革开放的新形势,不断总结、完善和发展"枫桥经验",走出了一条经济繁荣、社会稳定、人民安居乐业的新路子,是社会主义市场经济条件下有中国特色的新型乡镇的典型,也是社区建设、社区管理、社区发展的典型。"枫桥经验"具有时代性、典型性、普遍性,要认真总结,大力宣传,全面推广张德江同志的这一重要讲话,为我省学习推广"枫桥经验"进一步指明了方向,各地各单位要认真学习贯彻。

　　一天来,会议围绕学习推广"枫桥经验",分析形势,交流经验,丰富内容,启发思路。诸暨市重点作了完善和发展"枫桥经验"的典型发言,绍兴市等8个地方和单位介绍了学习推广"枫桥经验"、深化综合治理工作的做法,省公安厅等4个部门作了大会发言。同时,省委、省政府还与11个市(地)党委、政府签订了第三轮社会治安综合治理目标管理责任书,并发表了一批省级治安安全单位。会议开得很成功。从这次会议的典型发言看,这些年来,在学习推广"枫桥经验"方面,我省一些地方和单位已经积累了许多成功的经验和做法,概括起来主要有:一是党委、政府高度重视,社会稳定、促经济发展;二是狠抓基层基础建设,建立健全综合治理组织网络和工作机制;三是突出预防为主,深入开展创建活动,营造安全的社会环境;四是结合实际,因地制宜,探索了许多行之有效的依靠群众、就地化解矛盾、维护基层稳定的好办法、好途径。这些经验,充分体现了各级党委、政府"保一方平安"的政治责任感,反映了政法、综治战线的同志们卓有成效的工作,以及广大人民群众的积极参与和大力支持,展示了本地维护社会稳定的成果。对此,省委、省政府给予充分肯定。下面,我结合同志们的发言,就全省进一步学习推广"枫桥经验"问题,讲三点意见。

　　一、充分认识学习推广新时期"枫桥经验"的重要意义

　　六十年代初,枫桥的干部群众在实践中,创造了"发动和依靠群众,坚持矛盾不上交,就地解决,实现捕人少、治安好"的"枫桥经验"。毛泽东同志亲笔批

示"要各地仿效,经过试点,推广去做"。从此,"枫桥经验"成为全国政法战线的一面旗帜。36年来,诸暨、枫桥的干部群众始终坚持"发挥政治优势,依靠人民群众,就地化解矛盾"这一"枫桥经验"的基本精神,根据形势的发展和变化,赋予"枫桥经验"新的内容,使其不断得到丰富和发展。特别是进入改革开放新的历史时期后,诸暨、枫桥的干部群众在邓小平理论指引下,坚持"两手抓、两手都要硬"的方针,继承和发扬"枫桥经验"的基本精神,在致力于发展经济的同时,高度重视、认真抓好维护社会稳定工作,发展和创造了"党政动手,各负其责,依靠群众,化解矛盾,维护稳定,促进发展,做到小事不出村,大事不出镇,矛盾不上交"的具有时代特色的新时期"枫桥经验",实现了"矛盾少、治安好、发展快、社会文明进步"的良好局面。新时期"枫桥经验"的新发展,坚持邓小平理论关于民主法制建设的思想,贯穿马克思主义群众观点和党的群众路线,适应建立和发展社会主义市场经济的新形势和新要求,符合党的十五大和十五届三中全会精神,体现了"两手抓、两手都要硬"的科学工作方法。当前,学习推广新时期"枫桥经验",具有十分重要的意义。

（一）学习推广"枫桥经验",对于推进我省现代化建设、实现跨世纪目标,具有深远的战略意义。省第十次党代会确定了我省到2020年提前基本实现现代化的跨世纪宏伟目标。提前基本实现现代化,我们必须进一步推进改革开放,进一步增强综合经济实力,进一步改善人民生活。这就要求我们围绕经济建设这个中心,主动抓好社会稳定工作,努力为现代化建设,创造良好的、稳定的社会环境。江泽民总书记强调:"稳定是改革和发展的前提,发展和改革必须要有稳定的政治和社会环境,这是我们付出了代价才取得的共识。没有稳定的政治和社会环境,一切无从谈起,多么好的规划、方案都将难以实现。"经过二十年改革开放和现代化建设的实践,我们对此有了非常深刻的体会,改革和发展离不开稳定,没有稳定,就没有发展,要更快更好地发展,必须靠稳定来保证。社会稳定是深化改革、扩大开放、发展经济的重要资源,它可以优化改革和发展的环境,树立地方良好的形象和信誉,团结社会各方面的力量,增强国内外投资者的信心,实现经济的可持续发展。如果一个地方刑事案件不断发生,治安问题居高不下,黄赌毒等丑恶现象屡禁不止,不仅发展经济无从谈起,而且原有的经济基础也有可能毁于一旦。"枫桥经验"的成功之处,就在于当地干部群众始终把经济发展与社会进步作为统一的奋斗目标,在牢牢把握经济建设这个中心、坚持发展是硬道理的同时,切实加强社会主义精神文明建设和基层民主法制建设,切实维护社会政治稳定,走出了一条稳定与发展同步、致富与治安并举、经济与社会协调发展的新路子。学习推广"枫桥经验",可以帮助我们更加牢固地树立起"两手抓、两手都要硬"的思想,更加自觉地坚持在物质文明和精神文明的高度统一、经济和社会的协调发展中去推进社会主义现代化建设,从而有力地推动我省现代化目标的全面实现。

(二)学习推广"枫桥经验",对于正确处理新时期人民内部矛盾,维护改革发展和稳定大局,具有普遍的指导意义。邓小平同志早在1989年就指出:"中国的问题,压倒一切的是需要稳定。没有稳定的环境,什么都搞不成,已经取得的成果也会失掉。"新时期"枫桥经验"是在维护农村稳定中探索创造的成功经验。从我国的国情和我省的省情看,80%的人口在农村,要实现整个社会的稳定,农村的稳定是基础,没有农村的稳定,就没有全社会的稳定。做好农村稳定工作,对维护改革、发展、稳定大局,至关重要。改革开放以来,我国经济建设取得了伟大成就,社会面貌发生了深刻的变化。但是,随着改革的深化、开放的扩大、体制的转换和利益格局的调整,人们各种思想观念以及利益之间的相互冲撞,现实社会中不断地出现了大量的人民内部矛盾。特别是我省市场取向改革比较早,对外开放程度比较高,以公有制为主体、多种所有制经济共同发展的多元所有制结构比较明显,经济活动十分活跃,人流财流物流量大面广,这样的经济社会发展特点,决定了我省引发各种人民内部矛盾的因素更多、更复杂些。大量出现的这些人民内部矛盾,涉及经济社会生活的每个方面和上层建筑的各个领域,是影响社会稳定的主要因素。应该看到,新时期人民内部矛盾,是现阶段我国社会主要矛盾,即人民群众日益增长的物质文化需要同落后的社会生产之间的矛盾的反映,在生产力还不发达的社会主义初级阶段,出现大量的这些人民内部矛盾不可避免,具有问题的普遍性。当前,我国改革进入攻坚阶段,发展处于关键时期,社会稳定形势发生了新的变化,出现了新的特征,各种人民内部矛盾更显突出,这些矛盾的多发性、复杂性、尖锐性和长期性,更是提醒我们必须时刻高度重视,切不能掉以轻心,以免激化,酿成事端。因此,正确处理新时期人民内部矛盾,已经成为一个涉及改革、发展和稳定的全局性问题。人民内部矛盾化解好了,社会就能保持稳定;人民内部矛盾化解不好,矛盾最终激化,社会就有可能出现不稳定。人民内部矛盾产生于人民群众之间,其矛盾的对象是人民群众,要化解好人民内部矛盾,"解铃还须系铃人",也只能紧紧依靠人民群众,把广大人民群众发动起来,去就地化解,把矛盾消除在初始和萌芽状态,社会才能真正安定。因此"枫桥经验"发挥政治优势,依靠人民群众,就地化解矛盾的基本精神,对我们正确处理新时期人民内部矛盾,做好维护社会稳定工作,具有普遍的指导性。学习推广"枫桥经验",有利于我们提高对正确处理新时期人民内部矛盾的极端重要性和紧迫性的认识,增强化解人民内部矛盾的责任心和自觉性,有利于我们领会和掌握正确处理新时期人民内部矛盾的基本精神和基本方法,不断提高化解人民内部矛盾的能力和水平,有利于我们把维护改革、发展和稳定大局的各项工作真正落到基层,求得实效,更好地为全党和全国的大局作出贡献。

(三)学习推广"枫桥经验",对于创造安居乐业的社会环境充分调动好、保护好、发挥好人民群众积极性、创造性,具有重要的现实意义。我国改革开放二十年的实践经验证明,只有从群众的愿望出发,把人民群众的积极性、创造性充分调动好、保护好、发挥好,我们的事业才能永葆生机和活力。改革开放以来,随着经济的发展和生活水平的提高,广大人民群众求知、求富、求安、求乐逐渐成了普遍愿望。特别是随着小康生活目标的基本实现,人民群众更希望富得安心,富得舒心,希望追求更高的生活质量,希望拥有一个更美好的生活环境。如果生活是富裕了,但富得提心吊胆,富得战战兢兢,这就与我们富裕的初衷背道而驰。因此,只有创造安定的社会环境,才能使人民群众过上真正的富裕生活,才能真正让老百姓安居乐业。新时期"枫桥经验"之所以能显示旺盛的生命力,不断得到丰富和发展,就在于他们在为群众创造安居乐业的社会环境这件大事上,反映了群众的愿望,满足了群众的需要,实现了群众的参与,体现了群众的创造。学习推广"枫桥经验",努力在我省城乡建立稳定、安全的社会秩序,更好地保障人民群众的合法权益,是一件合潮流、顺民意、得民心的大好事、大实事。办好这件大事,必将进一步坚定人民群众对执行党的改革开放政策的信心,进一步激发他们建设社会主义现代化的积极性和创造性,为再创浙江跨世纪的辉煌奠定坚实的基础。

(四)学习推广"枫桥经验",对于发挥党的政治优势,提高基层党组织领导水平和执政水平,具有重大的政治意义。坚持、加强和改善党的领导,发挥党的政治优势,是我们的革命和建设事业不断取得胜利的关键。邓小平同志在1986年视察天津时就指出:"改革、现代化科学技术,加上我们讲政治,威力就大多了,到什么时候都得讲政治。"今年,中央决定集中一段时间在县级以上党政领导班子、领导干部中,用整风的精神开展以"讲学习、讲政治、讲正气"为主要内容的党性党风教育,旨在加强领导班子建设,提高领导干部的思想政治素质,以增强驾驭复杂局面、解决现实问题的能力。新时期"枫桥经验"正是领导干部"三讲"的生动体现。创造稳定的社会环境,加快经济发展,让老百姓安居乐业,是各级党委、政府的重要职责和根本任务,是坚持社会主义方向、建设有中国特色社会主义的根本目的,是认真实践党的根本宗旨的重要体现,是最大的为人民服务。在工作中坚持群众路线、群众观点,一切为了群众,一切依靠群众,从群众中来,到群众中去,把党的正确主张变为群众的自觉行动,这是坚持和发扬党的优良传统和作风的具体实践,是最大的正气。当前,改革开放和社会主义市场经济的发展,使经济社会生活发生了深刻变化,我们所处的环境和面临的任务也发生了很大变化,这对基层党组织的领导水平和执政水平提出了更高的要求。"枫桥经验"标志着在市场经济条件下我们基层党组织的领导班子建设、干部队伍建设,尤其是基层组织的领导和执政水平达到了一个新的高度,它昭示了在市场经济条件下我们基层党组织的领导水平和执政水平的最终体现,就是按照党的基本理论、基本路线和基本纲领,把一个地方治理好、发展好,让人民群众过上富裕安康的幸福生活。学习推广"枫桥经验"对于推动"三讲"教育的深入开展,更好地发挥党的政治优势,提高基层党组织领导社会主义市场经济的能力和水平,具有很强的针对性和指导性。

总之,学习推广新时期"枫桥经验",创造稳定的社会环境是我省提前基本实现现代化的需要,是维护改革发展稳定大局的需要,是人民群众安居乐业的需要,也是加强基层党组织建设的需要。我们一定要从全局和战略的高度,来充分认识学习推广新时期"枫桥经验"的重要意义,进一步统一思想,加强领导,以此作为贯彻落实党的十五大、十五届三中全会和省第十次党代会精神的一项重要内容,作为开展"三讲"教育的重要抓手,作为当前落实中央和省委关于维护社会政治稳定部署的重要举措,紧密结合实际,采取有力措施,动员、组织和引导城乡基层单位,掀起学习推广"枫桥经验"的新高潮。

二、深刻领会和全面把握新时期"枫桥经验"的基本精神和基本经验

学习推广新时期"枫桥经验",重要的是要解决好学什么的问题。新时期"枫桥经验"的基本精神是:发挥政治优势,依靠人民群众,就地化解矛盾。其基本经验有五条:一是领导重视,层层落实责任制;二是建立以基层党支部为核心、治保调解组织积极发挥作用的化解矛盾组织网络;三是创造行之有效的"四前"工作机制;四是坚持以人为本,抓好精神文明建设,加强民主政治建设;五是大力发展经济,奠定稳定基础。

（一）领导重视，责任落实，把维护稳定作为党委、政府的重要职责。在改革开放和发展社会主义市场经济条件下，诸暨、枫桥的各级领导在实践中深刻认识到，维护稳定与促进发展是辩证统一的，"要戴致富帽，先戴平安帽"，"保平安，促发展，快发展、靠平安"。必须正确处理改革、发展与稳定的关系，以高度的政治责任感和使命感，认真履行好保一方平安的职责。他们把维护稳定作为天字第一号工作，摆在突出位置，建立了党政一把手负总责的领导责任制，部门各司其职，把维护稳定列入干部岗位目标考核，与政治荣誉、经济利益挂钩，一级抓一级，保证了综合治理各项任务落到实处。"枫桥经验"告诉我们，做好新时期维护稳定工作，加强组织领导、落实各方责任是关键。各级领导特别是党政一把手必须牢固树立社会主义的发展观、稳定观，增强维护稳定意识，自觉承担起维护稳定的政治责任，把维护社会稳定作为促进改革开放和经济发展的重要措施来抓，思想上高度重视，工作中摆上位置，层层建立责任制，形成齐抓共管的合力。

（二）发挥组织网络作用，加强群防群治，真正筑起维护稳定的第一道防线。长期以来，诸暨、枫桥十分注重加强基层组织建设，健全维护稳定的组织网络。大力加强以党支部为核心的村级领导班子和配套组织建设，把村党支部和村委会的工作重点放到维护稳定上，规范综合治理机构，做到主要领导挂帅，分管领导专抓，基层政法单位当好主力军，治保调解、共青团、妇女、民兵等组织相配套的群防群治队伍充分发挥作用，各部门主动配合，广大群众积极参与，使维护稳定工作有人抓、有人管。特别是重视加强了对村、居委会和企业的治保调解组织建设，通过配强领导、业务上加强指导、生活上给予关心等措施，提高治保调解组织队伍的素质和水平，使治保调解组织真正成了人民内部矛盾的"消化器"。"枫桥经验"告诉我们，做好新时期维护稳定工作，要依靠群众、动员和组织群众，让群众积极参与，使维护社会稳定成为群众的自觉行动。要重视基层，狠抓基础，建设好凝聚力强、带头抓稳定工作的基层领导班子，战斗力强、善于做群众工作的基层干部队伍、严格执法、群众满意的基层政法单位,覆盖面广、能发挥作用的群众自治组织和群防群治网络,为维护稳定工作提供根本的组织保证。

(三)坚持"四前"工作机制,抓早抓小抓苗头,努力把矛盾解决在萌芽和初发时期。诸暨、枫桥坚持把预防化解矛盾作为维护稳定的基础性工作和重要环节来抓,在实践中探索形成了"组织建设走在工作前、预测工作走在预防前、预防工作走在调解前、调解工作走在激化前"的"四前"工作机制,把大量矛盾纠纷在激化前化解,体现了化解掉、解决好人民内部矛盾要抓早抓小抓苗头的原则。为此,他们通过建立覆盖全社会的民间纠纷信息员制度,及时掌握各种可能影响社会稳定的矛盾和问题,争取工作主动权,通过建立镇、乡、村、企业预防化解矛盾纠纷的责任制度等有效手段,就地化解矛盾,通过开展集中排查化解矛盾的专项活动,调处疑难矛盾纠纷。实践证明,矛盾纠纷在激化前解决,没有"内伤",有利于社会的凝聚和融合,激化后再去解决,就可能带来后遗症。"枫桥经验"告诉我们,适应当前各类矛盾纠纷大量增多的趋势,要做好矛盾化解工作,必须未雨绸缪,超前防范,及早发现各类可能引起矛盾纠纷和影响社会稳定的因素,及时运用各种有效手段加以预防、疏导、化解,努力把各种矛盾纠纷消除在未萌状态,化解在初始阶段,解决在村(居)、单位、乡镇、街道等基层,有效防止各类社会矛盾的激化、扩大和升级。

(四)以人为本强化教育,着力于提高人的素质,加强精神文明建设和民主法制建设。诸暨、枫桥一贯坚持"教育人、改造人",充分发挥党的政治优势,加强思想政治教育工作。广泛开展创"文明村、文明户",做"文明人"活动,倡导健康向上的文明风尚,对企业职工注重精神文明建设,"酒香衣香,更要书香","既出产品又出人品";对外来民工实行情感式、公寓式管理,寓关心、教育于管理之中;对轻微违法犯罪人员和刑释解教人员"不推一把,拉一把,不帮一时,帮一世",教育、感化、挽救、帮助,化消极因素为积极因素。重视加强基层民主政治建设,以公开促公平,以公平促稳定。初步建立了村级民主选举、民主决策、民主监督制度,制定了上合国家大法、下合社情民意的村规民约,积极推行村务、财务公开,基层干部公正、公平、合法、合情、合理地调解纠纷、化解矛盾。"枫桥经验"之所以深深扎根于群众之中,与当地的群众觉悟高、文化气氛浓、民风正有着密切关系。"枫桥经验"告诉我们,要把广大人民群众中蕴藏着的维护稳定的积极性和强烈愿望转化为自觉的行动,必须着眼于提高人的素质,加强精神文明建设,加强思想道德教育,倡导良好风尚,树立社会正气,建设文明环境。必须发扬民主,依法办事,接受人民群众的监督,凡是群众应该知道的就应该公开,凡是群众应该参与的就要让群众参与,努力形成一种既有民主又有法制的环境。只有这样,稳定才能持久,发展才能持续。

(五)深化改革,加快发展,奠定社会稳定的坚实基础。诸暨、枫桥的干部群众强烈地意识到,没有稳定,不可能促进经济的发展,发展中出现的问题和矛盾,必须用发展的眼光、思路和办法去解决,才能实现稳定与发展良性循环的局面。正如枫桥的同志所说,说一千道一万,九九归一在发展,离开发展,"枫桥经验"就没有说服力和生命力。改革开放以来,他们坚持解放思想、实事求是的思想路线,把深化改革、加快发展作为解决一切问题、确保社会稳定的根本措施,赋予了"枫桥经验"新的内涵,使这一经验不仅仅是维护稳定的经验,而且是促进经济发展的经验。实践也证明,经济越发展,人民群众对社会安定的愿望越强烈,维护社会稳定的工作也就越有基础,那种认为经济发展要以牺牲社会治安为代价的论点,是完全站不住脚的。"枫桥经验"告诉我们,要牢固树立"发展才是硬道理"的思想,把维护稳定工作的着力点放在加快经济发展上,集中精力,一心一意把经济建设搞上去,不断提高人民生活水平,最大限度地满足人民群众日益增长的物质文化需要,使两者相辅相成,相得益彰,努力在改革、发展中实现社会政治稳定。

三、扎扎实实地在全省掀起学习推广"枫桥经验"的新高潮

"枫桥经验"的新发展,既继承和发扬了优良传统,又体现了改革开放新的

时代特色,具有很强的生命力。各地各部门要在深刻领会新时期"枫桥经验"精神实质的基础上,紧密联系实际,大张旗鼓地学习、宣传、推广新时期"枫桥经验",为我省改革开放和社会主义现代化建设创造良好环境。

学习推广新时期"枫桥经验"的总体要求是:高举邓小平理论的伟大旗帜,认真贯彻党的十五大、十五届三中全会精神和省第十次党代会精神,紧紧围绕我省提前基本实现现代化的奋斗目标,加强领导,精心组织,采取有力措施,运用多种形式,动员、组织和引导城乡基层单位广泛深入开展学习推广活动,在广大农村要全面推广,在城市要推广到文明平安社区、企业、机关、学校的创建活动中去,拓宽思路,整体推进,重在创新发展,不断充实内容,讲究方法,注重实效,紧密结合实际,推动全局工作,切实做到强化基层、弘扬正气、化解矛盾、预防为主,维护社会稳定,促进经济发展,推动改革开放和现代化建设事业的顺利发展。学习推广新时期"枫桥经验"要达到的主要目标是:各级党政干部和广大人民群众对新时期"枫桥经验"认识明显提高,学习推广的自觉性增强;基层组织健全,党支部坚强有力,治保调解组织充分发挥作用,群防群治队伍形成网络,依靠群众化解矛盾的"四前"工作机制普遍建立,民间纠纷的调解率和调解成功率分别达到95%和90%以上,基本杜绝民事纠纷转为刑事案件;基层民主政治建设进一步加强,广大人民群众精神文明素质提高,法制观念和民主意识增强,社会正气上升;文明安全创建活动深入开展,社会防控机制健全,各项治安防范措施落实,社会治安秩序稳定。

学习推广新时期"枫桥经验"要把握的指导原则是:

——广泛学习,全面推广。"枫桥经验"诞生在农村,但其发扬政治优势,依靠人民群众,就地化解矛盾的基本精神在全社会是一致的,不仅适用于农村,而且也完全适用于城市社区、企业、学校、机关等单位。因此,要把新时期"枫桥经验"广泛延伸开去,不仅要发动广大农村干部群众学习,而且也要发动社区、企业、学校、机关的干部、工人、居民、学生都来学习。各地各部门要统一思想,拓宽思路,全面学习推广新时期"枫桥经验",努力使这一经验在全省城乡普遍推开。

——因地制宜,发展创新。学习推广新时期"枫桥经验",关键要学习推广它的基本精神和基本经验,而在具体做法上不能一个模式,照搬照套,必须从本地实际出发,找准"结合点",因地制宜,采取多种形式,创造性地进行学习推广,不断赋予新的内容,不断完善发展。近几年来,各地都在实践中创造了许多成功经验,涌现了一批先进典型。学习推广新时期"枫桥经验"要与坚持、完善本地好的经验有机地结合起来,取长补短,既丰富完善新时期"枫桥经验",又深化具有本地特色的新鲜经验,开拓创新,富有特色。

——文明安全,整体推进。文明安全是一个相互统一的有机整体,人民群众的文明素质是安全的核心,安全是社会文明的重要体现,抓社会主义精神文明建设、民主法制建设与抓维护社会稳定工作是一致的。各地各部门在学习推广"枫桥经验"活动中,要以创建"文明平安社区"活动为载体,把基层安全创建活动和群众性精神文明创建活动紧密结合起来,相互促进,相得益彰,整体推进。

——讲究方法,注重实效。学习推广"枫桥经验"是一项系统工程,涉及经济社会生活的各个方面,其综合性非常强,各方面都有很高的要求。这就要求我们,必须把学习推广"枫桥经验"放到全局工作中统筹规划,全面部署,防止就事论事,浅尝辄止,要从最基础的工作抓起,着眼长远,稳步推进,防止简单化,急于求成;要实事求是,办实事、求实效,防止脱离实际,搞形式主义,做表面文章;要抓点带面,典型引路,积极稳妥,防止想当然、瞎指挥。各地各部门务必以认真负责的态度,采取科学的方法,把学习推广"枫桥经验"逐步引向深入。

按照上述总体要求和指导思想,当前和今后一个时期,我省学习推广"枫桥经验",要重点抓好以下工作:

(一)突出重点,明确责任,层层抓好落实。

学习推广新时期"枫桥经验",要坚持条块结合,以块为主的原则,各级党委、政府加强领导,精心组织;部门各司其职,齐抓共管;全省分类指导,狠抓落实。

学习推广"枫桥经验",党委、政府要加强领导,精心组织。各级党政领导要结合"三讲"教育,按照"三讲"要求,从增强党性、端正党风的高度,进一步增强努力维护一方稳定、促进一方发展、实实在在为老百姓谋利益的责任感和使命感,切实增强学习推广新时期"枫桥经验"的自觉性,把学习推广活动列入党委、政府的重要议事日程,进行专题研究。党政一把手要十分重视这项工作,分管领导要亲自动手抓落实,切实加强领导和协调。要把学习推广"枫桥经验"的工作列入当地经济社会发展的总体规划,确定长远目标,明确阶段性任务,落实经常性措施。要协调各方,精心组织,形成合力。要把学习推广"枫桥经验"列入工作目标责任制考核,建立健全相应的激励和约束机制。各级领导要加强学习,学会善于发挥党的政治优势,依靠群众,运用法律的、行政的、经济的和思想教育的手段,处理各类社会矛盾和纠纷,及时化解和消除各种社会不安定因素,提高正确处理新时期人民内部矛盾、做好维护稳定工作的水平。要切实转变工作作风,深入基层调查研究,及时解决学习推广中存在的问题,并从人、财、物等方面给予必要的支持,每年有针对性地解决一两个突出问题、办几件实事,力求学习推广活动取得实实在在的效果。

学习推广"枫桥经验",部门要各司其职,齐抓共管。学习推广"枫桥经验",维护社会稳定,是全党的大事、全社会的大事,各级领导干部、各个部门都责无旁贷。各部门要在党委的领导下,讲政治、讲大局,按照分工,承担起各自责任,做好各自的工作,各级社会治安综合治理委员会要把学习推广"枫桥经验"作为今后一个时期社会治安综合治理工作的"龙头",牢牢抓在手里,组织专门力量,研究专门措施,做好对学习推广工作的督促、检查和具体指导工作,正确掌握动态情况,及时提出对策建议,认真为党委、政府当好参谋助手。对那些问题较多、学习推广有困难的单位,综治委要派出工作组进行督导,确保这项工作均衡发展。省综治办要建立起全省学习推广"枫桥经验"工作的信息通报制度,为省里进一步决策服务。各级法院、检察院、公安、司法等政法部门要充分发挥职能作用,深入实际具体抓,集中精力认真组织好本系统的学习推广工作。宣传舆论部门在学习推广中更要发挥积极作用,运用各种宣传工具和阵地,大力宣传新时期"枫桥经验"的重要意义、精神实质和主要做法,努力营造一个良好的社会舆论环境,提高广大干部群众贯彻落实"枫桥经验"的自觉性。党委、政府的其他有关职能部门要密切配合,创造条件,参与、支持学习推广工作。

学习推广"枫桥经验",全省各地要分类指导,狠抓落实。全省学习推广"枫桥经验"的重点在基层。农村乡镇村、城市社区、企业、学校、机关等基层单位处在维护稳定的第一线,是预防化解矛盾纠纷的第一道关口。基层单位把"枫桥经验"学习推广好了,我省维护稳定工作就有了坚实的基础。

农村乡(镇)村要建立健全社会治安综合治理组织,乡(镇)要落实综治领导责任制,村要建立以党支部为核心,村委会为依托,治保调解、共青团、妇女、民兵等组织相配套的群防群治队伍网络,建立起"四前"工作机制。要以解决民间纠纷为重点,做好化解矛盾工作,基本做到小事不出村、大事不出乡(镇)、矛盾不上交,无越级集体上访。要做好有轻微违法犯罪人员的帮教工作和"两劳"回籍人员的安置教育工作,有效控制重新违法犯罪。要落实各项安全防范措施,控制发案上升势头,减少各类治安问题。要加强精神文明和民主法制建设,重视思想政治工作,加强对干部群众的教育,提高文明素质,增强法制观念,敢于同违法犯罪作斗争,弘扬社会正气。

城市社区、企业、学校、机关学习推广"枫桥经验",要结合各自实际,把握基本精神和基本经验,重点在健全治安组织网络,建立"四前"工作机制等方面下功夫,积极探索符合自身特点的维护稳定工作新路子。要从解决各自的突出问题入手,增强学习推广的针对性和实效性。城市社区要以就地解决家庭、邻里、社会纠纷、外来人口管理和环境整治等矛盾和问题为重点,避免矛盾激化,引发事端。厂矿企业要以解决好企业之间的经济纠纷、离退休人员生活保障、国有企业下岗职工基本生活保障和再就业问题、外来职工管理问题等作为切入点,维护经济秩序,维护人民群众切身利益。学校要重点解决校园及其周边地区突出治安问题,实行"内治"与"外治"相结合,做好敏感期的学校稳定工作,优化教书育人环境,不断提高学校教职工和学生的文明素质。机关要重点化解上层建筑领域存在的诸如干部腐败、官僚主义作风、司法不公、执法犯法等引发的矛盾,预防机关干部精简、分流工作中可能出现的各类矛盾和问题。

(二)立足当前,抓好今年,做好基层基础工作

学习推广"枫桥经验"最后成效如何,今年的工作是关键。今年的工作做好了,使学习推广"枫桥经验"有一个好的开局,我们就掌握了这项工作的主动权。今年重点抓什么?我看除了抓干部群众的思想认识到位,最重要、最迫切的就是抓组织、抓基础。"基础不牢,地动山摇。"只有把基层组织建设好,把基层基础工作搞扎实,学习推广"枫桥经验",才会有根本的保证。这也是学习"枫桥经验"组织建设走在工作前的体现。

一要切实抓好基层党组织建设。各级党委要切实加强基层领导班子和党组织建设,进一步夯实基层组织工作基础,真正发挥维护稳定的核心作用。农村要围绕贯彻中央最近下发的农村党的基层组织工作条例,以乡(镇)村换届为契机,以乡、村两级组织集中教育整顿为抓手,把治乱与治瘫紧密结合起来,突出抓好后进乡镇、后进村的整顿转化,对班子软弱、经济发展缓慢、治安状况不好、群众意见大的后进村,继续采取干部下派、部门帮助、领导联系等办法帮助整顿。企业要继续抓好领导班子考核建设工作,机关、学校、街道要加强党员教育管理,更好地发挥基层党组织的战斗堡垒作用和党员的先锋模范作用,把维护稳定的各项工作落到实处。

二要强化基层综合治理组织建设。要以乡镇、街道专抓副职配备和综合治理机构规范化建设为重点,明确职责、落实人员、编制、经费,建立完善的工作制度,加强对专兼职人员的定期培训,提高他们的政治业务素质,充分发挥综合治理办事机构的牵头协调、动员组织作用。

三要加强群众自治组织和群防群治网络建设。进一步健全治保调解组织,加强培训,落实经费报酬,解除后顾之忧。还没有建立治保调解组织的,要尽快建立起来。要根据实际,组建适合本地情况的各种护厂、护村、护宅、护校等群防群治队伍,并逐步形成网络。要充分发挥共青团、妇女、民兵等组织和群众积极分子在维护治安中的重要作用。

四要充实加强基层政法组织。要继续加强公安派出所、法庭、司法所建设,充实力量,健全制度,规范工作。按照省委、省委政法委的统一部署,深入开展以"严格执法,热情服务"为主题的争创"人民满意政法干警(单位)"和"干警群众满意领导班子"活动,改进服务态度,提高工作效率,严肃公正执法,真正把为民、爱民、便民措施落实到各项工作中去,更好地发挥维护基层稳定的主力军作用。

五要加强基层民主政治建设。在农村,要认真贯彻党的十五届三中全会精神,按照中央和省委关于在农村普遍实行村务公开和民主管理的通知要求,全面实施以对分公开为置点的村务公开制度,及时公开村级财务和群众关心的事项,推进村民自治,使农民群众享有更多的民主权利,促进社会公正公平。在城镇,要大力加强居民委员会建设。在企业,要结合企业改革,坚持和完善以职工代表大会为基本形式的企业民主管理制度,组织职工参与改革和管理,切实维护职工的合法权益。

(三)抓住机遇,乘势而上,把社会治安综合治理工作提高到新水平

新时期"枫桥经验"是我省基层社会治安综合治理工作的一个胜利硕果。我们必须倍加珍惜,不断赋予其新的内涵,使其永远充满生机与活力。为此,我们学习推广"枫桥经验",必须全面贯彻落实社会治安综合治理的各项措施,努力在实践中对"枫桥经验"加以坚持和发展。

1. 要全面落实社会治安综合治理领导责任制。各级党政领导要自觉承担起维护稳定的政治责任,特别是一把手要切实当好本地区维护稳定的第一责任人,坚持一手抓经济建设,一手抓社会稳定,经常分析形势,认真研究措施,周密部署工作,亲自督促检查,确保不出问题。各部门、各单位都要按照"谁主管,谁负责"的原则,进一步落实责任,及时解决本部门、本单位影响稳定的突出问题。要严格落实责任追究制度,凡出现因责任不落实、措施不到位而使矛盾激化或事态扩大,发生危害稳定事件造成严重后果的,要坚决查处,对负有领导责任的人员,要严肃追究。

2. 要大力疏导化解社会不安定因素。继续深入开展矛盾纠纷集中排查调处活动,对前一阶段排查出来的问题和不安定因素,要认真分析,确定重点,落实人员,抓紧调处。要积极预防、依法妥善处置群体性突发事件,一旦发生群体性事件,要立足教育疏导,坚持慎用警力,防止矛盾激化,特别要高度警惕敌对分子煽动破坏,制造事端。

3. 要加强法制宣传教育。按照"三五"普法规划的总体部署,以各级领导干部、青少年和外来从业人员为重点,加强针对性,努力增强法制宣传教育的实效。要积极组织"法制宣传进万家""法律顾问进农家"活动,充分利用各种宣传文化阵地和工具,广泛开展城市居民和农村普法教育,提高全民的法制观念。切实加强对刑释解教人员的安置帮教工作,健全领导机构,完善帮教网络,拓展安置渠道,促进人的教育转化。

4. 要深化文明安全创建活动。在总结以往安全创建活动经验的基础上,把创建活动更好地纳入精神文明建设的轨道,科学制定规划,加强分类指导。综合治理部门要侧重安全这个目标,在抓管理、促规范、创特色、上档次上下功夫,把基层基础工作薄弱、治安问题多、工作难度大的街道、乡镇和村(居)以及企事业单位作为今年创建工作的重点,加大工作力度,达到由乱到治。

5. 要坚持"严打"斗争不放松。加强重点治理,有针对性地集中整治治安混乱、案件高发的重点地域、重点路段和重点场所，特别是要解决好群众关注的治安热点问题。坚决摧毁称霸一方的流氓恶势力，打击、取缔"黄赌毒"等社会丑恶现象。要建立健全适应新形势的社会防范控制机制，坚持专门机关与群众路线相结合，发动群众、依靠群众和组织群众，维护良好的治安秩序。

同志们，学习推广新时期"枫桥经验"是事关我省改革开放和现代化建设全局的大事。我们一定要统一思想，把握大局，锐意进取，扎实工作，把新时期"枫桥经验"学习好、推广好，使维护稳定各项措施真正落实到城乡基层，促进经济社会协调发展，为实现省第十次党代会提出的奋斗目标作出新的贡献。

第五章
综合治理维护社会治安的"枫桥经验"

不同部门、不同层级机关、不同地区坚持和发展、推广和落实"枫桥经验"实现综合治理、维护社会治安的实践并不相同,但整体而言,都具有以下特点:首先,注重加强党政机关的领导,真抓实干,并形成了具有时代特点的指导思想,这一指导思想与党的指导思想基本一致。其次,注重发挥群众力量,"枫桥经验"从群众中来,也要到群众中去,做好基层基础单位的工作,有针对性地进行综合治理,依靠群众,打防并举,切实解决群众反映强烈的治安热点问题,才能使得综合治理维护社会治安的效果更上一层楼。再次,注重健全组织,明确职责,再好的思想指导、再好的措施也需要有健全的组织去落实,组织中也需要明确职责,组织的每一环发挥各自的作用优势,最终就能产生巨大的作用效果。最后,注重落实措施,在不同时期、不同地区有符合本时期、本地区特点的具体措施,必须结合实际,注重方法,将具体措施落到实处,才能保证"枫桥经验"取得实效。

店口镇人民政府以创新落实"枫桥经验",努力构建和谐店口为主线,坚持"平安有序促发展,公平正义促和谐"方针,围绕"政治社会稳定,经济发展有序,群众安居乐业"的综治目标开展的"枫桥经验"落实年活动;诸暨国际商贸城建管委研判商贸城区域面上矛盾和点上矛盾,分析矛盾成因,并通过发展现有经验和创新工作思路，运用"枫桥经验"解决矛盾的成功事例；枫桥区粮管所运用"枫桥经验"，有效改造违法犯罪职工葛某某、钱某某、魏某，并产生良好效果和正面社会影响的典型事例。以上种种，无不反映了"枫桥经验"在社会治安综合治理方面发挥的巨大作用：一是促进形成良好的制度环境，对于社会综合治理问题，有人抓、有人管、有人治，促进社会治安环境不断改善、刑事犯罪率不断降低；二是推动形成包容的人文环境，对轻微违法人员进行有效果、有效率的改造，帮助其回归社会。

国家安全和社会稳定是改革发展的前提，现阶段我国的改革和发展必须建立在稳定的基础上。社会治安综合治理就是社会稳定的重要一环，要紧紧抓住影响社会和谐稳定的源头性、基础性、根本性问题，灵活运用"枫桥经验"这一宝贵指导思想，以系统的思维和统筹的办法，深入推进社会矛盾化解、社会管理创新，推动社会治安综合治理工作再上新台阶，为经济社会又好又快发展创造和谐稳定的良好环境。

5.1 综合治理维护社会治安的实践

5.1.1 枫桥区社会治安综合治理的具体措施

提要：浙江省公安厅三处在给省公安厅的《关于枫桥区治安情况的调查报告》中总结了枫桥区社会治安综合治理的具体措施：宏观来看是在党政领导下，依靠全党和社会力量，实行综合治理；微观来看是做好基层基础单位的安全防范工作，有针对性地进行综合治理，如做好违法人员的帮教工作、加强治保队伍建设等。

枫桥区社会治安综合治理的具体措施[1]

为了进一步解决当前农村社会治安中的问题,我们会同绍兴地区公安处、诸暨县公安局和枫桥区委、枫桥派出所的同志,进行了研究。一致认为,搞好农村社会治安,必须在党政领导下,依靠全党和社会力量,实行综合治理。公安保卫机关,要当好领导的参谋,在综合治理中充分发挥自己的职能作用。具体措施如下:

一、在区、社党委领导下,发动干部、群众,及时制止解决各种治安问题。向基层干部群众深入宣传中央〔1981〕2号文件精神,对发生的治安问题,要敢于管理。选择有教育意义的典型案例,向广大群众进行坚持四项基本原则教育和社会主义法制、道德风尚教育。关系本地危害治安的人和事,学习3月24日《人民日报》刊载的关于湖南平江县制定乡规民约的经验,普遍制定和修订治安公约,充分运用《治安管理处罚条例》等法制武器,制止偷摸、赌博、投机倒把、封建迷信、斗殴等问题,以建立良好的生产、生活秩序。

二、切实做好基层单位的安全防范工作,把预防社队企业被盗、被诈骗,作为重点来抓。会同有关部门,开展安全宣传和安全检查,摸索总结省政府批准的《关于建立安全保卫责任制的若干规定》如何在社队企业贯彻的经验。一些社队企业发展较快的公社,可报请党委批准,从企业中抽调一名适合做治保工作的人员,协助公社公安员专管社队企业的安全保卫工作。对盗窃、诈骗案件,当地公安机关要积极侦破,并配合有关地区和单位,查缉流往外地诈骗社队企业的不法分子,对已构成犯罪的,坚决依法惩处。

三、坚持"枫桥经验"的基本精神,做好对违法人员的帮教工作。要组织群众,继续扎扎实实地做好对流窜犯特别是新滋生的流窜犯和违法青少年的帮教

---

1 浙江省公安厅三处:《枫桥区社会治安综合治理的具体措施》,摘自1981年5月22日给省公安厅的《关于枫桥区治安情况的调查报告》。

工作,消除在一部分基层干部、群众中"帮教是否合法""枫桥改造流窜犯的经验是否过时"等思想疑虑。派出所干警和公社公安员,要经常地调查和掌握各类违法人员动态,努力做到"四知道",发现和控制违法犯罪活动,并亲自抓几个"尖子"的帮教工作,取得直接经验。同时,表彰干部、群众中热心做帮教工作的先进事迹,总结和推广他们的工作经验,努力实现捕人少、治安好的要求。

四、针对经济政策放宽后出现的新情况,摸索和加强治安行政管理工作。在学习《嘉兴县认真执行安全保卫责任制》和《碧湖镇坚持联防反扒效果显著》的经验,并切实加以推广落实的同时,一是配合工商行政管理部门做好对个体客栈、刻字、修理业的整顿和登记管理工作。凡社会需要,群众欢迎,具备开业条件的,经审查予以登记发证,按照特种行业加强管理。未经批准,进行违法活动的,予以取缔。二是会同有关部门,在落实农业生产责任制时,解决好社、队和社员之间的土地、水源、农具、耕牛等使用问题,以防纠纷、殴斗事件的发生。三是协同农机部门和交管部门,加强对拖拉机的管理工作。上公路运输的拖拉机驾驶员,必须经过考试合格,持有驾驶执照,严禁无证驾驶。严禁擅自加大速比,违章行驶。违章行驶造成事故的,要严肃处理。

五、加强治保队伍的建设。枫桥区13个公社都配有专职公安员,在公社和区公安派出所的领导下,以主要精力抓治保工作。要加强对他们的领导和工作上的具体督促指导。随着农村经济政策的放宽,基层治保组织不健全的,要调整充实,要进行教育训练,关心和支持他们做好治保工作。加强农业生产责任制后,对治保干部的误工补贴,更要重视研究,适当解决。对暗害报复治保干部和治安积极分子的事件,要坚决追查,依法处理,以保护干部群众同坏人坏事作斗争的积极性。

5.1.2 绍兴市推广"枫桥经验",维护社会稳定

提要:绍兴市社会治安综合治理委员会总结了改革开放以来绍兴市正

确处理维护稳定和深化改革、促进发展的关系的经验,得出了三种主要做法:一是加强领导,真抓实干;二是突出重点,抓实基础;三是结合实际,注重方法。通过这三种做法将"枫桥经验"落到实处,确保推广"枫桥经验"取得实效。

推广"枫桥经验",维护社会稳定[1]

改革开放以来,我市正确处理维护稳定和深化改革、促进发展的关系,牢固树立"稳定压倒一切"的思想,围绕党的中心工作,以学习推广"枫桥经验"为抓手,以强化基层基础建设为重点,全面推进社会治安综合治理各项措施的落实,切实维护了社会稳定。全市刑事发案上升势头得到有效遏制,大量社会矛盾和民间纠纷在基层得到妥善化解,群众安全感得到增强。在全省前三轮创建文明城市竞赛活动中,我市社会治安综合治理单项成绩一直名列前茅,并作为1993—1996年全国社会治安综合治理先进单位,在1997年受到中央综治委的通报表彰。良好的社会治安环境保障促进了经济建设和社会各项事业的发展。改革开放以来的20余年,绍兴经济持续快速发展,1992年,成为首批中国投资硬环境40优城市之一,1993年成为中国国内生产总值超200亿元的40个城市之一,1998年成为首批中国优秀旅游城市。1999年,全市实现国内生产总值705.14亿元,比上年增长11.2%,人均创国内生产总值1.64万元,财政总收入34.12亿元,其中地方财政收入17.02亿元,城乡人均可支配收入分别达8 580元和4 681元。下辖的绍兴县、诸暨市、上虞市是中国综合实力百强县,其中绍兴县连续数年名列前10名。这些年来,在学习推广"枫桥经验"过程中,我们主要做法是:

---

[1] 绍兴市社会治安综合治理委员会:《推广"枫桥经验",维护社会稳定》,全国政法综治宣传工作会议交流材料,2000年3月30日,诸暨市档案馆藏,242-021-019-003。

一、加强领导,真抓实干,把推广"枫桥经验"作为维护社会稳定的牛鼻子来抓

新时期的"枫桥经验",贯穿了毛泽东同志的群众观点和党的群众路线,体现了邓小平同志"两手抓,两手都要硬"的战略方针,是江泽民同志"打防结合,预防为主"精神的具体体现。坚持、完善、发展和大力推广"枫桥经验",对维护社会稳定,确保我市经济社会持续发展,实现跨世纪宏伟目标具有重大的现实意义。为此,我们始终把推广新时期的"枫桥经验"作为维护社会稳定的牛鼻子来抓。一是列入议事日程,加强组织领导。市委多次召开常委会研究全市推广落实工作,多次召开学习推广"枫桥经验"工作会和汇报会,统一思想,部署工作,并提出了明确的工作目标。为切实加强领导,市委及各县(市、区)委都建立了学习推广"枫桥经验"工作的领导机构和工作班子。二是认真总结经验,抓好面上指导。近几年来,市委领导曾多次带队到枫桥等乡镇(街道)蹲点调研,总结新形势下的"枫桥经验",研究深化"枫桥经验"的对策措施。同时,组织开展了专题讨论和专题宣传报道,强化宣传,加强指导。全市各地在推广"枫桥经验"过程中,创造性地开展工作,创出了一批各具特色的学习"枫桥经验"的典型,如绍兴县的"柯桥经验"、嵊州市的"雅璜经验"、上虞市的"沥海经验"、越城区的"塔山经验"等,使学习推广工作步步走向深入。三是制定规划,明确目标,分步实施。市委、市政府制定下发了《绍兴市学习推广深化"枫桥经验"三年规划》,确定了新形势下全市学习推广"枫桥经验"工作的指导思想和十项目标任务,明确分三个阶段的实施步骤及各个阶段的工作重点,提出了实现规划的保障措施。以乡镇(街道)为基本单位,组织开展了创建"枫桥式乡镇"。1999年全市61个乡镇(街道)参加了创建活动,占乡镇总数的43%,有51个乡镇(街道)成为市级"枫桥式乡镇",占全市乡镇总数的36%。

二、突出重点,抓实基础,把推广"枫桥经验"落到实处

在学习推广"枫桥经验"中,我们十分注重突出重点,着力抓好社会治安综合治理的基础建设。在具体工作中着重抓好"构建一个机制,强化二支队伍,完善三张网络"。"构建一个机制",就是构建责任机制,健全和完善维护社会稳定的领导责任制。我们对以推广落实"枫桥经验"为主要内容的综治工作实行目标管理,每年与各县(市、区)及市直部门签订综治目标管理责任书,各地也层层签订责任书,明确职责,责任到人。乡镇普遍实行维护稳定的"三包一联"制,即乡镇干部包片、联片干部包村、联村干部包组、治安信息员联户,切实把保一方平安的政治责任落到实处。市、县两级普遍实行综治委、纪委、组织、人事、监察等部门联席会议制度,加强对领导责任制的监督、协调和检查。同时,建立完善一票否决制、重大案件查究制、定量考评制和奖惩激励机制,将推广落实"枫桥经验"和社会治安综合治理实绩与责任人的政治荣誉、经济利益挂钩,奖优罚劣,赏罚分明。近年来,市里先后表彰了推广"枫桥经验"和综治工作先进集体193个、先进个人38名,对85个单位实行一票否决,对发生重大案件的市直两个部门和一些单位进行了查究通报,有效地促进了维护稳定和推广"枫桥经验"工作的落实。"强化二支队伍",就是强化基层政法队伍和基层群防群治队伍。全市142个乡镇(街道)都配齐了分管政法综治工作的党政副职,1996年至1999年分4期对他们进行了业务培训。各地适时调整充实了政法综治工作人员,全市现有乡镇(街道)综治办专职干部427名,全部列入行政编制。切实加强乡镇综治办事机构规范化建设,目前全市乡镇综治办规范化建设达省标的已有99个,占总数的69.7%。基层公安派出所、人民法庭的一线警力得到充实和加强,规范化达标派出所、五好法庭数逐年增加。各乡镇普遍建立了司法所,设立了国家安全工作联络员。坚强有力的基层政法组织,在指导、服务基层,化解矛盾,宣传法制,维护稳定方面发挥了积极的作用。同时,大力加强以基层党支部为核心的群防群治队伍建设。以村级换届为契机,配强配齐农村党支部书记。通过下派、上挂、内请、外调等形式,把有经济头脑、致富本领、公道正派、群众拥护的优秀农村青年选进村级领导班子,加强培养教育,提高他们的能力和水平。

建立健全治保调解组织,广泛开展了标准化调委会达标活动,已有90%以上的调委会达标。在亚洲最大的纺织品专业市场——绍兴县柯桥中国轻纺城内不但建立了司法所,而且建立了调解委员会,44个交易区、9 331个经营户中,组建了493个治调小组。同时,采取集中培训、外出取经、案例讨论等方法,加强对治保调解干部的培训教育,换届后村居治调干部的培训面达70%以上。基层治调干部基本做到了人员、制度、工作、报酬四落实。有的地方开展治保调解干部养老保险金试点,在试点基础上,逐步推开,逐步解决治保调解干部的后顾之忧。由于各项措施有力,全市基层群防群治队伍健全,能充分发挥保一方平安的作用。目前全市已建有各类治保会7 108个、调解会6 270个。还建立了142支联防队、3 618支"三护队"、3 000多个禁赌协会和26 000多名治安信息员等群防群治队伍,构筑了一道维护社会稳定的坚固防线。"完善三张网络",就是完善外来人员管理网络、安置帮教工作网络、法制宣传教育网络。一是外来人员管理网络。根据我市外来人员较多、违法犯罪比例较大的情况,有针对性地加大管理力度。从市到乡镇、街道普遍建立了由政府牵头,公安为主,劳动、建管、城建、计生等部门参加的领导机构和管理机构,全市现有负责日常管理的办公室、登记站2 332个,配备3 607名专、兼职管理员,并组建了近100支外来人员管理稽查队,形成了严密的外来人员管理网络,做到了日常管理规范化、教育服务系列化、检查整治经常化。二是安置帮教工作网络。市、县两级建立了安置帮教工作协调小组,乡镇、街道建立了工作站,99%的村居和大多数国有企业建有帮教小组,形成了完善的安置帮教工作网络,为做好安置帮教工作打下了基础。1999年,全市安置刑释解教人员567人,安置率占96.4%,对566人落实了帮教措施,重新违法犯罪25人,仅为4.41%。三是法制宣传教育网络。在抓好全民法制宣传教育的同时,重点抓好青少年这一特殊群体的法制宣传教育。市、县建立了关工委、德育教育工作委员会等组织,120余个乡镇、街道建立了关协,1 900个村居建立了关协小组,有成员7万余人,形成了党政军群、公检法司、学校、社会、家庭全社会联动多层次的法制宣传教育网络。全市还建立了181所青少年法律学校、68个市级德育教育基地、500多个校外社区实践基地。通过广泛深入的法制宣传教育,我市青少年违法犯罪率逐年下降,市区青少年犯罪一直处于全省最低水平。

三、结合实际,注重方法,确保推广"枫桥经验"取得实效

推广落实"枫桥经验",必须注重工作方法,重在抓落实,求实效,为此,我市在工作中着重注意抓好五个结合。

一是把学习推广"枫桥经验"与创建"安全文明社区"结合起来。近年来,我们按照"枫桥经验"的基本精神,组织开展了以创建安全文明小区、村居、单位、路段、市场为主体的安全文明创建活动,制定了周密的创建规划,明确创建目标,落实创建任务,健全完善考核机制。创建中各地坚持立足基层,以安全为基础,以文明为目标,互相融合,互相促进,使创建措施落到实处。至今全市已建成安全村4 285个、安全居委会290个、安全单位1 882个、安全市场69个、安全路段12条。在创建活动中,我们十分注重技防、物防的投入,仅1999年全市企事业单位投入资金就达3 000余万元,市区和绍兴县的金融运钞车安装了GPS卫星定位系统,与市公安局指挥中心联网,实行了定时监控。全市内部列管单位全年刑事案件逐年下降,1999年仅4起,较上年下降71.43%。绍兴县中国轻纺城投入巨资兴建自动喷淋消防、自动报警、电视监控系统,确保大型专业市场的安全。各重点乡镇、片区普遍组织开展夜巡,控制夜盗案件的发生。通过创建活动,创建部位(单位)呈现发案下降、防范能力提高、群众安全感增强的良好态势,解决治安难点热点问题取得进展,社区犯罪防控机制进一步健全。

二是把学习推广"枫桥经验"与重点城镇治安安全创优活动结合起来。根据近年来我市城区、各县城关镇和绍兴县柯桥镇刑事发案所占比例达50%以上的现状,我们认为,要有效遏制刑事发案,特别是入室盗窃案件,必须重点抓好城区和各县城的安全防范工作,落实防范措施。为此,我们在城区6个街道和各县城关镇组织开展了"治安安全创优"活动,在加大打击力度的同时,进一步加大防范工作的力度,提高预防、发现和控制违法犯罪的能力,巩固创安成果,努力减少发案。

三是把学习推广"枫桥经验"与重点整治结合起来。针对局部地区和单位突出的治安问题,我们组织了一系列的重点整治。绍兴县委、县政府针对柯桥治安问题较突出的实际,提出"学枫桥,治柯桥"。县委主要领导三次专题调研整治方案,投入经费2 500万元,解决了10项急需解决的治安工程,在建成区内实行军警民联合夜巡,整治旅馆业和托运部,落实管理人员和措施,严厉打击涉毒犯罪、团伙黑势力,对主要街道实施电视监控等,取得了明显成效,柯桥地区治安面貌明显改观,全年没有发生一起凶杀致死案件。市区开展了反窃车专项整治,诸暨市开展了除恶(势力)专项行动。司法行政机关针对一些地区、季节纠纷多发的规律和特点,组织开展了一系列的集中排查调处活动。

四是把学习推广"枫桥经验"与推广"雅璜经验"结合起来。我市嵊州市雅璜乡党政干部开展的以"串百家门、知百家情、解百家难、连百家心、办百家事、致百家富"为主题的"民情日记"活动,深受群众欢迎。通过记民情日记,进一步改善了党群、干群关系,增强了基层党组织的凝聚力、号召力和战斗力,维护了基层稳定。市里总结了这个经验,并在全市大力推广,广大干部纷纷转变作风,深入农村、厂矿、社区、学校了解情况,对现实矛盾和可能出现的潜在矛盾了然于胸,取得了预防和化解各种矛盾的主动权,对群众想什么、做什么、需要什么胸中有数,并注意发展动态,及时排查和发现可能引起矛盾纠纷的各种苗头,见微知著,防微杜渐,切实把问题解决在基层、消灭在萌芽。

五是把学习推广"枫桥经验"与推行政务公开、依法治理结合起来。近年来,基层的大量矛盾纠纷是由于基层干部政务不透明、不公开,工作方法不当、作风不实,不严格依法办事引发的。要维护基层稳定,从根本上消除、减少矛盾纠纷,必须大力加强基层民主政治建设,以公开促公平,以公平促稳定。我们一方面大力推行村务、政务、财务公开,健全民主监督等制度,改善党群、干群关系,另一方面广泛开展依法治理活动。除市、县、乡镇全面推行依法行政外,在基层大力开展依法治村(居)活动,全市已有5 143个村开展依法治理,占总数的91%,有效地推进了基层民主建设,使稳定有了良好的基础和环境。在推广"枫桥经验"过程中,我们做了一些工作,取得了一定的成效,但是,与新的形势和任务相比,与人民群众的愿望和要求相比,还存在不少差距和薄弱环节。作为"枫桥经验"的诞生地,我们将以高度的责任感、使命感进一步抓好"枫桥经验"推广落实工作。加大宣传力度,进一步营造推广落实"枫桥经验"的氛围;加大组织建设力度,进一步夯实稳定的基础;加大实施规划力度,深入开展创建"枫桥式乡镇"活动,力争在2000年全市有90%左右的乡镇建成"枫桥式乡镇";加大防控机制建设力度,进一步提高防控能力,实现社会持续稳定的目标。

5.1.3 大西区委推广"枫桥经验",搞好社会综合治理

提要:大西区委在新形势下,为推广"枫桥经验",维护社会稳定,贯彻党的十三届六中全会精神,搞好社会综合治理,提出了四条具体实施意见:一是统一思想,提高认识;二是健全组织,明确职责;三是宣传发动,造成声势;四是落实措施,综合治理。

关于推广"枫桥经验",搞好社会综合治理的实施意见[1]

各乡(镇)党委、政府、区政法各部门:

"枫桥经验"是六十年代毛泽东同志亲自批示肯定的成功经验。它的基本精神是:在党的领导下充分相信和依靠群众,就地解决治安问题,矛盾不上交。在新的形势下,重扬、推广"枫桥经验"既是稳定社会治安大局的需要,也是贯彻

---

1 中共诸暨县大西区委:《关于推广"枫桥经验",搞好社会综合治理的实施意见》,1990年5月25日印发,大公〔1990〕第16号文件。

党的十三届六中全会精神,加强党同人民群众联系的具体内容。

为把"枫桥经验"在我区推而广之并做到开花结果,区委、区公所学习推广"枫桥经验",搞好社会综合治理。现提出以下实施意见:

一、统一思想,提高认识

各乡镇党委、政府要组织党委、政府"一班人"和乡(镇)干部、站员以及村级主要干部重新学习"枫桥经验",重温"枫桥经验"的基本精神,分析本地的社会治安状况,统一对推广"枫桥经验"的思想,提高对推广"枫桥经验"的认识,把推广"枫桥经验"作为实现精神文明建设目标的重要任务并列入党委、政府的议事日程。

二、健全组织,明确职责

为了使推广"枫桥经验"的工作层层有人抓、级级有人管,区、乡(镇)、村三级必须建立、健全相应的组织。

区建立综合治理领导小组,由区长张炜明、派出所所长陶雪忠、宣传委员张仲透、法庭代庭长俞万军、司法特派员徐元均、信访干部孟志安六位同志组成。张炜明同志任组长,陶雪忠、张仲透两同志任副组长。其主要职责是:协调、指导、解难,即协调政法各职能部门的相互关系,指导各乡镇的社会综合治理工作;定期或不定期地帮助各乡镇解决社会治安的疑难问题。

各乡镇建立综合治理办公室,由主管公安、司法、宣传、妇联、土管工作的同志组成,并由一名副乡(镇)长或党委委员任主任。办公室内设精干、踏实的工作班子若干人。其主要职责是:普法、培训、办案,即宣传、普及法律知识,培训村级治保、调解队伍,办理村级不能解决的治安、纠纷案件。

村建立治保、调解委员会。村委会或党支部应确定思想素质好、工作责任性强、办事公道的委员担任村治保、调解主任,也可以聘任那些既热心,又胜任治保、调解工作的同志任主任,并建立相应的治保、调解组织,落实工作报酬。其主要职责是:调处、帮教、消化,即及时调处各种治安、民间纠纷,帮教"两劳释放人员"(劳改、劳教)和后进青年的转化,消化就地发生的各种矛盾。

三、宣传发动,造成声势

推广"枫桥经验",必须让广大群众了解"枫桥经验"。各乡镇利用广播、黑板报、资料印发、各种会议等宣传工具和阵地,广泛宣传"枫桥经验",使"枫桥经验"家喻户晓,深入人心。

四、落实措施,综合治理

各乡镇党委、政府以及综合治理办公室,在分析本地社会治安状况的基础上,要找出矛盾激化的隐患,排除疑难。遗留的积案,对症下药。采取教育的、行政的、经济的、法律的手段,各线协同作战,齐抓共管。该打击的报司法部门坚决予以打击,该调处的落实专人加以调处,力求把各种不安定因素消灭在萌芽状态。

附:大西区推广落实"枫桥经验"工作计划(略)

5.1.4 坚持和发展"枫桥经验",深化综合治理维护社会稳定

> **提要:**诸暨市委综治委在纪念毛泽东同志批示"枫桥经验"三十五周年时,总结了坚持和发展"枫桥经验"、全面推进社会治安综合治理的经验做法:一是统一思想,加强领导,认真落实"保一方平安"的政治责任;二是狠抓队伍,健全网络,积极搞好综合治理规范化建设;三是突出重点,找准载体,强化综合治理基层基础工作;四是依靠群众,打防并举,切实解决群众反映强烈的治安热点问题。

坚持和发展"枫桥经验",深化综合治理维护社会稳定[1]

今年是毛泽东同志亲自批示"枫桥经验"三十五周年。"枫桥经验"是全国

---

[1] 诸暨市委综治委:《坚持和发展"枫桥经验",深化综合治理维护社会稳定》,1998年10月23日,诸暨市档案馆藏,001-060-016-010。

政法战线实行专门工作与群众路线相结合的一面旗帜,是党的群众路线在政法工作中的体现,是诸暨人民的一大创举,是从事政法工作的老一辈留给我们的宝贵财富。"枫桥经验"自诞生以来,沐浴时代的风雨,走过了曲折的历程,得到了丰富和发展,成为新的历史条件下社会治安综合治理的典范。

自党中央、国务院和全国人大常委会分别作出关于加强社会治安综合治理的决定后,我市广大干部群众进一步坚持发展"枫桥经验"不动摇,按照"打防并举,标本兼治"的综合治理方针,继承和发扬专门工作与群众路线相结合的光荣传统,以建立领导责任制为龙头,落实"保一方平安"的政治责任;以"严打"整治为手段,抓住首要环节,促进社会安定;以"四创建"活动为载体,深化基层基础工作,积极探索市场经济条件下解决社会治安问题的新路子。近年来,全市始终保持社会政治稳定,没有发生重大政治事件和群体性闹事;刑事案件上升势头得到控制,发案率处在全省和绍兴市最低水平;各种治安灾害事故明显下降,民间纠纷和社会矛盾化解在基层,治安秩序稳定,安定团结的社会环境保证并促进了经济的快速发展和社会事业的不断进步。实践证明:坚持和发展"枫桥经验",是搞好社会治安综合治理,解决突出的治安问题,确保社会政治稳定,保障经济和社会发展的成功之道。

一、统一思想,加强领导,认真落实"保一方平安"的政治责任

党的领导是各项事业取得胜利的根本保证,是"枫桥经验"具有强大生命力的重要前提。近年来,我市认真贯彻党中央关于加强社会治安综合治理、维护社会政治稳定的一系列方针,联系诸暨的社会治安实际切实加强党委、政府对综治工作的领导,全面担负起"保一方平安"的政治责任,进一步发挥"枫桥经验"的优势,努力把综合治理各项措施落到实处。

一是思想认识高度统一。"稳定是压倒一切的",没有安定团结的政治局面、没有良好的治安环境,改革开放和现代化建设事业就不能顺利进行。这是我们全市广大干部群众的共识。各级各部门党政领导从讲政治的高度,以对人

民极端负责的态度,认真贯彻邓小平同志"两手抓,两手都要硬"的战略思想,正确处理改革、发展和稳定的关系,按照党的十五大精神,切实加强对维护稳定工作的领导,把它作为"一把手"工程,列入党委、政府工作的重要议事日程,纳入社会主义精神文明建设的总体规划。今年下半年,根据市委十二届二次全会扩大会议要求,各级各部门进一步端正对维护稳定工作特殊重要性的认识,把学习深化"枫桥经验"、确保社会安定作为实现我市今年国内生产总值增长13.8%目标的保障措施,作为当前开展农村基本路线教育的具体内容,进一步在全市掀起学习深化"枫桥经验"热潮,推进综合治理向纵深发展。

二是领导责任认真落实。江泽民总书记曾经指出:"一个地方的治安好坏,首先取决于这个地方的党委和政府的领导,尤其是党政一把手。不能保一方平安的领导,不是一个称职的领导。"近年来,我们根据江泽民同志的指示和中央五部委《关于实行社会治安综合治理领导责任制的若干规定》,建立和完善领导责任制,明确宣布各级党政一把手为当地社会治安第一责任人,对社会治安负总责。从1996年开始,层层签订了经济工作与社会治安双向目标管理责任状,形成横向到边、纵向到底、上下衔接、左右协调的综合治理目标管理责任体系。为保证责任制的落实,制定了《综合治理领导责任制分解考核细则》,对责任目标进行细化、量化,半年组织检查督促,年底实施全面考核,把考核结果与干部的任期目标管理和经济责任制直接挂钩,实行奖罚。并且坚持"一票否决权制",真正把"为官一任,保一方平安"的政治责任落实到各级各部门主要领导的肩上。

三是各套班子共同关注。市委、市人大、市政府、市政协高度重视社会治安综合治理工作,切实加强对这项工作的领导和监督,对综合治理工作做到与经济工作同检查、同部署、同考核。市委每年召开几次书记办公会议和常委会议,分析研究社会治安形势,对全市性综治工作作出部署。为纪念"枫桥经验"三十五周年,市委书记办公会议和常委会议进行专题研究,市委、市政府派出调查组会同省公安厅、绍兴市委调查组到枫桥蹲点,总结"枫桥经验"在新形势下的新发展,并在全市部署开展"学习深化'枫桥经验',排解不安定因素"活动,以实际行动纪念"枫桥经验"35 周年。市委、市府主要领导十分重视"枫桥经验"的深化和维护稳定工作,专门听取全市社会治安情况和上级对我市综治工作的检查考核意见,强调要运用"枫桥经验"基本精神,解决当前突出的治安问题,还深入到镇乡和基层派出所、法庭等部门调查研究、了解情况,对如何搞好基层综治工作提出指导性意见。同时直接参与重大活动,慰问战斗在第一线的干警群众,亲自研究处理突发性治安问题,解决工作中的具体困难。市人大常委会积极履行监督职能,常委会例会对全市综合治理工作进行专题审议,主任会议专题听取有关打击刑事犯罪和经济犯罪情况汇报。市政协在听取社会治安情况和综治工作专题汇报的同时,组织委员进行督察,对搞好维护稳定工作提出意见、建议。

四是职能部门密切配合。换届选举后,市委及时调整,充实了政法委和综治委领导班子,扩大了成员单位,重新明确了职责任务,建立和完善工作例会制度,使"两委"有效地发挥了指导、协调全市政法综治工作的职能作用。综治委、组织部、纪检委、人事局、监察局相互加强联系,共同搞好对综合治理的检查督促考核,保证领导责任制的落实。还制定了"综合治理岗位目标责任制考核办法",加大了考核工作的力度;建立了"重大案件查究通报制度",重新制定了"综合治理一票否决制试行办法"等,使综治工作的制约监督机制进一步健全,全市社会治安综合治理工作在党委、政府的统一领导下,按照中央的要求渐趋完善、不断深入。

二、狠抓队伍,健全网络,积极搞好综合治理规范化建设

努力建设一个战斗力较强的以党支部为核心的治保调解组织,一支无私奉献、热心治安工作、善于做群众工作的治调干部队伍,一套能解决纠纷矛盾的办法措施。近年来,我们着力在加强基层队伍建设上下功夫,在健全组织网络上做文章,以此来推动综合治理工作的全面开展。

一是抓镇乡综治机构规范化建设。统一建立由书记或镇(乡)长为主任,有关职能部门负责人组成的镇乡综合治理委员会,下设办公室。配齐分管综治工作专职副职,并按照镇乡规模、地理环境和治安复杂程度配强、配足专职人员,综治工作经费得到充分保证,综治组织的办公设施和条件也大为改善。全市35个镇乡共配专职副职35名、综治办干部155名,为更好地履行组织领导、指导协调和检查督促职能奠定了组织基础。从1996年下半年开始,全市镇乡全面开展了综治工作规范化建设,重点在完善组织机构、明确职责任务、健全规章制度、规范工作程序、实行分工负责、搞好台账资料等方面采取措施。市综治委办公室统一印制下发有关职责任务,按照标准化要求上墙。各镇乡还因地制宜建立了定期召开联席会议和案件分级调处等制度,镇乡之间注意相互学习,交流取经,优势互补,各创特色,共同提高。每年由综治委牵头,会同组织部、市委党校、司法、公安等部门,对镇乡综治办人员开展集中或分片培训,进行政治理论学习和法律业务辅导,不断增强综治干部的工作责任感,提高工作水平和业务能力,使镇乡综治工作逐步走上规范化、制度化的轨道。

二是抓村和单位基层组织建设。把加强村级综治组织建设作为抓好农村基层稳定的关键,通过换届选举和整顿转化工作,调整充实以党支部为核心的治保调解组织和治调干部,重点选配好"两委"主任,实行村支部书记、村主任兼任办法,并把年轻、有文化、群众公认的同志充实到治调干部队伍。自去年以来,已有260个治调组织得到整顿,改变了瘫痪、半瘫痪状态,基本消灭了"三类"调解组织。通过"创建治安安全村"和标准化调委会达标活动,使规范化工作从镇乡向村延伸。每年两次的政治业务培训,使治调干部的政治素质和业务能力逐步适应新形势下综合治理工作的需要。落实工资报酬,实行养老金和财产保险,治调干部消除了后顾之忧,工作积极性、创造性得到发挥。全市每年有80%左右的纠纷矛盾在村一级得到解决。我们还重视护村队、老年协会、禁赌协会和计生协会等群众自发组织建设,增加了村级安全防控力量。同时督促企业单位健全保卫机构,配备了专、兼职保卫干部,为建立经济民警队、保安队与之配。到目前,全市共有护村队、护厂队1 544支4 282人、治安联防队、经济民警队和保安队478支,1 817人。由于群防群治队伍网络覆盖面的不断扩大,基层预防、控制违法犯罪和各种治安灾害事故的能力进一步增强。

三是抓基层政法组织建设。政法各部门注重抓基层政法组织建设,在力量投向上向基层倾斜,在工作重心上向基层转移,把安全防范作为基层工作的重中之重。改革农村派出所的勤务制度,全面实现"一区一警,一警多能,一包到底"的勤务机制。开展"五好法庭"建设,实行分片负责,责任到人,积极为基层治调组织"当老师,出点子,解难题"。建立和整顿镇乡司法所,改进法律服务工作,改变服务态度,提高服务质量。基层政法组织成为开展农村综合治理的中坚力量,全市已形成以镇乡综治办为核心、基层政法组织为后盾、治保调解组织为依托、各种群防群治队伍相配套的综合治理组织网络体系,发挥了整体合力功能,筑起了一道维护社会治安的铁壁铜墙。

三、突出重点,找准载体,强化综合治理基层基础工作

社会治安综合治理工作的重点是基层,难点也在基层。近年里,我们把强化综合治理基层基础建设放到突出位置,在全市范围广泛深入地开展"创建居民安全小区,创建治安安全村,创建治安安全单位和创建安全文明路段"为主要内容的"四创建"活动,以此为载体,着力构筑以维护社会稳定为目标,以人防、物防、技防为手段,以夯实基层基础为依托的点、线、面结合的全方位、立体型社会治安大防范机制,形成一个"党政领导,公安为主,部门配合,群众参与"的群众性基层安全创建大格局,全面推进综合治理各项措施的落实。在"四创建"活动中,重点把握以下环节:

一是周密部署,广泛发动。"四创建"活动是一项比较完整的社会治安防控工程,是综合治理工作社会化、群众化的具体体现,涉及面广,工作量大。市委、

市府高度重视,多次召开会议研究,组成强有力班子加强领导,制定实施方案进行周密部署。同时,广泛运用多种形式和渠道层层搞好宣传发动,讲精"四创建"活动是政府为民办实事、办好事的具体行动,是保障群众安居乐业的重大举措,使全市上下形成"我为创建作贡献,创建为我保平安"的共识,为"四创建"活动的开展打下坚实的思想基础和群众基础。

二是明确目标,科学规划。去年年初,召开了全市"四创建"活动动员大会,提出创建工作目标和具体要求。创建目标是居民安全小区创建面达到居民总户数的80%;治安安全村达到行政村总数的30%以上;治安安全单位达到企事业单位总数的85%,力争绍兴市级100家、省级20家;金杭、绍大两线诸暨段创建安全文明路段。今年在扩大创建覆盖面,提高创建质量和档次的同时,在7个专业市场开展创建安全文明市场。创建要求达到"五、四、三、二、一",即"五个一",封闭式安全小区有一个专职门卫值班室,开放式小区建一个治安岗亭,治安安全村有一支护村队,治安安全单位装一套电脑报警器,公路干线有一支公路巡警队;"四个无",开展创建的地方无重大恶性案件,无重大治安案件,无重大治安灾害事故,无群体性闹事;"三下降",一般刑事案件稳中有降,一般治安案件稳中有降,刑释解教人员重新犯罪率下降;"二提高",群众自我防范意识提高,群众与违法犯罪作斗争的自觉性提高;"一落实",治安安全责任落实到基层党政领导。并且要求各级、各部门领导把"四创建"作为学习深化"枫桥经验"、确保一方平安的主体工程来抓,列入创建文明城镇竞赛、新农村建设的重要内容和镇乡、部门工作的考核目标。在具体实施过程中,坚持"科学规划、因地制宜、突出重点、逐步拓展"的原则,做到抓好试点,典型引路,(突出重点)分类指导,建立制度,强化管理,检查督促,搞好验收,力求创建一批、巩固一批、提高一批,保证了"四创建"工作有序推进,取得成效。

三是注重配合,依靠群众。镇乡和部门根据市里的统一部署,做到"谁主管,谁负责",制定规划措施,建立专门机构,落实专人分管,具体组织实施。城关镇组织人员到全国综治先进单位考察取经;枫桥等镇乡主要领导亲自抓试点、搞推广;草塔等镇乡筹措专项资金用于创建工作;璜山、次坞等镇还成立了集镇联防巡逻队。有关职能部门充分履行职责,潜心投入。市综治委认真组织牵头,搞好协调;公安机关发挥主力作用,既当参谋又做老师,加强工作管理和业务指导,把任务分解落实到职能科室和基层派出所;司法行政机关注重抓好创建单位的法制宣传教育和调解工作辅导;城建等部门在安全文明小区配套设施建设方面投入了大量的财力、物力;其他部门积极配合所在居委会搞好创建活动,在人、财、物方面给予支持,保证创建活动顺利进行。"四创建"工作的基础是群众,因此,我们在工作中采取"设、请、建"的方法,组织群众直接参与。"设"就是在全封闭型安全小区设专职门卫,在半封闭和开放型安全小区设治安岗亭,聘请3人以上专职治安员,实行全天候看护巡逻。"请"就是对集中居住的居民小区,聘请了1 349名身体素质较好、责任心强的离退休干部职工为楼群安全员,让他们为治安防范工作发挥"余热"。"建"就是根据企事业单位和农村实际,建立护厂队、护村队,配合企业保卫部门和村治调组织开展防范巡逻和治安管理。同时,注意加强素质教育,完善各种工作制度,解决工资报酬,使他们努力为创建工作作贡献,先后涌现出一批具有不同特色的基层安全创建先进典型。

四是搞好结合,扩大成果。在"四创建"过程中,我们做到不图形式,注意深化,把创建活动逐步拓展到社会治安综合治理的各个领域。外来人口和出租私房的管理进一步加强,刑释解教人员和轻微违法人员的帮教措施进一步落实,服务行业、特种行业、公共场所的治安管理更加严密,道路交通和消防管理工作力度进一步加大,使综合治理的其他各项措施落到实处,使得"枫桥经验"在"四创建"活动中得到深化和完善。经过两年的实践探索,我市"四创建"活动成绩显著,社会效果明显。到去年底,全市有95个居民小区,490个行政村,538家企事业单位达到或基本达到创建标准,其中有104家企事业达到绍兴市级创安标准,18家达到省级创安标准。有2个镇乡,2家企业,2个行政村、居委会,被中共绍兴市委、绍兴市人民政府分别命为"十佳平安社区""十佳治安安全单位""十佳治安安全村""十佳安全小区"。今年创建面继续扩大,创建"居民安全小区"131个,创建"治安安全村"917个,创建"治安安全单位"680家,分别占总数的85.6%、70.4%和99.5%。据统计,去年开展创建活动的单位、村、小区,一般刑事案件、重大刑事案件和治安案件分别比上年下降11.3%、15.8%和43.8%。今年1至7月,各类案件又比去年同期下降,其中刑事案件发案绝对数减少172起,治安案件发案绝对数减少196起。群众的安全感有了明显增强。实践证明:"四创建"活动是适应社会主义市场经济的新形势下在动态环境下预防和控制违法犯罪的好形式,是提高人民群众自我管理、自我教育、自我防范,加强社会治安综合治理的有效途径。

四、依靠群众,打防并举,切实解决群众反映强烈的治安热点问题

打击是社会治安综合治理的首要环节,是维护社会治安秩序稳定的重要手段和有效措施。我们认真贯彻执行"打防并举,防调结合"的方针,坚持"枫桥经验"的基本精神,相信和依靠群众,实行专门工作和群众路线相结合,运用"严打"整治手段,保持对严重刑事犯罪的高压态势,采取人民调解的方法,切实解决群众反映强烈的治安热点问题,消除各种不安定因素,全力维护社会稳定。

坚持预防为主,防调结合,就地化解矛盾纠纷。随着改革的深入和市场经济体制的建立,各种民间纠纷矛盾日益增多,成为严重影响社会安定和人民内部团结的不安定因素。近年来,我们广泛运用多种手段和方法,把纠纷矛盾化解在基层,消除在萌芽状态。

首先是发挥镇(乡)、村(单位)两级调解组织网络作用,健全民间纠纷信息员制度,学习推广枫桥镇紫薇村人民调解工作"四前"做法,加强信息传递反馈,及时预防和调处纠纷矛盾。同时,还建立联片调解机构和毗邻县市联合协调委员会,解决跨行业、跨地区的纠纷矛盾。

其次是建立民间纠纷防调责任制,实行"分级调处,归口落实",开展"两防"

竞赛活动,提高纠纷受理、调处成功率,真正做到"小事不出村,大事不出镇,就地化解矛盾",防止矛盾激化,减少民转刑案件和非正常死亡。

再次是开展集中排查专项活动。在搞好经常性调处工作的基础上,在每年纠纷矛盾多发季节,实行集中摸排调处,并通过"创四无,宁万家"、促稳定、迎回归等活动,集中解决久拖不决和相互推诿的"钉子"案、"皮球"案。最近,为纪念"枫桥经验"35 周年,在全市范围开展"学习深化'枫桥经验',集中排解不安定因素"活动,经过一个多月努力,全市已调处各种矛盾纠纷,取得阶段性成果。针对治安状况和突出的治安问题,先后开展了"禁赌禁毒"专项斗争和"反盗抢、追逃犯、打流氓、禁黄毒"夏季严打整治等一系列专项活动。在实施过程中,我们相信和依靠基层各级组织,动员广大基层干部和人民群众参与配合,自觉同违法犯罪作斗争,保证了每项活动的顺利进行,取得良好成效。

在去年"双禁"专项斗争中,我们认真组织部署,搞好宣传发动,营造"禁赌禁毒,人人有责"的舆论氛围。广大干部群众积极参与,主动向公安机关提供线索,举报违法犯罪,形成了群众战争的强大攻势。先后接到群众举报线索 311 条,群众直接扭送违法犯罪人员 29 名,有 390 名赌博人员在家属和亲戚朋友督促下,投案自首、具结悔过。通过群众举报,铲除了罂粟和大麻 4 397 株,缴获了一批海洛因、大麻种子和大麻半制成品。各级各部门建立了禁赌禁毒责任制,签订责任状,建章立制,把"双禁"列为乡(村)规民约和厂规厂纪的重要内容。成立群众禁赌协会,开展万名妇女禁赌大签名活动等,使赌风蔓延势头得到有效遏制,巩固和扩大了"双禁"斗争成果。

在今年夏季"严打"整治斗争中,公安机关全程夜间治安巡逻,设卡守候,积极组织基层干部和治安积极分子参与,抓获了一批违法犯罪人员,破获了一批刑事案件,出现了店口、直埠等地百名群众参与围捕犯罪分子的动人场面。还通过发动群众查找逃犯下落,组织逃犯家属、亲友规劝等方法,抓获了一大批逃犯,使犯罪分子得到有效打击,追逃工作收到良好效果。公安机关在侦查破案中始终坚持走群众路线,依靠群众侦破案件,特别是在重大恶性案件侦破过程中,通过多种新闻媒介,公开案情,发动群众提供线索,提高了案件侦破率。仅去年,全市17起重大案件全部破获,特别是"3·10"大唐镇特大抢劫杀人案告破,不仅体现了我市公安机关的侦破水平和攻坚能力,从中也显示了群众路线的巨大威力。实践证明:相信和依靠群众是我们搞好政法综治工作的力量源泉,实行专门工作与群众路线相结合是我们政法机关的光荣传统。

当前,我市社会治安形势仍十分严峻,综合治理工作十分繁重,实现社会长治久安,任重道远,我们将继续坚持以邓小平理论和党的十五大精神为指导,认真贯彻十五届三中全会精神,深化"枫桥经验"推进农村改革,确保农村社会稳定,促进农村经济和各项事业发展,虚心学习兄弟县市的先进经验和好的做法,勇于开拓创新,不断总结提高,以纪念毛主席批示"枫桥经验"35周年为契机,带领全市百万人民全面推进我市社会治安综合治理,努力创造良好有序的社会环境,为实现二次推动、促进二次创业作出更大努力。

5.1.5 斯宅乡深化"枫桥经验",落实综合治理责任制

> **提要:** 诸暨市斯宅乡人民政府为加强社会治安综合治理,深化发展"枫桥经验",推动具体措施落实,发布了具体责任分配方案:将包村干部作为稳定的前沿阵地,逐级进行调解,把矛盾解决在基层,并由乡综治委牵头完善联席会议制度,建立联合接访制度,实施治保调解工作量化考核制度。

关于深化"枫桥经验",落实综合治理责任制实施意见[1]

各村、企事业单位:

为进一步贯彻落实中央关于加强社会治安综合治理的两个决定,深化发展

---

[1] 诸暨市斯宅乡人民政府:《关于深化"枫桥经验",落实综合治理责任制实施意见》,1999年4月5日印发,斯政〔1999〕18号文件。

"枫桥经验",推动社会治安综合治理各项措施落实,切实维护我乡政治稳定和社会安定,促进两个文明建设同步前进、协调发展,经乡政府研究决定,对全乡的社会治安综合治理工作实施量化考核,具体责任如下:

一、建立包村干部治安责任制,使其成为稳定的前沿阵地。做好稳定工作是包村干部的一项重要基础工作。要树立抓稳定就是抓经济的思想,通过做好稳定工作,创造良好环境,从而促进经济发展。要制定《包村干部工作职责及考核办法》,落实包村干部治安责任制。把做好稳定工作与干部职责、干部工作机制结合起来,促使包村干部担负起"保一方平安"的政治责任,使之成为维护安定的前沿阵地。

二、落实民间纠纷逐级调解制度,把矛盾解决在基层。民间纠纷发生后,一般应村级组织先行调解,调解不成的,写出书面报告说明原因,报包村干部调处,包村干部调处不成的,报政法办或派出所、法庭处理。重大疑难纠纷视情况由政法办、派出所会同有关村和单位实行联合调解。通过实施逐级调解制度及时有效地把各种矛盾纠纷解决在基层、解决在萌芽状态,实现"小事不出村,大事不出镇"。

三、完善联席会议制度。由乡综治委牵头,每季度召开一次由政法办、派出所、司法所等单位负责人参加的社会治安联席会议,分析一季度以来的治安形势,交流工作情况,预测治安趋势和突出问题,探索预防和解决办法,同时,对需要重点解决的问题确定解决方案,进行具体部署。

四、建立联合接访制度。每月10号由党政班子成员,召集政法办、派出所、土管所等信访事由较多的单位和部门负责人,在乡政府联合接待群众来访,并督促各项信访事宜的解决,制止或减少群众去市里上访。

五、实施治保调解工作量化考核制度。村级治保调解工作是社会治安的第一道防线。要通过治保调解工作量化考核,增强村干部的工作责任心,提高工作积极性,为维护社会稳定尽职、尽心、尽力。

附:治保调解工作细化考核办法(略)

5.1.6　坚持发展"枫桥经验",深入推进"平安诸暨"建设

提要:诸暨市委、市政府为认真贯彻落实党的十七届三中全会、纪念"枫桥经验"四十五周年大会的重要精神,切实维护社会和谐稳定,提出了指导意见:要以邓小平理论和"三个代表"重要思想为指导,全面贯彻党的十七大和十七届三中全会精神,深入贯彻落实科学发展观;在具体工作措施上要做到六个推进,一是推进经济秩序正常化,二是推进维稳工作制度化,三是推进综治网格管理规范化,四是推进平安创建社会化,五是推进公共安全常态化,六是推进社会管理动态化。

关于坚持发展"枫桥经验",深入推进"平安诸暨"建设的实施意见[1]

各镇乡党委、政府,各街道党工委、办事处,市级机关各部门,市属企事业单位:

为认真贯彻落实党的十七届三中全会精神和纪念"枫桥经验"四十五周年大会上的重要精神,切实维护社会和谐稳定,经研究,现就深入推进"平安诸暨"建设提出如下意见:

一、指导思想

以邓小平理论和"三个代表"重要思想为指导,全面贯彻党的十七大和十七届三中全会精神,深入贯彻落实科学发展观,以坚持发展"枫桥经验"为抓手,着力预防和解决经济转型升级过程中出现的新问题、新矛盾,主动服务全市经济平稳较快发展,保障"创业创新、富民惠民"战略的顺利推进,进一步深化"平安诸暨"建设,巩固和发展我市和谐稳定的良好局面。

---

[1] 中共诸暨市委、诸暨市人民政府:《关于坚持发展"枫桥经验",深入推进"平安诸暨"建设的实施意见》,2009年2月5日印发,市委〔2009〕19号文件。

二、总体要求

2009年"平安诸暨"创建总体上要"把握一条主线,围绕二大目标,坚持三个结合,实施四项工程",即牢牢把握坚持和发展"枫桥经验"这条主线;紧紧围绕争创平安诸暨建设五连冠、全国社会治安综合治理"长安杯"目标;坚持政府主导与群众主体有机结合,坚持专门机关与社会动员有机结合,坚持法治与德治有机结合,形成全社会齐心协力、合力共创的平安建设良好格局;积极实施以民安、民乐、民生为核心的民心工程,以教育、服务为主体的社会管理工程,以综治网格化管理为抓手的固本强基工程,以完善矛盾化解源头预防机制为重点的社会稳定工程,确保全市90%以上的镇乡(街道)达到平安镇乡(街道)标准,95%以上的村(居、社区)达到平安村(居、社区)标准,人民群众安全感满意率达到95%以上,力争不发生平安创建一票否决事项,社会政治稳固坚实,治安形势持续好转,各方关系团结和睦,人民群众安居乐业。

三、工作措施

着力做到"六个推进":

(一)围绕经济平稳较快发展目标,进一步推进经济秩序正常化

积极实施"保稳促调"护航工程,组织开展经济领域不稳定不确定因素大排查活动,加强风险预警监测,及时发现和妥善化解经济领域的矛盾问题。对因经济发展引发的纠纷,注重协调发挥好政治、组织优势和司法手段的作用;对因经济利益关系调整引发的群体性矛盾,注重通过解决群众合理诉求来解决。建立完善企业发展周转基金建设,加强企业协作互助。对企业兼并、重组、破产的案件,积极做好职工安置、工资发放、债权债务处理等工作,着力减少经济、社会风险。对集资、企业债务等涉企案(事)件,要统筹兼顾各方利益,更多地依法采取调解、和解等方法,实现法律效果与社会效果、政治效果的有机统一。进一步整顿和规范市场经济秩序,依法严厉打击针对企业的金融诈骗、合同诈骗、高利转贷、暴力逼债、非法拘禁和打砸抢等违法犯罪活动,快速处置扰乱企业正常生

产经营活动的突发性事件,保持对非法吸收公众存款、集资诈骗、非法传销等涉众型经济犯罪的高压态势,依法保护有关改善民生、基础设施、节能环保等方面的重大工程建设,为企业提供良好发展环境。始终关注产业行业发展态势,深入企业开展大走访活动,结合自身职能,认真为企业解难事、办实事,努力提供优质高效的服务。

(二)围绕社会政治和谐稳定大局,进一步推进维稳工作制度化

切实强化维护稳定的第一责任意识,加强对维稳工作的领导,进一步完善维稳工作组织领导、责任分解、预警排套、调处终结、通报考核等机制。健全重大决策、重点工程项目的稳定风险评估机制,切实解决好土地征用、房屋拆迁、企业重组改制、环境保护、社会保障等群众反映强烈的问题,从源头上预防和减少社会矛盾。完善社会稳定形势分析制度,坚持重要时期、重点问题集中排查和定期排查相结合、实地排查和网上监控相结合的社情舆情排查分析工作方法,建立全方位、动态化的社会稳定预警机制,全面实施矛盾化解"五分法",力争将矛盾化解在基层、解决在萌芽状态。建立完善党和政府主导的维护群众权益机制,完善领导干部下访、约访、巡访、联合接访、导访"五访"办法,深化领导干部包案调处疑难信访制度。落实重大群体性事件隐患"专案经营"机制,提高对"无直接利益"冲突引发群体性事件的处置能力。积极推进人民调解、行政调解、司法调解相互衔接、相互补充的大调解工作格局,鼓励各地各行业根据实际建立专门的调解工作室,积极推行人民调解"以奖代补"。全面推行诉前调解制度,贯彻宽严相济的刑事司法政策,规范、完善轻微刑事案件的和解制度,减少社会对抗,促进社会和谐。继续深化与"法轮功"等邪教组织的斗争,加大稳控、打击、教育、转化力度,深化"无邪教村(社区)"创建活动,切实加强隐蔽战线斗争,为建国六十周年创造良好的社会环境。

(三)围绕强化基层基础建设要求,进一步推进综治网格管理规范化

强化镇乡(街道)综治工作中心规范化建设,有效整合综治、信访、司法、调

解、警务、安全生产、流动人口、服务管理、应急、反邪教、禁毒工作,形成"十位一体"工作模式,全面实施"二会三合五联"的整合联动机制,形成镇、管理处、村三级综治组织分级负责、层层落实,各职能部门和办公室归口分流、联动处理,综治办牵头协调、督促考核的运作体系。坚持把村(社区、企业)综治工作站建设成基层维护稳定的第一道防线,加强"一站两委二组"(综治工作站,治保委、调解委,应急工作组、流动人口服务管理组)建设,深化村级综治网格化管理,细化综治网格,建立综治网格管理联系登记制度,加大激励力度,引导综治网格员充分发挥作用,适时组织开展全市网格化管理先进村和优秀联系人评比活动。着力完善非公企业综治组织网络建设,全面巩固综治进民企"8553"工程。深化"八创八进"活动,拓宽基层平安创建领域,积极开展平安物业小区、平安建筑工区、平安工业园区、平安旅游景区为主要内容的"平安四区"创建活动,形成横向到边、纵向到底的创建格局。深入开展"法人创安"活动,积极建立综治协会,引导社会力量参与平安创建。

(四)围绕提升安全感满意率,进一步推进平安创建社会化

深化治安"严打"整治工程,坚持"严打"方针不动摇,深入开展"打黑除恶"、打击严重暴力犯罪和"两抢一盗"等专项斗争,开展"扫黄打非"和禁毒、禁赌等专项行动。以城区、大唐、店口等治安重点地区为主战场,深入开展治安混乱地区和突出治安问题的重点整治。全面加强农村治安防范工作,依法严厉打击各种危害农村社会稳定、侵害农民合法权益、破坏农业生产经营的违法犯罪活动。推进科技强警工程,大力推进以治安动态视频监控系统建设为重点的科技防范工作,建立以政府出资、社会资助的保障机制,全面建成城区、重点集镇、主要街区、繁华地段、公共场所、交通路口等重点部位的治安动态视频监控系统。鼓励企事业单位加强内部技防设施建设,有条件的行政村建成一批治安动态视频监控系统,为构建平安和谐社会主义新农村提供科技支撑。实施群防群治扎篱笆工程,以深化社区警务建设为龙头,构建完善社区群防、街面巡逻、企

事业单位内部防控、场所特业阵地控制等网络。积极探索治安防范社会化、市场化、职业化新路子,加强护村队、护厂队、村企联防队等专职治安巡防队伍建设,积极发展平安志愿者、义务消防队等各类群防群治队伍,广泛开展平安志愿者招募和平安志愿者之星评选活动,引导广大干部群众自觉参与平安创建,形成覆盖全市、发动群众的社会动员新机制。按照"谁受益、谁出资"的原则,积极解决群防群治工作经费来源,确保正常运作。

(五)围绕增强公共突发事件防范应对能力,进一步推进公共安全常态化

坚持"安全第一、预防为主、综合治理"方针,强化企业主体责任和政府监管责任,完善安全生产网格式管理,推进科技兴安战略,实施重大危险源监管和企业安全标准化创建。广泛开展安全生产隐患排查治理,加强农村道路交通安全整治,严格枪支、爆炸、剧毒、放射性等危险物品的管理,强化"三合一"企业和人员密集场所的消防整治,加强对重大节庆活动的安全管理,坚决遏制重特大安全事故的发生,确保安全生产事故总数、死亡人数和直接经济损失三项指标继续保持零增长。不断完善基层公共卫生服务体系建设,加大重大传染病和动植物疫病的防控力度,严防疫病疫情暴发流行。深入推进食品药品放心工程建设,积极推进农村小作坊、小餐馆等"十小"行业质量安全整治工作,健全食品检测检验体系,强化食品、药品、餐饮卫生监管,确保人民群众饮食、用药安全。进一步完善公共突发事件的应急管理机制,落实各类应急预案演练和应急队伍的建设,加强预警防范和应急救援工作。积极发挥市公共服务中心统一指挥、联动处置、快速反应的优势,加快建设以"数字城管"系统为基础、地理信息系统和"GPS定位系统"为扩充的现代化应急指挥系统,进一步提高应急管理水平。

(六)围绕重抓体制机制改革创新,进一步推进社会管理动态化

按照"党委领导、政府负责、社会协同、公众参与"的工作格局,不断推进流动人口、社会组织、虚拟社会管理的体制机制创新,实现依法管理、科学管理、高效管理。进一步完善流动人口服务管理工作的职能整合、专职协管员管理、信

息维护和工作保障机制。积极推行"一证通"、信息采集数字管理、"以房管人"、分层次管理等模式,在管理中体现服务,在服务中强化管理,不断提高服务管理工作实效。坚持以人为本,不断深化服务举措,积极实行流动人口居住证制度,对来诸暨创业的外来流动人口实行本地化待遇,努力改善流动人口就业、就医、子女就学、居住条件,加强对流动人口的就业培训指导,加大农民工工资清欠力度,及时协调解决因企业生产经营困难而下岗失业农民工的生产生活困难。加强对青少年的心理辅导和引导,高度重视青少年的健康成长。进一步加强闲散青少年的教育管理工作,做好社区矫正和归正人员安置帮教工作。加强以互联网为重点的信息系统安全管理。坚持培育扶助与引导管理相结合,实施综治进新社会组织工程,把境外非政府组织、国内民间组织、新兴社会组织和经济组织等各类社会组织纳入有序管理之中。深化"民主法治村"建设,大力推动以村规民约为主体,民主议事制度和村务公开制度为核心的基层群众自治工作,注重发挥"枫桥经验"在基层依法治理中的独特功能,引导基层组织自我管理、自我服务、自我教育、自我监督,进一步推动平安和谐新农村建设。

四、工作要求

(一)提高思想认识。各级各部门要牢固树立发展是政绩、稳定也是政绩的观念,切实增强政权意识、大局意识、忧患意识和责任意识,深刻认识平安创建对实施保增长战略、实现经济社会又好又快发展的重要作用,以及对驾驭复杂多变形势、维护社会政治稳定大局的特殊意义,更加重视维护社会稳定工作,扎实推进平安建设,做到守土有责、守土有方,确保一方平安、确保大局稳定,在社会和谐稳定中实现科学发展。

(二)严格创建责任。按照"属地管理"和"谁主管、谁负责"的原则,严格落实社会治安综合治理、安全生产、信访工作目标管理责任制和预防处置群体性事件领导责任制及责任追究制,形成一级抓一级、层层抓落实的创建责任体系。创建责任部门要切实履行平安创建的分工职责,加强部门之间的协作配合和协同作战,增强工作合力。严格执行社会治安综合治理和平安创建"一票否决制",对由于思想不重视、责任不落实、措施不到位而造成影响社会稳定严重后果的,严肃追究相关人员的责任。

(三)完善工作载体。建立健全平安创建每季分析例会制度,实施阶段性工作评估,及时跟踪、准确掌握动态情况,并进行通报。深化每月平安创建模拟考核,加强对考核体系的测算分析,及时发现并解决问题。加强督查考核,采取明察暗访、重点工作考核等形式,促进平安创建工作的落实。加强对基层平安建设的指导,大力开展基层综治组织的规范化建设,引导人、财、物向基层和一线倾斜。加强基层综治干部队伍建设,适时举办平安创建业务研修班,提高基层干部做好特殊状态下群众工作的本领。深化"三创三评"活动,提高基层保一方平安的主动性和积极性。要多途径地开展平安创建宣传工作,进一步提高人民群众的知晓率、参与率和满意率,充分发挥人民群众的首创精神和主体作用,真正形成人人参与、人人建设、人人共享的平安建设新格局。

五、工作保障

(一)组织领导。市委建设"平安诸暨"领导小组要加强对全市平安创建工作的研究、指导、协调和督促。各镇乡(街道)和有关部门要调整建立由党政"一把手"负总责、分管领导具体抓、班子成员协助抓的平安创建领导小组,认真研究本地区、本部门的平安建设工作,解决平安建设中的突出问题,推动平安建设工作的顺利开展。

(二)经费保障。根据中央办公厅〔2005〕25号和省委〔2004〕11号等有关文件要求,市综治办、平安办、维稳办专项经费要列入同级财政预算,保证足额到位,并随着经济发展和财力增长而逐步增加。从2009年开始,综治工作经费、维稳工作经费分别按常住人口每人0.5元由财政专项安排,平安创建经费按常住人口每人1.0元由财政专项安排。镇乡(街道)也要根据要求落实平安创建、综合治理、维稳工作经费。

（三）考核奖惩。创建"平安诸暨"工作纳入市委、市政府对镇乡（街道）和部门的年度岗位目标责任制考核,作为衡量镇乡（街道）、部门工作实绩和干部政绩考核的重要依据之一。综治、信访、安全生产等工作作为创建"平安诸暨"活动的主要内容,纳入社会发展环境考评。"平安镇乡（街道）"创建实行专项考核,镇乡（街道）于12月初自查自评并提出申报,市委建设"平安诸暨"领导小组办公室考核验收,对创建活动成绩突出的予以表彰奖励。凡被评为省、绍兴市、诸暨市"平安创建先进集体"的,各发给奖金5万元、3万元、2万元;被评为省、绍兴市、诸暨市综治工作先进集体的,各发奖金3万元、2万元、1万元（上述不重复计奖,以最高奖为准）。凡被评为全国、省、绍兴市和诸暨市平安创建先进集体、综治工作先进集体的镇乡（街道）、部门,按规定加分（不累计加分,以最高奖为准）。为加强基层基础工作,市财政继续安排100万元专项资金,对基层综治工作"三创三评"活动中的先进集体和个人实行以奖代补。对列为省、绍兴市、诸暨市治安重点整治地区（单位）的镇乡（街道）,不如期整改摘帽、治安问题突出或发生影响全市社会稳定的政治性事件和群体性事件的,实行一票否决,并责令限期整改。

5.1.7 草塔镇坚持发展"枫桥经验",加强平安综治基层基础建设

提要：党的十七大强调,要高举中国特色社会主义伟大旗帜,以邓小平理论和"三个代表"重要思想为指导,深入贯彻落实科学发展观。在这一思想指导下,坚持发展"枫桥经验"有了新的内容,需要进行有深度、有内容的拓展。在此背景下,草塔镇委、镇政府为深化平安综治基层基础、提升综治工作中心整体效能,提出了坚持发展"枫桥经验"、加强平安综治基层基础建设的实施意见,明确了指导思想,确定了总体目标,指出了工作重点,细化了工作要求,即从加强领导、狠抓落实等方面积极推进社会治安综合治理。

关于坚持发展"枫桥经验",加强平安综治基层基础建设的实施意见[1]

一、指导思想

以党的十七大精神为指导,全面践行科学发展观,以"学枫桥、强基础、保稳定"主题实践活动为载体,坚持发展"枫桥经验",加强我镇综治工作中心、综治工作站建设,强化职能,拓展功能,提升效能,深化平安综治基层基础,进一步推进综治工作向末端延伸,为社会和谐稳定奠定坚实基础。

二、总体目标

做强、做实、做深综治工作,综治工作中心实现整合力量、整合资源、精干高效、方便群众的目标,综治组织基本实现规范化,95%以上矛盾纠纷在镇得到解决,其中90%以上在村一级得到疏导化解,切实筑牢维护社会和谐稳定的第一道防线。

三、工作重点

(一)提升综治工作中心整体效能

1. 综治工作中心纳入"四办三中心"机构序列,中心主任由党委副书记担任。配备一名专职副主任,人武部长、法庭庭长、派出所所长、司法所所长兼任中心副主任。现办公室共有人员11人,其中专职7人,综治办主任由中心主任兼任。

2. 镇综治工作中心整合综治、维稳、信访、司法、调解、警务、流动人口服务管理、安全生产、应急、反邪教、禁毒等部门力量,集中办公,实行"10+1"工作模式。

3. 综治工作中心落实首问责任、情况报告、分流督办、检查考核等工作制度,建立健全协作联动工作机制,实现社会治安联合防控、矛盾纠纷联合调解、

---

[1] 中共诸暨市草塔镇委:《关于坚持发展"枫桥经验",加强平安综治基层基础建设的实施意见》,2009年7月6日印发,草委〔2009〕41号文件。

重点工作联勤联动、突出问题联合治理、基层平安联合创建。

4. 实行信访事项和矛盾纠纷一站式受理,形成登记、分流、调处、督办、反馈、归档等工作流程,由中心主任实行签单式分流归口办理。建立联席会议制度,由中心主任召集,每月一次分析社会治安综合治理、信访和社会稳定情况,分类制定对策,重大疑难信访和矛盾纠纷由中心主任牵头,统一调动相关部门力量,实行联合调处。发生重大突发性、群体性事件,由中心主任调配力量进行先期处置。

(二) 构建基层综治工作网络体系

5. 村(站区)综治组织按"一站两会三组五员"配备,即综治工作站,治保会、调委会,应急工作组、流动人口服务管理组、社区矫正组,治调信息员、综治(信访)信息员、安全信息员、法制宣传员、社情信息员等。站长由村(社区)党组织负责人担任,治调会主任任副站长,各自然村至少有一名成员。民营企业综治工作站站长由法定代表人担任,建立保卫、信访调解、安全生产、流动人口服务管理等配套组织,并延伸到车间、班组。

6. 村(社区)、企业每半月组织一次矛盾纠纷集中排查,上报综治工作中心,及时调处矛盾纠纷。组织护村队、护厂队、村企联防队、平安志愿者队伍等群防群治队伍开展治安巡逻,做好流动人口服务管理、特殊人群帮助教育等工作。

7. 严格落实综治网格化管理。根据已划分好的网格,村两委每个干部联系若干村民代表,每个村民代表联系一个网格内的所有农户。网格联系人要经常了解走访联系农户,掌握社情民意,化解矛盾纠纷,做到联系农户有矛盾纠纷必到、发生违法违规行为必到、遇到重大生活变故必到,起到"和事佬"和信息员作用,实现家庭琐事不出户,邻里纠纷不出组,力争90%以上矛盾纠纷在村得到化解。

8. 以综治网格化管理为基础,实行社区警务、社会管理、应急管理、安全生产、土地管理网格化,结合草塔实际,分别由社区民警、流动人口专管员、应急信息员、安全监管员、土地管理员和驻村指导员组成网格化管理组,掌握信息、化解矛盾、加强监管、应急救援、维护稳定并明确职责、落实责任,构建社会管理网格化体系。

（三）切实加强源头预防

9. 镇、村二级信访稳定风险评估机制和重大事项报告制,对镇、村作出的重大决策、重点工程项目,应先行开展风险预测和调查听证,对可能出现的不稳定因素进行分析和评估,形成评估报告、确定意见后,落实先期化解措施,并报维稳、信访部门,实行跟踪掌控。

10. 完善集镇社会治安动态视频监控系统建设,形成全方位技术防范体系。

11. 进一步拓展基层平安创建的广度和深度,以平安村、平安建筑工区、平安工业园区创建为抓手,继续深化平安镇乡（街道）、平安"八创建"和"八进村居（社区）"活动,形成共建共享的平安创建格局。

12. 以建设社会主义核心价值体系为导向,大力加强社区和乡村文化设施建设,创新墙头文化,积极开展平安草塔、法治草塔、卫生强镇创建活动,提高文化素质和文明素养。不断健全法制宣传教育和法律服务体系,完善法律援助基金和司法救助基金制度,弘扬法治精神,为维护社会稳定提供精神支撑和素质保证。

13. 整合各部门各办公室资源,统一为社会和群众提供救助、审批、政策咨询等各类便民服务,建立科学化、规范化、制度化的服务平台,从源头上减少不和谐不稳定因素。

（四）着力构建大调解机制

14. 完善领导干部信访接待日制度,镇党政班子成员工作日轮流接待信访,疑难信访实行领导包案,落实包掌握情况、包思想教育、包解决化解、包息诉息访的"四包"责任制。

15. 充实人民调解工作室,基层调解员经过市级培训,发给人民调解员证,持证上岗,切实发挥基层调解队伍的主力作用。建立人民调解工作奖励基金,对村级调解干部调解纠纷采取"以奖代补"方式给予奖励。

16. 健全多元化矛盾纠纷化解机制,大力推动行业调解组织建设,配合法院诉前、医患纠纷、劳资矛盾、交通事故处理、消费侵权、老人妇女权益损害等方面的专业调解中心开展工作,推进人民调解、行政调解、司法调解、行政仲裁相互衔接联动,形成大调解工作格局。

(五)落实工作保障

17. 进一步落实社会治安综合治理目标管理责任制和领导责任制,综治工作中心要加强日常检查和考评,发现问题及时提出意见、限期整改,必要时向上级综治部门提出行使"一票否决权"的建议。

18. 深入开展干部队伍教育培训活动,对村级主职干部、治调干部普遍进行轮训,使党组织成为坚强战斗堡垒,使镇村干部成为维稳骨干力量。

四、工作要求

(一)加强组织领导。各村、企业单位要把平安综治基层基础建设作为重要的任务来抓,认真抓好部署落实。镇综治工作中心要加强协调指导和督促检查,各成员单位要加强协作配合,形成齐抓共管的工作格局。

(二)狠抓工作落实。要把精力和注意力放在基层,结合学习实践科学发展观活动,找准基层基础工作的薄弱环节,大力促进人、财、物向基层和一线倾斜,形成心往基层想、人往基层走、事为基层办、钱为基层花的导向。

(三)实施分类指导。从实际出发,加强分类指导,制定本村、本单位基层基础建设整体规划,着力在人员力量、组织网络、工作规范、条件保障、考核导向等方面取得新突破。

(四)营造良好氛围。加强对平安综治基层基础工作的宣传,及时总结推广经验,表彰奖励先进,充分发挥典型示范作用,形成抓工作、打基础的良好氛围。

5.2 综合治理维护社会治安的典型事例

5.2.1 枫桥区粮管所运用"枫桥经验",改造违法犯罪职工

提要: 枫桥区粮管所运用"枫桥经验",改造有违法犯罪行为的职工,产生了良好的效果和正面的社会影响。文中列举了葛某某、钱某某、魏某的事例,展示了枫桥区粮管所对于有违法犯罪行为的员工,并非采取机械的、"没有人情味"的开除辞退措施,而是积极搞帮教、搞改造,帮助其重新融入社会、建设社会。

精诚所至,金石为开[1]

我们枫桥区粮管所共有 145 名职工,是诸暨市粮食系统一个较大的基层单位。改革开放以来,企业有权对违法违纪的职工作出处分直至开除辞退。在新形势下,企业还要不要做教育人、改造人的工作,如何运用好国家赋予的权力?这是我们经常考虑的问题。近几年来,我们坚持"枫桥经验",有违法犯罪行为的职工,不轻易开除辞退,而是留在单位内想方设法进行教育挽救,取得了一定的成效。

"想不到我还能有今天"

葛某某是我所的一名出纳员,前几年他同本站某女职工关系暧昧,后来女方不愿再保持这种关系,葛却在酒后强奸了她。案发后,受害者向公安机关告发,1987 年 5 月,葛被判处有期徒刑三年,缓刑三年。像这样的人要不要留在单位里,大家自然有不同的看法。但我们对他的情况全面作了分析,葛进粮站十

---

[1] 枫桥区粮管所:《精诚所至,金石为开》,《公安学刊》1990 年第 3 期。

多年来,对本职工作还是比较尽责的,是全所业务尖子。判决后他表示要认罪服法,痛改前非,重新做人,只要能改造过来,是可以发挥他一技之长的。既然人民法院可以给他三年缓刑考验期,单位为什么不能给他提供改过自新的条件呢?出于这样的考虑,我所破例保留了葛的公职,叫他到工作任务较重的赵家镇粮站接受监督改造,落实帮教。赵家镇粮站原有两名出纳员,葛去后主动提出两人的工作一人干。夏粮收购时,他申请到工作量最大的骆家桥粮仓任出纳,二十多天吃住在粮仓,白天付款,夜里对账,一人支付现金40多万元无差错,受到领导和职工的称赞。根据他的表现,我所提出给他减刑的建议,人民法院作实地考察后裁定减刑十个月。去年8月考验期满后,我们又及时给他恢复了原工资待遇。现在葛某某是粮站的业务骨干,工作积极,妻子在家开小店,两人关系和睦,生活安排有序,还盖了两间新屋。葛某某激动地说:"想不到我还能有今天。"知情群众也称赞粮管所挽救了一个家庭。

搞帮教就要有"菩萨善心"

1987年,社会上刮起全民经商风,我所职工钱某某认为靠几块死工资讨不进老婆成不了家,在外面交了几个不三不四的朋友,想做生意赚大钱。他先后两次把公款借给别人做生意,后又干脆挪用销货款自己跑厦门贩香烟。不料香烟带到金华被没收,钞票赚不到反而蚀本1700元,借给别人的公款一时也收不回。1988年7月问题暴露后,他从家出走,靠摆棋摊、摸子连赌带骗混日子,有的职工在外面碰到他,劝他回来,他唉声叹气说:"我已无脸回去,过一日算一日。"当时,上级主管机关明确指示将其除名。对这个人怎么办?推出去,单位少了个包袱,社会却多了个祸害,招回来,社会少一分不安定因素,我们当领导的却要承担很大的压力和责任。我们觉得他年纪轻,可塑性大,现在主要是怨自己又犯错误不争气,不敢回来见领导和同志们,只要他本人想改好,我们还是要拉他一把。10月19日,我们所在《绍兴日报》上刊登了寻人启事,10月23日,失踪两个多月的钱某某终于回来了,经过职工代表会议讨论,给他开除公职留用察看两年的处理,到所属粮油加工车间当工人。

对钱某某这样的人还能留用察看,这在我们全市粮食系统也是少见的,难怪我们一位上级领导在我所的处理决定上批道:枫桥所的领导是菩萨善心。钱某某做梦也没有想到自己还能保住饭碗。从此,他工作不怕脏、不怕累,埋头苦干。一次,车间里的饲料升降机通道堵塞,他主动下到灰尘飞扬、十分呛人的通道内清理,挖通上来时已是灰尘满嘴,泪流满面,在场的人都很感动,我们也表扬了他。领导和群众没用老眼光看他,使他很受鼓舞,工作更积极了。到加工车间一年多来,他没缺过一天勤,还加班二十多天,到年底我们还发给他一百元奖金。

没有发出的辞退决定书

青年职工魏某,上班吊儿郎当,随心所欲,动辄大发脾气,经常与顾客争吵,还扬言要杀人。所领导、局领导同他谈过无数次,他的检讨书写了一张又一张,但毫无转变。

1988年开始,魏某又到社会上赌博,每次输赢少则上百元,多则几千元,到1989年初,他已输掉近万元,债台高筑,吃饭没有味道,困觉要做恶梦,用他自己的话说是"日里应付债主,夜里对付恶鬼"。因为走投无路,他到枫桥派出所自首。派出所查明情况后建议我们单位处理。这时候作为企业来说正是卸包袱的好机会。对是否开除魏某这件事,我们所领导与局领导产生意见分歧,发生了激烈的争论。所领导坦诚地说:"我们不同意开除他,也是为社会分担责任。我们都是共产党员,应该从社会利益、国家利益着想。"我们的意见终于得到了局领导的支持,对魏某给予开除留用。魏某理应迷路知返,彻底改过,但四个多月后,他又到社会上赌博,连续两次被派出所查获。这一来舆论压力就大了,许多职工埋怨领导心太软,群众也说现在待业青年还找不到工作呢,粮管所还留着这种人干什么?看来开除魏某已是人心所望,我所把辞退他的处理决定也打印好了。这时,派出所所长几次同我所商量,希望再给魏某一个改正错误的机会。魏的女友也从杭州赶来,恳求领导能留他在所内。

为了这件事,所党、政、工会开了几次会,讨论决定:如果魏某本人能找到五名同志担保,可暂不辞退,以后再表现不好,保人宣布中止担保,所里随时将他除名。为了使职代会能通过这个方案,我们几个领导分头做职工代表的工作,为魏某"拉票"。职代会表决时,26名代表中14人同意留他,总算获得微弱的多数票。打印好的辞退决定,终于没有发出。

为了有利于他割断同枫桥镇上的赌博朋友的关系,我们把他调到视北乡宜仁粮站,由五名担保人员组成帮教小组落实帮教。工会、团支部还吸收他参加"学雷锋,树新风,我为粮食企业添光彩"活动。这时魏某真正悔悟了:我是一个高中毕业生,因为不好好工作,竟落到磕头跪拜才能保住饭碗的地步,真是自我毁灭,再不好好做人就来不及了。到宜仁粮站后,他说的话少了,干的工作多了,白天安心上班,夜头看书学习。收粮时他待农民客客气气,还帮他们翻晒稻谷。最近,他听人说自己的二哥可能去赌博,就用自己的教训对他进行劝告。职工们说:"魏某确实开始变了。"

5.2.2　店口镇"枫桥经验"落实年活动开展情况

提要:店口镇人民政府以政治社会稳定、经济发展有序、群众安居乐业、争进全国二十强、建设和谐新诸暨为目标,开展了店口镇"枫桥经验"落实年活动,本文分别从社会综合治理的总体情况和下一阶段的打算两个方面对该活动进行了总结。

店口镇"枫桥经验"落实年活动开展情况[1]

2007年以来,我们以创新落实"枫桥经验",努力构建和谐店口为主线,坚持

1　店口镇人民政府:《店口镇"枫桥经验"落实年活动开展情况》,2007年,诸暨市档案馆藏,113-01.2007.04-00724。

"平安有序促发展,公平正义促和谐"的方针,紧紧围绕"政治社会稳定,经济发展有序,群众安居乐业"的综治目标,着力深化"平安店口"和"法治店口"工作,为加快我镇经济社会发展创造良好的社会环境和法治环境,为店口经济发展继续领跑全市,为市委、市府提出的"争进全国二十强,建设和谐新诸暨"工作目标作出了努力,发挥了作用。现将店口镇"枫桥经验"落实年活动开展情况汇报如下:

(一) 社会综合治理总体情况

1. 治安持续好转,社会总体平稳。全镇进一步强化稳定意识,充分发挥有关职能部门的作用,举全社会之力,坚持"打防结合,预防为主"原则,运用预防、控制、管理、打击、教育、疏导等多种手段,建立起反应快速、打击有力、防范严密、控制有效的全方位、立体式的社会治安综合管理体系,有效维护了社会稳定。上半年,全镇共立刑事案件308起,同比下降1.9%,破案162起,同比增加92.8%,五类刑事案件1起,已破。辖区内没有发生严重危害国家安全、严重影响社会稳定案件。劳资纠纷120起,同比下降1.6%,调解成功112起,同比上升2%。接受信访69起,调解率100%,参与调解重大纠纷6起,成功5起,1起法律援助。诸暨市两会、全国两会、绍兴市两会、党代会、防汛演练期间没有发生上访事件。

2. 平安创建继续深化,法治建设深入推进。全力打造"平安店口",积极实施12345工程,深入开展平安"八创建""八进村(居)"活动,着力推进镇、片和村(社区)、企事业单位平安创建工作,特别是全镇99家500万元以上企业都建立了综治工作站和综治联络员制度,创建触角延伸到全镇每个角落,有效提高了基层创建效果。

全面开展"五五"普法教育。大力推进法制宣传教育进机关、进村居、进学校、进企业活动,重点加强对领导干部、青少年、企业经营管理人员、村两委会成员和居民的法制宣传教育,做好外来建设者的法制宣传教育工作,积极实施法制宣传教育骨干培训"百千万"工程,扎实巩固民主法治建设成果,增强了广大干部群众依法办事的能力。

3. 探索综治工作新方法,实施"长治久安"工程。今年,镇党委政府切出100万专项资金,用于实施农村"长治久安"工程,四月,召开了全镇综合治理工作暨长治久安工程启动动员大会,市委政法委书记阮建明等领导参加了会议。重点开展五项工作:一是建设两支队伍,即建设村级治保调解工作队伍和村(社区)平安志愿者队伍,进一步加大矛盾纠纷调处和群防群治力度,镇综治办会同派出所对全镇各村(社区)的平安志愿者队伍进行了审查,初步明确了名单,相关村(社区)已组建好队伍,购置了相应服装、装备,如江东社区、湄东社区、店口社区、侠父村等已经开展了正常的巡防活动。二是建设外来建设者管理服务分中心,创新完善"老乡干部管老乡"的管理方法,在牛皋社区、店口社区创建外来建设者管理服务分中心,从外来建设者当中物色组织能力较强、政治思想素质较好、愿意为老乡服务的同志担任分中心主任,并配备妇女主任等相应职位,外来民警协助管理,镇政府拨出相应资金,从而加强对外来人口的教育、富裕、维权、管理工作。三是大力开展"五五"普法教育,在店口集镇中心建立大型法制宣传牌,不定期张贴法制宣传资料,建立社会矫正人员台账,加强对社会矫正人员的法制教育,倡导矫正人员创业、立业,已对全镇44个矫正人员完成走访工作,了解了思想动态,落实了帮教措施。四是强化重点信访、重点矛盾的解决力度,完善信访调处层级制,建立信访重点村责任网络,对无群体性信访案、无重特大安全责任事故、无重大刑事案件的村、单位予以奖励,朱家站、斗门的信访经市领导牵头、镇领导协调、相关部门介入,多次协商后,相关信访人表示接受处理意见,不再信访。五是设立见义勇为基金,对因见义勇为而导致伤害、伤残、伤亡的群众和在实际工作中成绩突出的平安志愿者人员予以奖励。

4. 领导包案、化解矛盾、维持稳定。店口镇党委、政府在总结全镇工作时,深切体会到社会稳定对我镇社会全面发展的牵制。主要表现在信访总量没有得到有效遏制；个别重复访、积案访化解进程不快；还有是一些涉及土地的信访已明显影响了我镇的经济加速发展。为了贯彻落实全市维稳工作形势分析暨"走进矛盾、破解难题"工作会议精神。镇党委、政府借鉴了市领导下访包案机制，充分调动镇领导班子成员的潜力和责任心，把八月定为我镇的信访矛盾纠纷集中排解月，落实了镇领导班子成员包案（信访）责任制。

一、镇党委、政府分析我镇目前的信访形势，列出 10 只影响和难度较大、调处时间较长的信访作为领导包案。规定包案领导理清案件性质，深入信访户调查研究，提出切实可行的解决办法，争取在一个月内结案。

二、包案领导落实责任，每星期五以书面形式向综治办汇报信访调处的进展情况，由综治办整理后交镇主要领导督查。

三、半个月召开一次包案领导及片办负责人会议，汇报包案进展情况，分析形势，提出下一阶段的工作重点。

四、经过领导包案，10 只案子已调处成功 4 只，有效遏制了信访量，收到很好的效果。

五、对情况比较复杂、解决难度大的信访案件，进一步明确工作目标，强化调处力度和落实维稳措施，争取在规定时间内再化解 3 只信访，以维持社会稳定。

（二）下阶段打算

我们将以"枫桥经验"落实年活动为契机，以"长治久安"工程为抓手，全面落实各项工作任务。

1. 加强对已组建的平安志愿者队伍的管理和建设。

2. 抓好"外来建设者"管理服务分中心建设。

继续深入开展"共同融入当地社会，共同创造美好家园，共同享受文明成果"行动，对已筹建牛皋社区、店口社区外来建设者管理服务分中心加以完善。

3. 深入开展"五五"普法教育，切实抓好社会矫正工作。

在店口集镇中心建立大型法制宣传牌,不定期张贴法制宣传资料,通过学法,达到守法用法。

4. 加强信访工作,加大信访解决力度。

健全镇、片、村三级信访联动机制,减少信访总量,切实解决存在的矛盾,终结一批无理信访。

5. 探索新形势下技防、物防新模式。

进一步加强科技防控,在调查研究的基础上,完善集镇主要路段、路口电子监控系统设置,并构建全镇性的联网报警系统。

5.2.3 诸暨国际商贸城深化"枫桥经验",维护区域稳定的实践

提要: 诸暨国际商贸城建管委就深化"枫桥经验"、维护商贸城区域稳定进行了专题调研并形成报告,从面上和点上分别指出了商贸城区域现存矛盾的基本情况,分析了商贸城区域矛盾产生的原因,总结了运用"枫桥经验"化解矛盾的丰富经验,并阐述了深化"枫桥经验"采取的具体措施。

深化"枫桥经验",维护区域稳定
——浅谈"枫桥经验"在诸暨国际商贸城的实践[1]

党的十九大报告指出:要加强社会治理制度建设,完善党委领导、政府负责、社会协同、公众参与、法治保障的社会治理体制。"枫桥经验"作为全国政法综治战线上的一面旗帜,自1963年毛泽东主席对"枫桥经验"作出批示以来,"枫桥经验"不断丰富和发展出新的内涵,历久弥新,焕发出新的光彩。不管时代如何变化,"枫桥经验"一直秉承着为了群众、依靠群众、发动群众的"三字诀",成为全国综合治理的样板。结合本次"不忘初心、牢记使命"主题教育活动

---

[1] 商贸城建管委:《深化"枫桥经验",维护区域稳定——浅谈"枫桥经验"在诸暨国际商贸城的实践》,2019年,诸暨市档案馆藏,366-03.2019.04-01895。

要求,我们就深化"枫桥经验"、维护商贸城区域稳定进行了专题调研,现将调研成果与思考整理如下：

一、商贸城区域现存矛盾的基本情况

诸暨国际商贸城作为我市实施"北承南接"战略的主战场、打造现代商贸服务业的主平台,从2012年开发建设以来,一大批项目相继落地,截至目前已初步形成了一市十一城的市场格局,区域影响力日渐凸显。但发展的过程必然伴随着矛盾,且大多带有由面至点的特征。通过深入企业调研及过往信访案件处置过程分析,聚焦到商贸城,面上的矛盾主要集中于发展过程中的历史遗留问题、部分企业的经营困难、工程建设推进滞缓等一系列问题。具体到点的矛盾主要为:由产权纠纷引起的越美抵押商铺权证难以办理问题、逸乐城破产债权人难以收回商铺所有权问题;由企业资金链紧张引起的港龙装饰城1号楼商铺小业主租金未能按时返还、港龙食品城商户自营保证金未能按时退还、越宁民工工资未能及时支付等问题;由工程建设缓慢引起的联想科技城9号楼业主未能按时收房问题。这些矛盾的存在,不仅制约了企业自身的发展,也影响了商贸城整体的发展态势,增加了区域的风险隐患,影响社会和谐稳定,亟须解决与妥善处置。

二、商贸城区域矛盾产生的原因分析

矛盾的产生本质上暴露了发展中存在的不平衡、不充分等问题。目前商贸城已有八个专业市场开业运行,四个市场仍在建设中,通过各个市场调研中收集的素材对比,综合商贸城现有问题进行深入剖析,这些矛盾的产生不乏共性问题,也有个性原因。

共性问题主要是:受整体形势及电商经济冲击,实体经济呈现"疲软"态势,导致商贸城区域整体繁荣度不够,一时难以集聚人气,部分商家信心不足,激化了市场内部矛盾。拿一期市场来说,目前整体开门率偏低,优质项目难以落地,部分商家出现了急躁的心态,与市场管理方之间存在较大分歧,甚至个别商户不配合工作,增加了市场管理的风险隐患。

个性原因主要为:一是市场定位不清晰,盲目扩张,后劲明显不足。越宁机电城是我市诸商回归项目,项目落地之初定位为五金机电市场,后机电商户签约不理想,变更为"越宁万汇城"。项目在一期市场部分未竣工验收的情况下,上马了二期万汇城写字楼项目。后因销售不理想,项目资金链断裂,引发了民工讨薪、材料商讨材料款等信访矛盾。二是市场管理不到位,资金紧张,承诺难以兑现。港龙装饰城、食品城作为我市浙商回归项目,市场开业初也有着不错的成效,但随着市场发展的深入推进,管理模式与理念上的弊端逐步暴露,导致部分商家纷纷外流,租金收缴受到了极大"阻力"。直接造成了装饰城部分小业主到期租金未能按时返还、食品城部分商户到期自营保证金未能及时退还。截至目前,装饰城小业主已多次来我委讨要说法,食品城部分商户也多次集聚到市场反映此事。三是企业主体不作为,消极应对,矛盾加速扩张。联想科技城9号楼于2017年9月对外预售,约定于2019年6月底交房,但是期间项目方工程施工缓慢,已有业主在建造期反映了此事,但是企业都是消极应对,致使未能按时交房。事后商贸城建管委多次召集相关部门协调处置此事,并且以函告加电话的形式多次通知企业董事前来洽谈此事,在多方配合下,企业高管才出面协商此事。

三、总结运用"枫桥经验"化解矛盾的经验

(一)发挥能动性,打好攻坚战。

"枫桥经验"是我们的党员干部群众共同创造的,是集体的智慧、集体的力量。因而新时代的"枫桥经验"更需要我们党员干部群众来丰富。在过去的两年多时间里,商贸城建管委积极实践"枫桥经验",强化干部担当,做好群众工作,动员外部力量,共同维护商贸城区域稳定。

1. 强化干部责任担当。习近平总书记指出党的干部必须坚持原则、认真负责,面对大是大非敢于亮剑,面对矛盾敢于迎难而上,面对危机敢于挺身而出,

面对失误敢于承担责任,面对歪风邪气敢于坚决斗争。[1]委领导班子多次在干部会议上强调党员干部要树牢"责任重于泰山"的意识,要不断增强担当能力。面对我委当前存在的一系列矛盾挑战,我们的领导和干部都把担当置于肩,守好责任田。今年7月联想科技城9号楼业主因未能按期收房,上百名市外业主驾车来联想售楼处讨要说法。针对这一突发情况,我委全员出动,安抚业主,引导舆论。相关领导直面业主代表,积极协调,面对情绪失控的业主既能够坚持原则又能够保持理性克制,连续奋战17个小时,最终促使企业和业主达成处置协议,信访矛盾就地化解。

2. 开展干群协同作战。习近平总书记在今年全国公安工作会议上强调要把"枫桥经验"坚持好、发展好,把党的群众路线坚持好、贯彻好,充分发动群众、组织群众、依靠群众。[2]我委积极贯彻落实党的群众路线,在信访矛盾化解过程中,坚持"发动和依靠群众",充分发挥企业和群众的力量,做好群防群控。去年港龙装饰城小业主因未能按约定取得商铺收益来我委信访,相关群体涉及500余户。在该信访处置过程中,我委较好地"发动和依靠群众"。一方面企业及时向我们提供了信访人家庭住址、合同文本等基础资料信息,为实现人员稳控提供便利。另一方面通过说服教育相关牵头人员积极配合我委工作,在业主群里进行正面宣传引导,坚持以合理合法的方式反映诉求。通过我们干部群众的共同努力,今年6月企业与业主代表达成最终协议。该信访事件虽然涉及人数众多、处置时间较长,但处置过程总体平稳,始终未演化成为群体性事件。

3. 充分向外借势借力。针对风险化解,习近平总书记强调要善于整合各方

---

[1] 习近平:《着力培养选拔党和人民需要的好干部》,2013年6月28日,《习近平著作选读》(第一卷),人民出版社2023年版,第131页。
[2] 《坚持政治建警,改革强警,科技兴警,从严治警,履行好党和人民赋予的新时代职责使命》,《人民日报》2019年5月9日,第1版。

力量、科学排兵布阵,有效予以处理。[1]我委在处置重大信访问题过程中,依靠市委市政府,借势借力有关镇街部门,共同处置好人员稳控和信访化解。在刚刚过去的护航建国七十周年庆典期间,为应对逸乐城破产可能引发的群体性事件,我委召开专门会议研究部署,责任领导和干部积极联系重点人员所在的陶朱街道、东白湖镇等单位,争取到了相关单位对我们工作的支持,整合力量就地稳控,实现了重大时间节点期间平稳态势。

(二)化解制度化,展示新气象。

在不断处置信访矛盾,实践"枫桥经验"过程中,我们不断总结工作经验,将一些经过实践检验的、行之有效的方法整理成文件,以制度的方式固化下来,提升整体工作水平,形成一整套风险研判机制、风险评估机制、风险防控协同机制、风险防控责任机制。

1. 包企驻企掌握信息。我们的包企驻企服务企业制度,通过领导包企干部驻企,帮助我们第一时间掌握风险信息。再结合驻企工作分析例会,进一步研究评估风险等级,为后续风险防范化解做好准备。在去年举行"西施马拉松"大赛前,我们就部署各驻企干部深入企业摸排不稳定因素,了解到有企业职工因欠薪欲在比赛期间拉横幅的情况下,委领导立即研究处置,通过分别走访说服的办法,相关人员打消了拉横幅的想法。同时我们安排了干部职工在赛道两侧严密布控,保证了赛事顺利进行。

2. 信访制度推动化解。2017年上半年我们制定了《诸暨商贸城建设管理委员会信访接待工作制度》(诸建管委〔2017〕4号)。信访接待工作制度制定以来我委信访责任能够落实到人,信访工作开展更加顺畅,在处置重大信访问题时,工作配合更加紧密,成效更加显著。2018年我委来委信访发生33起,今年

---

[1] 《提高防控能力,着力防范化解重大风险,保持经济持续健康发展,社会大局稳定》,《人民日报》2019年1月22日,第1版。

至今39起,在信访接待工作制度指导下,每件信访都责任到人,有接待、有记录、有回复,信访化解率在95%以上。此外连续两年我委重点信访督查件化解率达到100%。

3. 约谈约访主动出击。约谈约访机制是我们在处置信访过程中又一行之有效的手段。约谈针对被访人。在信访处置过程中责任单位或个人没有积极配合信访处置工作,委领导会视情况单独或联合部门甚至邀请市领导联合约谈相关责任主体,督促其履行义务,配合信访处置工作。在联想小业主信访事件中,我们邀请了分管副市长对企业高层管理人员进行约谈,督促企业制定复工计划,明确复工时间,对最后协议达成起到了巨大作用。约访是针对信访人。在护航建国七十周年庆典期间,在越美购买商铺的部分小业主因未能按期取得商铺,欲在绍兴市政府门口集结上访。我委通过联合公安约访小业主代表的方式来主动应对,详细解释当前政府和企业采取的措施和取得的成果,某种程度增强了这些小业主的信心,该信访矛盾在当时阶段平缓下去。

(三) 牵住"牛鼻子",打好"发展"牌。

新时期"枫桥经验"的本质是积极化解矛盾,维护社会稳定。而发展既是最终目标,也是有效手段。商贸城作为我市重要的经济平台,发展是第一要务,是妥善解决主要矛盾的良方。

1. 推动整体发展。我委紧紧围绕市委市政府工作部署,坚持"把握主动、重点展开、创新突破、善作善成"的工作基调,围绕"国际""建城""转型""双进"做文章,实干当先、奋勇争先、攻坚克难,各项工作总体推进顺利。随着商贸城区域地位整体提升,区域内的企业与商户也都将在发展中得到实惠。"穷生奸计,富长良心",做好商贸城发展的文章才是维护区域稳定的根本方法。

2. 推进个别解困。我委依靠自身招商资源,积极为企业引荐项目和资本方,帮助企业转型发展。我们的企业也发挥自身优势,积极对接项目,进行自我解困。以越宁机电城为例,企业目前资金断裂项目停工,拖欠民工工资和材料商工程款引发诸多信访问题。而与此同时企业有2亿银行授信额度因项目未竣工验收而无法使用。针对这个情况,企业通过艰难的谈判,另寻施工企业,约定由施工企业垫资施工,待工程竣工验收后再支付工程款。这为企业后续融资和销售打开了通道,真正让企业"起死回生"。

四、深化"枫桥经验"的举措

(一)坚持发展现有经验。无论是干部队伍建设还是发动群众群防群治,无论是制度建设还是推动发展,都是我们在前期信访化解工作开展过程采取的有效措施,需要我们坚持和发展。例如在信访处置过程中,一些信访问题涉及规划、招商政策等专业知识,驻企干部不一定专业对口,处置起来有难度。而在处置重大信访问题过程中,往往信访群体较大,易发生人手短缺的情况。因而我们要进一步优化信访接待制度,进一步规范责任体系,提升信访接待过程中的整体协调配合程度,使信访接待工作更为流畅。

(二)不断创新工作思路。针对信访领域不断出现的新情况新问题,我们要进一步打开思路,加强谋划,运用好底线思维,推动信访化解工作上一个新的台阶。

1. 重视初信初访。对我们前期大量工作的总结,初信初访化解难度普遍较低,化解成功率较好。这就需要我们进一步重视初信初访,落实为人民服务的宗旨,真正把人民群众的需求作为我们工作的出发点和落脚点。在处置过程中要想群众所想,急群众所急,仔细倾听,认真记录,及时反馈,切实帮群众解决好困难。

2. 提升法制意识。对于一些涉法涉诉问题,因单位职能的闲置,无法处置到位。因而在信访处置过程中,要明确区分处置责任主体,涉法问题要积极做好引导,建议信访人走法律途径解决。同时做好本职工作,尽可能为信访人提供职能范围内的帮助。

3. 强化主体责任。"解铃还须系铃人",信访矛盾的化解最终归根于信访人和信访对象的协调。我们的信访问题多涉及企业,因而我们的干部在联系企业过程中需要经常向企业灌输主体责任的思想,要求相关企业承担起自身职责,对风险产生、发展的全过程进行监控,对风险的发生诱因与事前防范、风险的事中演进与有效控制、风险的化解与事后治理等进行全方位管理。

5.3 综合治理维护社会治安的成效

5.3.1 枫桥区加强防范措施,进行综合治理

提要:枫桥区社会治安环境良好、刑事犯罪率持续走低,其根本原因在于枫桥区人民政府推行社会治安综合治理,注重法制宣传和教育,从源头上减少治安案件、刑事案件的发生。当前,枫桥区主抓精神文明建设,开展"刹三风、创三户"活动,全区内建立移风易俗理事会、婚丧喜事服务队和禁赌协会等基层群众性组织,借助乡镇党校、成人教育中心等阵地,党员干部带头、人民群众跟随接受普法教育,各乡镇制定具有特色的乡(村)规民约以加强村民的自我约束力。得益于枫桥区推行的社会治安综合治理政策,区内已初步形成了一个文明健康的社会环境。

加强防范措施,进行综合治理[1]

枫桥区之所以能把犯罪率控制在一个较低的水准,使全区社会治安持续良好,一个根本的原因是他们强化社会防范措施,注意提高人的素质和法制观念,下大力气进行综合治理的结果。

---

1 黎伟挺:《加强防范措施,进行综合治理》,《绍兴日报》1990年4月17日,第4版。

这几年,枫桥区一直把精神文明建设摆到了一个十分突出的位置来抓,扎扎实实开展"刹三风、创三户"活动。全区有6个乡(镇)建立了18个移风易俗理事会、婚丧喜事服务队和禁赌协会。1986年以来,该区有107个村和单位被评为市级以上文明单位,有84%以上的家庭被评为双文明户、五好家庭和爱国守法户,初步形成了一个文明健康的社会环境。

在狠抓精神文明建设的过程中,这个区把普及和提高全民的法律意识作为一个重点来抓。他们利用乡镇党校、成人教育中心这些阵地,先后培训党员干部5 000多名,对83 700多名群众开展了普法教育,还举办了二次较大规模的法律知识大奖赛。另外,这个区根据宪法和国家的有关法规,通过合法程序,普遍制定了乡(村)规民约,把广大群众日常工作、生产和生活纳入了法制轨道,增强了群众自我约束、自我管理的能力。

在社会上犯罪呈现低龄化趋势的情况下,枫桥区又及时采取多种寓教于乐的活动形式,陶冶青少年的情操,丰富他们的文化生活。公安政法部门和共青团、妇联等组织,从各自的职能出发,加强对青少年的法制教育和家庭教育,教育部门加强了对青少年的德智体美教育,宣传文化部门加强了文化市场管理,为青少年提供了较好的精神食粮,各级团组织发挥先锋模范作用,带领广大团员,积极参加精神文明和物质文明建设,从而稳定了社会秩序,也促进了青少年健康成长。去年,东和乡两次遭受洪水灾害,乡团委先后4次组织300余名团员参加抗洪救灾义务劳动,在重建家园恢复生产中发挥了突击队作用。

5.3.2 结合农村社会治安综合治理工作,"枫桥经验"在新形势下再完善、再发展

提要: 中共绍兴市委政法委在枫桥区举办了由23名轻微违法人员参加的法制教育学习班,坚持"教育、帮助、挽救"的施教方针,对上述人员开展以人生观教育为主导、法律知识教育为主线的法制教育。本次法制教育学

习班的举办,是"枫桥经验"在新时期的延伸,是基于当下法制环境现状采取的新举措,是对"大法不犯、小法常犯"的轻微违法人员的再改造,给予其重归社会的信心,进而减少社会不稳定因素,有助于打造一个长期稳定、健康发展的良好社会环境。

结合农村社会治安综合治理工作,"枫桥经验"在新形势下再完善、再发展[1]

本报讯

枫桥镇是农村社会治安综合治理全国先进典型。为教育、帮助、挽救那些"大法不犯、小法常犯"的轻微违法人员,最近,市委政法委等在"枫桥经验"的发源地——枫桥举办了由来自枫桥镇、齐东乡、东一乡的23名轻微违法人员参加的为期5天的法制教育学习班,收到了良好的效果。

这次法制教育学习班本着"教育、帮助、挽救"的施教方针,对这些特殊的学员进行以人生观教育为主导、法律知识教育为主线的法制教育。通过听课、看录像、谈体会等方式取得了良好的效果,并通过签订三联保责任书,巩固了法制教育成果。

枫桥镇钟瑛村小何在参加学习班前经常参加打架斗殴等违法活动,现在政府这样关心他,使他深受感动,表示一定要改邪归正。一次他外出,摩托车不小心撞上一煎饼摊,虽然自己手臂烫伤很厉害,但还是赔出了200元,事后他的小兄弟想帮他要回钱,被他拒绝了。他的父母反映他在家里变得懂事了、孝顺了。

一些基层工作的同志也说,这次法制学习班是"枫桥经验"在新形势下的再完善、再发展,这种教育、帮助、挽救轻微违法人员的做法值得在全市推广。

---

[1] 《结合农村社会治安综合治理工作,"枫桥经验"在新形势下再完善、再发展》,《诸暨日报》1994年12月9日,第3版。

5.3.3 浬浦镇创新发展"枫桥经验"成果总结

提要:诸暨市浬浦镇人民政府总结了近些年坚持"打防结合,预防为主"方针,加强基层基础建设,构建社会治安防控体系,创新发展"枫桥经验"的成果:一是加强领导,提高认识,实现了主要领导亲力亲为;二是抓机制完善,扎实有效地推进了平安乡镇工作;三是形成了稳定有效的工作机制;四是构建了三个网络,增强了群防群治能力。

浬浦镇创新发展"枫桥经验"成果总结[1]

我镇地处陈璜交会处,辖区内面积55.6平方公里,有13个行政村、1个居委会,总人口约2.1万。由于地理位置特殊,商贸及外来人口逐年增多,社会治安工作压力增大。

近年来,我镇深入贯彻落实上级关于社会治安的有关指示精神,紧紧围绕建设"活力浬浦,和谐浬浦"要求,坚持"打防结合,预防为主"的方针,切实加强基层基础建设,认真做好矛盾纠纷的排查调处工作,积极构建社会治安防控体系,社会治安状况保持了平稳的态势。现将这几年来好的做法总结如下。

主要工作措施:

一、加强领导,提高认识

我们成立了由书记镇长挂帅,分管领导具体负责实施,并由镇综治办牵头,党政办、司法、民政、派出所等部门共同参与的"平安建设"领导小组,在实施过程中,镇主要领导都做到了高度重视和亲力亲为。

二、狠抓机制完善,推进"和谐浬浦"的持续开展

我们始终坚持"群防群治,齐抓共管"和"人防、物防、技防有机结合"的平安

---

[1] 诸暨市浬浦镇人民政府:《浬浦镇创新发展"枫桥经验"成果总结》,2008年1月1日,诸暨市档案馆藏,110-01.2008.04-00059。

乡镇建设工作机制,设立了警务室、法律服务室、人民调解室等"三个室";组建了治保会、巡防队、消防队等队伍;配齐了维稳信息员、矛盾纠纷调解员、法制宣传员、暂住人口协管员、重点对象帮教员等人员;并完善了矛盾纠纷排查调处制度、信息报送制度、工作例会制度、信访接待处理制度、人口管理制度、安置帮教制度等制度。坚持以人防为基础,以物防为依托,结合技防、协防等措施,扎实有序开展平安乡镇工作。

三、坚持三项制度,形成常抓不懈的工作机制

一是坚持领导干部挂片包村负责平安创建工作制度。全镇平安创建工作党政一把手负总责,3位党委委员分挂3片,13位镇干部联系13个村,151名镇村干部包干到组,综治成员单位各负其责,形成了镇、村(单位)、组三级都有人负责社会治安工作的责任体系。有效促进了治安综治工作责任的落实,实现了基层治安综治工作有人抓、有人管。

二是坚持稳定分析会和治安情况通报制度。每半年召开一次全镇性的稳定分析会,研究分析全镇治安形势,部署治安综治工作,解决影响重难点问题,起到了好的效果。针对阶段性社会治安情况,特别是社会治安存在的突出问题,定期和不定期进行通报,既指出问题、危害、原因,又提出具体措施和要求。对各村、各单位及时掌握全镇治安情况,针对问题采取有效措施,起到了警示和警醒作用。

三是坚持责任追究制度。严格实行分级管理,按照"谁主管、谁负责"原则,对因管理不善、制度不严、防范不实、工作不力致使本村、本部门、本单位发生重大问题的,坚决按照有关规定追究一把手和直接责任人的责任;造成严重后果的,坚决实行一票否决。

四、构建三个网络,增强群防群治能力

一是构建法制宣传网络。首先,组建了13支由镇挂村指导干部、村两委干部和村民小组长组成的法制宣传队伍。他们在负责收集、汇总、报送治安信息

的同时,结合各阶段治安综治工作重点,开展法制、综治宣传教育。其次,灵活运用宣传标语,营造气氛。近几年围绕建设"活力浬浦,和谐浬浦",集镇所在地特别制作了一条固定标语和灯箱广告,各村普遍也制作了一条以上固定标语。发放"带法回家"宣传材料5 000余份,张贴标语300多条,营造了建设"平安乡镇"的浓厚气氛。此外,为了提高法制宣传实效,去年以来,在中小学生中开展了"带法回家"活动,让中小学生把农村实用法制知识宣传材料带回给家长,使法制教育走进家庭,近万名家长受到了法制教育;司法所、派出所和学校结对共建,定期到学校进行法制讲座,提高了学生的学法热情和守法自觉性。

二是构建矛盾纠纷排查调处网络。首先是建立健全了镇、村两级矛盾纠纷排查网络。镇驻村干部和村两委都是村级矛盾纠纷的排查调处员,一般性矛盾纠纷驻村指导员协同村里调处,调处结果上报;无法解决的矛盾交由镇调委会调处;重大矛盾纠纷实行挂牌督办,专门成立工作组解决。其次是实行镇领导值班接待来访制度。每月逢2号、16号安排两名镇领导值班,现场接待群众来访,解答群众疑问,化解矛盾。再是严格双休日值班,每天安排一名领导,四名镇干部值班,处理突发事件。基本做到了把矛盾解决在当地,解决在基层,解决在萌芽状态。

三是构建治安防范网络。一方面成立治安巡逻队,协助治安管理。全镇成立治安巡逻队伍13支、78人,坚持在重大节假日上村、镇巡逻。

五、高度重视四项工作,提高综治工作整体水平

一是着力解决治安管理的突出问题。坚持"严打"方针不动摇,保持严打高压态势。重点开展了刑事在逃案犯的追逃、整治农村赌博、校园周边治安环境治理、整顿市场交易秩序和文化音像、网吧等,取得了较好效果。

二是扎实推进建设"平安"工作。根据市委市政府建设"平安诸暨"工作部署,今年完成了建设"平安浬浦"实施方案,提出了创建规划、工作措施,在开展了创建马郦、吾家坞试点。

三是切实加强机构队伍建设。镇、村两级全部成立综治委、调解委,镇设有综治办。镇综治委主任由党委委员担任,综治办主任由分管领导兼任;村综治、调解委分别由一名副书记或副主任担任,机构基本健全。为提高综治队伍的整体素质,采取以会代训、专题讲座、举办短期培训等多种形式,对村级治保、调解主任等相关人员进行了教育培训,进一步提高了综治干部的政治业务素质,增强了事业心和"为官一任,保一方平安"的责任意识。

四是注重协调各方作用,促进形成整体工作合力。明确各综治成员单位的职责,在工作中充分发挥各自职能优势,既各负其责,又协调配合,凡涉及哪个部门解决的问题,就由哪个部门解决,属于多个部门解决的问题,由综治委协调解决。每月召开综治成员单位例会,定期开展矛盾纠纷集中排查。中小学均配备了综治副校长。镇里成立了外来人口专职协管员,加强了流动人口管理。

存在的问题和建议:

一是治安综治工作队伍业务素质急需提高,但由于基层条件有限,无法承担培训教育职责,建议上级综治部门组织基层综治干部进行系统学习和培训。

二是随着经济社会发展,治安综治工作面临更大挑战,基层治安综治工作硬件设施不足,经费紧张,请求上级给予专项资金支持。

参考文献

一、党政文件

中共中央:《中央关于依靠群众力量,加强人民民主专政,把绝大多数四类分子改造成新人的指示》,1964年1月14日印发,中发〔64〕29号文件。

中共中央:《中央批转〈第十五次全国公安会议纪要〉的通知》,1971年2月26日印发,中发〔1971〕20号文件。

中共浙江省委办公厅:《中共浙江省委办公厅转发省委政法委员会〈关于推广诸暨市枫桥区在新形势下坚持和发展"枫桥经验"的报告〉的通知》,1990年7月28日印发,省委办〔1990〕20号文件。

中共绍兴地委:《关于进一步学习、宣传、推广"枫桥经验"的报告》,1973年7月25日印发,绍地委〔73〕第117号文件。

中共绍兴地委:《关于纪念毛主席亲自肯定"枫桥经验"十周年现场会议的情况报告》,1973年11月17日印发,绍地委〔73〕第168号文件。

中共绍兴市委:《关于转发调查报告〈预防化解矛盾,维护农村稳定——"枫桥经验"新发展〉的通知》,1998年11月2日印发,市委发〔1998〕71号文件。

中共绍兴市委、绍兴市人民政府:《关于学习推广创新新时期"枫桥经验"的决定》,2003年11月23日印发,市委发〔2003〕97号文件。

中共诸暨市委、诸暨市人民政府:《关于深化"枫桥经验"的意见》,1999年4月2

日印发,市委发〔1999〕33号文件。

中共诸暨市委、诸暨市人民政府:《关于坚持发展"枫桥经验",深入推进"平安诸暨"建设的实施意见》,2009年2月5日印发,市委〔2009〕19号文件。

中共诸暨市草塔镇委:《关于坚持发展"枫桥经验",加强平安综治基层基础建设的实施意见》,2009年7月6日印发,草委〔2009〕41号文件。

中共诸暨市次坞镇委:《关于创新发展"枫桥经验",推进综治网格化管理工作的实施意见》,2008年8月13日印发,次委〔2008〕59号文件。

中共诸暨市店口镇委:《关于坚持发展新时代"枫桥经验",推行信访代办制实现群众反映"最多跑一次"的实施意见》,2019年7月13日印发,店委发〔2019〕33号文件。

中共诸暨市枫桥区委:《高举"枫桥经验"红旗,坚决贯彻区治安保卫工作会议精神》,1977年11月6日印发,中共枫桥区委〔1977〕88号文件。

诸暨市斯宅乡人民政府:《关于深化"枫桥经验",落实综合治理责任制实施意见》,1999年4月5日印发,斯政〔1999〕18号文件。

二、档案与报刊

诸暨县公安局编:《枫桥依靠群众专政的典型材料》,内部出版,1966年1月。

浙江省公安厅编:《高举枫桥经验红旗,依靠群众加强专政》,内部出版,1978年11月。

浙江省公安厅三处:《关于枫桥区治安情况的调查报告》,内部资料,1981年5月22日。

浙江省公安厅编:《枫桥新曲》,内部出版,1991年4月。

诸暨市公安局编:《"枫桥经验"三十年》,内部出版,1993年11月。

汪心田:《枫桥区在农业学大寨运动中坚持"枫桥经验",依靠群众专政的情况》,

农业学大寨保卫工作会议上发言,中共栎江人民公社委员会,1975年11月20日,诸暨市档案馆藏,140-008-007-033。

中共诸暨县委宣传部:《高举"枫桥经验"红旗,把巩固无产阶级专政的根本任务落实到基层——纪念毛主席批示枫桥经验十五周年》,1978年11月22日,诸暨市档案馆藏,140-008-007-040。

中共绍兴县委:《我们是怎样学习推广枫桥经验的》,浙江省社会治安综合治理工作会议经验交流材料,1990年10月,诸暨市档案馆藏,131-039-023-003。

绍兴市、诸暨市公安局联合调查组:《依靠群众是维护社会治安的根本——对枫桥区坚持和发展枫桥经验的调查》,1991年4月20日,诸暨市档案馆藏,131-039-022-002。

沈云姑:《在纪念毛泽东同志批示推广"枫桥经验"三十周年大会上的讲话》,1993年11月22日,诸暨市档案馆藏,242-014-007-007。

杨胜:《发展光大"枫桥经验",推进社会治安综合治理——纪念毛泽东同志诞辰100周年暨批示"枫桥经验"三十周年大会讲话》,1993年11月22日,诸暨市档案馆藏,242-014-007-009。

诸暨市委综治委:《坚持和发展"枫桥经验",深化综合治理维护社会稳定》,1998年10月23日,诸暨市档案馆藏,001-060-016-010。

诸暨市枫桥镇司法所:《全面履行工作职能,积极深化"枫桥经验",切实维护农村社会稳定》,全国政法综治宣传工作会议交流材料,1998年10月28日,诸暨市档案馆藏,088-019-009-023。

王国伟:《坚持和发展"枫桥经验",维护社会稳定促进经济发展——在纪念毛泽东同志批示"枫桥经验"三十五周年大会上的讲话》,1998年11月22日,诸暨市档案馆藏,242-019-007-002。

中共诸暨市枫桥镇委、枫桥镇政府:《坚持完善深化发展"枫桥经验",实现农村经济社会发展良性互动》,浙江省学习推广"枫桥经验"现场会会议交流材料,1999年4月20日,诸暨市档案馆藏,242-020-019-004。

周国富:《学习推广"枫桥经验",维护社会政治稳定,努力开创我省政治新局面》,浙江省学习推广"枫桥经验"工作会议交流材料,1999年4月21日,诸暨市档案馆藏,242-020-019-001。

共青团诸暨市委:《建设新型乡镇做好三篇文章——农村基层团组织如何在深化"枫桥经验"中发挥作用》,1999年6月1日,诸暨市档案馆藏,023-043-009-009。

中共诸暨市城关镇党委、城关镇人民政府:《深化"枫桥经验",创平安社区》,1999年10月20日,诸暨市档案馆藏,101-045-007-013。

绍兴市社会治安综合治理委员会:《推广"枫桥经验",维护社会稳定》,全国政法综治宣传工作会议交流材料,2000年3月30日,诸暨市档案馆藏,242-021-019-003。

店口镇人民政府:《店口镇"枫桥经验"落实年活动开展情况》,2007年,诸暨市档案馆藏,113-01.2007.04-00724。

诸暨市浬浦镇人民政府:《浬浦镇创新发展"枫桥经验"成果总结》,2008年1月1日,诸暨市档案馆藏,110-01.2008.04-00059。

诸暨国际商贸城建管委:《深化"枫桥经验",维护区域稳定——浅谈"枫桥经验"在诸暨国际商贸城的实践》,2019年,诸暨市档案馆藏,366-03.2019.04-01895。

楼国华:《发扬"枫桥经验",搞好社会治安》,《诸暨报》1990年2月25日,第1—2版。

宣飚:《依靠群众力量查破刑事案件——枫桥经验谱新篇报告之三》,《绍兴日报》1990年4月5日,第4版。

黎伟挺:《社会治安多方管,齐心协力保平安——枫桥经验谱新篇报告之四》,

《绍兴日报》1990年4月10日,第4版。

朱思恩:《依靠群众管治安,村风民风大改观——"枫桥经验"老枝开新花》,《钱江晚报》1990年4月14日,第4版。

黎伟挺:《加强防范措施,进行综合治理》,《绍兴日报》1990年4月17日,第4版。

枫桥区粮管所:《精诚所至,金石为开》,《公安学刊》1990年第3期。

枫桥镇人民政府:《新形势下我们是怎样做好调解工作的》,《公安学刊》1990年第3期。

枫桥镇钟瑛村治保会:《坚持"枫桥经验",搞好治保工作》,《公安学刊》1990年第3期。

乐山乡人民政府:《强化防范机制,确保治安稳定》,《公安学刊》1990年第3期。

中共枫桥区委:《协同作战实现社会安定》,《公安学刊》1990年第3期。

诸暨市赵家镇上京村:《我村为什么八年无案件》,《公安学刊》1990年第3期。

应勇:《治安综合治理与维护社会稳定》,《绍兴日报》1994年6月14日,第3版。

陈强:《加强基层治保组织建设,推动社会治安综合治理》,《诸暨日报》1995年4月8日,第3版。

叶寒冰、冯金寿:《社会治安众人管,走入群众天地宽》,《公安学刊》1998年第6期。

纪阳、杨小白、孟焕国:《依法办事也要依靠群众——"枫桥经验"系列报道之七》,《绍兴日报》1999年5月2日,第1版。

杨琼:《枫溪村村风正、矛盾少、经济旺》,《诸暨日报》2003年7月8日,第3版。

钟兰花:《群众警务:"枫桥经验"的民本化新解——我市公安系统创新发展"枫桥经验"纪事》,《绍兴日报》2008年10月29日,第1、7版。

中共浙江省委政法委:《全国政法综治战线的一面旗帜——纪念毛泽东同志批示"枫桥经验"四十五周年》,《今日浙江》2008年11月10日,第21版。

孟建柱：《加强和创新群众工作，为全面建成小康社会创造和谐稳定的社会环境——纪念毛泽东同志批示"枫桥经验"五十周年》，《求是》2013年第21期。

马卫光：《坚持和发展新时代"枫桥经验"——纪念毛泽东同志批示学习推广"枫桥经验"五十五周年》，《求是》2018年第23期。

三、著作

政协诸暨市文史资料文员会、诸暨市公安局编：《枫桥经验实录》，中共党史出版社2000年版。

许根贤：《枫江红叶：枫桥经验产生和发展纪实》，群众出版社2004年版。

俞可平主编：《国家治理评估：中国与世界》，中央编译出版社2009年版。

中共中央文献研究室编：《十八大以来重要文献选编》（上），中央文献出版社2014年版。

汪世荣、朱继萍：《人民调解的"枫桥经验"》，法律出版社2018年版。

汪世荣主编：《"枫桥经验"：基层社会治理的实践》，法律出版社2018年版。

习近平：《习近平谈治国理政》（第一卷），外文出版社2018年版。

中共绍兴市委党校"枫桥经验"研究中心编著：《新时代"枫桥经验"与基层治理现代化》，浙江人民出版社2018年版。

中国法学会"枫桥经验"理论总结和经验提升课题组：《"枫桥经验"的理论构建》，法律出版社2018年版。

田应奎：《2049：中国治理》，中共中央党校出版社2019年版。

卢芳霞等编著：《"枫桥经验"概论》，浙江人民出版社2020年版。

中国人民公安大学、公安部公安发展战略研究所编：《新时代"枫桥经验"与基层社会治安治理创新》，中国人民公安大学出版社2020年版。

金伯中：《新时代"枫桥经验"论要》，浙江人民出版社 2022 年版。

王友明：《"枫桥经验"与建立群众路线长效机制实证研究》，人民出版社 2022 年版。

浙江大学、绍兴市纪委市监委联合课题组：《新时代基层监督的"枫桥经验"：绍兴的探索与实践》，中国方正出版社 2023 年版。

浙江省公安厅等编著：《"枫桥经验"志》，中国人民公安大学出版社 2023 年版。

四、论文

俞可平：《全球治理引论》，《马克思主义与现实》2002 年第 1 期。

臧乃康：《统治与治理：国家与社会关系的演进》，《理论探讨》2003 年第 5 期。

"中国社会管理评价体系"课题组：《中国社会治理评价指标体系》，《中国治理评论》2012 年第 2 期。

张欢、胡静：《社会治理绩效评估的公众主观指标体系探讨》，《四川大学学报》（哲学社会科学版）2014 年第 2 期。

陈志敏：《国家治理、全球治理与世界秩序建构》，《中国社会科学》2016 年第 6 期。

徐汉明、张新平：《社会治理法治建设指标体系的设计、内容及其评估》，《法学杂志》2016 年第 6 期。

付建军：《当代中国社会治理创新的发生机制与内在张力——兼论社会治理创新的技术治理逻辑》，《当代世界与社会主义》2018 年第 6 期。

汪世荣：《提升基层社会治理能力的"枫桥经验"实证研究》，《法律适用》2018 年第 17 期。

李建伟、王伟进：《社会治理的演变规律与我国社会治理现代化》，《管理世界》2022 年第 9 期。

编写说明

《"枫桥经验"社会综合治理史料与研究》的编写主旨是对"枫桥经验"社会综合治理的历史资料和档案文献进行梳理，从群防群治、专群结合、源头治理、综合治理四个维度切入，进行类型化分析和总结提炼，希冀能为专家学者进一步深入研究"枫桥经验"提供有益的借鉴和参考。

浙江工商大学博士研究生王税以及硕士研究生王玲芝、吴菲、陈维章、任新科、伍晨参与协助了全书的编著工作，具体为：导论（王税），第一章（王玲芝），第二章（吴菲），第三章（陈维章），第四章（任新科），第五章（伍晨）。浙江工商大学博士研究生刘珏参与协助了大量统稿工作，浙江省湖州市南太湖新区人民法院豆亚凡、山西省霍州市人民检察院张航以及硕士研究生何偲怡、曾凯南、李璐霞参与了部分史料的调研和梳理工作。在此，向他们的辛勤付出表示感谢！

在编写本书的过程中，浙江省新时代"枫桥经验"研究院、诸暨市档案馆等机构为我们提供了相关史料。在此，由衷地表示感谢！

由于时间仓促，加之编者水平有限，本书难免存在疏漏和不足之处，敬请读者批评指正！

叶肖华
2023 年 7 月

图书在版编目(CIP)数据

"枫桥经验"社会综合治理史料与研究/叶肖华编著. -- 北京：商务印书馆，2025
（"枫桥经验"史料整理与研究）
ISBN 978-7-100-23063-6

Ⅰ.①枫… Ⅱ.①叶… Ⅲ.①农村—社会管理—史料—研究—诸暨 Ⅳ.①C912.82

中国国家版本馆CIP数据核字（2023）第181564号

权利保留，侵权必究。

"枫桥经验"史料整理与研究
第五卷
"枫桥经验"社会综合治理史料与研究
叶肖华　编著

商 务 印 书 馆 出 版
（北京王府井大街36号　邮政编码100710）
商 务 印 书 馆 发 行
南京爱德印刷有限公司印刷
ISBN 978-7-100-23063-6

2025年8月第1版　　开本720×1000　1/16
2025年8月第1次印刷　印张23½

定价：128.00元